KB034250

고려시대

다원적 사상지형과 역사인식

지은이
최봉준(崔俸準, Choi Bong-jun)
1972년 서울 출생. 아주대학교 인문대학 사학과를 졸업하고 연세대학교 사학과에서 석사학위와 박사학위를 받았다. 연세대, 아주대, 명지대, 가천대, 청주교대 등에서 강의를 하였다. 현재 가톨릭대학교 인문사회연구소에서 연구교수로 재직하고 있으며, 한림대에서 강의를 하고 있다. 고려후기 성리학 수용과 내재화를 역사인식의 변화를 통해 재인식하는 논문으로 박사학위를 받았다. 최근에는 그 연장선에서 우리 역사 속의 자연재해를 사상사적 관점에서 살펴보고, 그에 대한 인식과 대응에 관하여 관심을 가지고 있다.

고려시대 다원적 사상지형과 역사인식

1판 1쇄 발행 2023년 11월 10일
1판 2쇄 발행 2024년 10월 20일

지은이 최봉준

펴낸이 박성모
펴낸곳 소명출판
출판등록 제1998-000017호
주소 06641 서울시 서초구 사임당로14길 15 서광빌딩 2층
전화 02-585-7840
팩스 02-585-7848
이메일 somyungbooks@daum.net
홈페이지 www.somyong.co.kr

ISBN 979-11-5905-839-4 93910
정가 26,000원

한국연구총서
117

Pluralistic Ideological Structure and Historical Perception of the Goryeo Dynasty

고려시대 다원적 사상지형과 역사인식

최봉준 지음

책머리에

"역사는 현실을 반영한다!" 어느 글에선가 저자가 했던 말이다. 역사인식을 다루는 글이나 책에서 흔히 볼 수 있는 글귀이니, 그리 특별할 것은 없다. 그러나, 저자가 처음부터 이 말의 속뜻을 명확하게 이해했던 것은 아니다.

이 말이 절실하게 다가온 것은 학부생을 대상으로 강의를 하게 되면서부터이다. 이때부터 '현실인식'이라는 복합명사의 의미를 비로소 고민하게 되었다. 사실 학부시절부터 들어왔던 말이지만, 별다른 고민 없이 받아들였던 나 자신을 반성하게 되었다. 박사학위를 취득한 직후 아는 친척 어른으로부터 "이미 존재하는 과거를 왜 연구하는가?" 라는 질문을 받게 되었다. 이미 다 알고 있는 과거이니, 연구를 한다고 한들 바뀌는 것은 없다는 말씀인 것 같았다. 지나가는 말씀으로 하신 것이지만, 대중의 입장에서는 역사를 이렇게 받아들일 수 있을 것 같다는 생각이 들었다.

'현실인식'은 '시대정신'과 관계가 있다. 과거의 역사 기록은 기록 당시의 생각을 반영하고 있으며, 시대가 변화함에 따라 끊임없이 재해석된다. 그 과정에서 해석하는 사람의 입장이 자연스럽게 반영된다. 그렇기 때문에 역사인식은 고정된 하나의 인식이 아니라 끊임없이 살아 움직이는 생물生物이라 할 수 있다.

이 책은 제목에서 보듯이 신라 말~조선 초기까지의 역사인식과 다원적 사상지형을 다루고 있다. 우리 사상사에서 가장 큰 변화는 성리학의 수용과 확산, 그리고 내재화가 아닌가 생각한다. 그리고 그러한 큰 변화는 고려시대를 배경으로 나타났다. 저자의 박사학위 논문은 14세기 성리학이 수용되고 난 직후 변화된 세계관과 자아인식을 다루었다. 성리학의 수용을 도식적으로 설명하면, 결과주의에서 동기주의로의 전환이라 할 수 있다. 성리학하면 누구나 떠올리는 단어가 의리와 명분이다. 의리와 명분은 올바른 동기라고 말할 수 있다. 그러니까 성리학 수용으로 자기 자신과 주변, 그리고 고려를 둘러싼 국가 간의 관계와 외래문화 수용 전반에 대한 이해 역시 결과론이 아닌 동기론적 입장에서 바라보게 된 것이라고 할 수 있다.

사상적 변화는 세대를 거듭해야만 변화를 감지하고 느낄 수 있다. 변화는 아주 느리게 여러 단계에 걸쳐 나타난다. 성리학 수용은 세대를 거듭하는 과정에서 심화되고 우리 자신으로 내재화되었다. 이에 따라 국가 운영의 방향이 달라졌으며, 과거 역사에 대한 해석의 방향도 달라졌다. 즉, 시대정신이 달라졌으므로, 과거를 바라보는 관점이 달라졌다고 말할 수 있는 것이다.

성리학 수용에 따라 중국 문화에 대한 우리 고유의 가치관과 문화적 전통에 대한 이해의 방향도 달라졌다. 성리학의 수용으로 자신은 물론 주변 세계에 대한 인식, 그리고 과거를 인식하는 방향이 달라졌다. 중국 문화, 즉 중국적 마인드 수용은 선택의 문제에서 이제 당위의 문제로 변화하게 된 것이다. 이는 사상지형에서도 변화가 시작된다는 것을 의미하였다. 그러니까 유불선과 풍수도참, 민간신앙 등 고려사회 안에 존재하는 모든 사상적 요소들이 공존과 조화를 지향하는 다원적 사상지형도 성리학의 수용을 계기로 모종의 변화가 시작된다는 것을 의미한다. 성리학 수용은 매우 느리게 진행되었으나, 사상사적으로 큰 획을 그은 계기가 되었다고 할 수 있다.

이 책은 저자의 박사학위 논문에 해당하는 제5장과 제6장을 기본으로 후속 연구를 통해 제2~4장을 채워 넣음으로써 고려시대 다원적 사상지형 아래서 유학자들의 사상과 역사인식을 전반적으로 정리할 수 있었다. 이 책에서는 『삼국유사』와 일연에 대한 설명이 거의 빠지게 되었다. 김부식의 『삼국사기』와 일연의 『삼국유사』가 고려시대 역사인식에 큰 획을 그었다는 점은 누구도 부정할 수 없다. 유학이 경세론의 입장에서 역사인식을 전개하였기 때문에, 고대사회에서 유학자들이 역사기록과 인식을 지배한 것도 사실이다. 그렇다고 역사인식 모두가 유학의 영역이라 할 수도 없다. 불교나 도교에서도 역사인식은 얼마든지 있을 수 있다. 일연에 대한 수많은 연구가 이를 증명한다. 그렇지만, 이 책에서는 고려시대의 역사인식과 사상지형에 대한 연구의 첫 단추로서 되도록 유학의 입장에서 정리해보고자 하였다. 일연과 『삼국유사』에 대해서는 후속 연구를 기약하도록 하겠다.

이 책에서는 나말여초 최치원의 난랑비 서문의 한 구절에서 이야기를 시작한다. 여러 연구에서 인용하는 최치원의 난랑비 서문의 한 구절은 다원적 사상지형이라는 객관적 배경을 잘 보여준다. 나아가 이 구절은 적어도 통일신라가 다원적 사상지형을 기본적 배경으로 깔고 있다는 것을 잘 보여주는 것이 아닌가 생각한다. 그만큼 우리는 성리학 수용과 내면화 이전까지는 다원적 사상지형을 당연한 것으로 여기고 살아왔던 것이라 할 수 있다.

지금까지 고려시대를 배경으로 하는 사학사 연구는 매우 많은 연구성과가 축적되어 왔으며, 양적으로는 일일이 셀 수 없을 정도로 많다. 제1장에서는 다원적 사상지형을 주제로 고려시대의 역사인식에 대한 연구성과 전반을 이해해보고, 앞으로의 전망을 해보도록 하였다. 여기에는 고려시대의 역사인식과 사상사에 대한 저자 나름의 이해를 담고 있다. 그렇기 때문에 독자의 입장에서 다소 불편할 수 있다. 그러나, 이 책의 내용을 전개하기 위해서는 반드시 필요한 과정이라고 생각하였다.

다음으로 제2장에서는 고려시대의 역사인식과 다원적 사상지형이 어떠한 과정을 통해 형성되었으며, 그 작동원리는 어떠한 모습을 하고 있는지 설명하였다. 이를 다원적 역사계승의식과 이중적 자아인식이라는 주제를 통해 설명하였다. 이는 고려시대를 다원성과 통합성이라는 키워드로 설명하고자 하는 최근의 연구 경향과 흐름에서 자유롭다고 말할 수 없다. 오히려 여기에 깊숙이 발을 담그고 있다. 즉, 사상사의 한 부분으로서의 사학사는 시대정신과 밀접한 관계가 있기 때문에, 사회성격론과 밀접한 관계가 있다고 해야 할 것이다.

이중적 자아인식도 마찬가지의 관점에서 이해할 수 있다. 사실 다원성은 어느 사회에서나 발견할 수 있다. 다원성이 없는 사회는 죽어있는 사회라고 해도 과언은 어니다. 다만 그것이 지역과 종족에 따라, 그리고 문화적 배경에 따라 다르게 나타날 수 있다. 우리는 역사적으로 중국의 주변국가가 아닌 적이 없었으며, 중국 문화는 보편적 지위를 가지고 있다. 그렇다면, "고유한 문화적 전통이 있다고 할 때, 과연 양자의 관계를 어떻게 설정할 것이며, 전체적인 문화와 함께 자기 자신을 어떻게 위치를 지을 것인가?" 라고 물어보지 않을 수 없다. 자아인식과 시대정신, 그리고 역사인식은 당시의 의식구조와 깊은 관계가 있다. 사상사와 사학사에 대해 톺아보기 전에 먼저 그들의 의식구조를 파헤쳐볼 필요가 있을 것이다.

제3~6장은 각각의 시기를 대표하는 유학자를 중심으로 그들의 사상과 세계관, 문화에 대한 인식, 그리고 역사인식을 정리하였다. 다원적인 사상지형과 자기인식을 배경으로 전개된 것이 성리학 수용 이전의 역사인식의 전통이라면, 성리학 수용 이후 사상지형과 자기인식, 그리고 역사인식은 서서히 변화하기 시작하였다. 유학자를 중심으로 설명하면, 12세기는 김부식과 김관의를 통해 서로 다른 인식적 지향이 나타났다면, 13세기에는 이규보와 이승휴, 14세기 전반기에는 이제현과 이곡, 14세기 말에는 이색과 정도전, 그리고 권근 등이 각각의 시기를 대표한다고 할 수 있다. 그리고 각각의 인물이 가지고 있는 인식적 지향점은 단계적 변화를 보인다. 그렇기 때문에 이를 모두 5개의 단계로 설정해볼 수 있다.

이들의 사상과 세계관, 그리고 문화적 전통에 대한 인식은 각각의 시대정신을 내포하고 있다. 이 책에서는 이들의 역사인식과 세계관, 그리고 '문명론'을 윤리의식과 화이관, 경세론 등 유학사상의 틀에서 역사적 시원에 관한 인식, 삼국시대와 신라, 고려 태조 왕건, 당대사, 중국의 인물과 역사에 대한 평가 등 여러 부분에 걸쳐 다각도로 설명하였다. 그리고 그 연장선에서 역사인식을 설명하고자 하였다.

이 책을 내는데 많은 도움을 주신 여러분들께 감사를 표하는 말씀을 드리는 것으로 마무리하겠다. 먼저 경제적으로 도움이 되지 않는 공부를 하고 있는 아들을 끝까지 이해해주시고 믿어주신 아버지 최승정 님과 어머니 김영자 님께 진심으로 감사의 마음을 표하고 싶다. 그리고 여전히 저자의 옆을 지키고 있는 아내 유현정에게도 깊은 감사를 드린다. 두 아이와 함께 모자란 남편을 사랑으로 감싸고 조언을 아끼지 않았다. 지금의 저자의 모습에는 아내의 공로가 가장 큰 몫을 차지하고 있다. 또한 음으로 양으로 부족한 오빠를 밀어준 여동생 최미란에게도 감사드린다.

이 연구는 지금으로부터 15년 전에 저자의 지도교수이신 도현철 선생님의 제안에서 비롯되었다. 이제 어엿한 연구자의 길을 걷게 된 것은 모두 선생님의 지도 덕분이라고 할 수 있다. 진정으로 성실하게 연구에 임하는 선생님의 태도는 언제나 저자에게 귀감이 되었다. 진심으로 감사드린다.

또한 박사논문의 부심을 맡아주신 박종기 선생님과 채웅석 선생님, 그리고 김도형 선생님, 하일식 선생님께도 감사드린다. 특히 채웅석 선생님은 저자가 몸담고 있는 가톨릭대 인문사회연구소의 한국재해학연구센터의 연구 책임자로서 언제나 자상하고 친절한 조언을 아끼지 않으셨다. 저자와 같은 연구실에서 일하고 계신 신안식 선생님과 이승민 선생님, 김창회, 강재구, 강혜라, 박규은 선생님께도 감사드린다. 이와 함께 함께 공부한 동학同學과 연구반 선생님들께도 감사드린다.

이 연구는 한국연구원의 연구지원으로 이루어졌다. 저자의 연구에 큰 도움이 되었으며, 연구지원 덕분에 일단락을 지을 수 있었다. 지면을 빌어 김상원 전 원장님을 비롯하여 관계하시는 분들께 감사드린다고 말씀드리고 싶다. 그리고 세심하게 신경을 써주시는 소명출판 관계자 여러분께도 감사드린다.

2023년 10월

최봉준

차례

제1장

고려시대 다원적 사상지형과 역사인식 연구론

고려는 신라 말의 혼란을 수습하고 후삼국을 통합한 통일왕조였다. 이에 앞서 신라는 고구려와 백제를 통합하여 최초의 통일국가가 되었다. 신라는 이른바 민족융합정책으로 고구려·백제 유민과 영토를 하나의 국가체제로 통합하는 데 성공하였다. 그러나 여기에는 결정적 약점이 있었다. 891년 견훤이 후백제를, 901년 궁예가 고려를 건국하면서 오래전에 신라에 의해 멸망한 나라가 부활하게 되었으며, 삼국시대와 같은 분열이 재연되고 말았다. 물론 이 두 나라를 7세기에 멸망한 백제·고구려와 동일시할 수는 없지만, 멸망한 국가의 국호를 사용한다는 것은 각각 백제와 고구려를 계승한다는 의미가 있다. 이는 신라에 의한 삼국통일을 부정한다는 것으로 해석할 수 있다.

9세기 말 신라 중앙의 권위가 붕괴되자 각지에 할거하고 있던 호족들은 제각기 조직을 갖추고 반독립적이면서도 반신라적 경향을 띠게 되었다. 호족은 신라 중앙의 권위가 붕괴되기 이전부터 있었던 유력층을 중심으로 관반官班 조직을 이루고 있었다. 이는 호족들 사이의 지역적 대립이 발생하였을 경우에 자위조직으로서의 기능을 하고 있었다. 평상시에는 권농과 교화를 통해 농업생산을 독려하고, 불교를 통해 민심을 규합하였다.[1] 호족의 반신라적 경향은 조직화된 세력을 바탕으로 하는 활동뿐만 아니라, 이들이 고구려계승의식과 백제계승의식을 바탕으로 건국된 고려와 후백제로 귀부하면서, 삼국으로 재편된 세력구조를 형성하는 데 일정한 역할을 하였다고 할 수 있다.

이와 같이 지역적으로, 의식적으로 분열되었던 상황은 궁예와 견훤 세력을 영토적으로 통합하였다고 해서 간단하게 해결될 수는 없었다. 여기에는 신라가 삼국을 통일하던 시기부터 잠재해 있었던 문제들이 관계되어 있으며, 신라 중앙의 권위가 무너지면서 백일하에 드러난 것일 뿐이다. 그렇다면, 신라 말의 국가적, 사회적 문제들을 어떻게 해결하는가에 따라서 앞으로 역사의 전개는 얼마든지 달라질 수 있을 것이다.

고려는 어떻게 혼란을 수습하고 통일국가를 유지할 수 있었을까? 그리고 통일 이후 약 1세기에 걸친 체제 정비의 결과물인 고려국가는 어떻게 이해해야할 것인가? 이는 통일 이후 1차적으로 정비한 국가와 정권의 형태를 어떻게 볼 것인가? 고려시대를 어떠한 시각에서 이해할 것인가? 라는 물음으로 바꾸어볼 수 있다.

먼저 통일 직후 정권의 모습에 대한 이제까지의 견해를 간단하게나마 살펴보기로 하자. 1970년대부터 연구자들은 고려 초기 정권의 형태를 '호족연합정권豪族聯合政權'으로 이해하였다. 이 이론의 전제 사항은 다음과 같다. 우선, 호족은 반독립적 성격으로서 독자성을 지니고 있어야 한다.

---

1 하일식, 「고려초기 지방사회의 주관과 관반」, 『역사와 현실』 34, 1999, 77~90쪽; 蔡雄錫, 『高麗時代의 國家와 地方社會–'本貫制'의 施行과 地方支配秩序』, 서울대 출판부, 2001, 33~43쪽; 강은경, 『高麗時代 戶長層 硏究』, 혜안, 2002, 54~64쪽.

사료에서 호족들은 스스로 성주城主나 장군將軍이라 칭하고 있었으며, 중앙의 간섭을 받지 않고 민民을 직접 지배하였다고 하였다. 이때 태조 왕건을 중심으로 하는 중앙 정부는 이들의 독립적 성향을 제어할 수 없었다. 특히 왕건이 궁예를 내쫓고 왕위에 오른 직후부터 빈발하였던 크고 작은 반역 사건들은 왕권의 기반이 얼마나 취약하였는지 잘 보여주는 사건이라고 하였다. 여기에 태조 왕건은 대호족이 귀순하면 경제적 보상과 함께 왕 자신이 몸을 낮추는 이른바 '중폐비사重幣卑辭'를 하였으며, 되도록 많은 호족들과 혼인관계를 맺었다. 또한 대호족에게는 왕씨 성姓을 하사하는 등 유화적인 방법으로 호족의 귀순을 독려하였다고 하였다. 이는 태조 왕건이 궁예와의 차별성을 부각시키는 효과를 가져와 지방호족과의 유대관계를 오랫동안 유지할 수 있었다고 하였다.[2]

태조대 중앙 정치기구인 광평성廣評省과 순군부徇軍部는 건국 주체세력과 중앙의 관직을 가지고 있는 호족의 협의체로서의 성격을 가지고 있었다. 광평성의 '광평廣評'은 '널리 합의한다'는 의미를 지니고 있을 뿐 아니라. 순군부가 왕명을 직접 실행에 옮기는 병부兵部보다 서열이 높다는 것은 고려 초기의 중앙 정치조직이 궁예의 전제정치와 결별한다는 의미가 있다는 것이다.[3]

기인제其人制와 사심관 역시 왕권이 호족을 무마하기 위한 의도가 있는 것으로 이해한다. 『고려사』에 기인은 향리의 자제를 볼모로 개경으로 불러와 출신지의 일에 관여하도록 하기 위해 만들었다고 기록되어 있다.[4] 이는 호족의 후예라 할 수 있는 향리들이 개경에서 본향의 일을 처리한다

2 李基白, 『韓國史新論』, 일조각, 1976; 河炫綱, 『韓國中世史研究』, 일조각, 1988.
3 李泰鎭, 「高麗 宰府의 成立」, 『歷史學報』 56, 1972, 8쪽.
4 『高麗史』 권75, 지29, 選擧3, 銓注, 其人.

는 의미로 받아들일 수 있기 때문에 향리의 지방사회 지배에 대한 중앙 정부의 간섭은 한계가 있을 수밖에 없다. 사심관은 『고려사』에 공신功臣들이 출신지의 부호장 이하의 일에 관여할 수 있도록 한 조치라고 기록되어 있다.[5] 기록 그대로 이해하면 공신에 대한 우대책으로서 공신의 출신지에 대한 기득권을 인정해주기 위한 것으로 이해할 수 있다.[6]

결과적으로 호족연합정권이라는 시각으로 고려 초기를 이해하게 되면, 왕권은 호족의 이익을 대변하는 존재로 이해하기 쉽다. 즉, 왕권은 출발 초기부터 호족의 도움과 협조 없이는 존재할 수 없었던 것으로 보고 있는 것이다. 이에 대해서는 1970년대부터 연구자들 사이에서 여러 의견이 나오면서 논란을 거듭하였다. 이들의 논쟁은 고려사회의 성격을 어떻게 볼 것인가? 하는 문제로 좁혀서 이야기할 수 있다. 그리고 논점에 따라 크게 고려사회의 성립, 과거제와 음서제의 역할과 평가문제 등으로 나누어 살펴볼 수 있다. 이것은 고려사회의 성립기에 드러난 여러 문제들이 고려사회의 성격 문제와 결부되어 있다는 의미로 해석할 수 있다.

1. 신라 삼국통일의 의식적 한계와 다원적 사상지형

앞서 언급한대로 신라의 삼국통일은 최초의 통일국가를 탄생시켰으나, 여러모로 한계점을 노출하였다. 9주 5소경제와 9서당제를 비롯한 여러 정책을 통해 고구려와 백제의 영토와 민을 신라의 지배체제로 끌어들이

5 『高麗史』 권75, 지29, 選擧3, 銓注, 事審官.
6 河炫綱, 앞의 책, 1988.

는 한편, 행정적으로 지배함으로써 국가체제를 한 단계 발전시킬 수 있었다. 그렇지만 신라 말 왕위쟁탈전은 중앙의 권위를 추락시키고 삼국시대 말기와 같은 항상적 전쟁 상황에 빠지고 말았다. 각각 고구려계승과 백제계승을 표방한 궁예의 고려와 견훤의 후백제가 건국되면서 신라는 반전의 기회를 얻지 못한 채 분열 상황에 빠지고 말았다.

우리가 주목해야 하는 것은 멸망한 왕조의 재등장이다. 궁예弓裔와 견훤甄萱의 고려와 후백제 건국이 9세기 신라 중앙의 권위 추락과 전혀 상관없다고 할 수는 없다. 궁예의 고려와 견훤의 후백제는 옛 고구려와 백제의 영토를 기반으로 건국되었으며, 옛 국호를 그대로 사용하였다는 점은 여러 가지 측면에서 곰곰이 생각해볼 필요가 있다. 이들은 제도적으로 신라의 영역에 묶여 있기는 하였으나, 신라가 취한 정책으로 백제와 고구려 영역에 거주하는 이들의 의식적 장벽까지 제거할 수는 없었다. 즉, 신라는 제도적으로 고구려와 백제의 유민과 영토를 통합할 수 있었지만, 그들의 의식까지 통합하지는 못했던 것이다. 결국, 신라가 국가적 일체감을 형성하는 데 실패하였다는 것을 의미한다.

『삼국사기三國史記』의 궁예와 견훤 열전에 기록된 신라에 대한 반감은 신라의 삼국통일이 어떠한 한계점을 가지고 있는지 잘 보여준다. 견훤은 후백제 건국을 선포하면서 백제가 계승한 마한은 진한과 변한에 앞서 건국되었으며, 자신이 의자왕의 울분을 씻겠다고 하였다.[7] 이는 역사적 전통에서 백제가 신라에 앞선다는 것을 강조한 것으로서 후발 주자였던 신라가 당의 세력을 등에 업고 백제를 멸망시킨 것은 있을 수 없는 일이라는

---

7 『三國史記』 권50, 열전10, 甄萱.

의미로 받아들여진다. 그렇기 때문에 백제 유민과 의자왕의 울분을 해소함으로써 과거의 역사를 바로잡고자 한다는 의미로 해석할 수 있다.

궁예도 견훤과 크게 다르지 않았다. 궁예 역시 고려 건국을 선포한 이후 신라가 당의 세력을 등에 업고 고구려를 정복하였으며, 그 때문에 평양성은 잡초가 우거질 정도로 버려진 땅이 되었다고 하였다. 즉, 그 원한을 갚을 사람은 바로 궁예 자신이라는 것이다.[8] 궁예는 부석사에 보관되어 있는 신라 국왕의 진영을 칼로 훼손할 정도로 신라에 대한 반감을 서슴없이 드러내었다.[9]

궁예와 견훤의 신라에 대한 반감은 그들이 세운 고려와 후백제 건국 주체세력과 지역민의 의식을 대변하고 있는 것으로 보인다. 위에서 설명한 궁예와 견훤의 발언은 신라 중앙 정부에 대한 인식이기도 하지만, 지역민과 호족의 인식을 대변함으로써 권력 기반을 안정시키기 위한 목적이 있었다고 보는 것이 합리적이다.

그렇다면, 고려 태조 왕건을 비롯한 고려 건국과 후삼국 통일의 주체들은 이와 같은 역사계승의식의 분열을 어떻게 수습하고, 국가적 일체감을 어떻게 만들어가야 할 것인가? 이는 앞서 신라 말의 사례를 떠올려보면 통일의 지속성과 매우 밀접한 관계를 갖는 것이지만, 단시간에 해결할 수도 없는 문제이다. 즉, 국가 권력이 권위를 상실하게 되면 고구려계승의식과 백제계승의식, 그리고 신라계승의식은 언제든지 부활할 수 있다. 그리고 국가 권력이 지역적으로 분열되어 있는 의식을 통합하지 않으면 후삼국시대와 같은 혼란은 언제든 재연될 수 있을 것이다.

---

8 『三國史記』 권50, 열전10, 弓裔.
9 위의 책.

우선 후삼국을 통일한 새로운 통일왕조 고려는 통일 과정에서 드러난 고구려계승의식과 백제계승의식 등 분열된 역사계승의식[10]을 하나로 포용하는 한편, 신라계승의식 역시 포용해야만 하였다.[11] 궁예와 견훤은 반신라적인 지역 정서를 대변함으로써 호족의 요구사항을 어느 정도 수용한 것으로 보인다. 고려 태조 왕건은 이를 뛰어넘어 새로운 차원의 통일정책을 시행할 필요가 있었다. 먼저 백제계승이나 신라계승과 같이 대립적 관계에 있는 요소의 경우, 어느 하나를 선택하거나 배제하지 않고 모두 고려국가의 일원으로 인정하는 한편, 고려가 통합한 영역 전체에 흩어져 있는 호족의 다양한 요구사항을 수용할 필요도 있었다. 즉, 호족의 지지를 통해 건국과 통일의 정당성을 인정받는 데서부터 출발해야 하였던 것이다.

이러한 고려초기의 상황에서 중앙 정부가 지방지배와 통제를 실현하기 위해 시행한 것이 바로 본관제本貫制이다. 지방사회에서 호족이 사용한 성씨와 본관을 인정함으로써 그들의 전통적 기득권을 공인하는 한편, 호족을 적籍에 올려 중앙의 관리 아래 묶어두도록 하였다. 그러나 전국의 농업생산력과 경제력이 균일한 것은 아니었다. 이는 호족의 세력 역시 균일하지 않았다는 것을 의미한다. 따라서, 대호족은 중소호족을 세력권 안에 두고 지배함으로써 지방사회를 실질적으로 지배하고 있었다.[12]

호족은 성씨를 사용함으로써 민에 대한 우위와 지배적이면서도 차별적인 위치를 확인하고자 하였다. 이들은 권농과 교화로 대민지배를 실현하고자 하였다. 태조 왕건은 전제田制를 바로 잡고 취민유도取民有度, 즉 민을

---

10 河炫綱, 「高麗時代의 歷史繼承意識」, 『韓國의 歷史認識』(上), 창작과비평사, 1976.
11 박종기, 『새로 쓴 오백년 고려사』, 휴머니스트, 2020.
12 蔡雄錫, 『高麗時代의 國家와 地方社會–'本貫制'의 施行과 地方支配秩序』, 서울대 출판부, 2000.

호족의 혹독한 수취에서 벗어나 재생산을 위한 최소한의 기반을 유지할 수 있도록 하였다. 이는 중앙에 의한 호족 통제가 존재한다는 것을 반증한다. 또한 태조 왕건은 통일전쟁으로 새로 편입된 후백제와 신라의 영역을 편제하고, 기존의 호족의 지배 영역을 재조정하였다.

이와 같은 중앙의 지방지배 실현과 호족에 대한 통제는 본관제를 기반으로 한다. 즉, 중앙의 통제와 호족의 기득권 유지가 바탕이 되었던 것으로 이해할 수 있다. 이후 본관제를 통해 인정한 호족간의 세력의 차이와 대민지배는 주현제를 확립하는 과정에서도 그대로 계승되었다. 우선 성종대 향리 직제를 제정함으로써 호족을 더욱 강력한 중앙의 통제 아래로 끌어들였다. 그리고 지방관이 파견되는 주현과 주현의 통제를 받는 속현과 향·소·부곡은 향리에 의해 자율적으로 통제되는 영역으로 지방을 편제하였다.

그 결과 지방은 주현-속현-향·소·부곡으로 이어지는 지배와 피지배 관계가 성립하는 계서적階序的인 구조를 이루게 되었다. 이는 위에서 설명한 대호족과 중소호족의 지배-피지배 관계를 지방지배구조로 제도화했다는 것을 의미한다. 계서적인 구조가 이루어진 결과 속현과 부곡은 주현의 관내管內 또는 임내任內로 표현되어 지역간 지배-피지배 관계가 실현되는 이른바 간접지배와 거점지배의 형태로 지방지배 질서가 구현되었다. 즉, 대호족을 중심으로 하는 지방사회의 구조가 만들어지게 된 것이라 할 수 있다.[13]

이와 같은 계서적階序的, 계층적階層的 사회구조는 동일 신분 내의 다원성이 존재한다는 것을 의미한다. 예를 들어, 같은 농민이라고 해도, 주현에 거주하는가, 속현에 거주하는가, 아니면 부곡에 거주하는가에 따라 부세賦稅

13 蔡雄錫, 위의 책; 채웅석, 「고려 전기 지방지배체제의 다원성과 계서성」, 『고려의 중앙과 지방의 네트워크』, 혜안, 2019; 박종기, 앞의 책, 2020.

의 부담에서 차별이 가해질 수 있으며, 거주지에 따른 다양한 사회경제적 처지가 나타날 수 있었다. 지방사회의 유력층인 향리도 거주지에 따라 사회적 권리와 의무에서 커다란 차별이 발생할 수 있었다.[14]

고려는 위에서 설명한 다원성에 기초한 사회라 할 수 있다. 후삼국 단계에서 공존하였던 고려와 후백제 등 서로 대립하던 세력은 고려라고 하는 테두리에 통합되었으며, 본관제와 주현제가 성립하게 되면서 대호족과 중소호족이 하나의 제도로 통합되었다. 이들 호족들은 동질적 집단이라고 할 수 있으나, 지배와 피지배 관계에 있는 이질적 존재들이었으며, 향리로 편제되면서 거주지에 따른 차별을 받았다. 민 역시 유사한 형태의 차별을 받았다고 할 수 있다.

논의를 사상사와 역사인식으로 옮겨보자. 현재까지의 연구 성과를 종합하면 고려시대의 사상들 사이의 관계는 한마디로 '다원적 사상지형'이라고 말할 수 있다. 고려는 유교, 불교, 도교 등 유불도 삼교와 민간신앙, 풍수도참 등 여러 사상과 종교를 국가적으로 포용하였다. 고려는 태묘와 문묘제례, 연등회, 팔관회, 초제 등 국가의례와 문과, 승과, 잡과 등 인재선발제도를 통하여 유불도 삼교와 민간신앙, 풍수도참을 제도권으로 포섭하였다.[15] 즉 고려는 이들 사상을 국가적 테두리 안에서 공존하게 하였으며, 그 결과 사상들 사이의 조화를 추구하도록 했던 것으로 볼 수 있다.

역사계승의식의 경우도 앞서 설명한 바와 같이 다원성을 띠고 있었다.

---

14 채웅석, 「고려 전기 사회적 분업 편성의 다원성과 신분·계층질서」, 『고려의 다양한 삶의 양식과 통합 조절』, 혜안, 2019.

15 박종기, 앞의 책, 2020; 최봉준, 「고려 태조-현종대의 다원적 사상지형과 왕권 중심의 사상정책」, 『한국중세사연구』 45, 2016(『고려의 다양한 삶의 양식과 통합 조절』, 혜안, 2019).

'고려'라는 국호가 고구려계승을 표방한 것이지만, 고려는 신라의 제도를 계승하였으며, 왕실에서는 경순왕의 혈통을 끌어들였다. 또한 궁예와 견훤의 경우도 각각 고구려계승의식과 백제계승의식을 이용하여 건국에 이를 수 있었다. 이는 선행 국가에 대한 계승의식은 단일한 계통이 아니라는 것을 의미한다.[16]

이는 자아인식도 여러 형태로 나뉠 수 있다는 것을 의미한다. 자아인식은 말 그대로 자기 자신에 대한 인식으로서 '정체성Identity'으로 바꿔 부를 수 있다. 한국중세사는 삼국통일과 후삼국통일 등 두 번의 국가적 통일을 경험한 바 있다. 특히 고려가 경험한 후삼국의 경우, 고구려와 백제 등 신라에 의해 통합된 국가가 재등장하였다. 이는 지역에 따라 자아인식과 역사계승의식이 서로 달랐다는 것을 의미한다. 이에 새로이 통일을 달성한 고려국가에게 지역적으로 서로 다른 자아인식과 정체성을 하나로 통합해야하는 과제가 주어졌다.

동아시아로 시각을 돌리면 중국 중심의 보편문화와 고려의 문화적 개별성에 대한 인식으로 확대된다. 한국, 중국, 일본 등 동북아시아의 한자문화권에서 중국은 문화적으로 보편적 지위를 갖고 있으면서 주변의 국가와 민족에 대해서는 조공책봉체제를 강요하였다. 이러한 객관적 주변 상황에서 정도의 차이가 있기는 하지만 한반도의 역대 왕조들은 중국의 문화적 영향에서 자유로울 수 없었다. 중국의 문화를 어느 정도로 수용하고 활용할 것인가 하는 문제에는 자신의 역사적 유산을 객관적으로 인식하고 규정하는 과정이 필요하다. 이는 주어진 현실에 대한 정확한 인식을 바

16 최봉준, 「고려 전기 역사계승의식과 이중적 자아인식」, 『한국중세사연구』 50, 2017(『고려의 국제적 개방성과 자기인식의 토대』, 혜안, 2019).

탕으로 주변세계와 어떻게 관계를 맺어나가고, 현실 정치와 문화에 대한 중국의 영향력을 어디까지 인정할 것이며, 어느 정도 수준에서 보편에 참여하고 스스로 '비루하다'고 평가하는 문화적 전통을 어떻게 바라볼 것인가 하는 문제라고 할 수 있다.

이것은 역사적 시원을 어떻게 설정할 것인가 하는 문제와도 관계가 있다. 역사적 시원으로 설정된 존재의 성격과 상징성에 따라 자아인식은 달라질 수 있는 것이며, 그러한 자아인식에 따라 외래문물을 대하는 자세 역시 달라질 수 있다. 전통적으로 역사적 시원의 대상으로 여겨오던 존재는 널리 알려진 바와 같이 단군檀君과 기자箕子이다. 양자는 사대주의와 자주성의 논리에 따르면, 상호 대립하는 이미지로 기억되는 존재였다. 기자가 유학적 교화의 시조로서 중국 중심의 문화적 보편성을 상징한다면, 단군은 중국과 혈통적, 문화적 구분을 상징한다. 대립적 존재들 사이에서는 으레 경쟁이 벌어지고 그 결과 어느 하나가 패배하거나 소멸한다고 생각하기 쉽다. 적어도 동아시아의 관념에서 보편과 특수, 보편문화와 문화적 개별성은 사전적으로는 분명히 대립적 개념인 것은 분명하지만, 개별성과 특수성은 보편성이 전제되어야 성립할 수 있는 개념이다. 반대로 보편성 역시 특수성이나 개별성이 존재해야 상정할 수 있는 개념이다.

유학적 사고에서 보편이 본질적 실체인 '체體'에 해당한다면, 개별성은 그 실체의 변용이라고 할 수 있는 '용用'이라고 할 수 있다.[17] 그렇기 때문에 보편문화에서 어느 한 문물을 수용하였다고 할 경우, 이것은 단순히 접촉Contact한 것을 반영Reflection하는 것이 아니라 굴절Refract시키는 것으로

---

17 金世宗, 「儒家의 文化 개념과 한국의 문화철학에 관한 試論」, 『儒教思想文化研究』 67, 2017, 132~133쪽.

볼 수 있다.[18] 예를 들어 성리학이 도입된 이후 내재화 과정을 거쳐 조선 성리학으로 발전하는 경우, 조선 성리학은 바로 조선의 자체적인 굴절과 변용Transformation을 반영한 개별성에 해당되는 것이라고 할 수 있다. 이를 단군과 기자의 관계에 대입시켜보면, 단군과 기자는 의미와 상징성에서 정반대의 대립적인 관계에 있으나, 문화적으로는 보편성과 개별성은 상호보완적 관계라 할 수 있다. 즉 단군과 기자는 역사적으로 대립적 상호보완 관계로 이해할 수 있는 것이다.

역사적 시원에 대한 계승 또는 고구려, 백제, 신라 등 선행국가에 대한 계승의식은 역사계승의식이라는 이름 아래 이루어진 자아 정체성이라 할 수 있다. 단군을 계승한다면 이는 곧 중국과 문화적, 혈통적 구분을 강조할 것이며, 자체적 전통 위주의 문화나 국가운영을 담보한 것이 된다. 반대로 기자를 계승한다면 이는 보편적 지위를 가진 중국과의 문화적, 제도적 일치를 통한 개혁을 지향하고 나아가 보편문화에 참여하겠다는 의사 표현으로 이해할 수 있다. 또한 시기에 따라 정도의 차이가 있겠지만, 단군과 기자 모두를 역사적 시원으로 삼겠다는 것은 문화적 보편성과 개별성 모두를 중시하겠다는 것으로서, 그 자체가 이중적이면서도 다원적인 자아인식의 단서를 제공할 수 있다. 그렇기 때문에 역사적 시원과 선행국가에 대한 계승은 그들의 역사적 유산을 계승하고 이를 통해 국가운영을 어떻게 해나갈 것인가 하는 문제를 내포하고 있는 것이며, 주변, 특히 중국의 문화적 영향력에 대한 자세 또한 결정될 수 있다.

---

18 이혜순, 『전통과 수용 – 한국 고전문학과 해외교류』, 돌베개, 2010.

2. 사학사·사상사 연구와 고려시대 사회성격론

사학사는 역사인식의 역사 또는 역사의식의 역사 정도로 바꿔 부를 수 있다. 때문에 넓은 의미에서 사학사는 사상사의 한 분야가 될 수 있다. 지금까지의 연구를 되짚어 보면 개인의 역사인식은 사상사와 동떨어진 것으로 보는 것 같지는 않다. 그럼에도 두 분야가 연계된 연구가 이루어진 것은 비교적 최근의 일이다. 개인 또는 집단, 시기 등 연구자가 설정한 관점과 집단, 기준에 따라 역사인식을 살펴보는 데 있어 사상사적 맥락을 고려하는 것은 이제 일반적인 연구방법론으로 자리 잡았다.

사상사와 사학사에서는 인물과 저서·문집을 사료로 연구가 진행되고 있다. 즉 개인의 정치활동과 생애를 비롯하여 전체적인 사상의 궤적을 고찰하고 이것이 어떻게 역사인식과 연관성을 가지게 되었는지 살펴봄으로써 정사正史와 사서史書 위주의 연구방법론을 보완할 수 있다. 여기에 기존의 정치사와 사회경제사 연구성과를 활용함으로써 전체적인 사회변화 속에서 개인의 정치활동과 사상을 조명해야만 한다. 그래야 전체사의 흐름과 연계될 수 있기 때문이다.

나말려초~여말선초의 경우 최치원, 김부식, 이규보, 이승휴, 일연, 이제현, 이곡, 이색, 정도전, 권근 등이 주요한 연구대상이 되었다. 종합적인 연구성과만 모아보아도 개인은 물론 전체적인 사상지형을 그릴 수 있을 정도이다.[19] 이들 인물에 대한 학회나 단체의 기획 연구나 발표의 제목,

---

19 「제 1회 한국고전 심포지움－『三國遺事』의 종합적 검토」, 『震檀學報』 36, 1973; 「제 2회 한국고전 심포지움－『三國史記』의 종합적 검토」, 『震檀學報』 38, 1974; 「제 9회 한국고전 심포지움－『三峯集』의 종합적 검토」, 『震檀學報』 50, 1980; 「제 10회 한국고전 심포지움－『益齋集』의 종합적 검토」, 『震檀學報』 51, 1981; 都珖淳 편, 『權陽村思想의 硏究』,

저서의 서지사항 등을 제시하면 다음과 같다.

특히 고려시대는 『삼국사기』와 『삼국유사』 등 누구나 알고 있는 굵직한 사서가 편찬되었다는 점에서 사학사 연구에서 매우 중요한 시기로 자리매김하게 되었다. 현재 한국사학사를 종합적으로 정리한 여러 연구들에서 고려시대는 『삼국사기』와 『삼국유사』를 중심으로 정리한다. 많은 연구자들은 이들 두 사서를 대립적 시각에서 자주와 사대를 중심축으로 인식하였다.[20] 김부식의 『삼국사기』가 유학적 포폄과 춘추필법에 따라 서술되었으며, 객관적인 것만을 사실로 인정하여 기록하였다는 점에서, 그리고 신라중심적 사관을 지니고 있는 것으로 보았다. 그렇기 때문에 단군신화를 기록한 『삼국유사三國遺事』와 『제왕운기帝王韻紀』, 그리고 주몽의 고구려건국을 신이적 관점에서 정리한 「동명왕편東明王篇」은 상대적으로 자주적인 역사인식을 대표하는 역사기록으로 인정하였다.

역사기록과 인식은 국가 통치를 위한 정책자료이며, 춘추필법春秋筆法을 통한 엄정한 객관적 사실 위주의 기록, 유학적 기준에 따른 포폄, 그리고

敎文社, 1989; 목은연구회, 『목은 이색의 생애와 사상』, 일조각, 1996; 「제 24회 한국고전 심포지움–『東國李相國集』의 종합적 검토」, 『震檀學報』 83, 1997; 최영성, 『崔致遠의 哲學思想』, 아세아문화사, 2001; 한국사학회·동국대 신라문화연구소, 『신라 최고의 사상가 최치원 탐구』, 주류성, 2003; 삼봉정도전선생기념사업회, 『정치가 정도전의 재조명』, 경세원, 2004; 「제 32회 한국고전 심포지움」, 『震檀學報』 99, 2005; 「제 33회 한국고전 심포지움」, 『震檀學報』 102, 2006; 중세1분과 고려 후기인물사연구반, 「이색의 삶과 생각」, 『역사와 현실』 62, 한국역사연구회, 2006; 고운국제교류사업회, 『고운 최치원의 철학·종교사상』, 문사철, 2009; 「제 35회 한국고전 심포지움」, 『震檀學報』 112, 2011; 삼봉정도전선생기념사업회, 『성리학자 정도전의 국제적 위상』, 경세원, 2008; 도현철, 앞의 책, 2011; 중세1분과 고려 후기인물사연구반, 「두 왕조에 출사한 지식인, 권근」, 『역사와 현실』84, 한국역사연구회, 2012; 도현철, 『이곡의 개혁론과 유교 문명론』, 지식산업사, 2021.

20 『韓國의 歷史認識』(상), 창작과비평사, 1976; 한국사연구회, 『韓國史學史의 硏究』, 을유문화사, 1985; 한국정신문화연구원, 『韓國思想史大系』(3), 한국정신문화연구원, 1994.

대부분의 사서가 유학자들에 의해 정리되었다는 점에서 유학의 영역으로 생각되고 있다. 고려시대는 위에서 언급한 『삼국유사』와 함께 『해동고승전海東高僧傳』 등 불교 승려들에 의한 역사기록이 활발하게 전개된 시기라고 할 수 있다. 그러나 불교에서는 고난과 타락으로 얼룩진 현실에서 벗어나기 위해 진여眞如의 세계로 복귀하고 그 과정에서 반드시 인간의 욕망에 대해 각성을 해야만 한다. 이것이 성불에 이르는 지름길로 인식되었다. 이는 시공간을 초월한 개념이기 때문에 불교에서는 인간의 역사에 대해 상대적으로 관심이 덜하였다.[21]

이에 비해 유학은 하·은·주 삼대를 이상적으로 여기고 있으며, 특히 주대周代를 왕도의 이상으로 삼고 있기 때문에, 현실에서 왕도를 지향하기 위해서는 과거에 도道가 실현되었다는 역사적 사실을 궁구해야만 하였다. 현실에서 왕도를 실현하기 위해서는 오랜 옛날에 이미 도道가 실현되었다는 역사적 증거나 정황이 필요하였다. 그래야만 현실세계에서 성인의 도를 계승할 수 있게 되며, 이는 다시 왕도를 실현할 수 있다는 구체적 가능성으로 작용할 수 있다. 즉, 오랜 옛날의 왕도 정치는 현실세계의 모범이었던 것이다.

또한 진시황과 같은 폭군의 출현을 방지하기 위해 역사기록은 엄정한 사실에 입각하여 기록되어야 하며, 포폄이라는 가치판단 역시 중요하게 취급되어야만 하였다. 이를 통해 군주는 '혁명革命'의 대상이 되지 않기 위해 끊임없이 경사經史를 학습하고 교훈으로 삼아야 하였다.[22] 이에 따라 역사는 유학의 영역에서 고찰되었으며, 유학자들에게는 반드시 학습하고

---

21 高柄翊, 「儒敎思想에서의 進步觀」, 『中國의 歷史認識』(上), 지식산업사, 1985, 70~71쪽.
22 위의 글, 72~75쪽.

교훈을 삼아 왕권을 통제하는 수단으로 삼기에 이르렀다.

고려는 후삼국을 통일하는 과정에서 토성분정土姓分定을 기초로 본관제를 시행하고, 주현제가 확립되면서 주현이 속현과 부곡지역을 지배하는 간접지배와 계서적 지배형태를 관철하였다. 이는 전국적으로 토지 비옥도와 생산력의 차이가 온존한 상황에서 자연스럽게 호족 간 세력의 차이로 나타나게 되었다. 이를 중앙과 지방, 지방세력과 지방세력 사이의 관계로 만들어 지방지배질서를 구현하였다. 그럼으로써 다양한 세력을 고려의 지배체제 안으로 끌어들인 것으로 볼 수 있다. 이와 같은 포용적 지배형태는 다른 관점에서 보면 다원성에 기반을 둔 지배체제라고 할 수 있다.[23] 또한 외교적으로 그리고 종족적으로 복잡하게 전개되는 대외관계 또한 다원적 형태로 만들어나갔다. 고려는 한족과 북방민족을 가리지 않고 모두 조공-책봉관계를 맺었다는 점에서 한족 위주의 종족적 화이관에 기초한 조선시대의 외교관계와 큰 차이를 보여주었다.[24] 이는 고려왕조가 다원성에 기초한 지배체제와 사회구조를 지니고 있다는 것을 의미한다.

이에 따라 고려의 다원적 지배형태의 구조를 구체적으로 규명하려는 시도가 있었다. 이에 관해서는 많은 논의가 있었던 것은 아니지만, 몇몇 연구들을 소개하면 다음과 같다. 먼저 고려사회는 여러 이질적인 요소들이 병립한 벌집구조를 이루고 있다는 견해가 있다. 고려는 사회경제적으로 총액제를 기반으로 한 분할적 경제구조와 전업적이면서도 분업적 형태인 신분-직역구조, 그리고 양인으로 구성된 주현-속현-부곡의 계서적인 구조를 통해 제각기 독립적인 벌집이 모여서 구성된 사회이면서도 통합

23 채웅석 편, 『고려의 중앙과 지방의 네트워크』, 혜안, 2019.
24 채웅석 편, 『고려의 국제적 개방성과 자기인식의 토대』, 혜안, 2019.

성을 지니고 있는 사회라고 설명한다.[25] 이를 대외관계와 사상지형으로 논의를 확대하면, 계서적인 지방사회의 구조를 다원성과 다층위성으로 설명하면서도 다원적 국제환경 속에서 개방성과 함께 다원적 사상과 종교적 기반을 가진 사회로 설명하고 있다.[26]

이럴 경우 다원성에 이은 통합성을 어떻게 설명할 것인가 하는 문제가 남는다. 지금에 와서 생각해보면 이 견해에서 말하는 벌집구조란 여러 이질적 요소들이 단순 병립한 구조로 볼 수 있지 않을까 한다.[27] 그러나 이는 많은 연구자들의 동의를 얻지 못한 것으로 보인다. 사상사적 접근이기는 하지만, 국왕이라는 존재를 구심점으로 하는 구조를 이루고 있다고 하는 연구를 참고해볼만 하다. 그에 따르면 다원적 사상지형에서 국왕은 각각의 사상에 대하여 수장首長과 같은 역할을 한다. 그러면서 이질적 요소들 사이에서 조절자이자 통합성의 주체로서 각각의 사상을 왕권에 예속시키고 있었던 것이라 설명한다.[28] 다원사회를 오랫동안 유지하기 위해서는 중심이 없을 수 없다. 그래야 국가적 테두리가 유지될 수 있기 때문이다. 그렇지만 보는 관점에 따라 여러 가지 중심이 존재하는 중핵적 성격으로 규정할 수도 있다.

전반적인 사회전체의 구조는 최근까지 많은 연구자들이 귀족제사회론에 동의하고 있으며, 최근 다원사회론에 공감하고 있는 분위기이다. 그렇

---

25 박종기, 『5백년 고려사』, 푸른역사, 1999.

26 채웅석, 「고려 사회·문화의 다원성·다층위성과 소통의 이중주」, 『고려의 다양한 삶의 양식과 통합 조절』, 혜안, 2019.

27 박종기의 『5백년 고려사』는 1999년에 초판이 출간된 이래 2차례의 개정을 거쳤다. 가장 최근에 나온 『새로 쓴 오백년 고려사』(2020)에서도 고려사회의 다원성을 벌집구조로 설명하고 있다.

28 최봉준, 「고려시대 사회성격론과 다원사회의 구조적 이해」, 『역사와 실학』 67, 2018(『고려의 국제적 개방성과 자기인식의 토대』, 혜안, 2019).

지만, 다원사회라고 할 때 사회성격도 과거 귀족제사회론과 관료제사회론의 논쟁이 진행되는 과정과 각각의 이론들이 가지는 의의를 생각해보면, 모두가 인정되는, 즉 음서제를 통한 귀족제적 성격과 과거제를 통한 관료제적 성격 모두를 가진 것으로 이해할 수도 있는 문제이며, 관점에 따라서는 이렇게 보는 것이 합리적인 것으로 이해될 수 있다.

다원성을 인정한다면 과연 어떻게 바라보는 것이 합리적일까? 하는 의문을 제기할 수 있다. 가장 합리적인 대안은 위에서 말한 바와 같이 다원성을 통제하는 어느 하나의 존재가 있고, 그에 의하여 통합성이 발휘된다고 하는 설명이 아닌가 생각한다. 만약 다원성만이 강조되는 사회라면 겉으로 보기에 역동적인 사회로 볼 수 있으나 한편으로는 각각의 이질적 요소들 사이의 갈등과 경쟁이 조율되기 어렵기 때문에 장기적인 혼란이 발생할 수 있다. 그러나 한편으로 실제 고려사회가 다원성에도 불구하고 475년간 존속한 것을 생각하면 나름의 운영원리와 통합성의 주체가 분명히 존재할 것이다. 현재 사회구조론과 성격론 자체에 대한 논의가 활발하게 전개되는 것은 아니다. 그러나, 연구성과들이 축적되면 사회구조와 성격에 관한 새로운 논의가 있을 것이라 기대한다.

3. 다원사회에서 유학의 역할과 역사인식

고려사회를 다원사회로 인식하고, 역시 사상지형도 유불선 및 풍수도참과 민간신앙 사이의 공존과 조화를 추구하는 다원적 사상지형을 추구한다면, 역사인식을 주도하고 있는 유학의 위상과 역할에 주목해보지 않을 수 없다.

고대사회에서 유학은 초월적 왕권을 충효관념을 통해 합리적으로 설명하고 정당화하는 논리로 기능을 하였던 것으로 이해할 수 있다.[29] 보편윤리로서의 충효는 천손관념을 뛰어넘는 초부족적인 정치이념으로서[30] 국가적 규약의 확립으로 이어질 수 있는 측면도 있었다.[31] 또한 살우殺牛를 통해서도 개인과 개인, 국가와 집단, 국가와 개인 등 각각의 존재들 사이에서 맺어질 수 있는 맹세와 신의를 확인할 수도 있는데, 이는 중국의 유교의례와 유사하다.[32] 이것이 부족적 규약인지 국가적 규약인지는 더 생각해볼 필요가 있지만 이러한 행위가 지역을 넘어서 보편적으로 받아들여지고 있는 것으로 이해할 수 있다. 이러한 점들은 유학이 고대사회에 수용되고 그것이 고대사회의 체제 강화, 즉 왕권의 초월적 절대성을 입증하는 도구로 사용될 수 있었을 것이라는 추측도 가능케 한다.

이와 함께 정치의 책임을 국왕에게 묻는 경향이 점차 강해졌다. 이는 재이災異에 대하여 왕권이 취하는 행동을 통해서 확인할 수 있다. 재이가 빈발하였던 고대와 중세국가에서 국왕은 천명을 받은 존재로서 국가운영에서 전권을 행사하는 만큼 정치의 책임도 모두 국왕에게 돌아가는 것으로 인식했다. 많은 연구에서 지적하고 있는 바와 같이 동중서董仲舒, BC.170~BC.120의 천

---

29 金哲埈, 「삼국시대의 예속과 유교사상」 『大東文化研究』 6·7합집, 1971, 11~12쪽; 申瀅植, 「韓國古代史에 나타난 忠孝思想」, 『誠信女大論文集』 11(『韓國古代史의 新研究』, 일조각, 1984) 참조.

30 申東河, 「古代思想의 特性」, 『傳統과 思想』 4, 한국정신문화연구원, 1990; 李基東, 「百濟國의 政治理念에 대한 一考察－特히 '周禮'主義的 정치이념과 관련하여」, 『震檀學報』 69, 1990; 鄭璟喜, 「三國時代 社會와 儒教經典의 研究」, 『東方學志』 60, 1990(『韓國古代社會文化研究』, 일지사, 1990).

31 김기흥, 「삼국사기 검군전에 보이는 7세기 초의 시대상」, 『수촌박영석교수화갑기념 한국사학논총』(상), 탐구당, 1992 참조.

32 辛鍾遠, 『新羅初期佛教史研究』, 민족사, 1992, 106~119쪽.

인감응설天人感應說은 그 논리적 근거로 활용되었다. 이미 고대국가 완성기에 이르러 국왕은 천명을 실천하기 위해 언제나 책기수덕責己修德해야만 하는 존재로 인식되었다. 즉 『삼국사기』의 천재지변과 관련된 기사에서 재이는 군주가 부덕하여 오행의 질서와 절차, 『서경書經』의 홍범洪範이 추구하는 왕도를 어겼기 때문에 발생하는 징벌로 이해할 수 있다는 것이다. 이에 군주는 재이를 피하기 위해 반드시 책기수덕하고 화려한 정전을 피하며 감선減膳하고 죄수를 풀어주는 등 왕도와 인정仁政을 베푸는 행위와 의례를 거행할 필요가 있었다.[33]

고려시대 들어 정치의 모든 책임은 국왕으로 귀속된다는 논리로 변화하게 된다. 고려 초기를 거치면서 중국의 정치이념 수용이 심화되면서 성종대를 기점으로 정치의 모든 책임은 완전하게 국왕측으로 넘어오게 된다.[34] 따라서 국왕은 인사人事의 모든 책임을 지고 있는 존재로서 자연스럽게 신권은 왕권에 예속된 존재로 파악된 것으로 볼 수 있다.

기능적 측면에서 유학은 충효를 통해 국가적 규약을 점차 고대적인 성격에서 중세적 성격으로 변화시켰으며 유학적 이상이라 할 수 있는 왕도정치 실현을 위한 정연한 논리체계를 구성해나가기 시작하였다. 나말려초 유학은 불교와 공존하였으며, 효 윤리의 경우 불교와의 교섭, 즉 조상의 덕을 추복하는 불사를 통해서 왕도정치가 실현가능하다는 논리가 나오기도 하였다.[35] 이로써 나말려초 사회에서 유학은 다원적 사상지형의 일원으로서[36] 불교 등 유학 이외의 사상에 대하여 매우 유연한 자세를 취

33 李熙德, 『韓國古代 自然觀과 王道政治』, 혜안, 1999.
34 이희덕, 『고려유교정치사상의 연구』, 일조각, 1984, 50~55쪽.
35 장일규, 「최치원의 유불인식과 그 의미」, 『한국사상사학』 19, 2002.
36 이재운, 「고운 최치원의 삼교융합론」, 『선사와 고대』 6, 1997; 장일규, 「최치원의 삼교융

하고 있었던 것으로 이해할 수 있다. 또한 자기 전통에 대한 인식은 유학적 관념과 결합하는 과정을 거치기도 하였다. 즉, 당唐에서 신라를 '군자국君子國'으로 여기고 있었듯이 신라 역시 기자箕子 이후 유학적 교화가 진행되었으며 이를 통해 신라가 유학적 전통을 계승하고 있다는 인식이 점차 확고해져갔다.[37]

한편 역사서의 편찬과 인식은 고대사회에서부터 유학자가 주도하였다. 고구려의 태학박사 이문진李文眞은 『유기留記』를 편집하여 『신집新集』 5권을 편찬하였다.[38] 이는 유학이 단순히 고대적 왕권을 합리화하는 도구를 넘어 왕도실현의 논리적 근거로 역사를 활용하였다는 것을 의미한다. 국학의 태학박사가 전부터 내려오던 『유기』를 축약하였다는 것은 유학적 기준에 따른 편집으로 이해할 수 있다. 백제는 375년근초고왕 30에 박사博士 고흥高興이 『서기書記』를 편찬하였다.[39] 신라는 545년진흥왕 6 이찬伊湌 이사부異斯夫가 『국사國史』를 편찬하였다. 신라의 경우 『국사』를 편찬하면서 "국사라는 것은 군신의 선악을 기록하여 만대萬代에 포폄褒貶하는 것을 보이는 것입니다. (국사를) 수찬하지 않으면 후대에 무엇을 보이겠습니까?"라고 하였다.[40] 이는 고대국가 완성기에 유학적 가치관에 따라 국가운영과 관계되는 기록을 수집하여 역사기록을 생산해냈다는 것을 의미한다. 이때 『유

합사상과 그 의미」, 『신라사학보』 4, 2005; 최영성, 「최치원의 玄妙之道와 儒仙思想」, 『한국고대사탐구』 9, 2011; 최봉준, 「고려 태조-현종대 다원적 사상지형과 왕권 중심의 사상정책」, 『고려의 다양한 삶의 양식과 통합 조절』, 혜안, 2019.

37 장일규, 「崔致遠의 新羅傳統 인식과 『帝王年代曆』의 찬술」, 『韓國史學史學報』 6, 2002; 권덕영, 「신라 '君子國' 이미지의 형성」, 『韓國史研究』 153, 2011.

38 『三國史記』 권20, 高句麗本紀8, 嬰陽王 11년(600) 1월.

39 『三國史記』 권24, 百濟本紀2, 近肖古王 30년(375) 11월.

40 『三國史記』 권4, 新羅本紀4, 眞興王 6년(545) 7월. "伊湌異斯夫奏曰 國史者 記君臣之善惡 示褒貶於萬代 不有修撰 後代何觀 王深然之 命大阿湌居柒夫等 廣集文士 俾之修撰."

기』와 『서기』, 『국사』를 사서 이름으로 보아도 좋은지 여전히 의문이 남는 것이 사실이지만, 어쨌든 고대국가에서 역사의 편찬은 유학의 역할로 인식했다는 결론에 도달하는 데는 큰 문제가 없다.

삼국통일 이후에도 김대문金大問의 『화랑세기花郞世記』, 『계림잡전鷄林雜傳』, 『한산기漢山記』와 최치원의 『제왕연대력帝王年代曆』 등을 살펴보아도 모두 유학자에 의한 역사기록은 그대로 이어지고 있다는 것을 확인해볼 수 있다. 이때 김대문이 신라의 전통에 주목한 반면, 최치원은 중국적 사고에 따라 신라의 역사를 재구성하였다는 차이점이 있기는 하지만[41] 두 사람 모두에게서 유학적 소양이 있는 인물이라는 공통점을 찾을 수 있다.

고려시대의 경우 『삼국유사』를 남긴 일연과 『해동고승전』을 찬술한 각훈 등을 제외하면 역사서술은 유학자들의 몫이었다. 유교정치이념은 통치윤리이면서도 경세론인 반면 앞서 언급한 바와 같이 현세를 초월한 세계관을 지닌 불교는 유학자의 입장에서 정치와 거리가 있는 사상체계로 인식되었다. 많은 연구에서 언급하는 시무 28조에서 최승로는 불교와 유학의 역할을 구분하였으며, 현세를 통치하는 국왕은 먼 곳에 있는 불교보다는 바로 현세에 존재하는 유학을 따를 것을 요구하였다.[42]

이 경우 군주는 유신들과 함께 왕도를 이룩해야 하며 충과 효를 통해 강하게 결합되어 있었다 할 수 있다. 그렇지만 현실적으로 고려시대 유학자들은 불교와 도교 등 유학 이외의 사상과도 유대관계를 맺고 있었다. 12세기를 대표하는 유학자 김부식은 대각국사의 비문을 지었다.[43] 성리학자

---

41 신형식, 「고대의 역사인식」, 『한국의 역사가와 역사학』(상), 창작과비평사, 1994.
42 『高麗史』 권93, 列傳6, 崔承老.
43 『高麗史』 권98, 列傳11, 金富軾.

이색은 아버지 이곡의 서원誓願을 실천하기 위해 여주 신륵사에 대장경을 안치하였고,[44] 승려들과 시문을 통한 교유관계도 매우 깊었다. 그 외에도 예종~인종대 활동한 한안인과 곽예 등은 유학자이면서도 도교에 깊이 관여하였다.[45] 이러한 몇몇 사례들은 고려시대 유학자들이 기본적으로 왕도정치를 지향하면서도 불교와 도교 등 유학 이외의 사상에도 상대적으로 관대한 입장이었다는 것을 보여준다.

유학에서는 왕도에 이르기 위해 우선 선왕의 통치, 즉 요순의 통치를 본받아야 하며, 정치가 가장 모범적으로 행해진 주대의 제도를 본받아야만 하였다. 또한 선왕의 통치는 정책자료로서 현실 정치의 모델의 역할을 하였다. 여기서 선왕은 곧 성인으로서 천리를 직접 실천에 옮김으로써 왕도를 구현한 인물이라고 할 수 있다. 그렇기 때문에 성인의 교화는 곧 모범적 지위를 갖는다고 할 수 있다. 성리학 수용 이전의 유학에서도 선왕의 정치는 일종의 도道로 인식되었기 때문에, 과거에 도가 행해졌고 이것이 역사책에 기록되었다면 이는 현실에서도 도를 행할 수 있는 문헌적 근거 역할을 하게 된다.[46]

성리학은 수용 초기 사회사상으로서 이기철학보다는 실천 위주의 학문으로 보는 것이 많은 연구자들의 견해이다.[47] 이는 이후 성리학이 점차 심화되는 과정을 거쳤다는 의미로 받아들일 수 있으며, 성리학 수용과 이해의 심

44 『高麗史』 권115, 列傳28, 李穡.

45 金秉仁, 『高麗 睿宗代 政治勢力 硏究』, 경인문화사, 2003.

46 Peter K. Bol, 심의용 역, 『중국 지식인들과 정체성』, 북스토리, 2008, 181~182쪽.

47 邊東明, 『高麗後期性理學受容硏究』, 일조각, 1995; 李源明, 『高麗時代 性理學受容硏究』, 국학자료원, 1997; 都賢喆, 앞의 책, 1999; 金仁昊, 앞의 책, 1999; 馬宗樂, 「高麗後期 登科儒臣의 儒學思想 硏究」, 계명대 박사논문, 1999; 高惠玲, 『高麗後期 士大夫와 性理學 受容』, 일조각, 2001.

화는 곧 내면화 과정으로 이해할 수 있다. 그렇기 때문에 성리학 수용은 단계적으로 이루어졌다고 할 수 있으며, 수용의 단계는 세대Generation를 기준으로 나누어 설명할 수 있다.

수용 초기 성리학은 불교와 같은 이단에 대해 비교적 관대하였다. 심지어 유불동도론儒佛同道論[48]과 같이 유학과 불교가 같은 뿌리를 두고 있는 것으로 이해하였다. 때문에 14세기 사회경제적 모순의 주체로서 거론되던 불교에 대한 처방은 주로 교리보다는 사회경제적 폐단을 지적하고 시정을 요구하는 데 집중되었다. 이는 초기 성리학자들이 불교의 교리가 갖고 있는 사회적 효용성에 대해 어느 정도 인정하고 있다는 것으로 이해할 수 있다.

성리학에서 역사는 수용 이전과 마찬가지로 삼대 이후 도가 실현되었다는 것을 증명하는 수단으로 쓰였다. 성리학 수용 이후 점진적으로 성인의 교화를 수용하고 실천하였던 일종의 계보로서 도통이 인식되기 시작하였다. 이는 국가에 의한 통치를 초월한 개념으로서 성리학자들에게는 궁극적 가치이자 권위가 될 수 있다.[49] 즉 성인의 교학이 도학이라고 할 수 있으며, 도통은 이를 계승한 일종의 계보라고 할 수 있는 것이다. 따라서 도통을 인정한다면 이것은 결국 역사 속에 도가 실재하였다는 증거가 되는 것이다.

또한 성인의 도를 계승한다는 것은 보편의 계승으로 인식할 수 있다. 위에서 언급한 바와 같이 도통이 현실 정치를 초월한 개념이라면 같은 개념인

---

48 都賢喆, 『高麗末 士大夫의 政治思想硏究』, 일조각, 1999; 도현철, 『목은 이색의 정치사상 연구』, 혜안, 2011.

49 Peter K. Bol, 김영민 역, 『역사 속의 성리학』, 예문서원, 2010, 214~216쪽.

성인의 도 역시 동아시아의 유학을 수용한 국가와 민족이라면 누구나 지향해야할 가치라고 할 수 있다. 성인은 도덕적으로 완벽한 인간이자 천리를 직접 실천할 수 있는 자격을 갖춘 인물이며 정치적으로는 천자에 해당한다.[50] 만약 성인=천자가 천리에 의한 정치를 하게 되고 그로부터 민이 교화를 받아 성리학 사회가 실현된다면, 이는 곧 문명교화文明敎化이자, 왕도정치의 실현이라고 할 수 있다. 따라서, 이와 같은 논리를 성리학의 실천이라는 측면에서 종합하면 성리학에서 역사는 성인의 통치를 현실에서 실현함으로써 왕도에 접근할 수 있게 해주는 기제라고 할 수 있는 것이다.

4. 성리학 수용 이전의 역사인식과 문명론

한국 중세사에서 가장 큰 변화는 바로 성리학의 수용이라고 할 수 있을 것이다. 이후 잠시 설명을 하겠지만, 성리학의 수용은 유학적 문제의식과 가치관의 수용이며, 국가운영과 문화의 측면에서도 유학적 문제의식의 관철이라는 점에서 주목할 수 있을 것이다.

성리학 수용 이전의 역사인식에 관한 연구는 김부식의 『삼국사기』와 일연의 『삼국유사』를 중심으로 이루어졌다고 해도 과언은 아니다. 이 밖에도 이승휴의 『제왕운기』, 이규보의 「동명왕편」과 김관의의 『편년통록』 등에 대해서도 현재까지 활발하게 연구가 진행되고 있다.

이보다 먼저 살펴볼 것은 고려시대 역사인식의 원류에 해당하는 최치원

---

50 Peter K. Bol, 심의용 역, 앞의 책, 723~724쪽.

의 『제왕연대력』에 관한 연구이다. 우선 최치원 이전 6두품 계열 유학자들의 활동은 대체로 원성왕대에 시행된 독서삼품과 단계에서부터 주목을 받았다고 할 수 있다. 이에 대해서는 대체적으로 6두품에게 유리한 제도라는 시각에서 연구가 이루어졌는데, 이는 신라 하대 왕권의 입장에서 6두품은 정치적 연대의 대상이 되었다는 것을 의미한다.[51]

그러한 관점에서 최치원의 사상은 시무10조를 중심으로 연구가 이루어졌다. 이에 대해서는 최치원 개인이 입안한 개혁안으로 보는 시각이 일반적이지만,[52] 이는 최치원 개인의 전유물은 아니며 오히려 도당유학생의 공통적 의견이라는 시각도 존재한다.[53] 여기서 나타난 최치원의 개혁안의 방향은 군주의 자질과 인재 등용,[54] 그리고 당에서의 경험을 반영한 당의 통치구조 도입으로 요약할 수 있다.[55] 그렇지만, 다른 한편으로 최치원의 사상을 삼교일치론을 중심으로 설명하는 경향도 발견할 수 있다.[56] 이는

---

51 李基白, 『新羅思想史研究』, 일조각, 1986; 고경석, 「신라 관인선발제도의 변화」, 『역사와 현실』 23, 1997; 車美姬, 「統一新羅의 官人 교육과 선발」, 『崔淑卿敎授停年紀念史學論叢』, 2000; 김영하, 「신라 중대의 유교수용과 지배윤리」, 『한국고대사연구』 40, 2005; 전덕재, 「신라의 독서삼품과-한국 과거제도의 前史」, 『한국사시민강좌』 46, 2010; 한준수, 「신라 중대 국학의 설치와 운용」, 『한국고대사탐구』 17, 2014; 한영화, 「신라의 國學 교육과 관인 선발」, 『新羅史學報』 45, 2019.

52 최영성, 「최치원의 유교적 개혁사상」, 『신라 최고의 사상가 최치원 탐구』, 주류성, 2001; 장일규, 「최치원의 유교적 정치이념과 사회개혁안」, 『한국고대사연구』 38, 2005.

53 全基雄, 「新羅末期 政治·社會의 動搖와 六頭品知識人」, 『한국고대사연구』7, 1994, 107쪽.

54 최영성, 「최치원의 유교적 개혁사상」, 『신라 최고의 사상가 최치원 탐구』 주류성, 2001; 장일규, 「최치원의 유교적 정치이념과 사회개혁안」, 『한국고대사연구』 38, 2005.

55 全基雄, 「新羅末期 政治·社會의 動搖와 六頭品知識人」, 『한국고대사연구』 7, 1994, 108~110쪽; 장일규, 「崔致遠의 新羅傳統 인식과 『帝王年代曆』의 찬술」, 『韓國史學史學報』 6, 2002.

56 한종만, 「한국의 유불도삼교 회통론」, 『도교문화연구』 1991-1; 이재운, 「고운 최치원의 삼교융합론」, 『선사와 고대』 9, 1997; 장일규, 「최치원의 삼교융합사상과 그 의미」, 『신라사학보』 6, 2005; 최영성, 「崔致遠의 玄妙之道와 儒·仙思想-「鸞郎碑序」 재해석을 중심으로」, 『한국고대사탐구』 9, 2011.

「난랑비서鸞郎碑序」를 중심으로 최치원의 사상적 경향을 설명하는 것인데, 최치원 사상의 특징은 유불도 삼교가 무리 없이 융합할 정도의 유연성에 있는 것으로 보고 있다.

최치원의 역사인식은 중국적 사고방식과 연결시키고 있다. 연구자들은 이를 『제왕연대력』에서 이사금, 마립간 등 신라 고유의 왕호를 중국식으로 바꾸었다는 점을 중심으로 설명한다. 즉 시기적으로 8세기 신라의 역사인식을 대표하는 인물이 김대문이라면, 9세기는 최치원과 같은 6두품 지식인이라고 한다. 김대문이 신라 고유의 전통에 집중하였다면, 최치원은 유학을 중심으로 하는 중국적 사고를 대표한다는 것이다.[57]

그렇지만, 이를 신라의 제도개혁이라는 점에서 보면 『제왕연대력』과 위에서 언급한 시무10조를 묶어서 당에서의 경험이 반영된 것으로 보고 있다. 이중 시무10조는 당의 정치와 행정제도 수용을 지향하는 것으로 보고 있다.[58] 그렇다고 해서 최치원의 사상적 궤적을 당과의 관련성에서만 해석하는 것은 아니다. 『제왕연대력』에서 중국의 왕호와 신라의 왕호를 함께 연표형식으로 정리하였던 것은 당을 천자국으로 신라를 제후국으로서 보고 있었던 관점이 반영한 결과이며,[59] 때에 따라서는 이를 두고 당과 신라를 동등하게 보았던 것으로 해석하기도 한다.[60]

---

57 이기동, 「고대의 역사인식」, 『한국의 역사가와 역사학』(상), 창작과비평사, 1994.

58 全基雄, 「新羅末期 政治·社會의 動搖와 六頭品知識人」, 『한국고대사연구』 7, 1994; 최영성, 「최치원의 유교적 개혁사상」, 『신라 최고의 사상가 최치원 탐구』, 주류성, 2001; 장일규, 「최치원의 유교적 정치이념과 사회개혁안」, 『한국고대사연구』 38, 2005.

59 李基白, 「金大問과 金長淸」, 『한국사시민강좌』 1, 1987; 이기동, 「고대의 역사인식」, 『한국의 역사가와 역사학』, 창작과비평사, 1994.

60 최영성, 「고운 최치원의 역사의식 연구」, 『한국사상사학』 11, 1998; 이재운, 「고운의 역사인식」, 『최치원연구』, 백산자료원, 1999; 신형식, 「최치원의 역사관」, 『신라 최고의 사상가 최치원 탐구』, 주류성, 2001; 장일규, 앞의 글, 2002.

이렇게 본다면 최치원의 유학적 세계관은 당에서의 경험을 토대로 고유의 전통을 인식하고 있으면서도 유불선 삼교합일적 회통론을 지향하고 있는 것으로 오로지 당 중심의 보편문화만을 지향한 것은 아니며 신라 고유의 문화적 전통 역시 사고의 궤적에 올려두었던 것으로 볼 수 있다. 또한 사상 간의 관계에서도 최치원은 유학만을 고집하지 않았던 인물이었다고 할 수 있다.

고려시대 유학자들의 역사인식에서는 신이성神異性이 있으며, 이는 이규보의 「동명왕편」, 김부식의 『삼국사기』, 일연의 『삼국유사』를 중심으로 이해하는 경향이 있다. 이는 신이성을 담보하는 이야기의 소재가 동명왕과 단군에 있다는 것을 의미한다. 대체로 『삼국사기』는 신이성과 거리가 있고, 「동명왕편」과 『삼국유사』는 신이성과 깊은 관계가 있는 것으로 이해한다.[61] 이와 같은 시각은 동명왕과 단군의 신이성을 신뢰하면 자주, 그렇지 않으면 사대라고 하는 논리와 표리관계에 있는 것으로 이해할 수 있다.

그렇지만 그 이면에는 이들의 전체적인 사상의 연장선에서 역사인식을 이해하는 것이 하나의 큰 흐름으로 자리 잡았다. 고려시대의 전체적인 역사인식을 삼국유민의식과 역사계승의식으로 정리한 연구는 고려시대의 세계관과 사고가 무엇을 기반으로 하고 있는지, 그리고 어떠한 방법으로 인식을 해야 하는지 연구방법론의 기초를 닦았다는 점에서 큰 의의가 있다.[62] 오행적 역사인식 역시 성리학 수용 이전에 역사인식, 세계관, 사고가 어떠한 구조와 과정을 거쳐 이루어지는지 잘 보여준다.[63] 즉 성리학에

---

61 신형식, 「김부식」 『한국의 역사가와 역사학』, 창작과비평사, 1994; 鄭求福, 「金富軾과 『三國史記』」, 『韓國中世史學史』(1), 집문당, 1999; 차광호, 『고려시대 역사서의 신이성과 삼국유사』, 역사산책, 2018.

62 河炫綱, 「高麗時代의 歷史繼承意識」, 『韓國의 歷史認識』(上), 창작과비평사, 1976.

서 주장하는 유학적 문제의식 이전에 음양오행과 삼국유민의식과 같은 이전 왕조에 대한 계승의식 등이 고려인의 사고를 지배하는 일종의 기제로 작용한다고 볼 수 있는 것이다.

고려 전기를 대표하는 사서는 김부식의 『삼국사기』이다. 『삼국사기』와 대별되는 것으로 흔히 지적하고 있는 것이 『구삼국사舊三國史』이다. 신이사관은 고대적인 인식이라는 시각 아래 김부식의 유학적 세계관과 인식은 12세기 중세 지식인의 의식적 측면을 대변한다.[64] 『삼국사기』에는 신라와 관계되는 기록이 가장 많다. 이는 『삼국사기』가 지어진 12세기 당시까지 신라의 것이 많을 수밖에 없으며, 당시의 현실을 감안하더라도 『삼국사기』에 나오는 삼국에 대한 평가는 비교적 나름의 균형감각을 갖추었다고 한다.[65] 이후 이러한 시각을 바탕으로 고대사 연구의 기초적인 사료로서 『삼국사기』의 사료적 성격을 파악하고자 하는 고대사 연구자들에 의해 세세하고도 상세한 분석이 이루어졌다.[66] 찬자인 김부식의 생애와 사상적 궤적을 파악하고자 하는 노력들이라고 할 수 있는 것이다.[67] 이들 연구에서는 김부식이 비교적 철저한 명분론자라고 평가하면서도 대각국사 의천의 비문을 작성하였다든가, 기타 불교 관계 시문을 통해 김부식이 불교와도 관계가 있었다고 하였다. 이는 『삼국사기』의 찬자 김부식이 오로지 유

63 崔炳憲, 「高麗時代의 五行的 歷史觀」, 『韓國學報』 4-4, 1978.

64 김철준, 「高麗中期의 文化意識과 史學의 性格－三國史記의 性格에 대한 再認識」, 『韓國史研究』 9, 1973.

65 高柄翊, 「三國史記에 있어서의 歷史敍述」, 『韓國의 歷史認識』(上), 창작과비평사, 1976.

66 申瀅植, 『三國史記研究』, 일조각, 1981; 이강래, 『三國史記 典據論』, 민족사, 1995; 신형식, 『삼국사기의 종합적 연구』 경인문화사, 2011.

67 신형식, 「김부식」, 『한국의 역사가와 역사학』, 창작과비평사, 1994; 鄭求福, 「金富軾과 『三國史記』」, 『韓國中世史學史』(1), 집문당, 1999; 정구복, 『삼국사기의 현대적 이해』, 서울대 출판부, 2004; 이강래, 『삼국사기 형성론』, 신서원, 2007; 이강래, 『삼국사기 인식론』, 일지사, 2011.

교로만 설명할 수 없는 인물이라는 점에 고대사와 중세사 연구자들이 대체로 동의하고 있다는 것을 의미한다.

이와 함께 12세기를 대표하는 또 다른 사서로서 김관의의 『편년통록』을 언급하지 않을 수 없다. 이는 김관의가 활동한 의종대에 대한 인식의 변화와 연장선에 있는 것으로서 기존의 시각에서 의종대는 『고려사』 서문에 나타난 바와 같이 고려의 국운이 기울기 시작하는 과정에 있으며, 혼란의 연속이라는 인식이 지배적이었다.[68] 곧 인종대 이자겸의 난에서 대몽항쟁기까지 이어진 국가적 혼란을 가중시킨 책임을 의종에게 묻고 있는 것이라 할 수 있다.

그러나 1980년대부터 의종대에 대한 새로운 시각이 나오기 시작하였다. 특히 정치사 연구를 시작으로, 그의 『편년통록』에 대한 새로운 시각과 함께 같은 시기에 편찬된 최윤의의 『상정고금례』도 의종대와 『편년통록』을 이해하는 간접 자료로 이해하고 있는 것이다.

정치사 연구에서 의종은 고전적인 시각과 달리 나름대로의 정치력을 발휘하기 위해 많은 노력을 기울였으며, 당시의 현실을 비교적 객관적으로 인식하였던 것으로 보았다. 의종의 정치적 실패의 원인에 대해서는 비대화한 문신세력의 전횡[69]이나 과도하게 집중된 국왕 측근세력과 신진 문신과 무신 등 측근들 사이의 권력 투쟁[70] 등이 지적되었다. 또한 의종대 권

---

68 『高麗史』 進高麗史箋, "文闡大平之治 民物咸熙 迨後嗣之昏迷 有權臣之顓恣 擁兵而窺神器 一啓於仁廟之時 犯順而倒大阿 馴致於毅宗之日 由是 巨姦迭煽 而置君如碁奕 强敵交侵 而刈民若草菅."

69 河炫綱, 「高麗 毅宗代의 性格」, 『東方學志』 26, 1981(『韓國中世史硏究』 일조각, 1988); 金塘澤, 「高麗 毅宗代의 정치적 위상과 武臣亂」, 『震檀學報』 75, 1993.

70 黃秉晟, 「高麗 毅宗代의 政治實態와 武人亂」, 『慶熙史學』 14, 1987; 채웅석, 「의종대 정국의 추이와 정치운영」, 『역사와 현실』 9, 1993.

력구조와 정치운영에 대해서는 국왕인 의종의 정국 운영 방식에 주목하였다. 정치사 연구에서는 왕권은 약하지 않았다는 시각[71]과 함께 즉위 과정에서 여러 경쟁자들을 물리쳐야 하였기 때문에 이를 보강하기 위해 측근세력을 다양하게 육성할 수밖에 없었다고 하는 등 여러 의견이 엇갈리고 있다.[72]

그러나 정치사 연구에서 나온 공통적인 시각은 의종이 격구와 같은 유희에 집중하게 된 것이 단순히 즐기기 위한 것이 결코 아니라 특정한 정치적 목적이 있었다고 보았다는 점이다. 이처럼 의종대를 혼란기로 보던 것과는 다른 상반된 시각아래 진행된 연구 경향은 사상사와 사학사 연구에 어느 정도 영향을 주고 있는 것으로 생각된다. 의종대에는 『편년통록』과 『상정고금례』 등이 편찬되었다. 『편년통록』은 신이사관 및 비유학적 전통을 대표하는 것으로,[73] 『상정고금례』는 유교정치이념과의 연관성에서 이해하는 것이 보통이지만,[74] 『고려사』 예지와 여복지, 『조선왕조실록』 등에 흩어져 있는 『상정고금례』 구문을 통해 다원적 사상지형이 반영된 것으로 보는 시각도 있다.[75] 이는 고려 의종대가 정치사적 의미에서, 또는 사학사,

---

71 黃秉晟, 위의 글.

72 河炫綱, 앞의 글, 1988; 채웅석, 앞의 글, 1993; 金塘澤, 앞의 글, 1993.

73 河炫綱, 「《編年通錄》과 高麗王室世系의 性格」, 『韓國中世史硏究』, 1988; 李基東, 「金寬毅」 『韓國史市民講座』10, 1992; 조현설, 「고려건국신화 「고려세계」의 신화사적 의미」 『古典文學硏究』 17, 2000; 허인욱, 「「高麗世系」에 나타나는 新羅系 說話와 『編年通錄』의 編纂意圖」, 『史叢』 56, 2003; 이정훈, 「고려시대 '고려세계(高麗世系)'에 대한 기록과 인식」, 『역사와 현실』 104, 2017; 차광호, 『고려시대 역사서의 신이성(神異性)과 삼국유사』, 역사산책, 2018.

74 김당택, 「『詳定古今禮文』의 편찬 시기와 그 의도」, 『湖南文化硏究』 28, 1992; 김해영, 「조선 초기 禮制 연구와 『國朝五禮儀』의 편찬」, 『朝鮮時代史學報』 55, 2010; 김창현, 「『고려사』 예지의 구조와 성격」, 『韓國史學報』 44, 2011; 박용진, 「『高麗史』 禮志 『書儀』 기사의 내용과 의의」, 『中央史論』 33, 2011.

75 金澈雄, 「『詳定古今禮』의 편찬 시기와 내용」, 『東洋學』 33, 2003.

사상사적 의미에서 단순하게 평가할 수 있는 시기가 아니며, 『편년통록』·『상정고금례』 편찬도 정치사적 변화와 함께 고려해야하는 것이 아닌가 하는 생각을 하게 만든다.

무신정권기의 세계관과 역사인식은 이규보의 「동명왕편」을 중심으로 이해하는 것이 지배적인 분위기라고 할 수 있다. 대체로 김부식의 『삼국사기』에 대한 연구에 등장하는 『구삼국사』 기록이 「동명왕편」에 소개되어 있으며, 그 연장선상에서 이규보를 영웅서사시를 통해 '민족'을 발견한 한 인물로 보고 있다.[76] 그러한 관점에서 「동명왕편」은 『구삼국사』가 인용·수록되었다는 점에서 사라진 고대사를 복원하는 텍스트로 주목을 받을 수 있었다.[77]

그러나 90년대 이후 최근에 이르기까지 이규보는 유학자이면서도 신이사관을 견지하였다는 점에서 양면성을 지니는 인물로 인식된다. 자료적 측면에서 「동명왕편」 외에 「남행월일기南行月日記」를 통해 오늘날 전역에 산재해있는 고인돌에 관한 기록과 보덕普德, 원효元曉, 진표와 관련된 기록을 접할 수 있다.[78] 또한 이규보의 경세론과 유학사상,[79] 불교관,[80] 도교관,[81] 사회사상,[82] 교유관계[83] 등 매우 다양한 주제에 걸친 연구성과가 축적되어

76 李佑成, 「高麗中期의 民族敍事詩」, 『韓國의 歷史認識』(上), 창작과비평사, 1976.
77 金哲埈, 「李奎報 「東明王篇」의 史學史的 考察」, 『東方學志』 48, 1985.
78 조법종, 「이규보의 〈南行月日記〉에 나타난 고대사 사료검토」, 『한국인물사연구』 13, 2017.
79 김인호, 「이규보의 현실이해와 정치경제 개선론」, 『學林』 15, 1993; 馬宗樂, 「李奎報의 儒學思想」, 『한국중세사연구』 5, 1998.
80 박윤진, 「이규보의 불교관에 대한 一考察」, 『史叢』 53.
81 金澈雄, 「李奎報의 道教觀」, 『韓國思想史學』 13, 1999.
82 김인호, 앞의 글, 1993; 김난옥, 「이규보의 신분의식」, 『史叢』 53, 2001; 이정란, 「이규보의 대민의식」, 『史叢』 53, 2001; 이정호, 「이규보의 농촌현실관과 농업진흥론」, 『史叢』 53, 2001.
83 李貞薰, 「고려시대 관료들의 교유목적과 수단-李奎報를 중심으로」, 『한국중세사연구』

있기 때문에 이규보의 전체적인 사상의 궤적은 충분히 살펴볼 수 있다. 그러한 연구사적 분위기의 연장선에서 이규보의 역사인식은 유학사상의 관점에서,[84] 그리고 다양한 관점에서 연구가 진행되었다. 그렇지만 여기서 하나 분명한 것은 이규보가 유학자라는 시각이 특히 강조되어 있다는 점이다.[85] 따라서 최근의 연구를 종합하면 이규보는 유학자로서의 면모와 신이사관의 면모가 동시에 조명되고 있는 것으로 볼 수 있는 것이다.

무신정권기에서 원 간섭기 초기에 활동한 이승휴 역시 그가 찬술한 『제왕운기』와 관련하여 민족주의적인 시각에서 인식되고 있었다. 특히 사학사 개설서 등에는 빠짐없이 『제왕운기』가 등장한다.[86] 이승휴도 이규보와 같이 비교적 최근에는 유교 관료로서의 면모를 살피고 그 연장선에서 세계관과 역사인식을 바라보는 연구들이 많아졌다. 이승휴의 현실인식 속에서 나타난 역사관을 살펴본다는 점에서는 기존의 경향과 크게 다르지는 않다. 그의 유학자로서의 면모가 강조되고, 여기에 유불도 삼교 일치를 지향한다는 점, 그리고 전통적 천하관의 연장선에서 이해한다는 점은 분

39, 2014; 문철영, 「이규보의 교유관계망을 통해 본 북송 신유학 수용 양상」, 『역사와 담론』 69, 2014.

84 박종기, 「儒教史家 李奎報의 歷史學」, 『우송조동걸선생정년기념논총－한국사학사연구』, 나남, 1997.

85 노명호, 「동명왕편과 이규보의 다원적 천하관」, 『진단학보』 83, 1997; 김용선, 『생활인 이규보』, 일조각, 2013; 변동명, 「이규보의 「동명왕편」 찬술과 그 사학사적 위치」, 『역사학연구』 68, 2017; 차광호, 앞의 책, 2018.

86 이우성, 강만길 편, 『한국의 역사인식』(상), 창작과비평사, 1976; 김상현, 「고려 후기의 역사인식」, 『한국사학사의 연구』, 을유문화사, 1985; 한영우, 「고려시대의 역사의식과 역사서술」, 『한국의 역사가와 역사학』(상), 창작과비평사, 1994; 한영우, 『역사학의 역사』, 지식산업사, 2002.
지금까지 이승휴와 『제왕운기』에 관한 연구성과와 문제점, 앞으로의 연구가 나아가야할 방향에 관해서는 박인호, 「이승휴의 『제왕운기』에 대한 연구 현황과 쟁점」, 『국학연구』 18, 2011에 자세하게 정리되었다.

명히 사상사 연구와 연계되어 있는 지점이라 할 수 있다.[87] 그래서 이승휴의 역사학은 일연과 비교할 수 있는, 즉 유학자로서 고려의 전통적 세계관을 어떻게 소화하고 있는지 살펴볼 수 있는 부분이 있다.[88]

5. 성리학의 수용과 역사인식 · 세계관의 변화

원 간섭기 성리학자들의 역사인식에 관한 기존의 연구성과를 정리하기에 앞서 그들의 현실인식에 대해서 우선 살펴볼 필요가 있다. 원 간섭기 성리학자의 현실인식은 대체로 개혁론을 통해서 확인할 수 있다. 이들은 원을 정치적 배경으로 하는 권문세족과 대척점에 있는 인물로서 개혁론을 통하여 정치적 성장을 해나갈 수 있었다. 그렇기 때문에, 이들은 개혁세력을 대표하는 인물이라는 이미지를 형성할 수 있었다.[89] 따라서, 원의 제도를 적극적으로 도입하자고 하면서도, 고려를 원의 일부로 편입하려는 입성론立省論

87 金仁昊, 「李承休의 歷史認識과 現實批判論의 方向」, 『韓國思想史學』 9, 1997 ; 변동명, 「이승휴」, 『한국사시민강좌』 27, 2000; 金仁昊, 「이승휴의 역사인식과 사학사적 위상」, 『震檀學報』 99, 2005; 김남일, 「이승휴의 역사관과 역사서술」, 『한국사학사학보』 11, 2015; 조성을, 「고려시기의 중국사 인식」, 『한국사학사학보』 16, 2007; 박인호, 「제왕운기에 나타난 이승휴의 역사지리인식」, 『조선사연구』 18, 2009; 채웅석, 「『제왕운기』로 본 이승휴의 국가의식과 유교관료정치론」, 『국학연구』 21, 2012; 차광호, 앞의 책, 2018; 박인호, 「이승휴의 천하관과 영역인식」, 『조선사연구』 24, 2015; 최봉준, 「이승휴의 단군 중심의 역사관과 다원문화론」, 『한국사상사학』 52, 2016.

88 이에 덧붙여서, 이승휴는 불교, 도교와의 관련성에 대해서도 주목을 받았다(변동명, 「이승휴의 내전록 서술」, 『한국사학사학』 23, 2004; 진성규, 「이승휴의 불교관」, 『진단학보』 99, 2005; 변동명, 앞의 글, 2000; 채웅석, 앞의 글, 2012).

89 金泰永, 「高麗後期 士類層의 現實認識」, 『창작과 비평』 12-2, 1976; 도현철, 「14세기 전반 유교지식인의 현실인식」, 『14세기 고려의 정치와 사회』, 민음사, 1994; 都賢喆, 앞의 책, 1999; 金炯秀, 「策問을 통해 본 李齊賢의 現實認識」, 『한국중세사연구』 13, 2002.

에 대해 기본적으로 반대하는 입장에 있었으며,[90] 이는 그들이 고려의 왕조 질서를 유지하고자 하였다는 것으로까지 연결될 수 있다.

14세기에 활동한 이제현과 이곡, 이색의 정치활동과 교유관계는 고려와 원 양국에 걸쳐 있다.[91] 이는 그들이 원의 관학인 성리학을 수용하고, 원의 고려 지배에 대해 긍정적 입장에 있을 수밖에 없었던 원인이었다.[92] 그렇기 때문에, 이들의 역사인식과 문화인식 또한 고려와 원 양국에 걸쳐 있으며, 형세·문화적 화이관을 바탕으로 원의 세계지배를 부정하지 않았던 것으로 보았다.[93] 그리고, 고려의 국속에 대해서도 반드시 개혁해야할 대상이자 보존할 가치가 있다고 하는 이중적 입장을 취하였다.[94] 그렇기 때문에, 국속론國俗論과 통제론統制論 등과 같이 이분법으로 분류하게 되면 오히려 문제를 이해하는 데 도움이 되지 않는다. 어느 하나의 범주에 포함되지 않는 절충론적 성격을 갖는 이들이 다수 존재하고,[95] 절충론 사이에서도 다양한 스펙트럼이 가능했던 것으로 이해해보는 것도 하나의 방법으로 제시해볼 수 있다.

더구나, 이들의 성향을 성리학적 역사인식이나 문화인식을 기준으로 분류할 때도 마찬가지 문제에 봉착하게 된다. 대개 이들의 성향이 성리학적인가 아닌가 하는 것은 사학사적인 측면에서는 명분론과 주자의 정통론

---

90 김혜원, 「원 간섭기 立省論과 그 성격」, 『14세기 고려의 정치와 사회』, 민음사, 1994; 金炯秀, 「元 干涉期 高麗의 政治勢力과 政局動向」, 경북대 박사논문, 2001.

91 金庠基, 「李益齋의 在元生涯에 對하여」, 『大東文化硏究』 1, 1963; 金時鄴, 「麗·元間 文學交流에 대하여」, 『韓國漢文學硏究』 5, 1980; 鄭玉子, 「麗末 朱子性理學의 導入에 대한 試考」, 『震檀學報』 51, 1981; 文喆永, 앞의 글, 1982; 周采赫, 앞의 글, 1988; 高惠玲, 앞의 책, 2001; 지영재, 『서정록을 찾아서』, 푸른역사, 2003.

92 도현철, 앞의 글, 1994.

93 도현철, 「원명교체기 고려 사대부의 소중화 의식」, 『역사와 현실』 37, 2000.

94 채웅석, 「원 간섭기 성리학자들의 화이관과 국가관」, 『역사와 현실』 49, 2003.

95 金炯秀, 앞의 책, 2001.

에 근접한 것인지, 그리고 문화인식에서는 기존의 전통에 대한 개혁의 정도와 지향점이 어디에 있는 것인지가 중요한 분류 기준이 된다. 이럴 경우 원 간섭기 성리학자들의 성향, 특히 이제현과 이곡에 대해서는 일부 연구 성과를 제외하고는 그다지 많이 언급된 편은 아니다.[96] 이들의 성리학적 성향에 대해서도 긍정[97]과 부정,[98] 즉 성리학과 비성리학적 측면이 공존한다는 것은 이들의 역사인식과 문화인식을 어느 하나로 정리하기 곤란하게 만든다.

고려 말의 단계에 오게 되면, 성리학자들은 이색을 중심으로 하는 온건개혁파와 정도전과 조준 중심의 급진개혁파로 분기하게 된다. 이는 원 간섭기 이후의 문제의식이 발전하는 과정에서 주자서朱子書 보급[99]과 성리학 이해가 진전되면서 나타난 중세사회의 계기적 발전[100]으로 이해할 수 있다. 더욱이 이색과 정도전의 정치활동과 관련하여 이색이 고려 왕조를 유지하고자 하는 입장에 있었던 만큼, 이색의 역사인식과 문화인식을 그와 관련하여 보려는 경향이 강했다.[101] 반면에 정도전은 기존의 역사인식과

---

96 이곡에 대해서는 이제현과 이색의 교량역할을 하는 인물이라는 평가가 주류를 이룬다. 즉, 주자주의(朱子主義)와 춘추의리(春秋義理)로 대표되는 성리학적 인식과는 거리가 있으며(馬宗樂, 「稼亭 李穀의 生涯와 思想」, 『韓國思想史學』 31, 2008), 고려의 독자성을 강조하는 인물이지만(韓永愚, 「稼亭 李穀의 生涯와 思想」, 『韓國史論』 40, 서울대 국사학과, 1998; 高惠玲, 「稼亭 李穀의 生涯와 活動」, 『高麗後期 士大夫와 性理學 受容』, 일조각, 2001), 대체로 성리학 전수관계에서 중요한 위치를 차지하는 인물이라는 데서는 이견이 없다. 이와 같은 점은 이곡이 이제현과 마찬가지로 성리학 도입 초기의 인물로서 고려적 사고와 성리학적 사고가 공존하는 단계를 대표하는 인물이라는 것을 시사한다.

97 김인호, 「이제현의 정치활동과 역사인식」, 『實學思想硏究』19, 2001; 최봉준, 「李齊賢의 성리학적 역사관과 전통문화인식」, 『韓國思想史學』 31, 2008; 최봉준, 「李穀의 箕子 중심의 국사관과 고려·원 典章調和論」, 『한국중세사연구』 36, 2013.

98 鄭求福, 「李齊賢의 歷史意識」, 『震檀學報』 51, 1981, 258~259쪽.

99 都賢喆, 「高麗後期 朱子學 受容과 朱子書 普及」, 『東方學志』 77·78·79합집, 1993.

100 金容燮, 앞의 글, 2000.

101 馬宗樂, 「牧隱 李穡의 生涯와 歷史意識」, 『震檀學報』 102, 2006; 박종기, 「이색의 당대사

문화인식에 대한 비판적 입장에서 유교국가 조선의 문화적 기반을 만들었다고 이해하였다.[102] 이에 따라, 이색과 정도전은 왕조유지와 신왕조 개창이라는 상반된 입장에서 역사인식과 문화인식을 전개했다는 결론에 이르게 된다.

이 중에서 이색의 역사인식에 관해서는 원대 춘추공양학을 수용하고 그 입장에서 우왕과 창왕의 왕위계승을 합리화하였으며,[103] 문화인식에서는 김지의 『주관육익周官六翼』을 중심으로 고려의 문화적 유산의 종합적으로 정리를 목적으로 했다고 하였다.[104] 즉, 이색의 고려적 전통에 대한 인식은 성리학적 문화의 구현과 왕조 유지라는 두 가지 관점에서 이해가 가능했다.

이에 반해서 정도전에 대해서는 고려적 전통과 질서를 비판하고 성리학을 중심으로 새로운 역사인식과 문화인식을 지향한다고 이해하였다.[105] 정도전의 사상적 위치는 대체로 주자학에 충실하지만, 사공학 등 주자학 이외의 사상을 받아들인 점도 인정되었다. 그렇기 때문에 정도전은 주자학을 기반으로 하는 통유적 지향을 지닌 인물로 평가된다.[106] 특히 정도전의 역사인식은 군주론과 관련하여 「경제문감」의 사론을 중심으로 이해되

인식과 인간관」, 『역사와 현실』 66, 2007; 도현철, 『목은 이색의 정치사상 연구』, 혜안, 2011.

102 韓永愚, 앞의 책, 1973; 김해영, 「鄭道傳의 排佛思想」, 『淸溪史學』 1, 1984; 김인호, 「鄭道傳의 역사인식과 군주론의 기반」, 『韓國史硏究』 131, 2005; 이정주, 『성리학 수용기 불교 비판과 정치 사상적 변용』, 고대 민족문화연구원, 2007; 김남일, 「정도전의 역사의식」, 『韓國史學史學報』 15, 2007; 도현철, 『조선 전기 정치 사상사』, 태학사, 2013.

103 都賢喆, 「李穡의 歷史觀과 公羊春秋論」, 『歷史學報』 185, 2005.

104 김지의 『주관육익』이 고려의 제도와 문화적 유산 정리를 목적으로 한다는 것은 이미 알려진 사실이지만, 과연 그것이 궁극적으로 고려왕조 유지를 목적으로 한 것인지, 신왕조의 제도적 기초를 목적으로 한 것인지에 대해서는 이견이 있다(都賢喆, 앞의 책, 1999; 김인호, 「김지의 『주관육익』 편찬과 그 성격」, 『역사와 현실』 40, 2001).

105 앞의 주 102 참조.

106 도현철, 「정도전의 경학관과 성리학적 질서의 지향」, 『泰東古典硏究』 24, 2008.

기도 하고,[107] 공양왕 3년에 올린 2편의 상소문과 관련하여 이해되기도 한다.[108] 그러나, 두 가지 사료를 통해 공통적으로 살펴볼 수 있는 것은 그가 종법의 틀에서 공민왕과 우왕, 창왕으로 이어지는 왕위계승을 이해하고 있었으며,[109] 이를 합리화하고자 했던 이색과는 달리 비판적 입장에 있었다는 점이다.

또한 정도전의 불교 이해에 관해서는 일찍이 「심기리편心氣理篇」이나 「불씨잡변佛氏雜辨」이 중요한 사료가 되고 있었다.[110] 정도전은 불교의 공리주의에 대해 비판적 입장에 있었으며,[111] 이를 성리학의 논리로 비판했다는 점에서 볼 때, 그는 이기심성론을 중심으로 한 유학적 사고방식이 투영된 유학적 정체성을 추구했던 것으로 이해할 수 있다.[112] 따라서, 고려 말 이색과 정도전의 사상적 분기는 성리학에 대한 이해가 심화된 가운데, 기존의 역사적·문화적 전통에 대해서도 원 간섭기에 비해 더욱 발전된 면모를 보였던 결과로 이해할 수 있다.

다음으로 권근에 대해서는 대체로 경학사적 접근이 주류를 이룬다. 비교적 최근의 연구에서는 권근이 스승인 이색의 명으로 『오경천견록五經淺見錄』을 남겼으며, 이와 관련하여 권근의 학문을 '리理', 즉 성리학의 원리와 원칙에 충실한 것으로 평가한다.[113] 그의 불교비판과 예제에 대한 관점을 중심으로 살펴보면, 확실하게 '리'를 중심으로 주변을 이해하고 있다는 점을

---

107 김인호, 앞의 글, 2005.
108 김남일, 앞의 글, 2007.
109 도현철, 「종법의 관점에서 본 고려말 왕권 변동」, 『韓國史學報』 35, 2009.
110 한영우, 앞의 책, 1973.
111 김해영, 앞의 글, 1984.
112 이정주, 앞의 책, 2008.
113 김남일, 『고려말 조선초기의 세계관과 역사의식』, 경인문화사, 2005; 강문식, 『권근의 경학사상 연구』, 일지사, 2008.

발견할 수 있다. 이는 역사인식에서도 드러나지만, 주로 단군이 재등장한다는 점에서 주목을 받았다.[114] 그렇지만, 권근의 출처관을 비롯한 권도權道 중심의 인식도 무시할 수도 없다.[115] 결국, 권근에게서 이색과 정도전의 모습을 동시에 발견할 수 있다는 결론을 내릴 수 있게 된다.

이와 같은 연구성과들은 앞서 언급한 바와 같이 개인의 사상적 지형, 그리고 대표적인 인물을 통하여 많은 기록을 남기지 않은 다른 많은 이들의 내면세계까지 유추할 수 있다는 점에서 의미가 있다. 더욱이 정사正史의 이면을 문집을 통하여 확인할 수 있도록 함으로써 새로운 연구방법을 정착시킬 수 있었다는 점에서도 큰 의미가 있다. 그렇지만, 정치사와 사회경제사와 연계를 추구한다고 해도 이것은 개인을 주요한 대상으로 하기 때문에, 어디까지나 개인의 문제에 한정될 수 있다는 한계점도 가지고 있다.

이러한 한계점은 새로운 연구주제와 관점을 통해 극복될 수 있을 것이다. 최근 일련의 연구에서 원 간섭기 이후 성리학자들의 당대사 연구와 그 의미, 그리고 원과 관련된 구분의식이 전제된 민족체 등으로 관점이 옮겨가는 경향도 발견할 수 있다. 우선, 당대사에 관해서는 이제현의 「김공행군기」와 「충헌왕세가」, 이색, 그리고 권근의 「동현사략」 등에서 14세기 성리학자의 관심 사항을 확인할 수 있으며, 반대로 상고사에 대한 인식은 단군과 기자를 제외하고는 거의 나타나지 않는다고 하였다. 이는 원 간섭기 이후 성리학자들의 관심이 고려왕조 이전의 역사보다는 고려왕조 당대, 그것도 원과의 관계에 집중되어 있다는 점을 확인할 수 있게 해주었다.[116] 고

---

114 김남일, 위의 책.

115 都賢喆, 「權近의 佛敎批判과 權道 重視의 出處觀」, 『韓國思想史學』 19, 2002; 도현철, 「권근의 유교 정치 이념과 정도전과의 관계」, 『역사와 현실』 84, 2012.

116 박종기, 앞의 글, 2007; 박종기, 「원 간섭기 역사학의 새경향-當代史 연구」, 『한국중세

려 건국 이후 토풍과 화풍의 대립은 늘 있어왔다. 이것은 주변에 대한 고려의 자체적인 구분의식이며, 역사적 전통과 문화적으로 중국 왕조와 구별되는 자기 정체성의 의미를 지니는 것이다.[117] 원 간섭기 또는 여말선초 성리학 사대부의 대외인식과 관련한 정체성의 변화를 통하여 이들이 외부세계를 어떻게 바라보았고, 그것이 성리학적 사유와는 어떠한 관계를 갖는가에 관해 천착한 연구들도 있었다.[118] 이는 특정 시기를 대상으로 한 것이기 때문에 14세기의 전체적인 밑그림을 확인하는 데는 한계가 있을 수 있지만, 최근에 나타난 새로운 연구주제와 관점을 반영한다.

이들과는 다른 영역에 속하는 것이기는 하지만, 고려의 정치세력과 원 제국과의 관련성에 대해 주목하는 한편, 고려의 정치세력이 '세조구제世祖舊制'[119]와 '국속론'·'통제론'[120] 등을 중심으로 역학관계를 형성하고 있었던 것으로 보는 연구도 있었다. 이 연구에서는 원 간섭기 정국을 원 세조가 천명한 '불개토풍不改土風'을 중심에 두고, 그 원칙을 고수하려는 입장과 고려와 원의 문화적, 제도적 일치를 넘어서 고려를 원의 일부로 귀속시키려는 입장 사이의 대립으로 보고 있다. 이 연구를 통하여 기존의 친원과 반원의 대립구도를 벗어나 원 간섭기를 새롭게 바라볼 수 있는 여지가 생겼다. 그러나, 원 간섭기를 대상으로 하기 때문에, 이 역시 14세기 전체를 설명하는 데는 한계가 있다.

사연구』 31, 2011; 박종기, 「『동현사략』의 자료 가치와 특성」, 『역사와 현실』 84, 2012.

117 채웅석, 「고려시대 민족체 인식이 있었다」, 『역사비평』 58, 2002.

118 김순자, 「고려말 대중국관계의 변화와 신흥유신의 사대론」, 『역사와 현실』 15, 1995; 도현철, 「원명교체기 고려 사대부의 소중화 의식」, 『역사와 현실』 37, 2000; 채웅석, 「원 간섭기 성리학자들의 화이관과 국가관」, 『역사와 현실』 49, 2003.

119 李益柱, 앞의 책, 1996.

120 金炯秀, 「元 干涉期 高麗의 政治勢力과 政局動向」, 경북대 박사논문, 2001.

이상과 같은 지금까지의 연구성과들을 통해서 성리학의 수용을 기정사실화하고 14세기를 규정하는 객관적 조건으로 받아들인다는 점을 확인할 수 있었다. 이는 성리학 수용 이전과 이후를 비교하여 역사적 의의를 판단하는 데 매우 유용하다. 하지만, 성리학 수용 이전과 이후를 이원적으로 구분할 뿐, 단계적 변화 과정을 상세하게 보여주지는 못한다는 단점이 있다. 그렇기 때문에, 조선건국 또한 성리학 수용 이후의 최종적인 결과물로 보는 거의 대부분의 연구에서도 성리학 수용을 변화의 동인動因으로 설정하고 있기는 하지만, 그 중간 과정에 대체로 생략된 채 결과만을 강조하는 경향이 뚜렷하다. 외면적인 성과만 강조되고 있는 것이다.

또 하나 지적할 수 있는 것은 앞서 언급한 김부식이나 일연, 이규보, 이승휴 등에 비해 성리학자들인 이제현, 이곡, 이색, 정도전 등의 역사인식에 관해서는 그다지 주목하지 못했다는 점이다. 특히 자주와 사대라는 측면에서 김부식과 일연, 이규보, 이승휴 등을 상호 대립적 관계에 있는 인물로 보고 있다. 그들이 김부식과 대비되는 인물로 여겨진 것은 바로 일연의 『삼국유사』와 이승휴의 『제왕운기』에 단군신화가 기록된 것,[121] 그리고 『구삼국사』의 내용을 인용하여 동명왕의 신이한 사적을 옮겼기 때문인데, 전체적으로 합리적 유교사관 대 신이사관의 대립구도로 이해하였던 것이 결정적 계기였다. 그 결과 성리학 수용 이후의 역사인식은 단편적으로만 언급될 뿐, 이렇다 할 연구성과가 없었으나 최근에 다시 주목을 받고 있는 추세이다.[122]

121 李佑成, 「高麗中期의 民族詠史詩」, 『성균관대 논문집』 7, 1962; 河炫綱, 「高麗時代의 歷史繼承意識」, 『梨花史學研究』 8, 1976; 노명호, 『고려국가와 집단의식』, 서울대 출판문화원, 2009.

122 盧泰敦, 「三韓에 대한 認識의 變遷」, 『韓國史研究』 38, 1982; 김남일, 앞의 책, 2005; 최봉

준, 「14세기 고려 성리학자의 역사인식과 문명론」, 연세대 박사논문, 2013.

제2장

고려 전기 역사계승의식과 이중적 자아인식의 형성

1. 후삼국 통일과 다원적 사상지형의 성립

신라 말 왕위쟁탈전과 사회경제적 모순의 증대가 불러온 중앙의 권위가 약화되고, 호족이 발호하게 되면서 신라 사회의 저변에 존재하고 있었던 다양한 요구가 표출되었다. 이와 함께, 9세기 이후 본격적으로 포교되기 시작한 선종은 호족 세력과 연결되었다. 풍수도참은 신라의 경주가 위치한 남부지방에서 고려의 개경이 위치한 중부지방으로 지리적 중심을 이동시켰다. 이는 신라 중앙의 권위 약화를 가속화시키는 한편, 사회 변혁을 정당화하는 계기가 되었다.

도당유학생과 유학승의 귀국으로 새로운 세력이 뚜렷하게 모습을 드러내기 시작하였다. 6두품을 중심으로 하는 지식층은 원성왕대 독서삼품과를 통해 왕실과 정치적 연대를 모색할 수 있었다. 이후 6두품 세력은 점차 역사의 전면으로 부각되었으며,[1] 사회변혁 세력으로 자리매김 할 수 있었다.

이들 6두품 세력 중에는 최치원崔致遠과 같이 귀국한 이후 신라에 출사出仕하는 이들이 있었던 반면, 시기와 과정상의 차이가 있기는 하지만 최승우崔承祐나 최언위崔彦撝, 868~944와 같이 후백제나 고려에 귀부하는 이들도 있었다. 이는 6두품 출신 유학자들의 경우 정치적으로 반신라세력과 연결될 가능성이 그만큼 많았다는 것을 의미한다.

이들이 추구한 사상지형은 다원성과 통합성을 모두 겸비한 것으로 이해할 수 있다. 최치원은 「난랑비서문鸞郎碑序」에서 다음과 같이 말하였다.

> 나라에는 현묘玄妙한 도道가 있으니, 이름하여 풍류風流라 한다. 가르침의 근원은 선사에 자세하게 나와 있는데 실로 삼교三敎를 포함하는 것으로 많은 사람들을 교화시키는 것이다. 집에 들어가면 효孝를 하고 나라에 나오면 충忠을 하는 것은 공자의 가르침이며, 무위無爲하는 일에 마음을 두고 불언不言의 가르침을 행하는 것은 노자의 교의敎義이며, 모든 악한 짓을 하지 않고, 모든 선행을 받들어 행하는 것은 부처의 교화이다.[2]

위의 인용문에서 우선 주목할 것은 풍류風流라는 단어이다. 여기서 풍류는 현묘한 도이면서도 선사에 자세하게 기술되어 있다고 하는 삼교를 포함하는 것이라고 하였다. 그리고 삼교는 유학과 도교, 불교라고 정의내릴

---

1 李基白, 『新羅思想史研究』, 일조각, 1986; 김영하, 「신라 중대의 유교수용과 지배윤리」, 『한국고대사연구』 40, 2005; 전덕재, 「신라의 독서삼품과 – 한국 과거제도의 前史」, 『한국사시민강좌』 46, 2010; 한영화, 「신라의 國學 교육과 관인 선발」, 『新羅史學報』 45, 2019.

2 『三國史記』 권4, 眞興王 37년 봄, "國有玄妙之道 曰風流 設敎之源 備詳仙史 實乃包含三敎 接化羣生. 且如入則孝於家 出則忠於國 魯司寇之旨也 處無爲之事 行不言之敎 周柱史之宗也 諸惡莫作 諸善奉行 竺乾大子之化也."

수 있다. 결국 풍류는 유불선 삼교를 포함하는 것으로서, 그 외의 다른 구성요소들도 풍류의 범주에 들어갈 가능성도 있다. 여기서 말하는 삼교는 각각 독립적으로 존재하는 유학과 불교, 도교 등을 의미하는 것으로서 역시 각각의 논리와 체계도 인정받을 수 있는 것이라 할 수 있다. 삼교를 굳이 개념화하자면, 유학과 불교, 도교 등 3가지의 이질적인 사상이 공존하는 형태이며, 만약 문제없이 오랫동안 공존할 수 있다면 이는 조화를 이루고 있는 것이라 규정할 수도 있을 것이다.[3]

이와 같이 유학과 불교, 도교가 공존하고 조화를 이루고 있는 형태의 사상지형을 받아들이고 있었던 사례는 많다. 출가한 승려들만을 예로 들어보면 다음과 같다. 이몽유李夢遊가 지은 「봉암사 정진대사 원오탑비」의 긍양兢讓, 878~956은 『논어』를 익혔다고 기록되어 있다.[4] 「경청선원 자적선사 능운탑비」의 자적선사慈寂禪師 홍준弘俊, 882~939의 아버지 지유知儒는 『도덕경』과 『시경』을 공부하였다고 하였다.[5] 긍양과 홍준은 비록 불교 승려이지만, 유학과 도교를 사상적 기반으로 받아들이고 있었던 것으로 해석할 수 있다. 나아가 이들은 유학과 도교로부터 불교 이해의 기반을 제공받은 것으로 이해해볼 수 있다.

위에서 말한 「봉암사 정진대사 원오탑비」를 지은 이몽유와 「경청선원 자적선사 능운탑비」를 지은 최언위가 모두 유학자라는 점도 참고해볼 수 있다. 위의 두 탑비 모두 왕명에 의해 지어졌다는 점에서 유학자라고 해도

---

3 이재운, 「고운 최치원의 삼교융합론」, 『선사와 고대』 6, 1997; 張日圭, 「최치원의 삼교융합사상과 그 의미」, 『新羅史學報』 4, 2005; 최영성, 「최치원의 玄妙之道와 儒仙思想」, 『한국고대사탐구』 9, 2011.
4 「정토사 법경대사 자등탑비」, 『譯註 羅末麗初金石文』, 혜안, 1996, 156쪽.
5 「경청선원 자적선사 능운탑비」, 위의 책, 1996, 127~128쪽.

불교는 그들의 교양의 일부로서 사회활동이나 학습을 통해 자연스럽게 유학 이외의 사상을 접하고 체득하는 과정을 생각해볼 수 있는 것이다. 따라서, 유학자, 불교 승려, 관료, 심지어 국왕과 왕실 등 개인차가 있겠지만, 그들의 사고에는 유불선 삼교가 공존하고 있었던 것으로 볼 수 있다.

> 〈결락〉 예의禮義와 겸양謙讓의 풍속이 흥기하고 신선의 도를 숭상하였으며, 공자께서 살고자 하였으니, 어찌 누추하다고 하겠는가? (…중략…) 백이伯夷의 옛 땅이자, 기자箕子가 열었던 옛 터에 바람이 현인賢人을 실어보내니, 경내에 봉래산蓬萊山의 기운이 서려 있네, 공자가 살고자 한 곳이 어찌 누추하고 서복徐福이 돌아가지 않았겠는가? 철인哲人이나 군자君子도 실로 와야 할 곳이다.[6]

하지만, 일부 자료에서는 개인의 입장에 따라 유학이나 불교의 우위를 주장하는 모습도 발견할 수 있다. 위의 인용문은 1026년현종 15에 지어진 「채인범묘지명」이다. 앞서 언급한 두 탑비와 시간적 거리가 있지만, 유학자의 입장에서 다원적인 사상지형을 소화하고 있다는 점에서 매우 의미 있는 자료라 할 수 있다.

「채인범묘지명」은 찬자撰者가 알려져 있지 않으며, 인용문의 앞부분에 결락이 있으므로, 인용문의 정확한 의미를 파악하는 것은 쉽지 않다. 그러나, 결락된 부분을 제외하고 전체적인 문맥으로 볼 때 '백이의 옛 땅', '기자가 열었던 옛 터', '봉래산의 기운이 서려있는 곳', '공자가 살고자 한

6 金龍善, 「蔡仁範 墓誌銘」『改訂版 高麗墓誌銘集成』翰林大 아시아文化硏究所, 1997, 19쪽, "興禮讓之風俗 尙神仙之道 孔聖欲居 而何陋 (…중략…) 伯夷遺址 箕子故開 風傳木鐸 境壓蓬山 仲尼何陋 徐福不還 哲人君子 實所躋攀."

곳' 등은 모두 고려를 가리키는 표현이라는 것을 쉽게 알 수 있다. 사상적 배경만으로 구분하면 '백이', '기자', '공자' 등이 유학의 영역에 있는 단어라면, '봉래산'과 '서복'은 도교의 영역에 존재하는 단어이다. 전체적으로 고려를 백이의 땅이자 기자가 터를 열었던 곳으로서 공자가 살고 싶어 하는 곳으로 묘사함으로써 유학적 전통이 살아있는 곳으로 보고 있다. 그리고, 그곳은 봉래산의 기운이 서려있으며, 누추하지 않은 곳이기 때문에 서복이 찾아왔다고 함으로써 유학적 전통의 기반 위에 도교가 존재하는 것으로 설명하였다. 따라서, 고려는 유학이 도교의 우위에 있는 곳으로 보고 있었던 것이라 할 수 있다.

> 옛날에 육신보살肉身菩薩이셨던 혜가선사慧可禪師께서는 매양 노자가 천축天竺의 우리 스승(부처)을 말하였으며, 공자도 서방의 〈결락〉 하였다는 것을 말씀하셨다.[7]

위의 인용문은 최언위가 937년태조 20에 지은 「광조사 진철대사 승공탑비」의 일부분이다. 결락된 글자가 모두 29자나 되어 상세한 내용을 파악하기 어렵다. 그러나 위 인용문의 핵심은 혜가가 어떤 말을 하였는가에 있다. 결락을 제외하면 노자가 천축의 부처에 대해 이야기하였으며, 공자도 서방정토에 계시는 부처에 대하여 무언가 말을 하였다는 내용이다. 전체적인 뉘앙스는 노자와 공자가 부처에 대해 긍정적인 발언을 하였다는 것

7 「廣照寺眞澈大師寶月乘空塔碑」, 『譯註羅末麗初金石文』(上), 혜안, 1996, 30쪽, "昔者 肉身菩薩惠可禪師 每聞老生談天竺吾師 夫子說西□□□□□□□□□□□□□□□□□□□□□□□□□□□□□□."

으로서, 도교와 유학에 비하여 불교가 우위에 있다는 이야기로 이해할 수 있다.

또 하나 주목되는 것은 위의 인용문이 포함된 「광조사 진철대사 승공탑비」의 비문이 유학자 최언위에 의해 지어졌다는 점이다. 이 비문이 왕명에 의해 지어졌고 앞서 말한 바와 같이 당시의 유학자에게 불교는 하나의 상식으로 여겨졌다고 해도, 유학자가 불교 우위의 입장을 자연스레 드러내는 것은 그들의 사고가 유학과 불교 우위의 입장을 자유롭게 밝힐 수 있을 정도의 유연성을 지니고 있다는 것을 시사한다.

시기적으로 다소 차이가 있기는 하지만, 위의 인용문을 이해하기 위해 유교정치이념을 확립한 성종의 유교 이외의 사상에 대한 태도를 참고해 볼 수 있다. 최지몽崔知夢, 907~987은 해몽과 점술에 능하여 어려서부터 태조를 곁에서 보좌하였다. 그는 혜종惠宗때는 왕규王規의 난을 정확하게 예언하여 정종定宗이 반란을 진압하는 데 큰 공을 세웠다.[8] 이는 비록 작은 사례에 불과하지만, 국가 운영이나 개인의 행동에 도참이나 점술과 같은 비유학적 사상이 영향을 주었음을 의미한다.

987년성종 6 최지몽이 병이 들자 성종은 유학 이외의 수단을 사용하였다. 성종은 친히 문병하는 한편, 귀법사歸法寺와 해안사海安寺에 말을 희사하고 3,000여 명의 승려에게 반승飯僧하는 등 최지몽의 병을 치료하기 위해 온갖 방법을 동원하였다.[9] 널리 알려져있다시피 성종은 최승로崔承老의 시무 28조를 받아들이는 한편, 연등회와 팔관회를 폐지할 정도로 유교정치이념과 관련이 있는 군주라 할 수 있다. 그렇다면, 이는 유학 군주라고 하더

8 『高麗史』 권92 列傳5 崔知夢.
9 위의 책.

라도 언제든지 불교의 종교적 기능을 활용하여 소기의 목적을 달성하고자 하는 사상적인 유연성이 있었던 것으로 해석할 수 있다.

이러한 경향은 관료라고 해서 예외는 아니다. 993년성종 12 이지백李知白은 거란의 군사를 물리치기 위해서는 유학보다는 불교와 도교, 국선國仙 등을 이용해야 한다고 하였다.

> 전 민관어사 이지백이 아뢰기를, "태조聖祖께서 창업하시어 통일을 이루었으나 오늘날에 이르기까지 충신이 1명도 없었으며 갑자기 땅을 경솔히 적국에 내어주고자 하니 가히 통탄하지 않겠습니까? 옛 사람이 시에 말한 것이 있으니, '천리의 산하가 어린아이에게는 가볍겠으나, 두 왕조의 문관과 무관이 초주譙周를 원망하였다'고 하였습니다. 대저 초주는 촉蜀의 대신이나 후주後主에게 위에 땅을 바칠 것을 권하였으므로 만고의 웃음거리가 되었습니다. 청컨대 금은金銀과 보기寶器를 소손녕에게 주고 그 뜻을 살펴보소서. 또한 가벼이 땅을 나누어 주는 것은 (땅을) 적국에 버리는 것입니다. 선왕先王때의 연등회燃燈會와 팔관회八關會, 선랑仙郎 등의 일을 다시 거행하고, 이법異法을 행해서는 안 됩니다. (…중략…)"하니, 성종이 옳다고 여겼다. 이때 성종 화풍華風을 사모하는 것을 즐겨하였으나 국인國人들이 좋아하지 않으니, 이지백이 그와 같이 말한 것이다.[10]

---

10 『高麗史』 권94 列傳7, 徐熙, "前民官御事李知白奏曰 聖祖創業垂統 洎于今日 無一忠臣 遽欲以土地 輕與敵國 可不痛哉 古人有詩云 千里山河輕孺子 兩朝冠劒恨譙周 盖謂譙周爲蜀大臣 勸後主納土於魏 爲千古所笑也 請以金銀寶器賂遜寧 以觀其意 且與其輕割土地 弃之敵國 曷若復行先王燃燈八關仙郎等事 不爲他方異法 (…중략…) 成宗然之 時成宗 樂慕華風 國人不喜 故知白及之."

993년 8월에 거란이 70만 군사로 고려를 침략하자, 고려에서는 이에 대한 대응을 두고 신료들 간에 대립하게 되었다. 크게 보면, 거란에 항복하자는 의견과 거란의 요구대로 서경 이북의 영토를 할양하자는 할지론割地論이 대두하였다. 이때 성종은 할지론에 무게를 두고 거란과 협상을 하고자 하였으나, 서희가 반대하였다.[11] 이에 전 민관어사 이지백은 서희의 의견에 찬성하며 위의 인용문과 같이 연등회와 팔관회, 그리고 선랑을 부활하자는 의견을 제시하였다.

위의 인용문에서 우선 주목할 것은 이법異法이라는 단어이다. 문맥상 이법은 이전부터 거행하던 연등회, 팔관회, 선랑 등과 거리가 있는 것으로서, 성종이 사모하였다고 표현한 화풍華風과 관계가 있는 것이라고 할 수 있다. 특히 이지백의 발언은 당시의 여론을 반영하고 있는 것으로 보인다. 위의 인용문으로는 유학이 거란의 침략이나 할지론과 관계가 있어보이지는 않는다. 다만, 이지백의 의도는 연등회, 팔관회, 선랑을 부활시킬 것을 제안함으로써 성종의 사상정책은 기존의 다원적 사상지형 아래 있었던 전통과 큰 차이가 있다는 것을 보여주고자 한 것이었다.

위의 인용문에서 말하는 화풍은 아마도 성종의 의지를 담고 있는 것이라 할 수 있지 않을까 생각한다. 그렇다면, 당시 조정에는 화풍을 지향하는 사람들과 그렇지 않은 사람들이 공존하고 있었던 것으로 이해할 수 있다. 즉, 당시 관료들의 성향은 친유학적이면서도 화풍과 친숙한 부류와 불교, 도교, 민간신앙에 보다 가까운 부류가 공존하고 있었던 것이다. 다시 말하면 당시의 관료들은 다원적 사상지형을 각자의 성향에 따라 유학을

11 『高麗史』 권94 列傳7, 徐熙.

우위에 두고 이해하였거나, 반대로 유학이 아닌 불교나 도교를 우위에 두고 이해하고 있었던 것이라 할 수 있다.

유학자들은 정치이념으로서의 유학과 종교적 기능을 수행하는 불교를 뚜렷하게 구분하고 있었던 것으로 보인다. 그러나 때로는 유학과 불교의 역할이 뚜렷하게 구분되지 않고 혼재되어 있었던 경우도 발견할 수 있다. 현종대 최항崔沆, 972~1024은 가학家學인 유학을 기반으로 청렴하고 검소한 생활을 하였음에도 불구하고, 불교 신앙이 지나쳐 황룡사 탑을 중수할 것을 건의하여 민에게 막심한 피해를 입혔다.[12] 그는 현종이 즉위하자 성종대에 폐지된 팔관회를 부활시킬 것을 주장하였다.[13] 이는 최항이 유교정치이념에 충실하지 못한 것으로 볼 수 있지만, 유학을 실천하고자 하는 입장과 그 반대의 입장이 혼재되었기 때문에 나타나는 현상으로 이해할 수 있다.

특히 주목되는 것은 최충崔沖, 984~1068이 「봉선홍경사기奉先弘慶寺記」에 홍경사의 건립 목적과 관련하여 기술한 부분이다. 여기서 최충은 불경을 인용하여 초제招提, 즉 사원은 여러 곳에서 우수한 사람들을 불러들여 불법을 천명하는 곳이라고 하였으며, 『장자莊子』를 인용하여 여관旅館을 설치한 것은 인의仁義를 보이기 위한 것이라고 하였다. 또한 『진서晉書』에서는 여관을 설치하여 공무를 위해 여행하는 이들이나 사사로이 다니는 사람들을 구제한다고 하였다.[14] 고려 전기에 홍경사 서쪽에는 광연통화원廣緣通化院이 있었는데, 홍경사에 소속된 원院으로서 여행자들에게 숙소와 먹을거리를 제공하였다. 최충이 「봉선홍경사기」에 여관과 관련한 『장자』와 『진서』의

12 『高麗史』 권93 列傳6, 崔沆.
13 『高麗史』 권93 列傳6, 崔沆.
14 『東文選』 권64, 奉先弘慶寺記.

구절을 언급한 것은 여행자들에 대한 불교 사원의 보시와 유학의 인의仁義의 실천을 동일시하기 위한 것으로 해석할 수 있다. 이를 홍경사와 광연통화원의 건립으로 좁혀서 해석하면, 최충은 사원의 건립을 유학의 인의의 실천과 같은 개념으로 이해하고 있다는 것을 확인할 수 있다.[15]

최항과 최충의 경우와 같이 유교정치이념으로 무장되어 있는 관료라고 할지라도 불교에 심취하여 민폐를 끼치는 최항과 같은 인물이 있는가 하면, 최충 역시 문종에 의해 여러대에 걸친 유종儒宗으로 평가를 받는 인물이지만, 불교의 보시와 유학의 인의를 같은 개념으로 인식하고 있었던 것이다.

2. 다원적 사상지형과 왕권 중심의 사상정책

1) 태조의 훈요십조와 왕권 중심의 사상정책의 성립

나말려초 유불도 삼교와 풍수도참, 민간신앙의 공존관계는 경우에 따라 상호 대립관계로 상황이 역전될 가능성도 존재하였다. 대립관계가 격화될 경우, 신라 말과 같은 분열이 재연될 우려가 있다. 이는 다원적 사상지형이 가지고 있는 구조적 취약성이라 할 수 있다. 따라서 이를 미연에 방지하고 국가적 통합성을 유지하기 위해서는 갈등관계를 조정해주어야 할 필요가 있다. 이러한 상황에서 주목해볼 수 있는 것은 왕권과 불교 교단의 관계이다.

---

15 李仁在, 「高麗 前期 弘慶寺 創建과 三教共存論」, 『韓國史學報』 23, 2006, 114~116쪽.

신라 말 국왕과 불교 교단 사이의 관계는 대체로 국왕에 비하여 승려가 우위에 서는 관계였던 것으로 보인다.[16] 신라 말 왕실은 선종 승려들을 국사로 임명하거나 경주로 초치하였다.[17] 이는 새롭게 성장하는 선종을 이용하여 국가질서가 이완하는 것을 막고 그들이 자리 잡고 있는 지방에 대한 지배를 복원하고자 하였기 때문이다.[18] 그러나, 9세기 말 폭발적으로 증가하기 시작한 지방세력의 요구를 신라 정부가 수용하지 못하게 되면서, 신라의 불교 교단에 대한 지배력은 빠르게 약화되었다. 특히 선종 승려들은 지방 호족과 연대하여 산문을 개창하였다. 이는 선종이 중앙의 권위 회복과는 상관없이 지방세력의 지배영역을 확대하고 정당성을 확보하는 데 협력하고 있었던 것으로 해석할 수 있다. 그에 따라 신라 중앙의 지방에 대한 지배력은 이제 회복하기 불가능할 정도에 이르고 말았다.

신라 말 국왕과 불교 교단 사이의 관계를 역전시킨 인물은 궁예였다. 주지하다시피 궁예는 미륵을 자처하며 미륵관심법으로 주변의 정적들을 제거하고, 전제왕권을 확립하고자 하였다.[19] 이는 궁예 자신이 국왕으로서 불교의 수장이 되고, 종교적 권위로 신료와 민을 억제하는 일종의 신정정치 또는 정교일치라 할 수 있었다. 그러나, 이는 불교 교단 측의 반발을 불러왔으며, 태조 왕건이 쿠데타를 일으키게 되는 원인이 되었다. 이러한 고대적 신정정치 또는 정교일치 정책으로는 궁예 자신의 왕권을 오랫동안 지탱하기 어려웠을 것이다.

---

16 남동신, 「나말려초 국왕과 불교의 관계」, 『역사와 현실』 56, 2005.

17 崔致遠, 「鳳巖寺智證大師塔碑」, 『譯註韓國古代金石文』(3), 179~181쪽; 「深遠寺秀澈和尙塔碑」 『譯註韓國古代金石文』(3), 163쪽; 「瑞雲寺了悟和尙眞原塔碑」, 『譯註羅末麗初金石文』(上), 45쪽.

18 최인표, 『나말려초 선종정책 연구』, 한국학술정보, 2007.

19 『高麗史』 권1 世家1 太祖總序 乾化 4년(915).

태조의 쿠데타가 일어나기 훨씬 전부터 태조에게로 귀부하려는 이들은 많았다. 그 중에 유학을 익힌 지식인도 많이 있었을 것으로 생각된다. 『고려사』 고려세계高麗世系에는 913년 왕건이 아지태의 참소를 입었던 입전笠全, 신방辛方, 관서寬舒 등 3명을 풀어주고 아지태에게 죄를 자백하게 하였으며, 이 때문에 군부의 장교, 공신, 현인, 그리고 지략과 학식을 갖춘 무리들이 왕건을 따르게 되었다고 기록되어 있다.[20] 승리자 왕건에 초점을 맞춘 기록이기 때문에 절대적으로 신뢰할 수는 없으나, 왕건을 따르는 많은 사람들 중에는 유학자 출신의 인물들도 다수 있었을 것으로 보인다.

또한 궁예의 고대적인 신정정치와 정교일치에 대한 유학자를 비롯한 지식인 관료들의 반발도 예상해볼 수 있다. 궁예가 왕건을 불러 미륵관심법으로 반역죄를 뒤집어씌우려 하자, 장주掌奏로서 궁예의 곁에서 보좌하던 최응崔凝이 붓을 떨어뜨려 뜰에 내려가 주우면서 궁예의 미륵관심법에 복종하도록 함으로써 왕건의 목숨을 구한 사건은[21] 궁예의 최측근 문사文士마저도 미륵관심법에 대해 반감을 가지고 있었다는 것으로 이해할 수 있다.

특히 미륵을 자처하며 고대적 신정정치를 내세우고 있었던 상황은 유학자의 입장에서 충분히 반감을 가질 수 있다. 『고려사』 고려세계의 기사들이 오로지 왕건측의 입장이 반영되어 있다는 점을 고려해보더라도, 최응이 기지를 발휘하여 목숨을 구해준 대상이 왕건이라는 점은 유학자들 사이의 여론이 왕건 측으로 급격하게 쏠려 있었던 상황을 반영하는 것으로 이해할 수 있다.

이와 같은 궁예의 신정정치는 유학, 도교, 민간신앙 등 다른 여러 사상과

---

20 『高麗史』 권1 世家1 太祖總序 乾化 3년(914).
21 『高麗史』 권1 世家1, 太祖總序 乾化 4년(915).

의 공존이나 교섭보다는 미륵신앙을 일방적으로 강요함으로써 종교적 일원성을 드러내기 위한 정책이라고 할 수 있다. 여기에 기존의 불교 교단의 반발과 유학자층의 반감은 태조 왕건의 정치적 외연을 확대시키는 결과를 초래하였지만, 이는 다른 한편에서 궁예측의 사상정책이 지나치게 배타적이었던 데서도 궁예 정권 붕괴의 원인을 찾을 수 있지 않을까 생각된다.

그렇다면, 궁예를 무너뜨리고 신라와 후백제를 통합한 새로운 통일국가 고려는 궁예와는 차별성을 갖는 새로운 사상정책과 대안을 제시해야 할 것이라는 결론에 도달하게 된다. 태조 왕건의 사상정책이 어떠한 모습이었는지 확실하게 알려주는 사료는 발견하기 어렵다. 그렇지만, 태조가 사망하기 1개월 전인 943년 4월에 반포하였다고 전해지는 훈요십조에서 사상과 관련한 조항들을 살펴본다면, 태조가 지향하는 사상정책이 어떠한 것인지 대강이나마 짐작해볼 수 있다.

> ① 우리나라가 대업을 이룬 것은 반드시 여러 부처가 호위護衛하는 힘에 바탕을 두고 있다. ② 선종과 교종의 사원을 개창하고 주지를 파견하고 수행하게 하여 각각 그 업을 다스리도록 해야 할 것이며, ③ 후세에 간신과 집정자가 승려의 청탁에 따라 각각 사사寺社를 업으로 하여 서로 쟁탈하는 것을 일절 금하게 해야 할 것이다.[22]

위의 인용문은 훈요십조 중 제 1조이다. 전체적으로 국왕이 주도적으로 불교를 통제해야 한다는 내용으로 이루어져 있다. 내용에 따라 위의 인용

---

22 『高麗史』 권2 世家2, 太祖 26년 4월, "其一曰 我國家大業 必資諸佛護衛之力 故創禪敎寺院 差遣住持焚修 使各治其業 後世姦臣執政 徇僧請謁 各業寺社 爭相換奪 切宜禁之".

문에 표시한 번호와 같이 3부분으로 나누어 살펴볼 수 있다.

우선 ①은 고려가 후삼국을 통일하여 대업을 이룩한 것은 모두 부처의 힘에 의한 것이었다는 내용이다. 전체적으로 ②와 ③이 ①의 내용과 배치되고 있으며, 훨씬 풍부한 내용을 담고 있기 때문에, ①은 이 조항의 의도와 관계가 먼 전치문 정도로 보인다.

②와 ③은 전반적으로 국왕에 의한 불교 통제의 필요성과 불교가 통제를 받지 않고 정치에 관여하게 되면 어떤 결과를 초래하게 될 것인가 하는 내용을 담고 있다. 이 중 ②는 고려국가 안에서 불교의 본분을 설명하고 있다. 선교禪敎, 즉 선종과 교종 사원을 개창하고, 주지를 파견하여 수행修行하도록 하는 것을 불교의 기본적인 업業이라고 표현하였다. 이때 사원 개창과 주지 파견의 주체는 문맥상 국가 또는 국왕이라고 할 수 있다.

③에서는 불교가 국가의 통제로부터 자유로워진다면, 간신－집정자와 승려가 결탁하게 될 것이고, 이는 종파간의 대립을 불러와 제각기 정치세력과 연대한 결과 사원을 쟁탈하는 사태까지 벌어질 것이라 예측하고 있다. 따라서, 후세의 국왕은 이를 방지하기 위해 ②와 같이 불교가 스스로 본분을 찾아 수행에 최선을 다하도록 해야 한다는 내용이다.

위의 훈요십조 제 1조는 국가권력에 의한 불교통제를 의도한 것으로서, 실제 태조 왕건은 즉위 직후부터 사원을 개창하고 고승을 초치하려는 노력을 게을리하지 않았다. 이는 『고려사』 세가나 금석문 자료를 통하여 확인할 수 있다. 태조는 919년에 법왕사와 왕륜사 등 10여 개의 사원을 도성에 세웠으며,[23] 921년에는 오관산에 대흥사를 창건하고 이언利言을 맞아

23 『高麗史』 권1 世家1, 太祖 2년 3월.

들이는[24] 등 태조대 사원을 창건하거나 수리한 기사는 『고려사』에 모두 7차례 나타난다. 승려가 귀부해오거나 초치한 기사도 5차례 정도가 확인된다. 이 밖에도 태조는 937년에 작갑사鵲甲寺와 운문선사雲門禪寺 등에 사액을 내려 추인하였으며,[25] 관단官壇을 설치하여 수계受戒도 국가의 관할 아래에 두었다. 이를 통해 태조의 불교정책이 궁예와 달리 폭력적 압박보다는 국가가 이들의 활동을 후원하고, 그 대신 교단과 사원을 중앙의 통제 아래에 묶어두도록 하는 방향으로 나아가고 있음을 확인해볼 수 있다.[26] 그럼으로써 국가와 교단의 관계도 상당히 우호적으로 전개되고 있었다는 것도 알 수 있다.

이와 같이 불교에 대한 국가의 통제는 교단과 왕권의 관계의 변화에서도 원인을 찾을 수 있다. 신라 말까지만 해도 국왕은 승려에게 칭신稱臣을 요구하지 않았다.[27] 그러나, 고려 건국 직후에 동리산문의 윤다允多, 894~945가 태조 왕건에게 칭신한 것은 승려와 국왕의 관계 변화의 계기를 마련한 것으로 평가할 수 있다. 윤다는 태조 왕건과 마음속에서 불법을 구하고 민에게 안정을 가져다줄 수 있는 방법에 관하여 대화를 하였다. 그 와중에 윤다는 태조 왕건에게 자기 자신을 '신승臣僧'이라고 표현하였다. 958년광종 9에 김정언이 지은 「옥룡사동진대사보운탑비」의 글씨를 쓴 현가玄可는 비문에서 스스로를 '사문 신 석 현가沙門 臣 釋 玄可'라고 표현하였다.[28] 마찬가지로 965년광종 16에 조성된 「봉암사정진대사원오탑비」의 글씨를 새긴 섬율

24 『高麗史』 권1 世家1, 太祖 4년 10월 丁卯.
25 『三國遺事』 권4, 義解5 寶壤梨木.
26 韓基汶, 「高麗時代 寺院의 統制와 編制」, 『가산이지관스님화갑기념논총』(상), 1992, 737쪽.
27 남동신, 앞의 글, 2005, 102~104쪽.
28 金廷彦, 「玉龍寺洞眞大師寶雲塔碑」, 『譯註 羅末麗初金石文』(上), 228쪽.

暹律 역시 자신을 '조각업승 신 섬율彫割業僧臣暹律'이라고 새겼다.[29] 이는 지금까지 승려와 국왕과의 관계를 역전시키는 것으로서, 고려 건국 직후부터 왕권은 교권의 우위에 서게 된 것이라고 판단할 수 있다.

정종대 긍양兢讓의 경우는 위와는 성격이 조금 다르다고 할 수 있다. 긍양은 947년정종 4 왕사王師로 책봉되었으며, 968년광종 19에는 국사로 책봉되었다. 특히 947년 12월에 정종과의 대화에서 긍양은 자신을 '신臣'이라고 지칭하였다. 시기적으로 위의 윤다의 사례와 그리 멀지 않은 시점이라는 점에서 매우 특별한 경우라고 할 수 있다. 이때 긍양은 정종으로부터 왕사의 칭호를 얻은 뒤였다. 따라서, 앞서 언급한 윤다가 고려정부로부터 아무런 직책이나 칭호를 받지 않은 승려라는 점을 생각해본다면, 이때의 긍양의 칭신은 지방 산문의 승려에서 중앙으로부터 왕사 칭호를 받은 고급승려에 이르기까지 칭신이 일반화되는 단계에 접어들었다는 것을 의미한다.[30]

이와 같은 사례들은 교권에 대한 왕권의 우위가 강요나 압력에 의한 것이 아니라, 일종의 합의된 관계가 아닌가 하는 생각을 하게 만든다. 신라말 산문이 출현하고 호족과의 연대, 궁예 정권기, 그리고 태조 왕건에 의한 후삼국통일 등 격변기를 거치는 동안 이들 산문은 국가권력이나 왕권과의 관계를 새로이 정립할 필요가 있었다. 그러면서 산문은 중앙의 지원을 받아야 했으며, 적어도 자신의 사회경제적 기반을 중앙의 공인을 통해 합리화할 필요가 있었다.[31] 이는 지방사회에서 산문의 권위, 그리고 생존과 직결되는 문제가 아닐 수 없었다. 아마도 이 과정에서 선종 승려들을

---

29 李夢遊, 「鳳巖寺靜眞大師圓悟塔碑」, 『譯註 羅末麗初金石文』(上), 278쪽.

30 남동신, 앞의 글, 2005, 106쪽.

31 韓基汶, 『高麗寺院의 構造와 機能』, 민족사, 1998, 105~110쪽.

중심으로 하는 칭신의 태도가 나타나지 않았을까 생각된다. 국가권력의 입장에서도 승려들이 칭신을 해온다면 산문을 통해 호족과 지방사회를 통제할 수 있을 것이며, 국왕의 권위를 확립하고 왕실의 외호세력을 얻을 수 있었으므로, 받아들이지 않을 수 없었을 것이다.[32]

태조가 후삼국 통일을 달성한 시점에 불교 통제를 주요 내용으로 하는 조항을 훈요십조의 첫머리에 배치한 것은 그만큼 왕권에 의한 불교 통제가 매우 절실하다는 것을 의미한다. 선승을 중심으로 국왕에 칭선하는 풍조가 점차 확산되어 나가던 시점에 태조는 왕건 아래로 들어온 불교 종단을 적절히 통제하려고 하였을 것이다. 그러나 반대로 사원의 지나친 세력 확대, 교권과 정치권력의 밀착은 결국 교권의 정치참여로 이어질 것이다. 종교적 권위가 정치적 권위를 압도할 경우 왕권은 중대한 위기에 봉착하게 될 것이라는 예측도 가능하다. 따라서, 훈요십조 제 1조의 의미는 그러한 점에서 생각해볼 수 있을 것이다.

> ① 여러 사원은 모두 도선道詵이 산수의 순역順逆을 점쳐서 개창開創한 것이다. 도선이 말하길, "내가 점을 쳐서 정한 곳 외에 망령되이 (사원을) 더 창건한다면, 지덕地德을 손상시키고 왕업王業이 길이 이어지지 않을 것이다"라고 하였다. ② 짐이 생각하기를 후세의 국왕과 공후公侯, 후비后妃와 조신朝臣들은 각각 원당願堂이라고 칭하면서, 혹은 사원을 늘리거나 창건할 것이니 크게 걱정스럽다. ③ 신라 말에 다투어 절을 지어 지덕을 손상시켜서 나라가 망하는 데 이르고 말았으니 가히 경계할 만하지 않겠는가?[33]

---

32 송용운, 「고려 태조의 불교시책」, 연세대 석사논문, 2006.

33 『高麗史』 권2 世家2, 太祖 26년(943) 4월, "諸寺院 皆道詵推占山水順逆而開創 道詵云 吾

태조는 훈요십조 제 2조에서 사원의 남설濫設을 지적하였다. 그러나 전체적인 내용은 도선의 풍수도참설과 관련이 있다. 내용상 위의 인용문은 크게 3부분으로 나누어 살펴볼 수 있다. 우선, ①은 사원의 창건과 관련한 도선의 견해를 밝힌 부분으로서, 도선이 지정한 곳에만 사원을 세울 수 있으며, 그렇지 않을 경우 국운이 이어지지 않을 것이라고 경고하였다. 이는 신라 말에 이미 사원의 남설에 대한 문제의식이 존재하였다는 것을 의미하는 것이 아닌가 생각된다.

②와 ③은 ①의 내용을 받아서, 훈요십조가 반포될 당시인 943년의 현실과 신라의 사례를 비교대상으로 언급하고 있다. 크게 보면 불교의 지나친 세력 확장을 막아야 한다는 취지는 1조와 같다. 다만, 풍수도참설의 논리를 이용하였으며, 도선이라는 고승을 등장시켰다는 점에서만 다를 뿐이다.

여기서는 두 가지 점에 대해 생각해보아야 한다. 첫 번째는 사원의 확대를 저지하는 주체가 누구인가? 하는 점이다. 위의 인용문에는 정확하게 지적하지는 않았으나, 문맥상 국왕이라는 점을 쉽게 알 수 있다. 두 번째로 불교 사원의 세력 확장을 막기 위하여 풍수도참설을 왜 등장시켰는가 하는 점이다. 사원의 세력 확장을 막기 위한 논리로 풍수도참설이 이용되었다는 점은 풍수도참설이 불교 사원을 견제할 수 있는 기능과 역량이 있다는 의미로 해석할 수 있다.

풍수도참설은 제5조에서도 등장한다. 제5조는 서경의 지리적 이점에 대해 서술하였다.[34] 전체적으로 서경이 고려에서 어떠한 지위를 갖는지,

所占定外 妄加創造 則損薄地德 祚業不永 朕念後世國王公侯后妃朝臣 各稱願堂 或增創造 則大可憂也 新羅之末 競造浮屠 衰損地德 以底於亡 可不戒哉."

그에 대해 국왕이 어떠한 정책을 취해야 하는지에 대해 말하고 있다. 서경은 수덕水德이 순조롭기 때문에 국왕이 일정기간 머물러야 한다고 당부하였다. 따라서 서경의 지위를 풍수도참설을 이용하여 합리화하고 있는 것으로 이해할 수 있다.

이 밖에도 훈요십조에는 유학과 관계있는 조항들도 있다. 우선, 제3조에서는 왕위는 장자상속을 원칙으로 하되, 만약 장자가 불초하면 차자次子에게 물려줄 것이며, 차자 역시 불초하면 셋째 아들에게 물려주라고 하였다. 다음으로 제7조에서는 참소를 멀리하고 신하의 말을 귀담아들을 것이며, 부역과 부세를 가볍게 하고 상벌을 공정하게 실시해야한다고 하였다. 제9조에서는 관료들의 녹봉을 공평하게 분배할 것이며, 강한 적과 상대해야하므로 병졸에 대한 적절한 대우가 있어야 한다고 하였다. 제 10조에서는 널리 경사經史를 읽고 주공의 『서경書經』 무일편無逸篇을 베껴서 곁에 둠으로써 마음속에 새기라고 당부하였다.[35]

전체적으로 유학과 관련된 조항은 모두 4개 조항으로서 불교 통제나 풍수도참설과 같이 비교적 비중이 크다고 할 수 있다. 위에서 언급한 조항의 내용들은 크게 보면 대민교화, 공정한 분배, 공정한 상벌, 그리고 왕도정치 실현 등이라고 할 수 있다. 불교가 정치권력과 밀착되는 것을 경계하였다면, 유학은 정치권력을 통한 국가질서 확립, 그리고 이를 통한 왕도정치 실현을 강조한 것으로 정리할 수 있다. 따라서 위의 제3조, 7조, 9조, 10조는 정치이념으로서의 유학에 초점을 맞춘 것으로 이해할 수 있다.

원만하게 국가를 운영하기 위해서는 대민교화가 선행되어야 한다. 태조

---

34 『高麗史』 권2 世家2, 太祖 26년(943) 4월.
35 위의 책.

왕건은 서경과 개경에 학교를 설립하였다. 『고려사』 기록을 살펴보면, 태조대 학교 설립과 관련되는 기사는 930년태조 13에 서경에 학교를 세웠다는 기사가 유일하다.[36] 상식적으로 서경에 학교를 설립하였다는 기사보다 개경에 학교를 설립하였다는 기사가 먼저 나와야 한다. 이에 대해서는 다음과 같이 추론해볼 수 있다. 우선은 백서성白書省, 원봉성元鳳省 등 중앙에 이미 교육과 교화를 담당하는 관청이 있었기 때문인 것으로 볼 수 있다.[37] 비슷한 시기 태조를 접견한 어린 나이의 최승로를 원봉성의 학생으로 소속시켰다는 기사가 나오는 것으로 보아,[38] 원봉성이 이미 교육기능을 수행하고 있었던 것으로 해석할 수 있다.[39]

백서성은 이름에 '서書'가 포함되어 있기도 하지만, 단편적인 기록을 살펴볼 때 교육과 관계되는 기관이 아닐까 생각된다. 태조가 즉위한 직후에 백서성 공목孔目 직성直晟을 백서낭중白書郎中으로 임명하면서 내린 조서에서, "제도를 고칠 때는 오류를 바로잡고 상세한 것을 밝히며, 풍속을 이끌고 백성을 가르칠 때는 명령을 신중하게 내려야한다"라고 하였다.[40] 이 기록은 그저 평범한 관리임명 기록으로 볼 수도 있지만, 그와 관련하여 태조가 밝힌 관리임명의 취지가 바로 교화에 있었다는 점은, 결국 백서성의 기능이 교육과 관계된다는 의미로 해석할 수 있지 않을까 생각한다. 따라서, 고려 건국 초기 개경의 중앙 관부가 교육기능을 일부 수행하고 있으므로, 서경에는 따로 학교를 설치하여 교육기능을 수행하게 하였던 것으로 이

36 『高麗史』 권1 世家1 太祖 13년 12월 庚寅.

37 申千湜, 「중앙의 교육기관」, 『한국사』(17), 국사편찬위원회, 1994, 14~15쪽.

38 『高麗史』 권93 列傳6, 崔承老, "年十二 太祖召見 使讀論語 甚嘉之 (…중략…) 命隸元鳳省學生 賜鞍馬例食二十碩."

39 박찬수, 「高麗의 國子監과 私學 十二徒」, 『한국사시민강좌』 18, 1996, 24쪽.

40 『高麗史』 권1, 世家1, 太祖 원년(918) 6월 戊辰.

해할 수 있다.

이와 함께 태조는 신료들 사이의 위계질서를 유학을 통해 구현하려고 시도하였다. 앞서 언급한 제9조의 백관의 녹봉을 공평하게 지급하라는 것은 백관의 녹봉을 지위의 고하에 따라 차등 지급하라는 것으로, 명분을 바르게해야 질서가 잡힌다는 의미로 해석할 수 있다. 아래의 일화를 통해 태조 왕건의 명분에 대한 이해가 어떠했는지 살펴볼 수 있다. 쿠데타에 성공한 직후 반란이 연이어 발생하고 있었던 상황에서 상주의 아자개가 귀부해오자, 그를 맞이하기 위해 문무관들이 구정毬庭에서 예행연습을 하고 있었다. 그 자리에서 광평낭중廣評郎中 유문률柳問律과 직성관直省官 주선힐朱瑄劼이 자리다툼을 하였다. 이때 태조는 두 사람을 꾸짖으며 '겸양은 예의 으뜸이며, 경敬은 덕德의 근본'이라고 하였다.[41] 여기서 겸양은 윗사람과 아랫사람 모두에게 통용되는 덕목이라 할 수 있다. 경敬이 아랫사람이 윗사람에 대한 겸양이라면, 덕德은 윗사람이 아랫사람에게 내보여야 할 겸양이라고 할 수 있다. 나아가 겸양과 경, 덕을 사회적으로 해석하면, 이는 신분 간의 명분을 바로 해야 한다는 의미로 받아들일 수 있다.

이와 같은 명분질서를 바로잡기 위해서는 우선 국왕이 먼저 모범을 보이고, 정사에 성실하게 임할 필요가 있다. 제10조에서 태조가 『서경』 무일편을 가슴 속에 새기라고 당부한 것은 교화와 명분질서를 바로잡아 나가는 한편, 국왕이 성실하게 정사에 임하는 모습을 통해 왕도정치를 추구하고자 하는 의도가 담겨 있는 것이라 할 수 있다. 『서경』 무일편은 백성들이 농사짓는 어려움을 군주가 알고, 군주 역시 백성들과 같이 부지런히

---

41 『高麗史』 권1 世家1 太祖 원년(918) 9월 甲午, "王曰 讓爲禮宗 敬乃德本 今接賓以禮 將觀厥成 而問律瑄劼爭列 豈敬愼者乎 宜並徙邊 以彰其罪."

정사에 임할 것이며, 백성들에게 선정을 베풀고, 그들의 억울함을 잘 듣고 해결할 수 있어야 국운이 오래도록 지속된다는 것을 내용으로 한다.[42] 왕업을 어렵게 이루었으니 사치와 향락을 멀리함으로써 수성守成하도록 힘써야 한다는 것이다.

이와 같은 내용의 제10조를 제3조와 7조, 9조의 연장선에서 해석하면, 우선 신료와 백성들에게는 부세와 부역을 가볍게 하고, 공평한 과세와 상벌이 주어지며, 상하명분을 바르게 함과 아울러 군주가 부지런히 정사에 임해야한다는 논리로 이어지고 있음을 확인할 수 있다. 즉, 제3조, 7조, 9조와 제10조가 서로 호응관계를 맺고 있는 것으로 해석할 수 있다. 다만, 이때 유학은 정치와 사회윤리로서 그 기능과 역할이 주어지고 있다는 것 역시 확인해볼 수 있다.

> 짐이 지극히 서원誓願하는 바는 연등회와 팔관회에 있다. 연등회는 부처를 섬기는 것이며, 팔관회는 천령天靈 및 오악五嶽과 명산대천, 용신龍神을 섬기는 것이다. 후세에 간신이 가감加減을 건의하는 것을 일체 금지시켜야 할 것이다. 나 또한 당초에 마음으로 맹세하고, 날짜는 국기國忌를 범하지 않는 데 맞추려고 하였다. 군신이 함께 즐기고 마땅히 내 뜻을 받들어 행할 것이다.[43]

위의 인용문은 훈요십조 제6조로서 연등회와 팔관회를 계승할 것을 당부하는 내용이다. 연등회가 불교 의례로서 상원일에 치러지는 농경의례

---

42 『書經集傳』 권8, 周書, 無逸.

43 『高麗史』 권2 世家2, 太祖 26년 4월, "朕所至願 在於燃燈八關 燃燈所以事佛 八關所以事天靈及五嶽名山大川龍神也 後世姦臣建白加減者 切宜禁止 吾亦當初誓心 會日不犯國忌 君臣同樂 宜當敬依行之."

적 성격이 강한 의례라고 한다면, 팔관회는 불교, 도교, 민간신앙 등 여러 사상과 종교가 결집된 종합 의례로서의 성격이 강하다고 할 수 있다.

태조 왕건은 918년태조 1 11월에 팔관회를 개설하자는 건의를 수용하여 구정毬庭에서 팔관회를 개최하였다. 태조는 위봉루에 올라 팔관회를 직접 관람하고, '부처에 공양하며 귀신을 즐겁게 하는 대회供佛樂神之會'라고 하였다. 『고려사절요』에는 팔관회의 규모에 대하여, 구정毬庭에 윤등輪燈을 설치하고 향등香燈을 벌여놓으면서 각종 놀이를 하게 하고, 사선악부四仙樂部와 용, 봉황, 코끼리, 말, 거선車船 등을 배치하였는데, 모두 신라의 제도라고 기록되어 있다.[44]

이 기록은 팔관회가 어떤 성격의 의례인지 단적으로 보여준다. 우선, 태조가 궁예의 전례를 따랐다는 것, 그리고 사선악부와 용, 봉황, 코끼리, 향등을 벌여놓은 것은 신라의 전통이라고 기록하였다는 것, 이 두 가지 기록을 통해 고려시대의 팔관회는 신라에서 태봉으로, 그리고 고려로 이어져오고 있었다는 것을 알 수 있다. 또한 사선악부가 등장하고 있다는 점에서 팔관회에서는 음악이 중요시되며, 4명의 신선, 즉 선랑仙郞이 등장한다는 점에서 신라의 화랑과 어떠한 연관성이 있다는 점을 확인할 수 있다.

고려의 팔관회와 연등회를 함께 생각해본다면, 위의 훈요십조 제6조는 불교와 도교, 민간신앙 등 유학 이외의 고유의 전통과 관계가 있는 것으로 이해할 수 있다. 특히 제6조에 '후세의 간신이 절대 훼손시키게 하지 말라'는 것은 다원적 사상지형에서 공존하고 있었던 여러 사상과 종교를 원

---

44 『高麗史節要』 권1, 太祖 원년 11월.
한정수는 『고려사절요』에 나오는 신라의 제도 계승에 관한 부분은 이후에 첨가된 내용으로서 태조 19년 11월에 행해진 팔관회의 의례를 기준으로 서술된 것으로 보았다(韓政洙, 「高麗 太祖代 八關會 설행과 그 의미」, 『大東文化硏究』 86, 2014).

만하게 결집하고 궁예와 신라의 전통을 계승함으로써 국가적 결속과 통합을 꾀하고자 하는 유훈을 가슴 깊이 간직하라는 의도로 이해된다. 성종은 연등회와 팔관회를 폐지하였다. 이는 최승로의 건의의 따라 유교정치이념을 채택하고 준수하겠다는 의지를 표명한 것으로 이해된다. 그렇지만, 이에 대한 반발이 만만치 않게 제기된 것으로 보인다. 가장 대표적인 것이 위에서 언급한 이지백의 주장과 당시의 여론을 기록한 사관의 평가라고 할 수 있다.

> 우리 동방은 예부터 당풍唐風을 흠모하여 문물과 예악은 모두 그들의 제도를 따르고 있는데, 지역이 다르면 풍토도 달라지며, 인성도 각각 달라지므로 반드시 (그들과) 같아질 필요는 없다. 거란은 금수의 나라로서 (우리와) 풍속이 같지 않으며 언어도 또한 다르니, 의관과 제도는 진실로 본받지 말도록 할 것이다.[45]

위의 훈요십조 제4조는 화풍華風과 국풍國風, 즉 보편과 전통의 조화를 후대의 국왕들에게 주문한 것으로 이해할 수 있다. 위에서 말하는 당풍唐風은 유교정치이념을 비롯한 중국식 제도와 외래문화를 의미한다. 이는 고려의 제도적 밑바탕이 유교정치이념을 비롯한 중국식 제도와 문화에 있다는 점을 인정한 것으로 이해된다. 그렇다고 해서, 화풍의 대척점에 있는 국풍을 무시할 수도 없다. 위에서 언급한 바와 같이 고려는 중국과 풍토가 다르고 인성이 다르기 때문이다. 화풍과 국풍이 서로 대립하는 개념이라

45 『高麗史』 권2 世家2, 太祖 26년 4월, "惟我東方 舊慕唐風 文物禮樂 悉遵其制 殊方異土 人性各異 不必苟同 契丹是禽獸之國 風俗不同 言語亦異 衣冠制度 愼勿效焉."

고 한다면, 양측이 충돌할 경우 국가적 혼란은 불가피하다. 이때 국왕의 역할은 하나의 원칙을 제시하는 데 있다고 할 수 있다. 여기서 위의 제 4조에 '당풍과 굳이 같아질 필요는 없다'는 말에 주목할 필요가 있다. 이는 '고려는 기본적으로 당풍을 수용하되, 그것이 기존의 전통과 맞지 않으면 굳이 수용할 필요는 없다'는 의미로 해석할 수 있다. 이 경우 당풍은 필수요소이기는 하지만, 선택적 수용이 허용된다. 따라서, 고려의 외래문물에 대한 기본 입장은 당풍은 하나의 전범典範으로서 보편문화로 인정하되, 고려의 실정, 즉 기존의 전통과 어울리지 않으면 굳이 채택할 필요는 없다는 것으로 정리된다.

여기에 또 하나 눈여겨 보아야할 것은 그럼에도 불구하고 '거란은 본받지 말라'는 부분이다. 이것은 단지 거란이 발해를 멸망시켰으므로 적대시해야한다는 의미는 아니다. '거란은 금수의 나라'라고 말한 부분을 중심으로 생각해보면, 고려는 당풍을 수용한 동아시아 보편문화의 일원으로서 거란과 같은 유목민족의 문화는 수용해서는 안 된다는 의미로 받아들일 수 있다.

지금까지 태조의 훈요십조를 통해 확인한 사상정책은 태봉의 궁예가 지향한 전제적 신정정치와 구분된다. 태조는 지나치게 불교에 기울어지고 각각의 사상을 포용하지 못한 궁예에 비하여, 보다 다원적이면서도 포용을 지향하는 정책을 지향하였다. 그것이 집약적으로 표현되어 있는 것이 바로 훈요십조였다.[46] 고려는 유불선, 풍수도참과 민간신앙 등이 제각기 속성을 유지하면서 공존하고 있었다. 이때 왕권은 불교를 통제함으로써

---

46 박종기, 「고려 다원사회의 기원」, 『한국중세사연구』 36, 2013.

특정 사상이나 종교가 독주하지 못하도록 하고, 그 과정에서 유학, 도교, 풍수도참, 민간신앙 등과 불교가 조화를 이룰 수 있는 여지를 마련하고자 하였다. 왕권은 연등회, 팔관회, 유교정치이념 등을 통해 이들 사상을 국가적 테두리에 포용하면서 때로는 통제와 조절을 해나가는 존재였다고 할 수 있다. 고려는 밖으로 중국 중심의 보편문화를 추구하는 국가지만, 그것이 기존의 문화전통, 즉 문화적 개별성과 충돌한다면 수용을 거부함으로써 문화적 개별성을 지키고 보편성과 개별성 사이에서 균형을 추구하였던 것으로 이해할 수 있다.

2) 최승로의 시무 28조와 왕권 중심의 사상정책의 확립

태조 사후에 왕권의 입장에서 가장 위협적인 세력은 개국공신 세력이라 할 수 있다. 이들은 왕실과의 혼인을 통해 세력을 확대하거나 후삼국통일전쟁 당시의 군사적 기반을 그대로 유지함으로써 사회적 유대관계와 물리적 힘을 바탕으로 왕권을 위협하였다. 정종定宗은 동생 왕소王昭와 함께 외손자 광주원군廣州院君을 즉위시키기 위하여 혜종을 위협하던 왕규王規, ?~949를 처단하였다.[47] 그런 정종定宗조차도 서경을 근거지로 하고 있었던 태조의 종제 왕식렴의 군사력에 의지하여 왕위에 오를 수밖에 없었다.[48] 정종은 즉위 직후 서경에 왕성을 축조하기 위한 공사에 들어갔다. 그러나, 정종이 죽었을 때 공사에 징발된 개경의 백성들이 기뻐하였다는 기록을 보면, 이는 서경의 왕성 축조 공사가 민에게 얼마나 큰 부담이었던 것인지 알 수 있다.[49] 하지만, 정종의 입장에서 생각해보면 왕성을 축조하여 서경

---

47 『高麗史』 권127, 列傳40, 叛逆1, 王規.

48 『高麗史』 권92, 列傳5, 王式廉.

으로 근거지를 옮겨야할 만큼 개경의 개국공신 세력이 상당히 위협적이었다는 것도 어느 정도 이해할 수 있지 않을까 생각한다. 따라서 정종에 이어 즉위한 광종光宗은 개국공신 세력에 대한 대대적인 정리가 필요하다는 문제의식을 가지게 되었을 것이다.

광종의 왕권강화책으로 가장 많이 거론되는 것은 노비안검법奴婢按檢法, 과거제 시행, 공복제정 등이다. 광종은 956년 노비안검법을 통해 공신이 소유한 노비의 신분을 조사하고 이들을 방량함으로써 그들이 거느리고 있던 사병을 해체하였다.[50] 그리고 2년 뒤에는 후주後周에서 귀화한 쌍기雙冀의 건의를 받아들여 과거제를 시행하였다. 이에 따라 공신 자제가 관직에 진출할 수 있는 통로를 차단하고자 하였다. 또 다시 2년 뒤에는 공복公服을 제정하여 관리들의 위계질서를 정비하고자 하였다. 이와 동시에 광종은 개국공신 세력에 대한 숙청을 병행하였다. 최승로가 광종의 공신에 대한 탄압으로 "구신舊臣과 숙장宿將이 차례로 죽임을 당하였으며 골육骨肉과 친척親戚이 모두 전멸翦滅 당하였다"[51]고 한 표현을 통해 광종이 공신세력을 어떻게 숙청했는지 파악할 수 있다.

광종의 이러한 일련의 정책에 대해 최승로는 매우 부정적으로 인식하였다. 성종成宗 원년982에 올린 최승로의 상서문은 앞머리에서 성종 이전 5명의 국왕의 치적을 평가한 오조정적평五祖政績評을 실었다. 오조정적평은 28개조의 시무책의 논리적 근거가 되는 셈이다. 28개조의 시무책은 이후에 자세하게 살펴보기로 하고, 앞부분의 오조정적평五祖政績評부터 살펴보자.

---

49 『高麗史』 권2, 世家2, 定宗 4년(949) 3월 丙辰.
50 『高麗史』 권88, 列傳1, 后妃1, 光宗 大穆王后 皇甫氏.
51 『高麗史』 권93, 列傳6, 崔承老, "舊臣宿將 相次誅夷 骨肉親姻 亦皆翦滅."

광종의 치세는 과거제 시행을 건의한 쌍기를 등용한 시점을 기준으로 긍정적 평가에서 부정적 평가로 바뀐다. 쌍기를 등용함으로써 정사를 게을리하고 남북의 용인庸人들이 청탁을 일삼게 되면서 재능보다는 특별한 은혜를 통해 인물이 등용되었다고 하였다. 이에 따라 후생後生들이 다투어 나가고, 구세력들이 물러나게 되었다고 하였다. 여기서 즉위 7년 이후 광종의 정책 방향이 어디에 있었는가를 잘 알 수 있다. 즉, 신진을 성장시킴으로써 구세력을 제도적인 방법을 통해 몰아내는 것이 구체적인 정책 방향이며, 노비안검법, 과거제, 공복제정도 같은 목적을 지닌 것이라 할 수 있다.

특히 최승로는 쌍기의 등용을 두고 "화풍華風을 중히 여겼으나, 중화의 법령과 제도를 취하지 못하였으며, 비록 중국의 선비를 예우하였으나, 중화의 어진 인재를 얻지 못하였다"고 평가하였다.[52] 쌍기에 관한 기록이 거의 남아있지 않기 때문에 속단하기 어렵지만, 과거제에 대한 평가로 보아도 크게 문제가 없을 것이다. 최승로는 과거제가 중국의 어진 선비를 등용하여 시행한 정책임에도 불구하고, 단순히 측근세력을 육성하는 데 그쳤으므로 중국에서와 같은 효과를 얻기 어려웠다고 평가하고 있는 것으로 이해할 수 있다.

그러나, 이는 반대로 최승로가 과거제 시행이 중국 중심의 보편문화 도입과 관련이 있는 것으로 이해하고 있다는 것으로 볼 수 있는 근거가 될 수 있다. 쌍기의 등용이 중국의 인재를 등용하여 중국의 제도와 문물을 도입하기 위한 것인 만큼, 과거제를 시행하고 유교정치이념을 공부한 인재들이 정계에 입문하게 된다면, 결국 중국 중심의 보편문화의 도입으로 나

52 『高麗史』 권93, 列傳6, 崔承老, "雖重華風 不取華之令典 雖禮華士 不得華之賢才."

아가게 될 것이다. 즉, 정치적으로 공신세력을 대신하여 새로운 계층으로 권력이 이동할 수 있음을 의미하는 것이라 할 수 있다.

과거제 시행과 관련한 후대의 평가 역시 비슷한 관점으로 이해할 수 있다. 14세기 전반기 이제현은 광종이 과거제를 시행함으로써 교화의 뜻을 펼칠 수 있었다고 하였다.[53] 이색은 광종의 과거제 시행으로 고려가 유학적 전통을 이어올 수 있었다고 하였다.[54] 따라서 후대의 유학자들은 과거제가 유학과 유교정치이념이 제도적으로 정착하는 데 크게 기여한 것으로 평가하고 있는 것이다.

광종대에는 과거제와 함께 승과제를 시행하였다.[55] 승과는 합격생에게 승계와 고급승려가 될 수 있는 기회를 부여하는 것으로서 국가에 의해 선발된 인재에게 일정한 지위가 부여된다는 점에서 제도만을 놓고 보면, 과거제와 크게 다르지 않다. 과거제의 경우 유학자가 고시관이 되어 직접 인재를 선발하고, 국왕을 정점으로 하는 관료제에 충원될 인재를 선발하는 제도라 할 수 있다. 그러나, 승과는 교종과 선종 승려 모두에게 응시 자격을 부여하며, 고승이나 문신이 고시관으로서 시험을 주관하였다. 또한, 일반 과거제와 같이 예비고시를 거쳐 최종고시를 통해 합격자가 가려진다는 점은 승과가 일반 과거와 유사한 형태의 시험제도라는 것을 의미한다.[56] 문벌귀족 출신의 젊은 승려들이 주로 응시하겠지만, 주리州吏나 호장戶長 출신의 합격자가 있는 것으로 보아, 문과文科와 응시자격은 비슷했을

53 『益齋亂藁』 권9하, 史贊 光王.

54 『牧隱集』 文藁 권9, 贈金敬叔秘書詩序.

55 崔沖, 「居頓寺圓空國師勝妙塔碑」 『韓國金石全文』 中世上, 1984, “顯德初 光宗大王立皇 極崇法門 徵雪嶺之禪 俾伸角妙 選丹霞之佛 明示懸科.”

56 許興植, 「僧科制度와 그 機能」, 『高麗佛教史硏究』, 일조각, 1986.

것으로 보인다. 여기에 고려시대의 왕사와 국사 등 고급승려들이 거의 모두 승과 합격자 출신이며, 승과 합격자에게 승계僧階가 주어진다는 점, 그리고 이른바 별사전別賜田이라는 특전이 주어지고 있다는 것은 승과 합격자 역시 일반 과거 합격자와 유사한 대우를 받으며, 역시 유사한 사회적 역할을 부여받는다는 것을 의미한다.

특히 승과 합격자에게 승계가 주어진다는 것은 승려가 기본적으로 종단에 소속된 사람이지만, 왕권에 일정 부분 예속된다는 것을 의미하는 것이 아닌가 생각한다. 이에 더하여 승록사僧錄司를 통한 승적 관리와 승정체계가 확립되었다는 것은 교권이 세속권력과 어느 정도의 관계는 불가피한 것이며, 이를 제도화한 측면이 있다는 것으로 보인다.[57] 즉 국초에 승려들이 칭신하였다는 점에서 생각해보면, 승정체계 역시 국왕의 주관 아래에 놓이는 것은 어쩌면 당연해 보인다.

과거에서 잡과雜科는 유교 이외의 다른 사상을 제도권 아래로 포섭하는 기능을 하였다. 이 중 복업卜業과 지리업地理業은 점술과 풍수도참을 담당하는 하급관료를 선발하기 위한 것이다. 복업은 물론 지리업 출신자들 모두가 기능상 사원 건립할 곳을 상지相地하는 역할을 담당하고 있다는 점에서, 불교와도 밀접한 관련이 있었을 것으로 생각된다.[58] 더욱이 복업은 959년 광종 9에 이미 시행되었는데, 제술과, 명경과와 함께 치러진 시험이라는 점에서 미루어볼 때 국가적으로 복업을 제도권에 포섭해야할 필요성이 일찍부터 제기된 것으로 볼 수 있다.[59] 또한, 광종대 이후의 일이기는 하지

57 許興植, 「佛教界의 組織과 行政制度」, 『高麗佛教史研究』, 1986.
58 許興植, 앞의 책, 1981, 118쪽.
59 『高麗史』 권93 列傳6, 雙冀.

만, 지리업의 경우 『신집지리경新集地理經』, 『유씨서劉氏書』, 『지리결경地理決經』 등 풍수도참 관련 서적이 시험과목에 포함되어 있었다는 점에서도 풍수도참은 국가적으로 포섭되어 있었던 것이라 할 수 있다.[60]

이와 같은 광종대 과거제와 승과 시행으로 유학과 불교 등 고려사회에서 강력한 영향력을 지닌 두 사상을 왕권 아래로 확고하게 예속시킴으로써, 국왕은 유학과 불교, 풍수도참의 수장首長으로서의 위상을 확립할 수 있었다.[61] 이를 제도적인 형태로 잘 보여주는 것이 위에서 설명한 과거제도라 할 수 있다. 따라서 광종대는 사상정책이 제도적인 기초를 마련한 시기로 평가할 수 있을 것이다.

그 결과, 사상들 사이의 불균형이 초래되거나 기타 여러 가지 변동이 발생할 경우, 수장인 국왕의 역할이 중요해질 수밖에 없을 것이다. 앞서 언급한 최승로의 광종에 대한 비판도, 사상들 사이의 조정자로서 국왕의 역할을 강조한 것으로 생각된다. 최승로의 관점에서 광종의 정치적 목적 아래 과거제도가 시행되었고, 그로 인하여 신진들을 지나치게 우대한 결과 신진과 구세력 사이의 세력 불균형이 초래되었다고 보고 있었던 것이다. 최승로의 문제의식은 바로 여기에 있었던 것으로 볼 수 있다. 그렇기 때문에 이를 사상정책이라는 점에서 본다면 최승로의 광종에 대한 평가를 통해 알 수 있는 최승로가 지향하는 사상정책의 기조基調는 사상 간의 세력균형임을 알 수 있다.

---

60 『高麗史』 권73 志27, 選擧1 科目1, 仁宗.

61 文宗代에 제정된 更定田柴科에서는 일반 과거와 잡과, 승과 합격생 모두에게 국가가 別賜田을 지급하였다(『高麗史』 권78 志35, 食貨1 田制 田柴科, 文宗 30년). 이는 경제적 수단을 통하여 유학과 불교, 그리고 풍수도참 등 사상의 저변을 유지할 수 있도록 함으로써 이들 사상의 공존과 균형을 이룰 수 있도록 하고 있다는 것을 의미한다.

사상정책의 제도적 기반 마련을 위한 광종의 노력은 균여에 의하여 제창된 성상융회性相融會와 성속무애聖俗無碍를 통해서도 설명이 가능하다. 즉, '성性'으로 표현되는 리理와 '상相'으로 표현되는 사事가 혼연일체가 되어 하나로 통섭된다는 것은 성聖과 속俗이 서로 구애받지 않는 상황이라 할 수 있다. 이를 정치적으로 해석하면, 왕권 아래 여타의 모든 것이 통섭되어 나간다는 논리라 할 수 있다.[62] 결국, 이것은 종교의 내부적 모순을 제거하면서도, 정치적으로 왕권 아래로 유학과 불교를 비롯한 여러 사상들이 통합되어 나갈 수 있는 가능성을 제시하는 것이라 생각된다. 이때 사상 간의 통합은 왕권 아래 모든 사상이 공존하고 나아가 하나의 사상으로 통섭되는 형태라는 것을 어렵지 않게 짐작할 수 있다.

그런 점에서 광종의 사상정책은 최승로가 보기에 불교에 치우친 모습인 것은 분명하다. 그렇지만, 제도적인 수준에서 여러 사상이 국가권력과 왕권 아래서 존재의 근거를 마련할 수 있었으며, 이는 공존의 제도적 근거라 할 수 있다. 그리고 국왕이 수장으로서의 역할을 하도록 만들었다는 점에서 이후 사상 간의 통합성, 즉 최소한 국가적 테두리 안에서 공존할 수 있는 근거가 마련되었으며, 이때 왕권은 통제 및 조정자로서 구심점의 역할을 하게 된다.

광종과 달리 성종은 유학과 불교의 역할을 나누고 각자의 독립된 영역을 지니게 함으로써 양자의 충돌을 방지하고자 하였다. 최승로의 시무 28조 중 제20조에는 다음과 같은 구절이 나온다.

---

62 김두진, 「불교사상의 전개」, 『한국사』(16), 국사편찬위원회, 1996, 30~36쪽.

> 삼교三敎는 각각 업業으로 하는 바가 있어서, 그를 행하는 것을 가히 혼동하거나 하나로 합쳐서는 안 됩니다. 불교를 행하는 것은 수신修身의 근본이요, 유학을 행하는 것은 치국治國의 근원입니다. 수신은 내생來生에 도움이 되고자 하는 것이요, 치국은 오늘날에 힘써야 하는 것이니, 오늘날에 힘써야 하는 바는 지극히 가깝고, 내생에 도움을 받고자 하는 바는 지극히 멉니다. 가까운 것을 버리고 먼 것을 구하는 것은 또한 잘못이 아니겠습니까?[63]

위의 인용문에서는 유불도 삼교 사이의 균형을 지향한다는 점을 분명하게 밝히고 있다. 그러나, 여기서 유의해야할 점은 유학의 역할이다. 유학은 인간의 마음에 작용하는 불교와 달리 국가 통치 철학과 정치윤리, 사회윤리를 그 역할로 하였다. 성종은 국왕으로서 정치에 오로지 힘을 다해야 하는 존재이므로 유학을 실천에 옮겨 왕도王道의 실현에 적극적으로 나서야 한다. 이를 근거로 한다면 성종의 사상정책은 유학을 중심으로 한 것이라 할 수 있다.

하지만, 관점을 불교는 수신의 근본이요, 유학은 치국의 근원이라고 하였던 부분으로 옮겨보면, 불교와 유학은 각각 종교와 정치로 역할이 나뉜다. 그리고 정치의 수장으로서의 국왕은 종교보다는 정치에 중심을 두어야 한다. 그것이 곧 국왕으로서의 명분이라 할 수 있다. 그런 점에서 위의 사료를 해석할 때 국왕으로서 성종의 명분과 역할을 충분히 고려해야한다. 최승로의 지적과 같이 광종이 다소 불교에 치우쳐 양자 사이의 균형을

---

63 『高麗史』 권93 列傳6, 崔承老, "三敎各有所業 而行之者 不可混而一之也 行釋敎者 修身之本 行儒敎者 理國之源 修身是來生之資 理國乃今日之務 今日至近 來生至遠 舍近求遠 不亦謬乎."

잃었다면, 성종의 사상정책은 유학과 불교의 균형을 이루어나가는 것이라 할 수 있다.

한편으로 『고려사』 세가나 『고려사절요』 성종대 기사를 검토하다보면, 유학과 관계되는 기록이 눈에 띄고, 팔관회나 연등회 등 불교행사들을 축소하거나 폐지하였다는 기사를 찾을 수 있다.[64] 그러나 성종의 사상정책은 989년성종 8에 태조와 아버지 대종戴宗, 어머니 선의왕후宣義王后에 대한 제사를 불교식으로 지낸 것을 기점으로 유학 위주의 정책에서 다원성을 중요시하는 정책으로 경향이 바뀐다. 이는 989년 최승로가 사망하자 갑작스럽게 경향을 바꾼 것으로 볼 수도 있으나,[65] 성종대 사상정책의 기조가 통합성과 다원성의 균형이었다는 점을 상기한다면, 성종대의 사상정책에서 유학과 관계되는 것들이 자주 목격되는 것은 유학으로 무게중심을 완전히 옮겼다기보다는 광종대 불교에 치우친 정책의 방향을 바로잡기 위한 노력으로 이해해볼 수 있다. 그런 점에서 성종의 유교정치이념의 확립을 새롭게 이해해볼 수 있지 않을까 생각한다.

더욱이 최승로의 출생과 관련된 설화를 참고한다면, 최승로의 사상적 경향을 굳이 유교 일변도로 볼 수는 없을 것으로 생각된다.[66] 최승로의 아버지 최은함崔殷諴은 늦도록 아들이 없으므로 중생사衆生寺에 기도를 드렸으며, 그 결과 아들을 얻을 수 있었다. 출생 직후 견훤이 경주를 습격하였는데, 이때 최은함이 급하게 아들을 중생사에 숨겨두었다가 반년이 지나 아

---

64 『高麗史』 권3 世家3, 成宗 즉위년(981) 11월; 成宗 2년(983) 정월 乙亥; 2년 2월 戊子; 4년(985) 10월; 5년(986) 3월; 6년(987) 10월 등.

65 具山祐, 「高麗 成宗代 對外關係의 展開와 그 政治的 性格」, 『韓國史研究』 78, 1992; 조경시, 「高麗 成宗代의 對佛教施策」, 『한국중세사연구』 9, 2000.

66 河炫綱, 「崔承老의 政治思想」, 『韓國中世史研究』, 일조각, 1988.

이를 찾으러 중생사에 가보았더니, 아이는 새로 목욕을 한 것과 같았으며, 입가에서 젖 냄새가 났다고 하였다.[67] 이 이야기를 떠올려본다면, 최승로의 생애와 불교가 전혀 상관없다고 말할 수는 없다.

> 중국의 제도는 따르지 않을 수 없습니다. 그러나, 천하의 습속이 각각 토성土性을 따르고 있으므로 모두 변화시킬 수는 없는 것입니다. 예악禮樂과 시서詩書의 가르침과 군신君臣과 부자父子의 도리는 마땅히 중화中華를 본받아서 비루한 것을 개혁할 것이지만, 그 나머지 거마車馬와 의복衣服의 제도는 가히 토풍土風을 따른다면 사치와 검약이 알맞음을 얻을 것이므로, (중국과 반드시) 같아질 필요는 없습니다.[68]

최승로의 시무 28조에도 태조의 훈요십조와 같이 보편과 전통의 조화를 추구하는 부분이 나온다. 위에서 언급한 중국의 제도는 시서와 예악의 가르침, 군신과 부자의 도리, 즉 유학을 통해 구현되는 정치와 사회윤리를 가리킨다. 그리고 거마와 의복의 제도만큼은 토풍, 즉 전통을 따르는 것으로 사치와 검약의 조화, 즉 보편과 전통의 조화를 추구할 수 있다고 보았다. 이때 유학을 보편으로 보고 불교 등을 전통이라고 본다면, 이는 보편과 전통의 조화를 추구한 것이라고 할 수 있을 것이다. 그리고 이를 외래 문물과 고려의 전통 사이의 관계로 해석하면 역시 보편으로 상징되는 중국 문화와 고려의 문화적 전통을 조화시키는 것이라고 할 수 있을 것이다.

---

67 『三國遺事』 권3, 三所觀音衆生寺.

68 『高麗史』 권93 列傳6, 崔承老, "華夏之制 不可不遵 然四方習俗 各隨土性 似難盡變 其禮樂詩書之敎 君臣父子之道 宜法中華 以革卑陋 其餘車馬衣服制度 可因土風 使奢儉得中 不必苟同."

그러나 "중국의 제도를 따르지 않을 수 없다"고 표현한 것에 앞서 언급한 훈요십조 제4조를 해석한 논리를 적용하면, 이 역시 고려는 보편 수용을 외래문화 수용의 기본적인 자세로 취하고 있다는 것으로 이해할 수 있다.

시무 28조가 국왕인 성종에 올리는 글이라는 점에 착안하면 보편과 전통 사이의 조화를 추구하는 주체는 국왕이라 할 수 있다. 따라서 사상과 종교를 국가적 테두리에 통합하는 주체는 국왕이며, 사상과 종교 사이의 이해관계를 조절하고 통제하는 주체 역시 국왕이라고 할 수 있다. 그 연장선에서 보편과 전통의 통제와 조절도 국왕의 역할로 인식할 수 있다.

이와 관련하여 성종은 앞서 언급한 바와 같이 거란의 침입 당시 이지백이 할지론에 반대하며 제기한 연등회와 팔관회, 선랑 등의 국풍을 중시할 것을 주장하는 간언을 받아들였다.[69] 이 기사에 대하여 사관史官은 성종이 화풍을 모방하는 것을 즐겨하였는데, 국인들이 좋아하지 않으므로 이지백이 이와 같이 말한 것이라고 하였다. 이때 국인들이 좋아하지 않았다고 하였던 점에 주목한다면, 국인들이 바라는 사상정책은 보편보다는 전통에 기울어 있었을 것이다. 그리고 조정 전체로 보면 앞서 언급한 대로 유학 위주의 정책을 따르고자 하는 사람들이나 이지백과 같이 성종의 사상정책에 부정적인 사람들이 공존하고 있었던 것으로 볼 수 있다.

이것은 거란의 침입을 계기로 성종의 후원을 받고 있던 유학과 그렇지 못한 사상 사이의 대립이 수면 위로 떠오른 것이라 할 수 있다. 국왕의 입장에서 외침에 대응하기 위해서는 분열보다는 반드시 국가적 통합이 필요하였다. 때문에 다급한 상황에서 국인의 의견을 받아들이지 않을 수 없

---

69 『高麗史』 권94 列傳7, 徐熙.

었을 것이다. 하지만, 성종대 사상정책은 어디까지나 균형에 있었던 것으로 판단된다. 즉 위의 국인의 불만은 성종이 광종대의 정책을 벗어나 지나치게 화풍에 기울어 있다는 것으로서, 시행되어서는 안 되는 이법異法이 국왕의 후원을 받고 있었기 때문에 발생한 것이라 할 수 있다. 따라서, 이지백의 의견을 객관적으로 평가하면 성종의 지나친 화풍 위주 정책 때문이 아니라 갑작스럽게 시행되는 화풍 위주 정책에 대한 불만을 드러낸 것으로 이해하는 것이 보다 합리적인 이해가 아닌가 생각한다. 일종의 착시 현상이 빚어진 것으로 볼 수 있는 것이다.

성종에 이어 즉위한 목종穆宗은 다시 불교 위주의 정책으로 회귀하였다. 목종은 즉위 원년998에 태조와 대종戴宗, 선의왕후宣懿王后에 대해서만 취해지던 기재忌齋를 혜종, 정종, 광종, 성종으로 확대하고 이를 항례화하라고 하였다.[70] 이것은 성종대에 있었던 광종에 대한 비판적 분위기에 변화가 일어났으며, 그 결과 이지백의 건의가 지향하는 사상지형으로 나아가겠다는 의지를 나타낸 것으로 이해된다. 이와 함께 목종은 서경을 호경鎬京이라 개칭하였다. 이는 서경의 명칭을 아화雅化하는 한편, 주대周代의 도읍과 같은 이름을 사용함으로써 서경에 대한 우대책을 쓴 것이라 할 수 있다.[71] 그만큼 역사계승의식에서 신라보다는 고구려계승으로 기울었으며, 이것이 바로 불교정책을 강화하는 결과로 이어진 것으로 보인다.

현종顯宗대에는 지금까지 고려왕조가 취해온 사상정책이 확고하게 자리잡게 되었다. 현종은 원년1010에 연등회와 팔관회를 모두 부활시켰다.[72] 이

---

70 『高麗史』 권3 世家3, 穆宗 원년 5월 戊午.

71 李泰鎭, 「金致陽 亂의 性格」 『韓國史硏究』17, 1977, 94~95쪽.

72 『高麗史』 권3 世家3, 顯宗 원년 윤2월 甲子; 『高麗史』 권3 世家3, 顯宗 원년(1010) 11월 庚寅.

중 연등회는 매년 2월에 여는 것을 항례화 하였다.[73] 이후 지속적으로 현종대의 예식을 기본으로 하여 보강되었으며,[74] 이후 의례 절차가 확립됨에 따라 국중대회로서의 성격이 강화되었다.[75] 국가적 제례 의식이 보강되는 것은 결국, 현종대까지 취해온 사상정책이 정착한 것으로 볼 수 있다.

현종은 목종대의 서경 관련 정책들을 계승하였다. 1011년현종 2 5월 서경목멱西京木覓과 동명왕東明王 등에게 훈호를 더하였으며,[76] 이듬해 12월에는 목멱의 신사神祠에 신상神像을 세웠다.[77] 그리고 1018년에는 서경에 사신을 보내어 성용전聖容殿에 태조의 제사를 모시고 진영을 다시 그리게 하였다.[78] 이는 1010년현종 1 거란군이 서경성을 포위하였을 때, 통군녹사統軍錄事 조원趙元 등이 신사에 기도하고 점을 쳐서 길조를 얻은 이래 행해진 것으로 보인다.[79] 이들에 대한 제사가 숙종과 예종, 인종, 명종, 충렬왕대까지 지속적으로 행해졌고, 특히 성용전이 태조의 진영眞影을 모신 곳이라는 점을 고려한다면, 이는 국가의 안녕을 비는 제사로서, 고구려계승의식과 관련이 있었을 것으로 생각된다.[80]

이와 더불어 현종은 고구려, 신라, 백제의 능묘를 해당 군현에서 수리하도록 하고, 능묘 주변에서 땔감을 채취하지 못하게 하였다.[81] 이는 후삼국 이래 고구려와 백제, 신라로 갈라져 있는 역사계승의식을 고려가 포용하겠다는

---

73 『高麗史』 권3 世家3, 顯宗 2년 2월 己未.
74 안지원, 앞의 책, 2005, 208~209쪽.
75 위의 책, 111쪽.
76 『高麗史』 권4 世家4, 顯宗 2년 5월 丁亥.
77 『高麗史』 권4 世家4, 顯宗 3년 12월.
78 『高麗史』 권4 世家4, 顯宗 9년 정월 乙未朔.
79 『高麗史』 권94, 列傳7, 智蔡文.
80 金昌賢, 「고려시대 평양의 동명 숭배와 민간신앙」, 『歷史學報』 188, 2005, 124~128쪽.
81 『高麗史』 권4 世家4, 顯宗 8년 12월.

의도로 풀이된다. 즉, 고려는 삼국 중에서 어느 하나의 왕조에 치중하지 않고 여러 역사계승의식의 공존을 인정하겠다는 것이다. 이는 신라계승과 고구려계승을 동등하게 인정함으로써[82] 한쪽으로 치우친 정책 방향을 바로잡고자 하였던 성종대 이래의 사상정책을 계승한다는 의미를 내포한다.

그럼에도 불구하고 현종은 유학을 진흥하기 위한 정책들을 펼쳐나갔다. 현종은 과거시험에서 복시覆試를 강화하였다.[83] 그는 성종대 14회 실시된 과거에서 3회 실시하였던 것에서, 14회 시험 중 7회 실시함으로써 복시의 시행 횟수를 늘렸다. 이는 과거시험에서 좌주座主의 영향력을 배제함으로써[84] 과거시험에 대해 국왕이 직접 관여하는 효과를 거둘 수 있었을 것이다. 그리고 시험을 또 한 번 치름으로써 관료들의 질적 수준을 강화하는 결과를 가져올 수 있었을 것이다. 이와 함께 현종은 최치원崔致遠을 문창후文昌侯로 추봉하였다.[85] 이는 1020년현종 11 8월 최치원에게 내사령을 추증하고 선성先聖의 묘정에 배향하게 한 것[86]에 대한 후속조치였다.

현종대 이후 왕실의 조상숭배의례 역시 확립되어 나갔다. 성종대에 이미 태묘太廟가 건립되었으며,[87] 거란의 침략으로 태묘가 파괴되자 1027년현종 16에 재건하였다.[88] 성종대부터 이미 태묘에서 의례를 거행하였다는 기록이 있기 때문에 태묘의례는 최소한 성종대 이후 확립되었을 것으로 보인다.

그러나 경령전景靈殿 의례는 뒤늦게 확립된 것으로 보인다. 경령전은 국

---

82 河炫綱, 「高麗時代의 西京」, 『韓國中世史의 硏究』 일조각, 1988, 336쪽.
83 『高麗史』 권4 世家4, 顯宗 4년 9월 丙午; 顯宗 7년 7월 辛亥; 顯宗 12년 8월 壬申 등.
84 許興植, 앞의 책, 1981, 36~37쪽.
85 『高麗史』 권4 世家4, 顯宗 14년 2월 丙午.
86 『高麗史』 권4, 世家4, 顯宗 11년 8월 丁亥.
87 『高麗史』 권3, 世家3, 成宗 11년(992) 12월.
88 『高麗史』 권5, 世家5, 顯宗 18년 2월 戊子.

왕의 직계 조상의 진영을 안치하였던 제사 시설로서 만월대 궁궐 내부에 자리 잡고 있었다. 경령전과 관련한 기록은 1031년덕종 즉위에 처음으로 보인다.[89] 이는 경령전이 태묘와 같은 시기에 건립된 것이 아니라는 것을 암시한다. 특히 경령전은 태조를 불천지주不遷之主로 모시고, 현재 국왕의 4대 조까지를 대상으로 국왕의 즉위한다든가, 국가 중대사가 있을 때마다 국왕이 직접 의례를 거행하던 시설이었다.[90] 위의 태묘가 신주神主와 위패位牌를 중심으로 하는 제사시설이라면, 경령전은 진영을 안치하였던 시설이다. 따라서, 순서상 위패 중심의 태묘가 먼저 건립되고, 진영을 안치하는 것은 이후에 확립되어나간다는 정도로 정리할 수 있을 것이다.

태조의 진영은 위와 같이 경령전에 안치하였지만, 전국 여러 곳에 안치하기도 하였다. 국왕이 직접 행차하여 배알拜謁하는 봉은사奉恩寺에서 거행되는 태조 진전 의례는 그 중에서도 가장 중요한 의례였다. 태조의 진전은 경령전과 같이 2차원적 회화로 조성하는 것이 일반적인 사례이지만, 봉은사 효사관孝思觀에 안치한 태조의 진영은 주상鑄像으로 조성하였다. 최근 북한에서 소장하고 있는 태조의 주상은 효사관에 안치한 주상으로 보는 것이 일반적인 시각이다. 그에 따르면, 통천관을 머리에 쓰고 있는 모습이나 몸의 곳곳에 상징되어 있는 부처로서의 모습은 태조의 이미지가 불교의 전륜성왕에 가깝다는 것을 의미한다.[91] 이러한 모습의 태조 왕건 동상에 대한 의례는 대체로 현종대부터 시설과 의례 형식이 갖추어지고 있었던

---

89 『高麗史』 권5, 世家5, 德宗 즉위년 6월 庚子.

90 장동익, 「고려시대의 景靈殿」, 『역사교육논집』 43, 2009; 김철웅, 「고려 경령전의 설치와 운영」, 『정신문화연구』 114, 2009; 홍영의, 「고려 궁궐내 景靈殿의 구조와 운용」, 『한국학논총』 37, 2012.

91 노명호, 『고려 태조 왕건의 동상』, 지식산업사, 2012.

것으로 보인다.[92] 효사관은 봉은사가 창건된지 80여 년이 지난 1032년덕종 1에 완성되었다.[93] 그에 이어서 1038년靖宗 4 연등회가 열리는 날 저녁에 국왕이 태조 진전에 참배하는 것을 상례로 삼았다는 것은 결국 태조 진전에 관한 의례가 어느 정도 갖추어진 것을 의미한다.[94]

이와 같은 왕실의 이와 같은 태묘, 경령전, 효사관 등 왕실의례는 모두 유학으로부터 출발한다. 그러나, 태묘를 제외하면 경령전과 효사관에 안치한 진영은 형태와는 별개로 위패와 전혀 다른 형식이다. 이에 대해서 진영은 불교식 의례에서 가져온 것이라는 견해도 있다.[95] 유교식 제사가 위패를 중심으로 한다는 점에서, 그리고 효사관의 주상이 전륜성왕을 상징한다는 점에서 보면, 왕실의 조상숭배의례 역시 유학과 불교가 결합되어 있으며, 국왕을 중심으로 한다는 점에서 국왕 중심의 다원적 사상지형과 정책의 범주에 있는 것이라 할 수 있다.

3. 다원적 역사계승의식과 이중적 자아인식

1) 다원적 역사계승의식과 국가운영

668년 신라는 백제와 고구려를 차례로 무너뜨리고 당을 한반도에서 몰아내어 삼한통일의 위업을 달성하였다. 이후 신라는 통일전쟁 과정에서

---

92 최봉준, 「고려 현종~정종대 왕실의 眞影 중심 조상 숭배 의례의 확립과 그 의미」, 『奎章閣』 56, 2020.

93 『高麗史』 권5, 世家5, 德宗 원년(1032) 5월 丁酉.

94 『高麗史』 권5, 世家5, 靖宗 4년(1038) 2월 癸未.

95 윤기엽, 「고려 경령전(景靈殿)의 건립과 동향」, 『한국사상과 문화』 69, 2013.

나타난 여러 갈등 요소를 봉합하는 한편, 사회통합을 이루어나가야 하였다. 그러나, 9세기 말 농민반란을 시작으로 반신라적 호족 세력이 할거하는 한편, 이미 2세기 반 이전에 멸망한 국가의 국호가 다시 등장하여 신라와 견훤의 후백제, 궁예의 고려 등 세 세력으로 분열하였다.

견훤은 900년에 완산에 도읍을 정하고 백제왕을 자칭하며, "의자왕의 오랜 분을 풀어야 한다"고 하면서 신라에 대한 적대감을 드러내었다.[96] 이는 당시 완산주 지방의 신라에 대한 감정을 충분히 활용하면서 건국의 정당성과 국가적인 목표를 제시한 것이었다. 견훤은 백제계승의식을 명확하게 표명하고 이를 구체적으로 실현하기 위해 정개正開라는 연호를 사용하였으며,[97] 이는 후백제가 신라와 대등한 위치에 있음을 선포하는 것이었다.[98]

궁예도 고구려의 옛 수도 평양이 폐허가 되었으니, 반드시 그 원수를 갚을 것이라고 하면서 지역 정서, 즉 고구려계승의식을 이용하여 건국의 정당성을 내세우고, 신라에 대한 적개심을 드러내었다.[99] 이는 신라 왕자출신으로 왕위계승쟁탈전에 희생되었다는 궁예의 개인적인 원한을 넘어서 당시 신라의 북쪽 변경에 살고 있었던 호족과 민의 의식을 대변하는 것이었다.

그러나, 궁예는 이후에 태봉泰封과 마진摩震 등으로 국호를 바꾸었다. 이들 국호가 고구려계승과 관계가 없다는 점에서 보면, 그는 궁극적으로 고구려계승을 지속할 의도는 없었던 것으로 보인다. 즉, 궁예가 신라 북부지역의 역사적·문화적 정체성을 제대로 흡수하지 못한 것으로 이해할 수

---

96 『三國史記』 권50, 列傳10, 甄萱.

97 『譯註 韓國古代金石文』(3), 172쪽.

98 『譯註 韓國古代金石文』(3), 實相寺 片雲和尙浮圖.; 김수태, 「후백제의 대신라·고려 관계」, 『한국중세사연구』 41, 2015, 133~134쪽.

99 『三國史記』 권50, 列傳10, 弓裔.

있는 것이다. 이 때문에 궁예는 17년 만에 태조 왕건에게 정권을 내주어야만 하였다.[100]

이러한 견훤과 궁예정권의 모습은 신라가 역사적·문화적 일체감을 형성하지 못하였기 때문인 것으로 파악된다. 문화적으로 신라의 서부지역은 11세기 초까지만 해도 익산 미륵사지 석탑이나 부여 정림사지 석탑의 형식을 모방하고 있었다고 한다. 이는 신라 중앙의 권위가 약화되는 9세기 말 이후 불식되지 않고 수면 아래로 가라앉아 있었던 백제계승의식이 떠올랐기 때문인 것으로 이해된다. 그 결과 외지인으로 완산주에 자리 잡은 견훤은 그 지방의 역사적·문화적 정체성을 이용하여 정권을 유지할 수 있었던 것이다.[101]

신라 북부지역에서는 동명숭배가 민간신앙과 설화적 형태로 전승되었다.[102] 앞서 언급한 태조 왕건의 주상에 대한 숭배 역시 이와 유사한 형태라고 할 수 있다. 그리고 나체로 조성된 주상에 옷을 입히고 국왕이 직접 의례를 주관하는 것 역시 고구려의 풍습에서 유래한 것으로서 불교적 이미지에 동명왕의 이미지가 결합된 것이었다.[103]

이와 같은 삼국유민의식은 고려가 후삼국을 통일하면서 고구려계승과 신라계승 두 계열로 정리되었다. 고려는 국호에서 나타난 바와 같이 고구려계승의식을 표방하였으나, 신라계승의 의지도 있었다. 이는 지금까지 신라를 무력을 이용한 적대적 통합 대상으로만 여겼던 견훤, 궁예와는 상

100 신호철, 「弓裔의 對外政策과 對外認識」, 『湖西史學』 45, 2006, 20~21쪽; 노명호, 앞의 책, 2009, 73쪽.

101 金正基, 「百濟系石塔의 特徵」, 『馬韓百濟文化』 10, 1987, 210~211쪽; 노명호, 『고려국가와 집단의식』, 서울대 출판문화원, 2009, 54~55쪽 참조.

102 『東國李相國集』 권3, 東明王篇.

103 노명호, 앞의 책, 2009, 55~60쪽; 최봉준, 앞의 글, 2020.

당히 차별화된 방향이었다.

> 짐이 듣건대 기회를 타서 제도를 개혁하는 데 올바른 것과 그른 것은 매우 상세하게 해야 한다. 풍속을 훈도訓導하고 민을 가르치는 데 있어 명령을 내리는 것에 반드시 신중해야 한다. 전주前主는 신라의 관계官階와 군읍의 호칭이 모두 비루하다고 하여 새로운 제도로 고쳤는데, 시행된 지 여러 해가 지나도 민이 알고 익힐 수 없었으며 미혹하고 혼란한 데까지 이르고 말았다. 지금부터는 모두 신라의 제도를 따를 것이며 그 이름과 의미가 알기 쉬운 것은 새로운 제도로 고칠 것이다.[104]

태조 왕건은 신라의 제도를 일방적으로 배제하지는 않았다. 위의 인용문은 쿠데타로 궁예를 몰아낸 이후 밝힌 조서이다. 여기서 태조 왕건은 궁예가 신라의 제도가 비루하다고 여겨 태봉이 자체적으로 만들어낸 제도와 명칭을 사용하고자 하였으나 결국 실패하고 말았다고 하였다. 민이 오랫동안 신라의 제도에 익숙해져 있었기 때문에 급하게 바꿀 수 없었다는 것이다. 그러면서도 민이 이해하기 쉬운 것은 새로운 제도로 개혁하자고 하였다. 이때 새로운 제도가 어떤 것인지 알 수 없지만, 신라의 제도와는 다른 것임은 분명하다. 이는 태조 왕건의 입장에서도 오랜 역사와 권위가 있는 신라의 제도를 대체할만한 마땅한 대안이 없었기 때문에 기존의 신라의 제도를 거의 그대로 사용하되, 필요에 따라 그때그때 새로운 제도를

---

104 『高麗史』 권1 태조 원년(918) 6월 戊辰, "以白書省孔目直晟爲白書郎中 徇軍郎中閔剛爲內軍將軍 詔曰 朕聞 乘機革制 正謬是詳 導俗訓民 號令必愼 前主以新羅階官郡邑之號 悉皆鄙野 改爲新制 行之累年 民不習知 以至惑亂 今悉從新羅之制 其名義易知者 可從新制."

만들어 나가는 점진적인 제도개혁을 추구한 것으로 볼 수 있다. 즉 태조대 제도적 기초는 신라에 있었던 것이다.

이는 태조 왕건의 친신라정책과도 연관성이 있다. 그는 견훤이 신라를 침공할 때마다 구원해주었으며,[105] 경명왕景明王이 죽자 조문하기도 하였다.[106] 그러면서도 최응崔凝에게 삼국을 통일한 신라가 9층탑을 세웠으니 자신도 개경에 7층탑을, 서경에 9층탑을 세우고자 한다고 하였다.[107] 이는 삼국을 통일한 신라에 이어서 고려가 삼한을 재통일해야 한다는 당위성과 정당성을 부여받고자한 것이라 할 수 있다. 즉, 태조 왕건의 친신라 정책은 삼한일통의 정당성의 측면에서 이해할 수 있는 것이다.

그 연장선에서 이해할 수 있는 것이 신라 왕실과의 혼인이다. 태조 왕건은 경순왕敬順王이 귀순하자 김억렴金億廉의 딸을 제 5비로 맞이하였으며,[108] 경순왕을 사위로 삼았다.[109] 이는 신라 왕실의 혈통을 끌어들여 신라의 정통성을 고려가 계승한다는 의미를 지니고 있는 것이다. 신라는 비록 9세기 말 위상이 급격하게 추락하기는 하였으나 그만큼 정통성이 있는 왕조로 인식되었던 것이다.

후삼국통일 이후 백제계승의식은 거의 나타나지 않았다.[110] 위와 같이

---

105 『高麗史』 권1 세가1 태조 3년(920) 10월; 『高麗史』 권1 세가1 태조 4년(921) 2월.

106 『高麗史』 권1, 세가1, 태조 7년(924) 9월.

107 『高麗史』 권92, 열전5, 崔凝.

108 『高麗史』 권88, 열전1 후비1, 神成王太后金氏.

109 『高麗史』 권2, 태조2 태조 18년 11월 癸丑.

110 이후 백제 계승에 관한 기록은 무신정권기 李延年의 난과 관련된 것 외에, 현종이 삼국의 능묘를 보수하면서 주변에서 땔감 채집을 금지하고 지나는 사람들은 말에서 내리게 하였다는 것(『高麗史』 권4 세가4, 顯宗 8년 12월), 문종이 태자를 책봉할 때 거란에서 고려가 백제의 옛 영예를 아우르게 되었다는 외교문서를 보내온 것(『高麗史』 권7 세가7, 文宗 9년 5월 癸亥) 등 모두 3건으로 극히 제한되어 있다. 이는 고려에게 백제는 삼한의 하나 정도의 의미로 기억되고 있었던 것은 아닌가 생각된다.

고구려와 신라계승의식이 존재한다면 고려는 국호를 통해 역사적·문화적 정통성을 고구려계승의식을 표방하고 있는 것이며, 문화적, 제도적 정통성은 신라로부터 이어받는 이원적 역사계승의식을 지향하고 있는 것으로 볼 수 있다.

그렇지만 한편으로 고려는 대외적으로 고구려를 계승한 국가인 것으로 인정되었으며[111] 굳이 부정할 이유도 없었다.

> 소손녕蕭遜寧이 서희徐熙에게 말하기를,
>
> "당신네 나라는 신라 땅에서 일어났으니 고구려 땅은 우리 소유로 당신들이 침략한 것이다. 또한 우리와 땅이 이어졌는데도 바다건너 송宋을 섬기고 있으므로 오늘의 군사軍事가 있었던 것이다. 만약 땅을 베어내어 바치고 조빙朝聘한다면 가히 아무 일도 없을 것이다"
>
> 라고 하였다. 서희가 말하기를,
>
> "그렇지 않다. 우리나라는 고구려의 옛 땅이므로 국호를 고려라고 하였으며 도읍을 평양으로 하였다. 만약 경계를 논한다면 상국上國의 동경東京은 모두 우리 땅이니 어찌 (우리가) 침범한다고 말할 수 있겠는가?"
>
> 라고 하였다.[112]

선행국가에 대한 역사적 계승과 정당성 문제는 단순하게 인식할 수는 없다. 앞서 신라계승은 제도적 계승과 함께 신라왕실의 혈통을 고려왕실

111 『高麗史』 권2 세가2, 太祖 16년 3월.

112 『高麗史』 권94 열전7, 徐熙, "遜寧語熙曰 汝國興新羅地 高勾麗之地 我所有也 而汝侵蝕之 又與我連壤 而越海事宋 故有今日之師 若割地以獻 而修朝聘 可無事矣 熙曰 非也 我國卽高勾麗之舊也 故號高麗 都平壤 若論地界 上國之東京 皆在我境 何得謂之侵蝕乎."

에 끌어들여 삼한일통을 기정사실화하는 역할을 하였다. 이에 비하여 고구려계승은 태조 왕건이 궁예정권 초기의 국호를 다시 사용한 점과 그 자신이 고구려계통의 호족으로 볼 수 있는 점,[113] 발해를 혼인지국婚姻之國[114], 즉 혈연관계가 있는 국가로 여겼다는 점[115] 등을 통해서 나타난다. 위의 인용문은 영토적 계승이라는 관점에서 보면, 전통적인 북진정책과도 관련된다고 할 수 있다. 이때, 고구려계승의식은 국호나 고토회복, 발해 등 북방지역과 관련되는 것이라 할 수 있으며, 그런 점에서 신라계승과 고구려계승은 각각의 함의가 서로 다르다고 할 수 있다.

12세기 전반기에 나타난 역사계승의식은 문벌귀족사회의 동향과도 매우 밀접한 관련이 있다. 이 시기는 정치사, 사회경제사, 사상사 등 여러 분야의 연구에서 공통적으로 문벌귀족사회의 위기 또는 동요動搖라고 규정하였다. 즉 문종대 인주 이씨 세력을 외척으로 둔 이래 왕실과의 누대에 걸친 중첩적인 혼인관계를 통해 왕실은 인주이씨를 외호세력으로 만들어 문벌귀족 가문들을 통제하고자 하였다. 그렇지만, 이는 한편으로 외척의 비대화를 왕실이 통제할 수 없는 정도로 부정적인 결과를 초래하고 말았다. 이를 타개하기 위해 국왕인 인종이 제시한 것이 바로 '유신지정惟新之政'이라고 할 수 있다.[116]

인종은 유신지정을 통해 다원적 사상지형과 정치세력의 다양성을 유지해나갈 수 있었다. 묘청과 정지상 등 서경의 토착세력으로 구성된 이른바

---

113 박용운, 「고려시기 사람들의 高麗의 高句麗繼承意識」, 『북방사논총』 2, 2004.

114 『資治通鑑』 권285, 後晋紀6 齊王下開運 2年, 10월 癸巳.

115 박용운, 앞의 글, 2004, 165쪽.

116 蔡雄錫,「고려 인종대 '惟新'정국과 정치갈등」, 『韓國史硏究』 161, 2013; 김정권, 「高麗 仁宗代 '維新政治'와 『三國史記』」, 『韓國史學史學報』 30, 2014.

서경세력은 그 중의 하나였다. 이들은 공공연히 서경천도, 칭제건원, 금국정벌 등을 내세웠다. 서경이 고구려의 옛 도읍이라는 점, 묘청과 정지상 등 서경세력이 칭제건원을 통해 금국정벌을 주장한다는 점은 전통적인 북진정책의 계승으로 볼 수 있다. 그런 점에서 서경세력의 지향을 고구려 계승과 관련지어 설명해볼 수 있을 것이다.

묘청의 팔성당八聖堂 건립과 관련한 기록은 이들이 유학과 불교를 기반으로 가지고 있으나, 한편으로 도교와 풍수도참 등 매우 다양한 사상적 배경을 가지고 있는 정치세력이라 할 수 있는 근거가 된다. 묘청은 거사 직전에 임원궁林原宮에 성을 쌓고 팔성당을 지었는데, 여기에 모셔진 8성 중 넷째는 구려 평양선인 실덕연등불駒麗 平壤仙人 實德燃燈佛, 다섯째는 구려 목멱선인 실덕비파시불駒麗 木覓仙人 實德毗婆尸佛이라 하였다.[117] 이들 신격은 이름만 보아도 불교와 도교가 결합된 것으로 보이면서도, 민간신앙이나 도참과도 연결되어 있다는 것을 알 수 있다. 그런데, 이 중 구려목멱선인은 고구려의 수신襚神, 즉 중국측 사료에 등장하는 부여신扶餘神을 지칭하며, 구려평양선인은 단군과 관련이 있는 존재라고 할 수 있다.[118]

묘청이 주장하고 있는 바에 따르면 서경 임원역은 대화세大華勢에 해당하기 때문에 이곳으로 천도하면 천하를 병탄하게 되므로 금나라가 조공을 해올 것이며, 주변의 36국이 모두 신하가 된다고 한다.[119] 이는 고구려가 직접 언급된 것은 아니지만, 앞서 북방지역 또는 고토회복과 관련된다는 점에서 보면, 고구려계승과 연결된다고 할 수 있다.

---

117 『高麗史』 권127 열전40 반역1, 妙淸.
118 金成煥, 앞의 책, 136~145쪽.
119 『高麗史』 권127 열전40 반역1, 妙淸.

시조의 성은 박씨로 이름은 혁거세赫居世라고 한다. 전한前漢 효선제孝宣帝 오봉五鳳 원년 갑자甲子 4월 병진丙辰에 즉위하고 거서간居西干이라 호칭하였다. 이때 나이 13세였으며, 국호를 서나벌徐那伐이라 하였다. 이보다 먼저 조선朝鮮의 유민이 산곡지간山谷之間에 나뉘어 거주하면서 6촌을 이루었다.[120]

이에 비하여 김부식은 기자계승과 함께 신라계승을 지향하였다. 그는 『삼국사기』 신라본기 첫머리에서 신라는 기자조선의 유민들이 남하하여 세웠다고 하였다. 주지하다시피 김부식은 백제나 고구려에 비하여 신라를 매우 호의적으로 평가하였다. 그리고 이는 명분질서에 입각한 것으로, 금국정벌론을 주장하였던 묘청에 대한 반박의 의미도 지니고 있었다. 그는 해동에 나라가 있은 지 오래되었는데, 기자가 주 왕실로부터 책봉을 받고 한초漢初 위만衛滿이 왕을 참칭할 때부터였다고 하였다.[121] 이를 위의 인용문과 결합시켜보면, 기자조선이 위만에게 나라를 빼앗긴 이후 유민들이 사로 6촌을 이루고 살았으며, 그곳에서 신라가 출발하였다는 결론에 도달한다. 따라서, 김부식은 고구려계승의식보다는 신라계승의식을 강조하고 있는 것이라 할 수 있다.[122]

이와 같은 김부식의 인식은 유학자 입장에서 구전으로 전승되는 신앙의 대상에 불과한 단군檀君보다는 문헌상 비교적 명확한 형태로 남아 있는 기자箕子를 선택할 가능성이 높다는 점에서도 이해할 수 있는 부분이다. 또한 유학에서 드러나는 동아시아 보편적 특성을 고려한다면, 김부식은 고려

---

120 『三國史記』 권1 신라본기1, 赫居世居西干 1년, "始祖姓朴氏 諱赫居世 前漢孝宣帝五鳳元年甲子 四月丙辰即位 號居西干 時年十三 国號徐那伐 先是 朝鮮遺民分居山谷之間 爲六村."

121 『三國史記』 권29, 年表(上).

122 河炫綱, 앞의 글, 1976, 193~197쪽.

의 고구려계승을 부정한 것은 아니나 오히려 기자와 신라계승을 통하여 고려의 전통에 비해 유교로 상징되는 중국 중심의 보편문화에 더 가까이 다가가려고 했던 것으로 볼 수 있다.

이러한 인식은 중국인 서긍徐兢의 고려의 역사에 대한 인식에도 영향을 주었다. 서긍은 고려가 기자의 전통을 계승한 국가로 인식하면서도 왕위 계승에는 떳떳함이 있다고 하였다.[123] 즉 중국에서 건너온 기자에 의하여 유교적 교화를 일찍부터 받아왔으며, 동아시아 보편세계의 일원으로서 유교적 교화에 가장 가까이 다가간 국가라는 인식이었다. 이는『사기』등 중국의 사서를 통해 얻은 지식이기도 하지만, 고려에 사신으로 건너와서 얻은 지식이라고 할 수도 있다. 그러므로 기자 전통의 계승은 고려가 동아시아 보편세계에 참여하고 있는 이상 국가적·문화적 위상을 높여나갈 수 있는 중요한 요소였던 것이다.

그런 점에서 신라계승의식은 기자계승의식과 어느 정도 연관성이 있는 것으로 파악할 수 있다. 김부식의 위와 같은 인식의 결과 고려는 오랜 유학적 전통이 있는 국가로서, 국가적 과제는 유학적 전통의 계승이어야만 하였다. 그리고 이것은 고려가 동아시아 보편의 일원으로서 보편문화의 수용에 적극적으로 앞장서고 있다는 인식으로 발전할 가능성을 지니고 있는 것이었다.

123『宣和奉使高麗圖經』권1, 建國, "獨高麗 自箕子之封 以德取侯 後世稱衰 他姓亦用漢爵 代居其位 上有常尊 下有等衰 故襲國傳世 頗可紀錄."

2) 기자-단군 인식과 동아시아 보편 참여

역사계승의식은 이전 왕조에 대한 계승만을 대상으로 하는 것은 아니다. 역사적 시원에 관한 인식도 여기에 포함된다. 역사적 시원이 다양한 상황에서 어느 특정 계열이 선택되거나 우위를 점한다면, 그 함의에 따라 정체성과 문화적 일체감의 방향은 달라질 수 있다. 이것은 나아가 국가운영 방향과도 밀접한 관계를 갖는다.

주지하다시피 우리 역사상 역사적·문화적 시원으로 여겨졌던 존재로는 단군檀君과 기자箕子를 꼽을 수 있다. 기자에 대한 기록은 『상서대전尙書大傳』, 『사기史記』 송미자宋微子 세가, 『후한서後漢書』, 『위략魏略』, 『삼국지三國志』 동이전東夷傳 등에 차례로 계승되었다.[124] 이에 비해 단군은 평양 주변의 구월산,[125] 묘향산,[126] 강화[127] 등지의 신격을 지닌 존재로 알려져 있었다. 그런 점에서 보면, 단군은 유학과 거리가 있는 존재라 할 수 있다.[128] 따라서 기자가 교화를 한반도에서 널리 실천한 인물, 유교문화의 시조이자, 중국 중심의 동아시아 보편문화의 상징으로 여겨졌다면, 단군은 그 반대편의 인물로 볼 수 있다. 역사적 시원이 누구로부터 시작하는가 하는 점은 한 집단이나 족속, 국가의 정체성과 매우 깊은 관계가 있다. 그리고 이것은 국가나 집단의 존재의 근거이자, 앞으로의 지향성을 나타낸다. 그렇기 때문에, 단군을 역사적·문화적 시원으로 인식한다면, 기존의 전통을 추구할 가능성이 높고, 반대로 기자를 역사적·문화적 시원으로 인식한다면

---

124 박대제, 「箕子朝鮮과 小中華」, 『韓國史學報』65, 2016, 11~18쪽.
125 『高麗史』 권58 지12 地理3, 儒州.
126 金成煥, 『高麗時代의 檀君傳承과 認識』, 경인문화사, 2002, 99~128쪽.
127 『高麗史』 권56, 지10 地理1, 楊廣道 江華縣 沿革.
128 金成煥, 앞의 책.

동아시아 보편문화를 추구할 가능성이 높다고 할 수 있다.

단군과 기자가 상호 대립적 존재이기는 하지만, 실제로는 상호보완적 존재라고 할 수 있다. 『구당서舊唐書』에는 고구려의 음사淫祀로 기록된 여러 존재 중에서 기자신箕子神과 가한신可汗神이 보인다.[129] 여러 연구에서 지적되었듯이 가한신은 단군을 의미하는 것으로 보인다.[130] 이때 기자신을 중국에서 건너온 기자로 볼 수 있는지 확신할 수는 없다. 다만, 기자신을 음사의 하나로 지목하고 있는 것은 중국의 여러 기록에 등장하는 기자와 다른 고유한 신앙의 대상이라는 뜻으로 이해할 수 있다.[131]

> 신臣이 다스리는 나라는 비록 울루鬱壘의 반도蟠桃에 인접하였으면서도 위력을 숭상하지 않았으며, 또한 백이伯夷와 숙제叔齊의 고죽국孤竹國과 연접하여 본래부터 염치와 진퇴를 잘 알고, 홍범구주洪範九疇에 기대어 있었으며, 일찍부터 팔조八條의 가르침을 계승하였습니다. 말로는 반드시 하늘을 두려워하였으며, 행동으로는 모두 길을 양보하여, 대저 인현仁賢의 교화를 하늘로부터 부여받아, 군자君子라는 이름을 얻게 되었습니다. 그러므로 들에 새참을 나갈 때는 변두籩豆를 갖추면서도 창을 집에 기대어 두고 있었으니, 풍속은 비록 칼을 차고 다니는 것을 숭상하면서도 무武가 진실로 창을 그치게 한다는 뜻을 귀히 여길 줄 알았습니다. 진실로 나라를 세운 이래로 지금까지 성城을 적에게 내준 일이 없었습니다. 천자의 덕화를 따르는 것은 곧 남려南呂도 따라오지 못한

---

129 『舊唐書』 권199 열전149, 東夷 高麗.

130 韓永愚, 「高麗와 朝鮮前期의 箕子認識」, 『韓國文化』 3, 1982, 21~22쪽; 徐永大, 「檀君崇拜의 歷史」, 『정신문화연구』 32, 1987, 23~24쪽; 김성환, 「高麗時代의 檀君傳承과 古朝鮮 認識」, 『단군학연구』 8, 2003, 113~114쪽.

131 韓永愚, 위의 글, 1982, 22~23쪽.

것이니 어찌 인仁한 것이 동호東戶에 비해 부끄러움이 있겠습니까?[132]

통일신라에 이르러 기자는 유학적 교화의 성격을 가진 존재로 여겨졌다. 위의 인용문은 최치원이 작성한 당唐에 효공왕의 즉위를 알리는 표문으로 신라가 당 중심의 보편을 충실하게 실천하였다는 것을 거듭하여 강조하고 있다. 그럼에도 불구하고 신라는 최소한의 무력을 사용하여 나라를 지켜왔으며, 지금까지 나라를 적에게 내준 일이 없다고 하여 당의 문화에 동화되지 않았다는 점 또한 강조하고 있다. 뚜렷하게 나타나는 것은 아니지만, 최치원은 신라가 당 중심의 동아시아 보편에 참여하고는 있으나 당과는 구별되는 존재라는 점과 역사적 독립성을 이야기하고 있다.

현토玄菟와 낙랑樂浪은 본래 조선 땅으로 기자가 책봉을 받은 곳이다. 기자는 백성을 교화하고 예의, 전잠田蠶, 직작織作으로 8조의 법금을 만들었다. 이로써 백성들은 서로 도둑질하지 않았고 문을 닫지 않았으며, 부인은 정절과 신의를 지켜 음탕하지 않았으며, 음식은 변두에 담았으니 이는 인현의 교화였다. 그리고 천성이 유순하고 삼방三方과 서로 달랐으므로 공자가 도를 따르지 않음을 슬퍼하여 뗏목을 바다에 띄워 (그곳에) 살고자 한 것도 까닭이 있는 것이다. (…중략…) 그러나 겸양하는 뜻이 없고 중국의 영토를 침략하여 원수가 되었으며, 그 군현에 들어가 살았다. 그러므로 전쟁이 줄을 잇고 화禍가 이어졌으니 거의 편안한 해가 없었다 할 수 있다. 동쪽으로 천도한 이후 수

---

132 崔致遠, 『孤雲集』 권1, 讓位表, "臣以當國 雖鬱壘之蟠桃接境 不尙威臨 且夷齊之孤竹連疆 本資廉退 矧假九疇之餘範 早襲八條之敎源 言必畏天 行皆讓路 盖稟仁賢之化 得符君子之名 故邃豆觴田 鍦矛寄戶 俗雖崇於帶劍 武誠貴於止戈 爰從建國而來 罕致反城之釁 嚮化則南閭是絶 安仁則東戶何慙."

당隋唐이 통일하는 때를 맞이하였어도 오히려 조칙과 명령에 항거하여 따르지 않고 왕의 사신을 토굴에 가두었다. 그 완악하고 두려워하지 않는 것이 이와 같아 여러 차례 죄를 묻는 군사를 맞이하기에 이르렀다. 비록 혹 기이한 대책으로 대군을 함몰시켰으나 왕이 항복하고 나라가 멸망하는 것으로 끝을 맺은 이후에야 그쳤다. 그러나 (그들의) 시말始末을 보건대, 상하가 화합하고 대중이 화목하면 비록 대국이라도 능히 나라를 빼앗을 수 없었다. (하지만) 나라에 불의不義가 행해지고 민에게 인仁하지 않게 되어 대중의 원망이 일어나니 나라가 무너지면서도 스스로 구원할 수가 없었다.[133]

이와 같은 인식은 앞서 잠시 살펴보았던 김부식의 역사인식에서도 살펴볼 수 있다. 위의 인용문은 『삼국사기』 고구려본기 말미의 논찬이다. 잘 알려져 있다시피 전반적으로 고구려에 비판적인 어조로 이루어져 있다. 그러나, 여기서 눈여겨 보아야할 것은 고구려가 상하가 화합하고 화목할 경우 중국의 침략을 물리치며, 끝내 중국에 정복되지 않았다고 평가한 점이다. 이 점을 적극적으로 해석하면 김부식의 논리는 기자 유풍遺風의 계승과 유학적 전통, 그리고 역사적 독립성이라는 최치원의 논리를 거의 그대로 따르고 있는 것으로 볼 수 있다.

그런 점에서 기자의 유풍은 문화적 독립성으로 이어질 공산이 크다. 위

133 『三國史記』 권22, 고구려본기10, 寶藏王, "玄菟樂浪 本朝鮮之地 箕子所封 箕子敎其民 以禮義田蠶織作 設禁八條 是以其民不相盜 無門戶之閉 婦人貞信不淫 飮食以籩豆 此仁賢之化也 而又天性柔順 異於三方 故孔子悼道不行 欲浮桴於海以居之 有以也夫 (…중략…) 而無謙巽之意 侵其封場以讎之 入其郡縣以居之 是故兵連禍結 略無寧歲 及其東遷 値隋唐之一統 而猶拒詔命以不順 囚王人於土 其頑然不畏如此 故屢致問罪之師 雖或有時設奇以陷大軍 而終於王降國滅而後止 然觀始末 當其上下和 衆庶睦 雖太國不能以取之 及其不義於國 不仁於民 以興衆怨 則崩潰而不自振."

의 두 인용문을 토대로 살펴보면, 유학적 교화가 이민족의 중국에 대한 동화를 의미한다고 할 때, 신라와 고구려가 중국에 동화되거나 점령당하지 않았던 것은 상하의 단결과 유학과는 다른 상무적 기질에 근거한 것이다. 그리고 이는 '나라를 세운' 이래로 계승되어오던 전통이었던 것이다. 더욱이 오랫동안 기자 유풍을 계승하고 있다는 것은 고려가 중국의 문화를 도입하고 있다는 의미이기도 하지만, 기자의 교화가 계승되고 있으므로 고려는 자체적 역량으로 유교화가 가능하다는 의미로 해석된다. 즉, 고려는 비유교적 전통이 계승되는 국가이면서도 유교화가 가능한 다원적 문화전통을 가지고 있는 국가였던 것이다.

고려는 기자전통의 계승과 기존의 전통 사이에서 적절한 균형을 유지하고자 하였다. 우선, 숙종은 1102년 7월 서경에 행차하였다가 예부禮部의 주청奏請을 받아들여 서경유수와 안찰사 등에게 민의 괴로움을 직접 조사하고 사면령을 내릴 것을 지시하였다.[134] 이 과정에서 숙종은 기자의 무덤을 찾아내고 사당을 세워 제사를 지내도록 하였다.[135] 반면에 목멱과 동명왕 등에게 훈호를 내리고,[136] 동명성제사東明聖帝祠에 제사를 지내기도 하였다.[137] 비록 전해지는 기록으로는 기자가 비교적 분명하고, 기자 이외에는 대체로 설화적·신앙적 형태의 전승이 이어져오고 있기는 해도, 국가가 주도하는 형태의 제사는 양자 사이의 균형을 추구하는 것으로 볼 수 있을 것이다.

한편, 12세기경 서경에서는 단군, 주몽朱蒙, 해모수解慕漱 설화가 착종하는

134 『高麗史』 권11 세가11, 肅宗 7년 7월 庚戌 및 壬子.
135 『高麗史節要』 권6, 肅宗 7년 10월.
136 『高麗史』 권4 세가4, 顯宗 2년 5월 丁亥.
137 『高麗史節要』 권7, 肅宗 10년 8월.

현상도 나타났다.[138] 무신정권기 최자崔滋가 지은 「삼도부三都賦」에서는 서경이 처음으로 이룩될 때, 동명이 하늘에서 내려와 거주를 정하시고, 오룡거五龍車를 타고 하늘과 땅을 오르락내리락 하였으며, 백신百神과 열선列仙을 거느렸으며, 곰소에서 여인을 만났다고 하였다.[139] 우선 오룡거는 『삼국유사』, 「동명왕편」 등에서는 해모수가 타고 내려왔다는 수레로 기록되어 있다.[140] 또한 서경은 동명왕이 세운 고구려가 본격적으로 건설하기 시작하였으며, 백신과 열선, 즉 풍백과 우사, 운사 등을 거느리고, 곰소에서 여인을 만난 사람은 바로 단군을 의미한다. 따라서, 서경은 동명왕, 해모수, 단군과 관련되는 매우 유서 깊은 곳이라고 할 수 있다.

따라서 고려 국가는 기자가 상징하는 유학적 전통과 단군, 주몽 등이 상징하는 고구려계승의식, 단군계승을 수용함으로써 중국 중심의 동아시아 보편과 고려의 문화적 전통을 국가적 테두리 안에서 조화시키고 있는 것이라 할 수 있다. 이들 모두는 각각 서로 다른 영역에서 고려인의 역사적·문화적 일체감을 형성하고 있었던 요소로서 그 기능을 독립적으로 유지하고 있었던 것으로 볼 수 있다. 그렇다면, 고려인의 역사적·문화적 일체감은 단군이나 기자 등 어느 하나의 요소로 설명되거나 결정될 문제는 아니라고 할 수 있을 것이다.

---

138 金成煥, 앞의 책, 133쪽.

139 『東文選』 권2, 三都賦, “西都之創先也 帝號東明 降自九玄 乃眷下土 此維宅焉 匪基匪築 化城屹然 乘五龍車 上天下天 導以百神 從以列仙 熊然遇女 來往翩翩 江心有石 曰朝天臺.”

140 『三國遺事』 제1, 紀異, 北扶餘, “前漢書宣帝神爵三年壬戌四月八日 天帝降于訖升骨城 乘五龍車立都 稱王國號北扶餘 自稱名解慕漱”; 『東國李相國集』 권3, 東明王篇, “漢神雀三年壬戌歲 天帝遣太子降遊扶余王古都 號解慕漱 從天而下 乘五龍車 從者百餘人 皆騎白鵠.”

3) 소중화의식과 이중적 자아인식의 형성

역사인식은 정체성과 현재의 실존적 자아에 대한 고민을 담고 있다. 역사인식은 지나간 과거에 대한 기억이며, 본질적으로 역사계승의식과 역사적 시원에 대한 인식을 포함하고 있다. 이러한 역사인식의 본질과 함께 우리가 고려해야할 것은 외적인 요인이다. 보편은 사전적으로 '모든 것에 두루 미치는 성질'이라고 정의한다. 동아시아를 중국을 중심으로 하는 한자·유교문화권이라고 한다면, 동아시아는 한자와 유교 두 가지를 공통적인 가치로 공유하고 있다는 뜻으로 받아들여진다. 여기서 한걸음 더 나가면, 한자와 유교로 표현될 수 있는 모든 것, 즉 불교와 도교, 이 밖의 여러 요소들이 보편을 구성한다고 할 수 있다. 즉, 중국을 중심으로 하는 동아시아 보편은 한자와 유교를 중심으로 하는 것이지만 기본적 속성은 일원성이 아니라 다원성을 지향하는 것이라 할 수 있다.

정치적으로 중국은 주변세계에 화이관과 조공책봉체제를 강요하였다. 주변세계는 이를 적절히 수용하고 이용하면서 생존을 도모하였다. 중국의 주변세계의 입장에서는 중국이 강요하는 동아시아 질서를 받아들이고 스스로 그 영역에 편입됨으로써 정치적·군사적 안정을 보장받을 수 있으며, 그들이 만들어낸 선진문물을 공유할 수 있다는 장점이 있었다.[141]

중국은 영토적으로는 황제의 덕화德化가 미치는 범위를 천하로 설정하고 그 안에 거주하는 한족을 비롯한 모든 민족과 국가를 그 영역에 포함시켰다. '중국'이라는 개념 안에는 종족과 문화적으로는 한족을 중심에 두고 나머지 민족은 한족에 의한 교화, 즉 문화적 혜택을 입을 수 있도록 한다

141 김한규, 『천하국가-전통시대 동아시아 질서』, 소나무, 2005, 42~43쪽.

는 개념도 포함되어 있다. 중국은 주대周代의 왕과 제후의 관계를 주변민족에 관철시켜 직접적으로 지배하려고 하였다. 그러나, 한 무제 이후 중국이 생각하는 질서의 실현이 불가능해지면서, 되도록 군사적 정벌은 지양하고 조공과 책봉의례를 준수할 것을 강요하는 방향으로 선회하게 되었다. 그러면서도 중국은 주변세계에 어느 정도의 자율성, 즉 정치적 불간섭을 적용하였다.[142]

그러면서도 중국은 중국의 내외에 거주하는 이민족에 남만南蠻, 북적北狄, 동이東夷, 서융西戎 등 멸칭을 사용하면서 중국 우위의 질서를 관념적으로, 때로는 실제로 적용하려고 하였다. 그와 동시에 중국적 질서가 관철되고 중국의 문화적 영향을 받는 동아시아는 조공책봉질서를 통해 그 일원들 사이에 차별성을 누층적으로 구조화하였다.

중국의 주변세계가 중국의 문화적 영향 속에서 자신을 중국의 변방으로 인식하기는 했어도 신라와 고려, 조선은 자신을 오랑캐로 여기지는 않았다. 신라는 삼국통일 이후 당으로부터 군자국君子國의 칭호를 얻었다.[143] 이는 신라가 오랫동안 유학을 수용하고 발전시켜왔다는 인식에서 비롯된 것이었다.[144] 신라도 당에 보내는 외교문서에서 스스로 '거서車書가 통일된 세계', 즉 동문동궤同文同軌인 보편질서 안에 편입되었다고 하였다.[145] 이러한 의식은 비록 소중화小中華라고 지칭하지는 않았지만, 당 중심의 보편질

142 全海宗 편, 『中國의 天下思想』, 민음사, 1988; 李成珪, 「中華思想과 民族主義」, 『철학』 37, 1992; 李成珪, 「中華帝國의 팽창과 축소–그 이념과 실제」, 『歷史學報』 186, 2005; 김한규, 위의 책.

143 하일식, 「당 중심의 세계질서와 신라인의 자기인식」, 『역사와 현실』 37, 2000; 권덕영, 「신라 '君子國' 이미지의 형성」, 『韓國史硏究』 153, 2011.

144 『舊唐書』 권199, 新羅傳.

145 崔致遠, 『孤雲集』 권1, 奏請宿衛學生還蕃狀.

서 안에서 수위首位를 차지해야 한다는 소명의식으로 발전하였다.[146] 이는 신라가 보편세계의 변방에 위치하지만, 중국과 구분되는 존재이면서도 오랑캐가 아닌, 중국에 버금가는 문화적 발전을 이룩했다는 자부심이 표출된 것이라 할 수 있다.

앞서 언급한 태조의 훈요십조 제4조에서 고려는 오래전부터 당풍唐風의 영향에서 자유롭지 않으나, 그것이 고려의 실정에 맞지 않으면 굳이 수용할 필요는 없다고 하였다. 그러면서도 거란의 의관과 제도는 따르지 말라고 하였다.[147] 앞서 동아시아는 유교·한자문화권으로서 중국을 중심으로 보편세계를 형성해왔다고 하였다. 그렇다면, 훈요십조 제 4조에서 말하는 당풍은 유교와 한자로 표현되는 중국의 문화라고 할 수 있다. 그 연장선에서 볼 때, 고려는 당풍을 이어받아 유학이 추구하는 왕도정치이념을 국가적 운영의 최우선 가치로 여기고 있다는 의미로 해석할 수 있다.

그러나 태조 왕건은 그것이 고려의 실정에 맞지 않으면 수용하지 않을 수도 있다고 하였다. 그렇다면, 고려의 실정, 즉 기존의 전통의 실체는 무엇일까? 아마도 사상적 범주에서는 유학 이외의 다른 모든 것 정도로 이야기할 수 있을 것이며, 구체적으로 불교, 도교, 풍수도참, 민간신앙 정도라고 이야기할 수 있을 것이다. 민간신앙을 제외한 불교, 도교, 풍수도참은 비록 유학 이외의 범주에 해당하지만, 이들은 유학과 마찬가지로 오래전에 수용되어 내면화가 상당히 이루어졌거나 이미 달성된 상태라고 할 수 있을 것이다. 따라서 전통의 범주에 넣을 수 있는 것이다. 태조의 위와

146 崔致遠, 『孤雲集』 권1, 謝不許北國居上表.

147 『高麗史』 권2, 世家2 太祖 26년(943) 4월 癸卯, "惟我東方 舊慕唐風 文物禮樂 悉遵其制 殊方異土 人性各異 不必苟同 契丹是禽獸之國 風俗不同 言語亦異 衣冠制度 愼勿效焉."

같은 말은 아마도 자체적 전통도 중요시하겠다는 의미로 해석할 수 있다.

또한 태조는 거란의 의관과 제도는 본받지 말라고 하였다. 이 부분은 종족적 관계로 볼 때, 거란과 같은 이민족의 것을 따르기 보다는 오히려 당풍을 따르는 것이 낫다는 의미로 해석된다. 특히 고려는 소중화적 입장에서 인면수심人面獸心이라는 표현을 사용하여 여진을 부정적으로 보았으며,[148] 이는 한족을 제외한 주변민족에게도 적용되는 관점이라 할 수 있다.[149] 즉 거란도 같은 관점에서 보고 있었던 것으로 볼 수 있다.

이와 같은 내용의 훈요십조 제4조에서는 이중적인 자아인식이 나타나 있다. 이는 시기적으로 고려와 거란이 군사적으로 충돌하기 이전의 인식이라 할 수 있다. 거란의 의관과 제도를 본받지 말라는 것은 문맥상 거란의 풍속은 당풍과 전혀 다르다는 의미이다. 즉, 거란을 여진이나 기타 이민족과 같은 족속으로 이해하고 있는 것이라 할 수 있다. 그렇다면, 거란은 논리적으로 고려보다 문화적으로 뒤떨어진 종족으로서 경우에 따라서는 고려가 교화를 해나갈 수 있는 종족이라고 할 수 있다. 따라서, 문화적인 측면에서 거란은 자소字小의 대상이며, 고려가 그 자신을 중국의 주변국인 '이夷'가 아닌 '화華로서의 자아'를 드러낸 셈이다.

이는 앞서 고려가 기자를 계승했다는 역사적 시원에 관한 인식과 결부시켜보면, 고려는 자체적 역량으로 유교화가 가능하다는 일종의 문화적 자신감으로 해석할 수 있다. 그렇기 때문에, 이후 여진에 대해서도 마찬가지로 자소의 입장에서 접근하고 있었으며, 고려 국왕을 해동천자海東天子로

---

148 『高麗史』 권6 세가6, 靖宗 9년 4월 戊戌; 『高麗史』 권84 志38, 刑法1 殺傷, 靖宗 4년 5월; 『高麗史』 권94 열전7, 郭元.

149 박경안, 앞의 글, 2007, 398~400쪽.

여기고 고려 국가가 영위하는 천하를 해동천하海東天下로 보는 인식[150]의 근원도 바로 위에서 언급한 훈요십조 제4조에서 찾을 수 있다.

또 한편으로 고려는 중국의 문화적 영향력에서 자유로울 수 없다고 하였다. 이렇게 보면, 고려는 중국의 문화적 성과를 공유하고 있는 동아시아 보편의 일원으로서의 자아도 갖고 있는 것으로 이해해볼 수 있으며 '주변국으로서의 자아' 정도로 표현할 수 있다. 따라서, 고려 초기 이래의 이중적 자아인식은 문화적 측면에서 생각해볼 수 있는 것으로서, '화華로서의 자아'와 '주변국으로서의 자아'로 표현할 수 있겠다.

> 중국華夏의 제도는 따르지 않을 수 없습니다. 그러나 사방의 습속은 각각 토성土性을 따르고 있으므로 모두 (중국과 같이) 바꾸는 것은 어렵습니다. 시서詩書와 예악禮樂의 가르침과 군신君臣과 부자父子의 도道는 마땅히 중화를 본받아야 할 것이며 비루한 것은 바꾸어야 할 것입니다. 그 나머지 거마車馬와 의복의 제도는 가히 토풍을 따라 사치스러움과 검박한 것 사이의 중용中庸를 얻어야할 것이며, 반드시 (중국과) 같아질 필요는 없습니다.[151]

이중적 자아인식은 앞에서도 제시한 바 있는 성종대 최승로의 시무 28조에서도 확인할 수 있다. 이는 앞의 훈요십조 제4조에 비해 다소 구체화되었다는 인상을 받는다. 즉, 시서와 예악, 군신과 부자의 도는 명분 관계를 중심에 두고 있는 유교정치이념의 범주에 속하는 것이라 할 수 있다.

---

150 『高麗史』 권71 지25 樂2, 風入松.

151 『高麗史』 권93 열전6, 崔承老, "華夏之制 不可不遵 然四方習俗 各隨土性 似難盡變 其禮樂詩書之敎 君臣父子之道 宜法中華 以革卑陋 其餘車馬衣服制度 可因土風 使奢儉得中 不必苟同."

그리고 이것은 이지백의 발언에 나오는 이법異法이나 사관의 평가에 나오는 화풍華風, 훈요십조의 당풍唐風과 같은 내용이다. 즉, 중국 중심의 동아시아 보편적 가치를 말하고 있으며, 이것을 반드시 수용해야 비루한 전통을 개혁할 수 있다고 말하고 있다. 이는 보편적 가치를 받아들여야만 하는 '주변국으로서의 자아'에 해당한다.

위의 인용문에서 말하는 거마와 의복의 제도가 따라야 하는 토풍은 고려의 전통이라 할 수 있다. 토풍을 언급한 부분의 문맥으로 보아 이는 토풍이 반드시 비루하다고 단정 지어 말하는 것으로 볼 수는 없다. 즉 토풍을 준수하는 것은 결국 사치스러움과 검박한 것의 중용에 해당하기 때문에 이는 앞서 훈요십조에서 말한 자신의 역량으로 교화가 가능한 기자의 풍도를 계승하였다고 하는 문화적 자부심이 내포되어 있는 표현이라고 할 수 있다. 따라서, 이것은 경우에 따라 고려 주변의 여진이나 일본 등을 교화시킬 수 있는 하나의 근거라 할 수 있다. 즉, '화華로서의 자아'를 매우 완화된 표현으로 드러내고 있는 것이라 할 수 있지 않을까 생각한다.

이 구절은 최승로의 시무 28조에 나오는 5조정적평의 광종에 대한 평가와도 연결이 가능하다. 최승로는 광종의 과거제 시행에 대하여 "비록 화풍華風을 중히 여겼으면서도 중화中華의 법도는 취하지 못하였고, 비록 중화의 선비는 예로써 대하였으나 중화의 어진 인재는 얻지 못하였다"고 하였다.[152] 이는 광종이 기존의 질서를 어기고 귀화인 쌍기雙冀에게 지나친 권력을 부여하고, 나아가 그를 총애한 나머지 맹목적인 중국화를 지향하였다고 비판한 것이라 할 수 있다.[153] 즉, 최승로의 동아시아 보편에 대한

152 『高麗史』 권93 列傳6, 崔承老.
153 河炫綱, 「崔承老의 政治思想」, 『韓國中世史硏究』, 일조각, 1988, 169~170쪽.

입장은 보편 참여 자체는 반대할 것은 아니지만, 지나친 동화는 경계해야 할 것으로 보았던 것이다.

4) 동아시아 정세와 이중적 자아인식의 변화

성종대 고려는 최승로의 건의에 따라 유교정치이념 적용을 서둘렀다. 이는 광종대 과거제와 승과제를 통해 제도적으로 유불 간의 균형과 다원적 사상지형의 모습을 갖추기는 하였지만, 지나친 불교적 성향을 드러내거나, 지나치게 귀화인을 총애하다가 부작용이 나타난 바 있는 광종대 사상정책에 대한 조정의 의미를 담고 있는 것이었다. 따라서, 고려는 사상적으로 여러 요소의 공존과 조화가 필요하였다.[154]

앞서 자세하게 설명한 전 민관어사 이지백의 발언과 그에 대한 성종의 반응, 그리고 사관의 평가[155]를 중심에 두고 성종대의 이중적 자아인식이 어떤 모습이었는지 살펴보도록 하자.

우선 이지백은 이법異法을 본받지 말아야한다고 주장하였다. 이는 그가 연등회, 팔관회, 선랑을 다시 거행해야 한다고 했던 발언과 같은 의미라 할 수 있다. 이는 각각 성종 원년과 6년에 폐지된 연등회와 팔관회를 염두에 둔 발언이라 할 수 있다.[156] 강력한 외적이 대군을 이끌고 침입하였다는 상황을 고려하면 유교정치이념과 같은 화풍을 시행하고 연등회와 팔

---

154 최봉준, 「고려 태조~성종대 다원적 사상지형과 왕권 중심의 사상정책」, 『한국중세사연구』 45, 2016.

155 『高麗史』 권94, 列傳7, 徐熙, "前民官御事李知白奏曰 聖祖創業垂統 洎于今日 無一忠臣 遽欲以土地 輕與敵國 可不痛哉 古人有詩云 千里山河輕孺子 兩朝冠劒恨譙周 盖謂譙周爲蜀大臣 勸後主納土於魏 爲千古所笑也 請以金銀寶器賂遜寧 以觀其意 且與其輕割土地 弃之敵國 曷若復行先王燃燈八關仙郎等事 不爲他方異法 以保國家致大平乎 若以爲然 則當先告神明 然後戰之與和 惟上裁之 成宗然之 時成宗 樂慕華風 國人不喜 故知白及之."

156 『高麗史節要』 권3, 顯宗 원년(1010) 윤2월; 『高麗史』 권3 세가3, 成宗 6년(987) 10월.

관회 등을 폐지하는 것은 민심에 역행하는 것으로 받아들여졌다. 이럴 경우 국풍은 국가의 존립과 같은 의미로 충분히 해석될 수 있다. 즉 국풍을 부활시키는 것은 국론분열을 막고 민심을 규합[157]하여 존망의 기로에 놓인 국가를 구하는 일이었던 것이다.

그러나 화풍의 입장에서 보면 연등회, 팔관회 등으로 상징되는 국풍은 고려의 비루한 전통에 해당한다. 따라서 어떤 식으로든 규제가 필요하며, 성종의 연등회, 팔관회 폐지는 비루한 전통 개혁의 상징이라 할 수 있다. 또한 사신史臣은 이지백의 발언은 성종이 화풍을 지나치게 좋아하였기 때문에 나온 것이며, 국인들 역시 성종의 화풍 중심의 정책에 부정적이었다고 하였다. 이는 앞서 설명한 것처럼 광종대 친불교정책을 극복하고 사상 간의 균형을 추구하는 정책에 대한 반발로 이해할 수 있다. 이를 이중적 자아인식이라는 관점에서 설명하면, 중국 중심의 동아시아 보편과 고려의 전통 사이의 균형, 즉 '주변국으로서의 자아'와 '화華로서의 자아' 사이의 균형을 이지백이 화풍 중심의 정책으로 인식한 결과라고 할 수 있다. 정리하면, 거란이 70만 대군을 이끌고 침입한 993년 당시에 이중적 자아 사이의 대립이 발생하였으며, 성종이 이지백의 건의를 수용함으로써 두 가지 자아의 대립은 국왕에 의해 조정되었다고 할 수 있다.

거란 침입 이후 동아시아 정세는 일단 안정기에 접어들었으나, 보주保州를 영유하는 문제, 대각국사 의천이 송에 유학하는 문제는 고려와 거란의 관계를 불안정하게 만드는 요인이었다. 그러나, 의천이 요의 불경을 적극적으로 도입하고,[158] 여진의 성장에 공동으로 대응하는 것은 고려와 요를

157 具山祐, 「高麗 成宗代 對外關係의 展開와 그 政治的 性格」, 『韓國史硏究』 78, 1992, 62~63쪽.
158 김영미, 「11세기 후반~12세기 초 고려 · 요 외교관계와 불경 교류」, 『역사와 현실』 43, 2002.

밀착시키는 요인이기도 하였다. 한편으로, 숙종대 도교 사상의 수용과 확산, 신법을 활용한 정치개혁 등은 고려와 송의 관계에서도 요와의 관계만큼이나 진전이 있었다는 것을 의미한다.[159]

> 팔관회를 열고 신봉루神鳳樓에 행차하였다. 백관에게 술을 하사하고 저녁에는 법왕사法王寺에 행차하였다. 다음날 대회大會를 열고 또 술을 하사하고 보고 즐겼는데 동경·서경의 2경京과 동북양로병마사, 4도호부, 8목에서 각각 표문을 올려 하례를 올렸다. (그리고) 송의 상인과 동서번東西藩, 탐라국耽羅國도 방물을 바치니, (왕이 그들에게) 의례를 볼 수 있는 좌석을 하사하였는데, 후에 이를 상식常式으로 삼았다.[160]

고려는 해동천자海東天子를 자처하면서 자신의 영향력이 미치는 범위를 해동천하海東天下로 설정하였다. 이는 팔관회와 같은 국가의례에서 더욱 단적으로 드러난다. 팔관회 대회일 의례는 국중대회로 치러지는데 이때 조하의식에서는 문무백관을 비롯하여 송의 상인, 동서번에서 온 사신들이 각기 방물을 바쳤다.[161] 이는 마치 조공국이 천자국에 방물을 바치는 행위로 여겨질 수 있다. 이때 송의 상인은 공식적인 사신이 아니기 때문에 정치적 목적이 있는 것으로 보기 어렵다. 이에 비해 여진과 탐라는 이미 고

---

159 오영선, 「인종대 정치세력의 변동과 정책의 성격」, 『역사와 현실』 9, 1993; 蔡雄錫, 「12세기 초 고려의 개혁 추진과 정치적 갈등」, 『韓國史硏究』 112, 2001; 蔡雄錫, 「고려 예종대 道家思想·道敎 흥기의 정치적 성격」, 『韓國史硏究』 142, 2008.

160 『高麗史』 권6 世家6, 靖宗 즉위년(1034) 11월 庚子, "設八關會 御神鳳樓 賜百官酺 夕幸法王寺 翼日大會 又賜酺觀樂 東西二京東北兩路兵馬使四都護八牧 各上表陳賀 宋商客東西蕃耽羅國亦獻方物 賜坐觀禮 後以爲常."

161 『高麗史』 권69 志23 禮 11, 仲冬八關會儀, 大會日坐殿.

려에 조공을 해왔으므로, 송의 상인과는 성격이 다르다. 그렇기 때문에, 팔관회 조하의식은 고려 국왕의 덕화가 미치는 범위 안의 모든 신민이 함께 참여한다는 상징적 의미를 지닌다.

조하의식의 의미를 생각해볼 때, 이는 고려가 가지고 있는 이중적 자아인식이 한 측면이 의례의 형태로 나타난 것으로 파악할 수 있다. 팔관회는 내외적으로 고려의 덕화를 여진과 탐라 등에 적용시키는 것, 즉 고려가 여진과 탐라를 교화하는 '화華로서의 자아'가 작동한 것으로 이해된다.[162] 실제로 1039년정종 5 11월 제서制書에서는 사면령을 내리면서 팔관회는 덕음德音을 널리 펴뜨리는 것이라고 하였다.[163] 사면의 대상에 여진과 탐라가 명시된 것은 아니지만, 이념적으로 덕음의 대상은 고려 국내뿐만 아니라 여진과 탐라를 포함하는 것으로 간주해도 큰 무리는 없다.

그러나, 앞서 언급한 바와 같이 12세기 초 이후 여진의 급격한 성장과 요의 멸망, 정강靖康의 변1127 등으로 비교적 안정되어 있었던 동아시아 정세가 급격하게 변화하였다. 이는 고려의 해동천하에도 영향을 미치지 않을 수 없었다. 특히 1117년예종 12 아지阿只 등이 가지고 온 금의 조서詔書에는 금의 황제를 형으로 고려 국왕을 아우로 표현하였으며,[164] 1126년인종 4 백관회의에서는 이자겸과 척준경의 주장에 따라 결국 금에 사대를 하기로 결정하였다.[165] 나름 실리적인 접근이라 할 수 있으나, 그 결과 고려는 최종적으로 북쪽 변경의 번藩을 상실하게 되었다.

인종대 묘청은 서경의 임원역으로 천도하면, 지세에 따라 금을 비롯한

162 奧村周司, 「高麗における八關會的秩序と國際環境」, 『朝鮮史研究會論文集』 16, 1979, 84쪽.
163 『高麗史』 권80 志34 食貨3, 賑恤 恩免之制, 靖宗 5년 11월.
164 『高麗史』 권14 世家14, 睿宗 12년 3월 癸丑.
165 『高麗史』 권15 世家15, 仁宗 4년 3월 辛卯.

주변의 36개 나라가 조공을 해올 것이라 하였다.[166] 이는 해동천하를 회복하려는 시도로 읽을 수 있겠다. 그렇지만, 이미 북송이 멸망하고 금이 중원을 점령하였으며, 고려와 금이 사대관계를 맺고 있었던 상황에서는 실현 불가능한 비전이었다. 사회적 합의에 도달할 수 없는 천도론이라 할 수 있다. 급기야 서경세력과 개경세력 사이의 균형을 잡아줄만한 대책이 나오지 않은 상황에서 묘청의 난이 발생하고 말았으며, 개경세력에 의해 서경세력이 일방적으로 진압되고 말았다. 이는 국왕을 비롯한 국가권력이 여러 사상 간의 알력을 조정하는 능력을 상실하였다는 것을 의미한다. 이러한 상황을 세계관이라는 관점에서 해석하면, 이는 해동천하의 관념적 붕괴를 의미하는 것은 아니지만, 결과적으로 고려와 여진의 관계가 역전되면서 나타난 번藩의 상실과 그로 인한 상실감이 결합하여 나타난 사건이라 할 수 있다. 즉 이중적 자아인식의 한 축이 붕괴된 것을 보여주는 사건이라 할 수 있을 것이다.

이후 의종대 해동천하 관념은 형식적으로 유지되기는 하였으나, 실질적 의미를 지니는 것은 아니었다. 1168년의종 22 3월에 반포한 조서에서 의종은 불사佛事 강화와 함께 국가가 승려의 수행을 지원할 것이며, 선풍仙風과 팔관회를 강화하고, 대민 구휼을 시행할 것 등을 지시하였다.[167] 이러한 조치는 문화적 개별성과 '화華로서의 자아'를 지향하는 것이라 할 수 있다.

> 내시 좌번左番과 우번右番이 다투어 진귀한 물건을 바쳤다. 이때 우번에는 고관의 자제들이 많았는데, 이로 인하여 환관들이 성지聖旨로 공사公私의 진귀

166 『高麗史』 권127 열전40, 妙淸.
167 『高麗史』 권18 세가18, 毅宗 22년 3월 戊子.

> 한 물건과 서화 등의 물건을 찾아내었다. 또한 채붕彩棚을 엮어 (여기에) 잡스런 기생들雜伎을 태우고 외국인이 방물을 바치는 모습을 흉내 내며, 청홍개 2자루와 준마 2필을 바쳤다. 좌번은 모두 유사儒士들뿐이어서 잡스런 유희雜戱에 익숙하지 않아 물건을 바치는 것이 100에 하나도 미치지 못하였다. (좌번에서) 물건이 모자라는 것을 수치스럽게 여겨 다른 사람에게서 준마 5필을 빌려서 바치니, 왕이 모두 받아들였으며, 좌번에는 백은 10근과 단사丹絲 65근을, 우번에는 백은 10근과 단사 95근을 하사하였다. 이후에 좌번이 말값을 치르지 못하여 날마다 빚 독촉에 시달리니 당시 사람들이 비웃었다.[168]

위의 조서가 반포되기 3년 전인 1165년 4월 국왕과 내시들은 팔관회를 흉내 내어 유희를 즐겼다. 정식 팔관되는 매년 11월에 소회일과 대회일 양일간 열린다. 그런데 위의 인용문과 같이 내시와 기생이 참여하고 외국인이 방물을 바치는 모습을 흉내 내었다는 점, 그리고 11월이 아닌 4월에 열렸다는 점은 이 의례가 정식 국가의례가 아닌 하나의 유희 정도로 취급하고 있음을 알 수 있다.[169] 관점에 따라서는 의종을 시종하는 많은 사람들을 동원하여 유희를 치르는 것 자체로 위의 인용문에 나오는 잔치는 정치적으로 왕권강화의 연장선에서 해석할 수 있다.[170]

고려가 금과 조공책봉관계를 맺은 상황에서 팔관회에서 송의 상인을 비

---

168 『高麗史』 권18 세가18, 毅宗 19년 4월 甲申, "內侍左右番 爭獻珍玩 時右番多執袴子弟 因宦者 以聖旨 多索公私珍玩書畵等物 又結綵棚 載以雜伎 作異國人貢獻之狀 獻靑紅盖二柄 駿馬二匹 左番皆儒士 不慣雜戱 其所貢獻 百不當一 恥不及 借人駿馬五匹以獻 王皆納之 賜左番白銀十斤 丹絲六十五斤 右番白銀十斤 丹絲九十五斤其後 左番不能償馬之直 日被徵債 時人笑之."

169 박경안, 앞의 글, 2007, 430~431쪽.

170 채웅석, 「의종대 정국의 추이와 정치운영」, 『역사와 현실』 9, 1993.

롯하여 여진, 일본, 탐라의 사신이 참여하는 조하의식은 더 이상 유지될 수 없었을 것으로 생각된다. 이는 의례를 통해 해동천하를 실현할 대상이 사라져버린 상황에서 나올 수 있는 심리적 방어기제로 볼 수 있다. 그렇지만, 의례를 통해 '화華로서의 자아'를 실현할 수 없는 상황에서 이제 의식적으로도 '화華로서의 자아'가 점차 해체되어 가는 상황을 잘 보여주는 것으로 이해할 수 있다. 결국 '華로서의 자아'와 '주변국으로서의 자아'의 이중적 자아인식은 형식상으로만 남게 되었던 것이다.

제3장

12~13세기 역사계승의식과 문명론의 형성

1. 다원적 사상지형과 보편 중심의 윤리의식의 공존

11세기 말 12세기 초 고려왕조의 위기는 문종대부터 시작된 인주이씨 외척의 등장에서 비롯된 측면이 강하다. 외척세력은 왕권의 비호세력이 되어줄 것이라는 기대와 달리 비정상적으로 비대해졌으며 오히려 왕권에 위협이 되었다. 헌종대 이자의가 조카인 한산후를 왕위에 올리기 위해 역모를 꾸몄다가 계림공에게 제압당한 사건은 이를 잘 보여준다.

12세기에는 다원적 사상지형이 왕권에 의해 의도적으로 재편된 시기라고 할 수 있다. 국왕은 왕권강화를 위해 다양하게 존재하는 정치세력과 사상들 사이의 세력균형을 추구하였으며, 이는 왕권에 의해 의도적으로 선종, 도교 등과 관련된 정치세력을 육성하는 방식으로 이루어졌다고 할 수 있다. 그런 점에서 다원적 사상지형의 내부에는 11세기와는 다소 다른 양상의 움직임이 나타났다.

문벌귀족 내부에는 복잡하고 매우 다양한 정치세력이 존재하였다. 특히 국왕의 입장에서 위협이 될 수 있는 세력은 비대해진 외척이라고 할 수 있었다. 이들에 대해 부정적인 입장에 있었던 김부식과 김인존 등을 중심으로 하는 기존의 유신세력들은 상대적으로 유학의 명분론과 사대외교에 충실한 인물이었다. 이들은 여러 문벌에 걸쳐 중첩적이면서도 폐쇄적인 통혼관계를 이루고 있었으며, 별무반 창설, 화폐주조, 국학 7재 설립 등 북송의 신법을 도입하여 시행되는 개혁에도 부정적이었다.[1] 이들은 위기에 처한 고려사회를 인성론적 접근을 통해 점진적으로 개혁해나가고자 하는 성향을 가진 이들이라 할 수 있었다.

이들에 대응하기 위해서는 우선 국왕을 중심으로 측근세력을 두텁게 구축해야만 하였다. 외척인 이자의를 죽이고 헌종獻宗으로부터 선양을 받아 즉위한 숙종은 즉위 3년 만에 예종을 왕태자로 책봉하고 첨사부詹事府를 이용하여 앞으로 즉위할 예종의 정치적 배경을 강화하였다. 특히 예종은 즉위전부터 이중약李仲若, ?~1122, 곽여郭輿, 1058~1130 등 도교 관련 인사들을 중용하였으며, 한안인韓安仁, ?~1122 등 신진세력을 적극적으로 등용하였다.[2] 또한 예종은 아들인 지인之印을 선종에 출가시켰으며, 담진曇眞 등을 왕사로 책봉하여 선종과의 유대를 강화하였다. 그리고, 김부식과 정치적으로 대립하였던 윤관尹瓘, ?~1111 등 유학 이외의 사상에 비교적 관대한 이들을 중용하였다.[3]

인종이 즉위한 이후 신진관료들은 이자겸에 의해 제거되었다. 국왕의 장인이자, 외조부였던 이자겸은 왕권의 안정적 행사를 위한 든든한 배경이 될 수 있었다. 그러나 오히려 신진관료가 외척에 의해 제거되면서 비대

1 정수아, 「高麗中期 改革政治와 北宋新法의 受容」, 서강대 박사논문, 1999; 蔡雄錫, 「고려 인종대 '惟新'정국과 정치갈등」, 『韓國史硏究』161, 2013.

2 金秉仁, 『高麗 睿宗代 政治勢力 硏究』, 경인문화사, 2003.

3 위의 책.

해진 외척은 또다시 전면에 부각되기 시작하였다. 1126년 이자겸 세력이 반란을 일으켜 진압된 이후 새로운 국왕 측근세력이 필요하게 되었다. 이때 주목을 받은 이들이 바로 서경세력이다. 이들은 칭제건원, 서경천도론, 금국정벌론 등 대금 사대외교와 전혀 다른 정책적 대안을 제시하였다. 즉, 화이관華夷觀을 중심에 두었을 때 서경세력이 지향하는 바는 중국 중심의 보편질서를 크게 의식하지 않는 것이라 할 수 있었다. 특히 서경 부근의 임원역林原驛은 대화세大華勢를 이루고 있으므로 여기에 궁궐을 짓고 천도하면 주변의 모든 나라와 족속들이 고려에 칭신할 것이라고 하였다.[4] 이는 중국에 대한 군사적, 외교적 독립을 추구하고 과거의 해동천하海東天下를 복구하려는 '화華로서의 자아'를 지향하는 것이었다.

인종은 이들 서경세력이 주장하는 바를 모두 수용하지 않았다. 우선 인종에 의해 받아들여진 것은 서경천도론이라고 할 수 있다. 대화궁 수축을 위한 공사는 이자겸이 제거된 직후인 1128년인종 6부터 시작되었다.[5] 인종은 공사가 진행되는 과정에서 그리고 공사가 마무리된 이후에도 지속적으로 서경에 행차하여 서경세력이 정치적 입지를 확고하게 다질 수 있게 하였다.

인종은 서경의 대화궁 창건을 유신惟新 즉, 정치개혁의 출발점으로 인식하였다. 그는 대화궁이 낙성된 시점에 옛것을 바꾸고 새것을 세워야하는 때이므로, 유신지정惟新之政을 실시하지 않을 수 없다고 하였다.[6] 즉 서경에

---

4 『高麗史』 권127, 列傳40, 妙淸.

5 『高麗史』 권15, 世家15, 仁宗 6년(1128) 9월 丙午.

6 『高麗史』 권16, 世家16, 仁宗 10년(1132) 11월 己卯, "今遇十一月初六日冬至 夜半値甲子爲三元之始 可以革舊鼎新 爰命有司 擧古賢遺訓 創西京大華闕 咨 爾三事大夫百官庶事 共圖惟新之政 以增永世之休."

대화궁을 창건하는 것은 축적되어 있는 과거의 폐단을 모두 혁파하고 정치를 새롭게 시작할 수 있는 유신의 출발점으로 인식하였다. 이는 유학의 논리를 통해 서경의 대화궁 창건의 의미를 해석한 것으로서, 아마도 정지상, 김안 등 서경세력 내의 유학자들의 입장도 반영되어 있는 것이 아닌가 생각된다.

묘청이 또 왕을 설득하여 임원궁林原宮에 성을 쌓고 팔성당八聖堂을 세웠으니, 팔성 중 첫째는 호국 백두악태백선인 실덕문수사리보살護國 白頭嶽太白仙人 實德文殊師利菩薩이고, 둘째는 용위악육통존자 실덕석가불龍圍嶽六通尊者 實德釋迦佛이며, 셋째는 월성악천선 실덕대변천신月城嶽天仙 實德大辨天神이고, 넷째는 구려 평양선인 실덕연등불駒麗 平壤仙人 實德燃燈佛이며, 다섯째는 구려 목멱선인 실덕비파시불駒麗 木覓仙人 實德毗婆尸佛이고, 여섯째는 송악진주거사 실덕금강색보살松嶽震主居士 實德金剛索菩薩이며, 일곱째는 증성악신인 실덕늑차천왕甑城嶽神人 實德勒叉天王이고, 여덟째는 두악천녀 실덕부동우파이頭嶽天女 實德不動優婆夷로서, 모두 화상을 그렸다. 김안金安, 이중부李仲孚, 정지상鄭知常 등이 말하기를, "이는 성인의 법이며, 나라에 이익이 되고 국운을 연장시키는 술법입니다"라고 하였다. 김안 등이 또 아뢰기를, "달리지 않아도 빠르고 가지 않아도 이르니 이는 득일의 신령이라고 하는 것이며, 곧 실實하면서도 허虛한 것은 대저 본래 부처님이라고 일컫는 것입니다. 오직 천 명만이 가히 만물을 지을 수 있고 오직 토덕만이 사방에 왕노릇을 할 수 있는 것입니다. 외람되이 평양의 한 가운데에 이러한 대화지세大華之勢를 점쳐서 궁궐을 지었으니 때마침 음양을 좇아 그 사이에 팔선八仙을 모십니다. 백두를 받들어 처음으로 삼으니 밝을 빛이 여기에 있는 것 같고 신묘한 현상이 눈앞에 나타난 것 같습니다. 아! 지극히 참된 것은 비록 형상으로 만들 수는 없으나 고요하고, 오직 실덕實德은 곧 여래와 같으니 그림을 그리되 장엄하게 할 것이며, 현관玄關을 두드려 흠향歆饗하실 것을 기도드리나이다"라고 하였다.[7]

이들 서경세력의 사상적 경향은 오로지 유학에만 집중한 것이 아니라 불교와 도교, 민간신앙 등 여러 사상과 종교에 걸쳐 있었다. 위의 인용문은 묘청이 인종을 설득하여 팔성당을 세웠으며, 여기에 김안, 이중부, 정지상 등이 인종 곁에서 찬양하였다는 내용으로 이루어져 있다.

우선 주목되는 것은 팔성의 명칭이다. 여기에는 보살, 석가불, 연등불 등 불교에서 가져온 것들과 선인과 같이 도교적인 색채를 가지고 있는 명칭도 보인다. 또한 송악, 목멱 등 기우제, 국왕이나 왕비, 왕자에게 병환이 있을 때 사신을 파견하여 기도를 올리는 영험처의 이름도 보인다. 따라서, 묘청의 사상적 배경은 기본적으로 불교라 할 수 있지만, 도교와 민간신앙에도 걸쳐있다고 할 수 있을 것이다.

여기에 김안, 이중부, 정지상 등 서경 세력내의 유학자들은 묘청이 요청한 팔성당 건립을 성인의 법이며, 국운을 연장시키는 술법術法이라고 극찬하였다. 또한 임원역 부근의 대화지세를 이용하여 국운을 연장시키기 위해 대화궁을 지었으며, 이를 더욱 강화하기 위해 팔성당까지 지어 음양의 조화를

---

7 『高麗史』 권127, 列傳40, 叛逆1, 妙淸, "妙淸又說王 築林原宮城 置八聖堂于宮中 八聖 一曰護國白頭嶽太白仙人 實德文殊師利菩薩 二曰龍圍嶽六通尊者 實德釋迦佛 三曰月城嶽天仙實德大辨天神 四曰駒麗平壤仙人 實德燃燈佛 五曰駒麗木覓仙人 實德毗婆尸佛 六曰松嶽震主居士 實德金剛索菩薩 七曰甑城嶽神人 實德勒叉天王 八曰頭嶽天女 實德不動優婆夷 皆繪像 安仲孚知常等以爲 此聖人之法 利國延基之術 安等又奏 請祭八聖 知常撰其文曰 不疾而速不行而至 是名得一之靈 卽無而有 卽實而虛 盖謂本來之佛 惟天命 可以制萬物 惟土德 可以王四方 肆於平壤之中 卜此大華之勢 創開宮闕 祗若陰陽 妥八仙於其閒 奉白頭而爲始 想耿光之如在 欲妙用之現前 恍矣 至眞雖不可象靜 惟實德卽是如來 命繪事以莊嚴 叩玄關而祈饗."

이루었다고 하였다. 이때 팔성당은 마치 개경에 건립한 비보사원과 같은 구실을 하고 있는 것이 아닌가 생각된다. 그리고 그 사상적 배경에는 풍수도참과 도교, 민간신앙 등 매우 복잡하고 다양한 사상이 결합되어 있다. 따라서, 묘청과 김안, 정지상 등 서경세력의 전반적인 사상적 경향은 유학과 불교, 도교, 풍수도참, 민간신앙 등 고려에 존재하는 거의 모든 사상을 망라하고 있는데, 어떤 면에서는 각각의 사상들이 독립성을 유지하지 못하고 하나로 결합되어 있는 모습을 보이고 있는 것으로 볼 수 있다.

이들의 목표는 '서경천도→칭제건원→금국정벌'로 이어지는 하나의 과정을 완성하는 데 있는 것으로 보인다. 즉 서경으로 천도하면 주변의 모든 나라와 족속들이 조공을 해올 것으로 생각했다는 점에서 이들의 목적은 궁극적으로 이전시기의 해동천하를 복구하는 데 있다는 것을 알 수 있다. 이를 위해서 가장 시급한 과제는 서경천도를 조기에 마무리하는 데 있었다. 그리고 주변에서 조공을 해오는 시기에 맞춰 칭제건원하면 자연스럽게 금국정벌이 가능하게 될 것으로 기대했다.

그러나 인종은 서경세력의 요구를 모두 수용하지는 않았다. 이들의 3가지 요구 중에서 서경천도를 제외하면 인종이 뚜렷한 반응을 보인 사례는 찾아볼 수 없다. 오히려 묘청 일파가 반란을 일으키는 시점에 가까워질수록 개경세력의 의견에 동조하는 것이 아닌가 의심할 수 있는 대목이 보이는 것이 사실이다. 서경세력이 반란을 일으키기 약 7개월 전인 1134년인종 12 5월 국자사업國子司業 임완林完은 동중서의 천인감응설을 부정하고 재이災異는 재초齋醮로 대응할 것이 아니라 태조의 유훈과 문종의 정치를 계승해야 극복할 수 있다고 하였다. 그리고 묘청을 송 휘종을 유혹하여 도술에 빠뜨린 임영소林靈素에 비유하며 속히 목을 벨 것을 주장하였다.[8] 4개월 정도가 지난

1134년 9월에 김부식은 서경 행차를 하려는 인종에게 서경 대화궁 건룡전에 벼락이 쳤으므로 불길한 곳에서 재이를 피하는 것은 합리적인 선택이 아니라고 하였다.[9] 이는 김부식 일파가 천인감응설을 부정할 정도로 인성론적 접근을 하고 있다는 것을 알려주는 것이지만, 다른 한편에서는 점차 개경세력의 목소리가 높아지고 있는 것에 위기감을 느끼고 있다는 것을 잘 보여준다. 이는 아마도 인종이 서경세력을 견제하는 개경세력에게 정치적으로 힘을 실어주었기 때문에 가능한 것이라 할 수 있다.

이러한 시기에 김부식은 위에서 잠시 언급한 것과 같이 인성론적 접근을 통해 점진적인 정치사회적 변화를 추구하는 경향을 나타내었다. 그의 역사인식을 살펴보기에 앞서 먼저 사상적인 경향을 짚어보기로 한다. 현재까지 남아있는 자료를 통해 확인할 수 있는 성리학 수용 이전의 유학은 사장학詞章學과 치술治術에 치중하는 경향이 강하였다고 평가할 수 있다. 사장학은 유학의 경전과 고전을 통해 얻은 지식을 시문詩文에 응용함으로써 아름다운 문장을 짓고 이를 통해 학문적 완성도를 평가한다. 실용적 관점에서 접근하면 사장학은 국왕의 조서를 작성하거나 외교문서를 작성하는 데에 활용할 수 있었는데, 유학의 실천적인 측면과는 거리가 있는 것이 사실이다. 그렇기 때문에 사장학은 조충전각지학彫蟲篆刻之學, 즉 벌레로 쪼아서 만든 도장으로 찍어내듯 천편일률적인 형식의 문장을 암송하고 이를 다시 과거시험에 활용하는 것이라는 비판을 받았다.[10]

사장학은 사상과는 무관한 것으로 치부되기 쉽다. 그렇지만 북송과의

---

8 『高麗史』 권98, 列傳11, 林完.

9 『高麗史節要』 권10, 仁宗 12년(1134) 9월.

10 『高麗史』 권110, 列傳23, 李齊賢; 『益齋集』 권10, 櫟翁稗說 前集1.

교류를 통해 도입되기 시작한 고문론은 일종의 사상적 지향성을 지닌 문학 운동으로서의 성격을 지닌다. 고문론은 당 중기 한유韓愈, 768~824의 고문창도론古文唱導論에서 시작된다. 그에 따르면 화려한 수식과 비유를 중요시하는 사륙변려체는 난해하기도 하지만 4글자와 6글자의 반복으로 이루어지기 때문에 도를 문장에 드러내기에는 부적합하다. 따라서 화려한 수식과 비유를 되도록 걷어내고 주제의식을 통해 의리와 도덕을 드러냄으로써 성현의 도를 문장을 통해 전달해야 한다는 것이다. 이는 궁극적으로는 왕도의 실현은 정치사회 개혁을 통해 이루어지는 것이지만, 한편에서는 문장을 통한 교화로 기여할 수 있다는 실천적 문학을 지향하는 것이라 할 수 있다.[11]

김부식은 사장학이 만연하였던 시기에 고문이 추구하는 문이재도文以載道를 주창하였던 인물이었다. 김부식의 시에는 서정성보다는 유학적 윤리의식을 중요시하며, 명분론을 지향하는 것들이 많이 보인다.[12] 그의 『삼국사기』 열전에서는 중국정사에서 중심 인물과 관계있는 여러 인물의 행적을 하나의 항목에 모두 서술하는 합전合傳이 아니라, 입전된 인물의 행적이 잘 드러나도록 하나의 항목에 하나의 인물만 서술하였다.[13] 일종의 형식파괴로 볼 수도 있는데, 이는 춘추필법이 추구하는 포폄을 보다 명확히 하려는 의도가 있었던 것이 아닌가 생각된다. 또한 인물 간의 대화도 구어가 아닌 문어체에 가깝게 서술하고 있다.[14] 이 점 역시 고문이 추구하는 문체

---

11 Peter K. Bol, 김영수 역, 『역사 속의 성리학』, 예문서원, 2010, 96~97쪽 참조.

12 박성규, 「高麗前期의 文學思想 硏究－金富軾의 문학사상을 중심으로」, 『漢文學報』 18, 2008.

13 강혜선, 「『三國史記』 列傳의 古文的 특성 연구」, 『돈암어문학』 15, 2002; 허원기, 「『三國史記』의 文學史的 性格과 意味」, 『東方學』 25, 2012.

14 강혜선, 위의 글.

라는 점에서 김부식은 문이재도를 직접 실천한 인물로 볼 수 있다.

> 쇠퇴한 주나라의 70제후들은 부엉이처럼 봉황을 비웃었으며, 궐리闕里의 3,000제자들은 참새처럼 공자를 따랐네
>
> 보잘 것 없는 선비로 푸른 전氈을 일찍이 물려받아 붓에 아로새겼다네
>
> 소년 때에는 장구章句의 조충전각彫蟲篆刻을 공부하는 미몽을 꿈꾸었으나, 장년에는 전모典謨를 즐기고 읊조렸네
>
> 남아 있는 유풍을 찬양하고 봉황에 붙은 영광을 차지하겠노라[15]

위의 인용문은 『동문선』에 수록된 「중니봉부仲尼鳳賦」의 마지막 구절이다. 여기서 김부식은 소년 때 익혔던 장구章句, 즉 사륙변려체를 조충전각이라고 폄하하고 장년이 된 현재에는 경전을 즐기고 읊조림으로써 공자의 도를 실천에 옮기겠다고 다짐하고 있다. 이는 문이재도가 단순히 고문에서 추구하는 형식에 따라 문장을 작성하는 데 그치는 것이 아니라 의식적으로 문이재도를 받아들이려고 노력해야 완성된다는 김부식의 입장을 표현한 것이다.

이와 같은 김부식의 입장은 『삼국사기』 서문에서도 확인할 수 있다. 그는 "고기古記는 문자가 너무 졸렬하고 사적이 빠진 것이 많으므로, 군왕의 선악과 신하의 충성스러움과 간사함, 나라의 안위와 백성의 치란을 모두 들추어내어 권계勸誡로 삼을 수 없다"[16]고 하였다. 여기서 말하는 '고기'는 아마

---

15 『東文選』 권1, 仲尼鳳賦, "衰周之七十諸候鴟梟竟笑 闕里之三千子弟鳥雀相隨 小儒靑氈 早傳鏤管 未夢少年攻章勾之彫篆 壯齒好典謨而吟諷 鑽仰遺風 敎敎深期於附鳳".

16 『東文選』 권44, 進三國史記表, "其古記文字蕪拙 事迹闕亡 是以君后之善惡 臣子之忠邪 邦業之安危 人民之理亂 皆不得發露 以垂勸戒".

도 『구삼국사』 정도로 볼 수 있다. 『구삼국사』가 어떤 문장으로 작성된 것인지 알 수는 없지만, 적어도 『삼국사기』는 인의仁義와 의리, 정명正名을 드러낼 수 있는 내용과 문장으로 구성하였다는 의미로 받아들일 수 있다.[17]

> 만리 강남으로 떠난 사람은 아직 돌아오지 않았는데, 그 와중에도 슬픈 마음은 족히 감당할만 하네
>
> 문 앞에는 가을 서리를 맞아 풀이 시들고, 석양이 지는 동안에 창밖의 차디찬 산이 보이네
>
> 가난한 아전은 사람을 뱀처럼 무서워하고, 빈집에 주인은 없고 여우와 이리가 있네[18]

김부식이 문이재도를 지향하였다고 해도 그의 인식은 어디까지나 문벌귀족의 속성을 벗어나기는 어려웠다. 위의 시문과 같이 아전이 자신을 무서워한다는 점, 역사驛舍에 주인은 없고 여우와 이리가 지키고 있다는 점에서, 하층민과 자신이 신분적으로 차이가 크다는 것을 은연중에 표현하고 있다. 여기서 말하는 여우와 이리가 어떤 존재인지 분명하지 않지만, 문맥

---

17 오늘날의 김부식의 문장에 대한 평가는 20세기 초 김택영의 『여한십가문초』에서 내린 평가에 근거한다(강혜선, 앞의 글, 2002). 이와는 달리 고려시대만 해도 김부식에 대한 평가는 엇갈리고 있었다. 최자는 김부식을 사륙변려체의 典範으로 인식하였으나(『補閑集』 권下, "古四六龜鑑 非韓柳則宋三賢 不及此者 以文烈公爲模範可矣"), 이제현은 그의 「惠陰院記」가 겉치레를 꾸민 것이 아니라 문장으로 일가를 이루었다고 평가하였다(『櫟翁稗說』 後집2, "金文烈惠陰院歸信覺華諸寺碑 崔文肅玉龍寺碑 不爲表襮 自成一家"). 이는 김부식에게 고문론과 같이 유학적 문제의식에 충실한 부분이 있는 반면, 그렇지 않은 부분이 있었기 때문이라 할 수 있다.

18 『東文選』 권12, 題良梓驛, "萬里江南人未歸 此中愁緖足堪悲 門前枯草秋霜後 窻外寒山夕照時 貧吏畏人如虺蜴 虛堂無主有狐狸".

상 역을 지키는 역리驛吏와 하층민이라 할 수 있다. 즉 인간인 자신과 전혀 다른 동물에 비유하여 역리와 하층민을 표현하였다면, 이러한 의식에서는 대민교화가 나타날 수 없다. 따라서, 이러한 점을 고려해볼 때 김부식의 대민의식은 경세론과는 거리가 먼 것으로 결론지을 수 있다.

> 『춘추』의 법에 "임금이 시해당하였는데도 도적을 토죄하지 않고 이를 깊이 책망하여 신하가 된 사람은 없다"고 하였다. 해구解仇는 문주왕文周王을 시해한 역적이다. 그의 아들 삼근三斤은 왕위를 이었으나 역적의 무리들을 죽일 수 없었다. 또한 (삼근은) 해구에게 국정을 맡겼는데, (해구가) 성 하나를 근거로 반란을 일으킨 후에야 다시 크게 군사를 일으켜 해구를 죽일 수 있었다. 이른바 서리를 밟고도 경계하지 않으면 굳은 얼음이 따라오게 되며, 반짝거리는 불을 끄지 않으면 활활 타오르는 불이 나기에 이른다고 하였으니, (이 말은) 그 말미암은 바에서 점점 다가온다는 것이다.[19]

김부식은 널리 알려진 바와 같이 명분론에 충실하였던 것으로 이해된다. 위의 인용문은 백제 삼근왕의 즉위와 관련한 사론으로서 여기서 그는 백제 문주왕을 시해한 후 아들 삼근왕을 옹립한 해구를 비판하였다. 해구는 문주왕을 죽이고 아들인 삼근을 즉위시킨 다음, 자신이 국정을 장악하였다. 그 뒤, 반란을 일으켰다가 결국 삼근에게 죽임을 당하였는데, 임금을 시해하고 반란을 일으킨 난신적자가 비참한 최후를 맞이하였다고 하

19 『三國史記』 권26, 百濟本紀4, 三斤王 2년(478), "春秋之法 君弑而賊不討 則深責之 以爲無臣子也 解仇賊害文周 其子三斤繼立 非徒不能誅之 又委之以國政 至於據一城以叛 然後再興大兵以克之 所謂履霜不戒 馴致堅氷 熒熒不滅 至于炎炎 其所由來漸矣".

였다. 그런데 여기서 한 가지 눈여겨볼 점은 비판의 중심은 해구에게 있으나 삼근왕 역시 비판에서 자유롭지 않다는 점이다. 즉, 아버지 해구가 이미 국왕을 시해한 전력이 있음에도 불구하고, 그에게 국정을 맡긴 결과가 재차 일으킨 반란으로 돌아오게 되었다는 것이다. 따라서 삼근왕은 존존尊尊의 의리를 위반한 아버지를 죽이지 않았으므로 다시 아버지의 반란을 경험하게 되었다는 논리로 이해할 수 있다. 여기서는 충忠에 해당하는 존존이 친친親親에 앞서는 것으로 보고 있다.

이에 따라 신하는 군주권에 예속되는 것으로 판단할 수 있다. 위와 같은 논리로 반란을 일으키는 행위는 신하로서 다른 마음을 품는 것일 뿐만 아니라 군신 간의 의리를 저버리는 행위라 할 수 있다.[20] 반면에 군주는 신하의 간언을 적극적으로 채택하기를 주저해서는 안 되었다.[21] 따라서, 신권이 군주권에 예속되어 있는 한 군신관계는 어디까지나 군주권을 중심에 두고 해석하는 왕패겸용적 해석을 벗어날 수 없다.

그 연장선에서 이해할 수 있는 것이 인종 즉위 초에 있었던 이자겸에 대한 대우문제로 불거진 논쟁에서 김부식이 취한 입장이다. 『고려사』 김부식 열전에 기록되어 있는 내용을 요약하면 다음과 같다. 이자겸은 인종의 장인이자 외조부로서 이제까지 존재하였던 외척 중에서 가장 특수한 지위를 가진 인물이라 할 수 있다. 이자겸에게는 태자의 여러 형제들의 야심에도 불구하고 태자를 옹립하여 즉위시킨 공로가 있었다.[22] 따라서, 인종의 입장에서 일반적인 국구國舅와 같은 대우를 할 수는 없었다.

---

20 『三國史記』 권26, 百濟本紀4, 武寧王 원년(501).
21 『三國史記』 권26, 百濟本紀4, 東城王 22년(500).
22 『高麗史節要』 권8, 睿宗 17년(1122) 4월 乙未.

이에 대해 김부식은 한漢 고조高祖의 부친인 태공太公은 존호尊號가 없을 때는 특별한 예우를 받지 않다가, 존호가 정해진 이후에 임금이 절을 하였다고 하였다. 또한 후한後漢 헌제獻帝의 장인인 불기후不其侯 복완伏完은 정현鄭玄의 의견에 따라 궁에서는 자신의 딸에게 황후의 예로 대하였다고 하였다.[23] 김부식의 견해는 기존의 군신관계를 넘어선 관계를 위해서는 존호를 제정하는 등 명분이 필요하며, 이와 같은 명분도 장소에 따라 다르게 적용될 수 있는 것으로 볼 수 있다. 즉 이자겸에게 친친의 예를 행하려면 새로운 칭호를 내려주어 일반적인 군신관계가 아니라는 것을 밝힐 필요가 있으며, 그렇다고 해도 공식석상에서는 군신의 예를 다해야 한다는 뜻이다.

> 옛날에 송宋 선공宣公이 아들인 여이與伊를 세우지 않고 동생인 무공繆公을 세웠다. (이는) 작은 것을 차마 하지 못하여 큰일을 혼란스럽게 만드는 것으로 여러 대에 걸친 혼란을 가져왔다. 그러므로 『춘추』에는 '대거정大居正'이라고 하였다. 지금 태조왕太祖王이 의義를 알지 못하고 대위大位를 가벼이하고 불인不仁한 동생에게 왕위를 물려주어 화禍가 충신 한 명과 두 사랑하는 아들에게 미쳤으니 얼마나 한탄스러운가?[24]

이와 같이 엄격한 명분관계로 규정되는 군신관계에서 신하의 운명은 군주에게 달려있기 마련이다. 위의 인용문은 고구려 태조왕이 아들에게 왕위를 물려주지 않고 동생인 수성遂成에게 왕위를 물려준 것에 대해 비판하고 있다. 태조왕은 아들이 있었으나 형제상속이라는 관행에 얽매여 동생

---

23 『高麗史』 권98, 列傳11, 金富軾.

24 『三國史記』 권15, 高句麗本紀3, 次大王 3년(148).

인 수성에게 왕위를 물려주었다. 이 때문에 충신인 고복장高福章과 장자 막근莫勤과 차자 막덕莫德이 죽었다. 위의 인용문에서 김부식이 지적하는 태조왕의 실책은 첫째, 형제상속의 관행에 얽매인 결과 불인不仁한 수성에게 왕위가 계승되었으며, 둘째 수성의 인성에 대한 판단착오 정도로 정리할 수 있다.

이는 유교의 종법 준수에 따른 장자상속의 문제는 아닌 것으로 생각된다. 특히 김부식은 대위大位, 즉 왕위를 가벼이 여긴 잘못을 지적하였다. 이는 태조의 훈요십조 제3조와 같이 장자가 불초하면 차자가 왕위를 계승하도록 하면 되는 문제였다. 또한 수성, 즉 차대왕은 즉위하기 전부터 공공연하게 직언하는 신하를 죽였으며,[25] 고복장은 이러한 수성의 성격적 결함을 지적하여 장차 반란을 일으킬 것이라 예견하였다. 그러나, 태조왕은 수성이 나라에 공이 있다는 이유로 고복장의 의견을 받아들이지 않았다.[26] 위의 사론에서 말하는 비극은 바로 군주의 잘못된 선택에 있으며, 군주가 덕을 갖추지 못한 데서 그 원인을 찾고 있다. 즉, 군주가 갖추어야 할 가장 큰 미덕은 인의라고 할 수 있으며, 신하는 이러한 군주에 대해 충으로 보답하고, 민은 부모의 자애와 자녀의 효로써 가족윤리를 준수해야 하는 것이었다.[27] 따라서 고복장과 두 왕자의 죽음은 모두 태조왕의 책임이며, 반대로 신하와 아들의 운명은 국왕과 가장에게 달려있는 것이라고 할 수 있다.

그 연장선에서 신하의 의견을 적극적으로 받아들이는 군주는 매우 긍정

---

25 『三國史記』 권15, 高句麗本紀3, 太祖王 94년(146) 7월.

26 『三國史記』 권15, 高句麗本紀3, 太祖王 94년(146) 10월.

27 金駿錫, 「金富軾의 儒學思想」, 『韓國中世儒教政治思想史論』(1), 지식산업사, 2005, 79~84쪽.

적으로 평가한다. 은殷 고종高宗의 부열傅說, 촉蜀 유비劉備의 제갈공명, 전진前秦 부견符堅의 왕맹王猛과 같은 명재상과 군주가 화합을 이루어 대업을 성취하였듯이 고구려의 고국천왕은 을파소를 천거받아 적극적으로 등용함으로써 정치를 순조롭게 이끌어갈 수 있었다고 하였다.[28] 특히 김부식은 당 태종을 매우 긍정적으로 보았다. 당 태종의 군사적 재능과 정치적 업적은 삼대三代에 비견할 정도였다고 하였다.[29] 그러나, 당 태종은 고구려 정벌에 반대하는 방현령房玄齡의 간언을 무시하였다가 나라를 위태롭게 만들었다고 하면서, 군주는 신하의 의견을 적극적으로 청취해야 한다는 것을 강조했다. 따라서 위의 사료와 당 태종, 고국천왕의 사례를 통해 김부식이 지향하는 군신관계는 군주가 신하의 의견을 적극적으로 청취하고 받아들인다는 점에서 군신간의 소통을 강조하는 것으로 볼 수 있다. 그러나, 고복장과 같이 신하의 운명은 군주에 의해 결정된다는 점에서 왕패겸용적 성격 또한 가지고 있는 것으로 볼 수 있다.

군주권은 신권과의 소통을 통해 정당성이 입증되지만, 그 이전에 원천적으로 천명에 의해 입증되는 것이라고 할 수 있다. 신라 말 견훤과 궁예는 힘으로 천하를 지배하였으나 결국 아들과 신하로부터 버림받았으며, 감히 태조 왕건과 겨룰 수 없었다고 하였다. 전형적인 승리자의 입장에서 결과를 해석한다는 제약이 있기는 하지만, 견훤과 궁예가 결국에는 천명을 받은 왕건에게 굴복할 수 없었다고 하였다.[30] 따라서 군주권이 신권에 우위에 서기 위한 전제조건은 바로 수명受命이라고 결론을 내릴 수 있다.

---

28 『三國史記』 권16, 高句麗本紀4, 故國川王 13년(191).

29 『三國史記』 권21, 高句麗本紀9, 寶藏王 4년(645).

30 『三國史記』 권50, 列傳10, 甄萱.

김부식은 가족 간의 의리 역시 중요하게 생각하였다. 그는 고대로부터 내려오는 전통이나 당시까지 남아 있던 고대사회의 잔재들을 매우 엄격하게 비판하였다. 가족윤리에서 가장 중요한 문제는 종법을 기준으로 생각하면, 왕의 장인을 왕으로 책봉한 갈문왕葛文王이나[31] 신라 왕실에서 이루어지던 근친혼,[32] 고구려 왕실의 형사취수[33] 등은 명분의 문제이기는 하지만 왕도의 실현의 최소 단위인 가족질서를 해치는 것이었다.

우선, 김부식은 가족 간의 의리를 매우 중요하게 생각하였다. 그는 고구려의 왕자 호동이 대무신왕의 첫째 부인의 참소를 당하여 죽을 위기에 처하자 아버지에게 무고함을 적극적으로 변호하지 않고 오히려 자살을 택한 것에 대해, 왕비의 참소를 믿고 낙랑과의 전쟁에 공이 있는 아들을 헛되이 의심한 대무신왕과 자살하여 효를 실천하지 않은 호동을 모두 비판하였다.[34] 이와 비슷한 사례는 대무신왕의 아버지인 유리왕 때도 있었다. 옛 도읍에 남아서 무예를 닦다가 아버지의 의심을 사서 자살 명령을 받고 그대로 자살해버린 왕자 해명에 대해서도 같은 논리로 비판하였다.[35] 즉, 김부식은 가족윤리가 오로지 가장의 명령과 처자식의 복종에 의해서만 이루어지는 것은 아니며, 상호간의 명분을 지키는 데서 출발하는 것으로 보았던 것이다.

---

31 『三國史記』 권2, 新羅本紀2, 沾解尼師今 원년(247).

32 『三國史記』 권3, 新羅本紀3, 奈勿麻立干 원년(356).

33 『三國史記』 권16, 高句麗本紀4, 山上王 원년(197).

34 『三國史記』 권14, 高句麗本紀2, 大武神王 15년(32), “今王信讒言 殺無辜之愛子 其不仁不足道矣 而好童不得無罪 何則子之見責於其父也 宜若舜之於瞽瞍 小杖則受 大杖則走 期不陷父於不義 好童不知出於此 而死非其所 可謂執於小謹 而昧於大義”.

35 『三國史記』 권13, 高句麗本紀1, 琉璃王 28년(9) 3월.

구양수歐陽修가 논하여 말하기를, "노魯 환공桓公은 은공隱公을 시해하고 스스로 왕위에 오른 자이고, 노 선공宣公은 자적子赤을 죽이고 스스로 왕위에 오른 자이며, 정鄭 여공厲公은 세자 홀忽을 쫓아내고 스스로 왕위에 오른 자이며, 위衛 공손표公孫剽는 임금인 간衎을 쫓아내고 스스로 왕위에 오른 자이다. 성인은 『춘추』에 (이들이) 모두 임금이 되었던 것을 없애지 않고 모두 사실로 전하여 후세에 믿도록 하였다. 곧 네 임금의 죄는 가릴 수 없게 되었으니, 즉 사람이 악한 행동을 하는 것을 멈추기를 바란 것이다"라고 하였다. 신라의 김언승金彦昇이 애장왕을 죽이고 즉위한 것과 김명金明이 희강왕을 죽이고 즉위한 것, 김우징金祐徵이 민애왕을 죽이고 즉위한 것을 지금 모두 사실로 기록하였으니, (이는) 또한 『춘추』의 뜻이다.[36]

김부식은 충과 효가 충돌할 경우 충을 우선시하였다. 위의 인용문은 김우징이 장보고와 함께 김명을 죽이고 왕이 된 사건에 대한 김부식의 사론이다. 여기서 주목할 것은 춘추전국시대 노 환공과 선공, 정 여공, 위의 공손표 등 임금이나 세자를 죽이고 스스로 왕이 된 이들을 난신적자로 묘사한 부분이다. 그는 신라의 김언승과 김명, 김우징 등 왕을 죽이고 즉위한 인물들과 대비시켜, 이들도 노 환공 등과 같은 난신적자라고 하였다. 김부식은 김우징이 난신적자라는 것을 합리화하기 위해 신무왕 즉위 원년에 민애왕의 즉위를 도왔다가 신무왕이 즉위한 후에 잡혀 죽었던 이홍이 활을 쏘아 등에 맞는 꿈을 꾸었던 것도 기록에 남겼다.[37]

---

36 『三國史記』 권10, 新羅本紀10, 神武王, "歐陽子之論曰 魯桓公弑隱公而自立者 宣公弑子赤而自立者 鄭厲公逐世子忽而自立者 衛公孫剽逐其君衎而自立者 聖人於春秋 皆不絶其爲君 各傳其實 而使後世信之 則四君之罪 不可得而掩耳 則人之爲惡 庶乎其息矣 羅之彦昇弑哀莊而即位 金明弑僖康而即位 祐徵弑閔哀而即位 今皆書其實 亦春秋之志也".

그러나, 여기서는 달리 생각해볼 측면도 있다. 김우징이 살해한 김명은 김제륭희강왕과 왕위계승 경쟁을 벌이던 김우징의 아버지 김균정을 죽인 인물이다.[38] 그렇기 때문에 김우징이 김명을 죽인 것은 김우징의 입장에서는 효를 실천에 옮긴 것으로 볼 수도 있다. 그러나 김부식이 희강왕의 즉위 과정에서 이와 같은 사실을 기록하고도 위와 같은 사론을 쓴 것은 그가 친친보다 존존의 예를 훨씬 중요하게 생각했기 때문인 것으로 볼 수 있다.

2. 유보적 신이사관과 이중적 자아인식

12세기의 역사인식은 현재 남아있는 자료를 기준으로 보면 12세기 전반기는 김부식, 12세기 후반기는 김관의로 대표된다. 이들 두 인물은 유학이라는 공통의 학문적 기반을 가지고 있음에도 신이사관神異史觀이라는 측면에서는 상반된 인식을 가지고 있었던 것으로 보인다. 이때 김관의는 그가 지었다고 전하는 『편년통록編年通錄』의 내용을 기준으로 할 때 신이사관과 매우 가까운 인물로, 김부식은 김관의와 정반대의 인물로서 사대와 명분관계를 중요시한 인물로 인식할 수 있다. 이 중 김부식의 역사인식에 대해서는 명분론에 철저하며 신아사관을 인정하지 않는다는 기존의 통념에서 벗어나 새롭게 바라볼 수 있는 부분도 분명하게 존재한다. 즉, 일반적인 고려시대의 유학자들과 같이 다원적 사상지형의 관점에서 생각해볼 수 있는 측면도 있는 것이다.

---

37 『三國史記』 권10, 新羅本紀10, 神武王 원년(839) 7월.

38 『三國史記』 권10, 新羅本紀10, 僖康王 원년(836) 12월.

김부식은 스스로 거사居士라고 칭하였다.[39] 이는 그 자신이 불교신앙을 가지고 있다는 의미로 받아들일 수 있다. 그는 원효의 화쟁사상 유가瑜伽의 명名과 상相이 원융圓融한 것으로 보았으며,[40] 의천義天에 대해서는 화엄의 깊은 진리를 혼자서 깨달았다고 평가하였다. 특히 의천이 고려에 천태종을 다시 열었던 것에 대해서는 한 사람도 믿지 않았으나, 정성스럽게 타일러서 반대하는 이들의 마음을 돌리고 결국에는 갈고 닦아 큰 광명을 발하였으니, 뛰어난 현인이요 훌륭한 철인이라고 하였다.[41]

김부식은 불교의 사회적 효용성에 대해 인정하는 입장이었다. 그는 「혜음사신창기」에서 『맹자』를 인용하여 요堯 임금 때 홍수가 일어나자 우禹에게 다스리게 하여 사람이 평지에 거주하게 되었으며, 익益에게 산림과 천택川澤을 불태워 새와 짐승을 쫓아버렸다고 하였다. 이 밖에도 유학의 경전과 사서에 나오는 여러 사례를 들고 나서 당대에 대병代病이라는 승려가 시식도량施食道場을 8번이나 설치하였다고 하였으며, 당 정원貞元 말년에 홍수가 발생하자 승려가 물에 떠내려가는 사람을 불쌍히 여겨 구해주었다고 하였다.[42] 이와 같은 일들은 모두 유자들이 기록에 남긴 것들이며, 군자가 사람들이 잘한 일을 칭찬하기를 즐긴 것이라고 하였다.[43] 즉 선행을 기록

---

39 『東文選』 권49, 興天寺鍾銘.

40 『東文選』 권50, 和諍國師影讚.

41 「靈通寺大覺國師碑」, 『韓國金石全文』中世上, 아세아문화사, 1986.

42 『東文選』 권64, 惠陰寺新倉記, "或曰 孟子言堯之時 洪水橫流 使禹治之 鳥獸之害人者消 然後人得平土而居之 使益烈山澤而焚之 鳥獸逃匿 周公相武王 驅虎豹犀象而遠之 天下大悅 其或春秋時鄭國多盜 取人於萑符之澤 子大叔除之 漢時渤海民飢 弄兵於潢池之中 龔遂安之 其他以盜賊課寄名於史傳者 無代無之 則逐虎豹除盜賊 亦公卿大夫之任也 而少千下官也 應濟敏淸開士也 非所謂官治其職 人憂其事 乃無所陵者也 其可記之 以話於後乎 又釋氏之施貴於無住相 莊周亦云施於人而不忘 非天布也 則區區小惠 亦宜若不足書 答曰 不然 唐貞元季年夏大水 人物蔽流而東 若木柹然 有僧愀焉 援溺救沉 致之生地者數十百 劉夢得志之 (…중략…) 至若唐僧代病 作施食道場 前後八會 通慧師載之僧傳 至於儒書亦有之".

하는 것은 유학이나 불교 등과 같은 사상의 영역을 가리지 않는다는 의미이다. 따라서, 유학에서 불교의 사회적 효용성을 널리 인정하고 있는 이유는 바로 선행 때문이라는 것으로 해석할 수 있다.

또한 김부식은 한재旱災를 유학의 천인감응설의 논리로 파악하였으나, 때로는 유학 이외의 방법으로 해결할 수 있다는 것을 인정하였다. 그는 「금광명경도량소金光明經道場疏」에서 비가 오지 않는 것은 인사人事가 순조롭지 않기 때문이라고 하였다.[44] 여기서 인사는 국왕의 통치를 의미하는 것으로서 김부식은 유교정치이념에 입각하여 한재의 원인을 파악하고 있다. 특히 인사가 잘못되어 한재가 발생하는 것을 『춘추』에서 말하는 근본을 본받아서 만물을 양육하지 못하고 홍범洪範의 오사五事를 잘 다스리지 못한 군주의 책임이라고 하였다.[45] 이는 『춘추』에서 재이를 일일이 기록하지 않은 것은 매사에 삼가게 하려는 것으로서 군자는 재변을 통하여 하늘의 경고를 파악하고 대비해야한다는 천인감응설의 기본적인 원칙과 어느 정도 일치하는 말이라 할 수 있다. 즉, 군주가 만물을 잘 양육하지 못할 때는 재이를 통해 징벌을 내리며, 한재 역시 같은 목적을 가진 징벌이라는 것이다. 이는 하늘을 인격을 가진 존재로 보았기 때문이다.

(A) 김대문金大問이 말하기를, "이사금尼師今은 방언으로 잇금齒理을 이른다.

---

43 『東文選』 권64, 惠陰寺新倉記, "乃命僧仲文子珪辨其事 蘇子瞻記之 君子樂道人之善如此 豈可以廢乎".

44 『東文選』 권110, 金光明經道場疏, "言念眇躬 叨臨寶位 智不足以周萬物 明不能以燭四方 切理安之念而未知其方 躬聽斷之勤而無益於事 紀綱不振 風俗日衰 士無守官 因循怠惰而至于貪墨 民不安業 窮困流移而皆有怨咨 感傷一氣之和 逆亂四時之候 在秋冬而常燠 當春夏而反寒 天文錯行 山石崩落 魯史所書之災異 洪範所謂之咎徵 一見猶疑 荐臻可懼 況今自早春而小雨 涉五月以恒陽 雲欲合而還開 澤雖霑而未足".

45 『東文選』 권110, 消災道場疏, "不能體春秋之一元以養萬物 不能用洪範之五事以調庶徵".

남해차차웅南解次次雄이 장차 죽게 되자 아들 유리儒理와 사위 탈해脫解에게 말하기를, '내가 죽은 다음, 너희 박씨와 석씨 두 성 중에서 연장자가 왕위를 잇도록 하라'라고 하였다. 그 후에 김씨가 흥기하면서 3개의 성 중에서 나이가 많은 사람이 왕위를 이었으니, 이를 일러 이사금이라고 한다"라고 하였다.[46]

(B) 논하여 말한다. 신라왕은 거서간居西干을 칭한 것이 하나, 차차웅이 하나, 이사금이 열여섯, 마립간麻立干이 넷이었다. 신라 말의 명유 최치원이 『제왕연대력帝王年代曆』을 지었는데, 모두 모왕某王이라고 칭하였으며, 거서간 등이라고 말하지 않았으니, 어찌하여 그 비루함을 말하여 칭하기에 부족하다고 하였는가? 『좌전左傳』·『한서漢書』와 같은 중국의 사서에는 오히려 초나라 말인 "곡어토穀於菟"와 흉노말인 "탱리고도撐犁孤塗" 등을 말로 옮겼으니, 지금 신라의 일을 기록하는데 방언을 보전하는 것이 또한 마땅하다.[47]

김부식은 최치원과 달리 신라 고유의 왕호를 보전해야 한다고 하였다. 위의 인용문 (A)는 김대문이 말한 이사금의 어원과 유래이다. 이와 비교하기 위해 최치원의 『제왕연대력』을 비판한 사론을 인용문 (B)에 제시하였다. 그는 김대문이 밝힌 이사금의 어원을 그대로 인용하였다. 그렇지만, 김부식은 최치원의 『제왕연대력』에서 신라 고유의 왕호 대신 중국식 왕

---

46 『三國史記』 권1, 新羅本紀1, 儒理尼師今 즉위년(24), "金大問則云, 尼師今方言也 謂齒理 昔南解將死 謂男儒理壻脫解曰 吾死後 汝朴昔二姓 以年長而嗣位焉 其後金姓亦興 三姓以齒長相嗣 故稱尼師今".

47 『三國史記』 권4, 新羅本紀4, 智證麻立干 즉위년(501), "論曰 新羅王稱居西干者一 次次雄者一 尼師今者十六 麻立干者四 羅末名儒崔致遠作帝王年代曆 皆稱某王 不言居西干等 豈以其言鄙野 不足稱也 曰左漢中國史書也 猶存楚語穀於菟 匈奴語撐犁孤塗等 今記新羅事 其存方言亦宜矣".

호를 사용한 것은 신라의 왕호가 비루하였기 때문이라고 하였다. 그렇지만, 위의 인용문 (A)와 (B)는 넓은 의미에서 서로 같은 내용을 전하고 있는 것으로 보인다. 즉, 순서를 바꾸면 『춘추좌씨전』과 『한서』 등에서 초나라의 말을 그대로 옮긴 것처럼, 김대문이 신라 고유의 왕호를 그대로 기록하여 옮긴 것은 나름의 정당성이 있다는 논리가 된다.

김부식이 이와 같이 이야기한 근거는 중국의 사서 『춘추좌씨전』과 『한서』 등이라 할 수 있다. 그가 생각하는 신라 고유의 전통 보전은 중국 기준이 되어야 한다는 논리라고 할 수 있다. 신라 고유의 전통을 보전하되, 중국의 사서가 방언은 보전하였듯이 신라 고유의 전통도 일종의 방언에 해당하므로, 어느 정도는 보전할 가치가 있다는 논리로 이해할 수 있는 것이다. 그런 점에서 김부식의 보편과 문화적 개별성의 보전에 대한 판단 기준은 중국 중심의 명분론에 있다고 할 수 있으며, 최치원과 같이 무조건 보편문화로 개혁하자는 입장은 아니었다고 할 수 있다.

> (C) 용이 알영정閼英井에 나타나 오른쪽 옆구리로 여자아이를 낳았다. 노파가 이를 보고 신기하게 여겨 거두어 길렀는데 우물 이름으로 이름을 지었다. 장성하니 덕과 용모가 아름다워 시조가 이를 듣고 맞아들여 비妃로 삼았다. 행실에 현명함이 있었으며 안으로는 능히 잘 보필하니 당시 사람들이 두 성인聖人이라고 일컬었다.[48]

48 『三國史記』 권1, 新羅本紀1, 始祖赫居世居西干 5년(BC.53) 정월, "龍見於閼英井 右脇誕生女兒 老嫗見而異之 收養之 以井名名之 及長有德容 始祖聞之 納以爲妃 有賢行 能內輔 時人謂之二聖".

(D) 논하여 말한다. 신라의 박씨와 석씨는 모두 알에서 나왔으며, 김씨는 금궤金櫃에 들어가 하늘에서 내려왔다고 하며, 혹 금수레를 타고 내려왔다고도 한다. 이는 매우 황당무계한 이야기로 가히 믿을 수 없으나 속세에 전해지고 있으며 이를 사실로 믿고 있다. 정화政和 연간에 우리 조정의 상서尙書 이자량李資諒을 송宋에 보내어 조공하게 하였는데, 신臣 김부식이 문한文翰의 직임으로 보좌하였다. 우신관佑神館에 이르니 한 집에 여자 신선상이 모셔져 있었다. 관반학사館伴學士 왕보王黼가 말하기를, "이는 귀국의 신神인데 공 등은 이를 아는가?"라고 하였다. 드디어 내가 말하기를, "옛날에 어느 제실帝室에 여자가 있었는데, 지아비 없이 아이를 잉태하여 사람들이 의심하는 바가 있어서 바다를 건너 진한辰韓에 이르러 아들을 낳았으니, 해동海東의 시조가 되었다. 제실의 여자는 땅의 신선이 되어 오래도록 선도산仙桃山에 살았는데 이것이 그 상이다."라고 하였다. 신이 또한 대송의 국신사國信使 왕양王襄이 동신성모東神聖母를 제사지내는 글을 보았는데, "현인을 잉태하여 나라를 세웠다"라는 구절이 있었다. 이에 동신이 곧 선도산의 신성神聖이라는 것을 알았으나 그 아들이 어느 때에 왕이 되었는지는 알지 못한다.[49]

유학은 대체로 보편지향성을 지닌다고 할 수 있다. 곧 동아시아의 국가 내의 질서와 국가-민족 간의 질서는 유학을 통해 규정된다. 위의 인용문은 국가나 민족 간의 질서와 전혀 상관없지만, 김알지 설화에 대한 김부식

49 『三國史記』 권12, 新羅本紀12, 敬順王 9년(935) 11월, "論曰 新羅朴氏昔氏皆自卵生 金氏從天入金櫝而降 或云乘金車 此尤詭怪 不可信 然世俗相傳 爲之實事 政和中 我朝遣尙書李資諒入宋朝貢 臣富軾以文翰之任輔行 詣佑神舘 見一堂設女仙像 舘伴學士王黼曰 此貴國之神 公等知之乎 遂言曰 古有帝室之女 不夫而孕 爲人所疑 乃泛海 抵辰韓生子 爲海東始主 帝女爲地仙 長在仙桃山 此其像也 臣又見大宋國信使王襄祭東神聖母文 有娠賢肇邦之句 乃知東神則仙桃山神聖者也 然而不知其子王於何時".

의 입장이 서술되어 있다. 따라서 이를 통해 12세기를 대표하는 유학자 김부식의 신이를 대하는 사고의 한 단면과 함께 중국 중심의 보편과 고려의 문화적 개별성, 즉 유학적 세계관과 신이에 대한 인식을 확인할 수 있지 않을까 생각한다.

우선 (C)에서 김부식은 알영과 혁거세를 '두 성인'으로 지칭한 기록을 그대로 옮기고 있다. 같은 구절에 대해 비판한 고려 말 권근의 인식과 비교해보자. 권근은 「동국사략론東國史略論」에서 '두 성인'이라는 칭호는 신라 초의 순박한 풍속과 분위기에서 칭한 것이 아니라 신라가 삼국을 통일할 즈음에 당에 사대를 하면서 '두 부부'로 지칭했던 것이 '두 성인'으로 잘못 옮겨진 것이라고 하였다.[50] 즉 김부식이 기록한 것은 삼국통일 이후에 와전된 것이라는 논리다. 이에 비해 김부식이 사론을 제기하거나 비판을 하지 않은 것은 (D)에서 김알지 설화를 비판한 것을 참고하면 혁거세와 알영의 신이한 사적을 믿을 수는 없지만, 일단은 수용한다는 의미로 해석할 수 있다.

인용문 (D)에서는 김알지의 설화는 너무도 황당무계하여 믿을 수 없으나 민간에서 사실로 받아들여지고 있다고 하였다. 전체적인 뉘앙스에서 유학적 사고와 민의 인식 사이의 괴리가 발생하고 있는 것에 불만을 드러내고 있는 것으로 보인다. 그 이후에 나오는 동신성모東神聖母에 관한 이야기는 중국과 고려에 전해오는 김알지의 출신배경과 관련된 이야기이다. 여기서 김부식은 동신성모가 선도산의 신령이라는 것을 알고 있으나 그녀의 아들이 어느 때에 왕이 되었는지는 알지 못한다고 이야기하였다. 이

50 『陽村集』 권34, 東國史略論, 신라 시조 5년.

는 김부식이 동신성모 이야기를 신뢰하지 않는다는 의미도 되지만, 보기에 따라서는 동신성모를 사실로 받아들인다는 의미로도 읽을 수 있다. 즉 황당무계하여 믿을 수는 없으나 민간에서 전해지고 있고, 더구나 중국에도 그와 같은 이야기가 전해지고 있으므로 믿을 수밖에 없다는 뉘앙스로 볼 수 있다는 것이다. 신이한 사적에 대한 유보적 입장을 나타내고 있는 것이 아닌가 의심해볼 수 있다.

이와 관련하여 참고할 수 있는 것이 김부식의 1~2세대 뒤의 인물인 이규보의 신이에 대한 입장이다. 이규보는 「동명왕편」에서 동명왕의 사적을 처음에는 믿지 않았으나 반복하여 읽어보니 '환幻이 아니고 성聖이며, 귀鬼가 아니고 신神'이라고 하였다.[51] 이는 동명왕의 신이한 사적을 신뢰한다는 뜻으로 읽힌다. 김부식은 이규보와 같은 입장은 아니라고 해도 두 인물 모두가 유학자라는 점에 착안한다면, 이규보는 원래 김부식과 같이 신이한 사적을 믿을 수 없는 것으로 치부하는 입장에 있었다고 할 수 있다. 그러나, 동명왕의 사적을 읽은 것을 계기로 신이를 신뢰하는 입장으로 회심回心한 것으로 보인다.

김부식은 민간에서 전해지는 삼국의 시조에 관한 여러 이야기에 대한 불신을 드러내기도 하였다. 그는 신라의 고사에는 "하늘이 금궤를 내려보냈기 때문에 성을 김씨로 삼았다"라고 되어있으니, 믿을 수 없지만 전해내려오는 말이므로 없앨 수 없다고 하였다. 이어서 신라 사람들은 소호금천씨少昊金天氏를 시조로 하기 때문에 김씨를 성으로 삼았으며, 고구려는 고신씨高辛氏의 후손이기 때문에 고씨를 성으로 삼았다고 하였다. 특히 진말秦末 한초漢

---

51 『東國李相國集』 권3, 東明王篇.

初의 혼란기에 중국에서 많은 유이민들이 들어왔다는 점도 함께 기술하였다.[52] 따라서, 고구려와 신라 사람들이 옛 성인의 후예라 하였던 것은 중국에서 이주한 유이민과 관련이 있다는 것으로 읽을 수 있다. 이는 신라, 고구려, 백제인의 시조가 중국의 성인이라는 말은 절대로 믿을 수 없지만, 민간에서 강하게 믿어 의심치 않기 때문에 어쩔 수 없다는 논리이다. 이는 여러 논리적 증거를 제시하면서도 섣불리 판단하지 않으려는 자세로서, 민감한 문제에서 매우 신중한 입장에 있었다는 것을 확인할 수 있지 않을까 생각한다.

김부식의 신이사관에 대한 입장은 유학의 천인감응과 무관하지 않다. 앞서 머리말에서 언급한 바와 같이 천인감응은 음양오행을 받아들여 재이를 지난 정치적 과오에 대한 징벌이나 앞으로 발생할 사건에 대한 징조로 이해하는 것이라고 할 수 있다. 우리 고대사회에서 동중서의 이론은 정치적 목적으로 받아들인 것으로 볼 수 있으며, 이는 다시 유학의 정치론이 고대사회에 적용되어왔다는 반증으로 이해할 수 있다. 이는 재이를 하늘의 견책이라 규정함으로써 국왕의 통치를 비판하고 견제하기 위한 목적 아래 수용하였다는 것으로 이해할 수 있다.[53]

『삼국사기』에 수록된 재이 관련 기사는 크게 보면 대체로 부정적인 결과를 초래하는 것들이 가장 많은 비중을 차지하지만, 상서로 여겨질 만한 것들도 많다.

---

52 『三國史記』 권28, 百濟本紀6, 義慈王, "論曰 新羅古事云 天降金櫝 故姓金氏 其言可恠而不可信 臣修史以其傳之舊 不得刪落其辭 然而又聞 新羅人自以小昊金天氏之後 故姓金氏 高句麗亦以高辛氏之後 姓高氏 古史曰 百濟與高句麗 同出扶餘 又云 秦漢亂離之時 中國人多竄海東 則三國祖先 豈其古聖人之苗裔耶 何其享國之長也".

53 李熙德, 『韓國古代 自然觀과 王道政治』, 한국연구원, 1994.

> 처음에 김서현金舒玄이 입종갈문왕立宗葛文王의 아들 숙흘종肅訖宗의 딸 만명萬明을 길에서 보았는데, 마음속으로 기뻐서 펄쩍 뛰었으므로 중매를 기다리지 않고 정을 통하고 말았다. 김서현이 만노군萬弩郡의 태수太守가 되자 장차 데리고 가려고 하였다. 숙흘종이 비로소 딸이 김서현과 야합野合하였다는 것을 알고 병이 들었다. (이에 만명을) 별제別第에 가두고 사람을 시켜 지켰는데, 홀연히 집의 문에 벼락이 치니 지키는 자가 놀라 우왕좌왕하였다. (이때) 만명이 뚫린 구멍을 따라 나와서 드디어 김서현을 따라 함께 만노군에 갔다. 김서현이 병진날 밤 형혹熒惑과 진성鎭星 두 별이 자기에게 내려오는 꿈을 꾸었다. 만명도 또한 신축날 밤에 어린아이가 금 갑옷을 입고 구름을 타고 집안으로 들어오는 것을 꿈에서 보았다. 이윽고 임신을 하게 되어 20개월 뒤에 김유신金庾信을 낳았다.[54]

위의 인용문은 김유신의 출생에 얽힌 이야기로서 김서현과 만명부인이 천명의 도움을 받아 김유신이 태어나게 되었다는 내용이다. 그에 따르게 되면 김유신에 의한 삼국통일은 천명에 의한 것이라는 논리가 된다. 이때 만명이 갇혀 있었던 별제의 문에 벼락이 친 것은 영웅의 탄생을 예고하는 일종의 징조로 해석할 수 있다.

반대로 초자연적인 힘은 미래의 불길한 사건을 예고할 수도 있다. 예를 들면 755년경덕왕 14에 망덕사의 탑이 흔들렸다는 기사를 보면, 김부식은 이 사건에 관하여 분주分註에 다음과 같이 말하였다. "당唐 영호징令狐澄의

---

54 『三國史記』 권41, 列傳1, 金庾信 上, "初舒玄路見葛文王立宗之子肅訖宗之女萬明 心悅而目挑之 不待媒妁而合 舒玄爲萬弩郡大守 將與俱行 肅訖宗始知女子與玄野合 疾之 囚於別第使人守之 忽雷震屋門 守者驚亂 萬明從竇而出 遂與舒玄赴萬弩郡 舒玄 庚辰之夜 夢熒或鎭二星降於己 萬明亦以辛丑之夜 夢見童子衣金甲 乘雲入堂中 尋而有娠 二十月而生庾信".

『신라국기新羅國記』에는 ‘그 나라에서 당을 위하여 이 절을 세웠기 때문에 이와 같이 이름을 지었다’고 되어 있다. 두 탑이 마주보고 있는데, 높이가 13층이었다. 탑이 갑자기 흔들리더니 붙었다 떨어졌다 하였으며, 수일 동안 기울어졌다. 그 해에 안록산의 난이 일어났는데, 그 감응이 아닐까?”[55] 『삼국유사三國遺事』에는 망덕사는 효소왕이 즉위하여 당 황실의 덕을 받들기 위하여 세웠다고 하면서, 경덕왕 14년에 안사의 난이 일어났는데, 신라 사람들이 “당 황실을 위하여 절을 세웠으니 그에 응한 것이다”라고 한 것으로 기록되어 있다.[56] 김부식의 위와 같은 분주의 내용은 아마도 신라 때 있었던 소문을 근거로 한 것이 아닐까 생각된다. 어쨌든 김부식은 모사모응某事某應의 전통적인 천인감응설에 근거하고 있는 것으로 볼 수 있다.

이와 같은 서술 내용과 방식은 천인감응설에 상당히 경도되어 있으므로 전통적인 유학의 입장에서 서술한 것으로 볼 수 있으나, 김서현과 만명부인의 이야기와 같이 신이한 사적도 어느 정도는 인정하고 있었던 것으로 보인다. 이는 김부식이 철저한 유학적 사고에 따라 『삼국사기』를 지었다고 하는 기존의 이해와 달리 신이를 어느 정도는 인정하고 있다는 것으로 받아들일 수 있지 않을까 생각한다.

또한 이는 앞서 확인한 바와 같이 신이한 사적에 대해 유보적인 입장을 취하고 있는 것으로 볼 수 있다. 김부식은 위에서 서술한 김유신의 탄생에 얽힌 설화를 비롯하여 그에 관한 내용을 김유신의 후손인 김장청金長淸의 『김유신행록金庾信行錄』에서 가져왔다고 하였다. 그러면서도 내용에서 꾸민 것이

55 『三國史記』 권9, 新羅本紀9, 景德王 14년(755), “唐令狐澄新羅国記曰 其国爲唐立此寺 故以爲名 兩塔相對 高十三層 忽震動開合 如欲傾倒者數日 其年禄山亂 疑其應也”.

56 『三國遺事』 권5, 感通 眞身受供, “長壽元年壬辰孝昭即位 始創望德寺將以奉福唐室 後景德王十四年望德寺塔戰動 是年有安史之亂 羅人云 爲唐室立玆寺 宜其應也”.

많으므로, 그런 내용은 빼고 기술하였다고 밝혔다.[57] 논리적으로 보면 앞서 언급한 김유신의 탄생에 얽힌 이야기도 신이의 영역에 있는 것이기 때문에 서술에서 제외하는 것이 맞다. 그럼에도 그가 신이한 사적 중에서 일부를 남겨둔 것은 김부식 자신이 세운 기준에 따른 것으로 볼 수 있다.

하지만 김부식이 신이를 모두 인정한 것은 아니다. 그는 앞서 언급한 바와 같이 김알지의 탄생과 관련한 설화를 서술에서 제외시켰다. 그러면서도 신라의 삼보三寶에 대해서도 매우 비판적인 입장을 취하였다. 그는 신라의 삼보는 나라를 다스리는 데 필수적인 물건은 아니라고 하였다. 그러면서 『맹자』를 인용하여 "제후의 보물은 세 가지가 있으니, 토지, 인민, 정사이다"[58]라고 하여 신라의 삼보를 비판하였다.[59] 즉, 중요한 것은 삼보가 아니라 인사人事라는 것이다. 이는 유학적 기준에 맞는다면, 신이라고 해도 일정 부분 수용할 수 있다는 입장으로 이해할 수 있다. 그리고 언급한 김유신의 사례와 연결시키면, 당에 사대를 하며 국난을 극복하고 삼국통일의 위업으로 달성한 김유신은 유학적으로 매우 의미가 있는 인물이라 할 수 있는 것이다.

이와 같이 유학적으로 의미 있는 인물을 배출한 신라는 유교적 전통이 있는 국가라고 할 수 있다. 특히 김부식은 역사적 시원을 다음과 같이 서술하였다.

---

57 『三國史記』 권43, 列傳3, 金庾信 下, "庾信玄孫新羅執事郎長淸 作行錄十卷 行於世 頗多釀辭 故刪落之 取其可書者 爲之傳".

58 『孟子』 盡心 下.

59 『三國史記』 권12, 新羅本紀12, 景明王 5년(921) 정월.

(E) 논하여 말한다. 현토玄菟와 낙랑樂浪은 본래 고조선의 땅으로 기자가 책봉을 받은 곳이다. 기자가 예의禮義, 전잠田蠶, 직작織作으로 백성을 교화시키니 (이를) 8조의 법금이라고 하였다. 이로써 그 백성들은 서로 도둑질하지 않았고 문을 잠그는 집이 없었으며 부인들은 지조가 있고 믿음이 있어서 음란한 짓을 하지 않았으며, 음식은 변두籩豆에 담았으니 이는 인현仁賢의 교화 때문이었다.[60]

(F) 해동에 나라가 있은 지 오래되었다. 기자가 주 왕실로부터 책봉은 받았으나 한초漢初에 위만衛滿이 참람되이 국호를 칭하였는데 연대가 멀고 아득하며 문자가 소략하게 되었으므로 진실로 자세하게 상고할 수 없다.[61]

널리 알려진 바와 같이 『삼국사기』에는 단군신화가 기록되어 있지 않다. 다만, 기자를 시조로 기록하고 있을 뿐이다. 『삼국사기』가 편찬되었을 당시 단군은 비록 국가적 숭배의 대상이기는 하지만, 서경을 중심으로 하는 지역신에 불과하였다.[62] 따라서, 유학자 김부식의 입장에서 역사적 시원으로 삼을 만한 대상은 여러 문헌 기록에 전하는 기자가 유일하였다.

그런데 기자가 갖는 상징성은 역사적 시원이라는 것뿐만 아니라 위의 인용문 (E), (F)에 나타난 바와 같이 8조의 법금 등 유학적 교화에 있었다. 그렇기 때문에 기자는 유학적 교화의 시조라고 할 수 있다. 『삼국사

60 『三國史記』 권22, 高句麗本紀10, 寶藏王, "論曰 玄菟樂浪 本朝鮮之地 箕子所封 箕子教其民 以禮義田蠶織作 設禁八條 是以其民不相盜 無門戶之閉 婦人貞信不淫 飮食以籩豆 此仁賢之化也".

61 『三國史記』 권29, 年表 上, "海東有國家久矣 自箕子受封於周室 衛滿僭號於漢初 年代綿邈 文字踈略 固莫得而詳焉".

62 金成煥, 『高麗時代 檀君傳承과 그 認識』, 경인문화사, 2002, 128~154쪽.

기』에는 당에서 보낸 국서에서 신라를 '군자지국君子之國'이라고 불렀다는 것이 여러 차례 기록되어 있다. 이는 당에서도 인정한 군자의 나라라는 의미로 이해할 수 있다.[63] 따라서 신라는 당 중심의 보편질서에 순응하면서 역시 당을 중심으로 하는 보편문화에 참여하고 있는 국가가 될 수 있었다.

같은 관점에서 앞서 언급한 신라의 전통에 대한 비판을 다시 살펴보자. 김부식은 갈문왕에 대해서는 왕의 아버지를 왕으로 추존하지 않았는데 장인을 왕으로 책봉하는 것은 명분질서에 위배된다고 비판하였으며,[64] 근친혼에 대해서도 유학적 명분질서와 종법제를 근거로 비판하였다.[65] 여기에 더하여 여성의 왕위 계승이나[66] 형사취수제[67] 역시 비판의 대상이었다.

그는 중국과의 관계에서도 명분을 강조하였다. 그는 진덕여왕이 '영휘永徽'라는 연호를 사용한 것에 대하여 "변방에 속한 소국은 천자의 나라에 신속臣屬해야 하니 진실로 사사로이 해를 칭하는 것은 불가하다. 신라가 한결같은 마음으로 중국을 섬겨 사행하는 배와 공물상자가 길거리에 서로 이어졌는데도 법흥왕이 연호를 칭한 것은 의혹될 말한 일이다"[68]라고 하였다. 이는 법흥왕이 536년법흥왕 23에 건원이라고 연호를 정한 것[69]과 그 이후 여러 왕들이 연호를 정한 것 모두를 비판의 대상으로 하고 있는 것이라 할 수 있다. 이와 비슷한 논리가 바로 고구려와 백제 멸망기사에 붙인

---

63 『三國史記』 권8, 新羅本紀8, 聖德王 30년(731) 2월; 『三國史記』 권9, 新羅本紀9, 孝成王 2년(738) 2월; 『三國史記』 권10, 新羅本紀10, 元聖王 2년(786) 4월.

64 『三國史記』 권2, 新羅本紀2, 沾解尼師今 원년(247).

65 『三國史記』 권3, 新羅本紀3, 奈勿麻立干 즉위년(356).

66 『三國史記』 권5, 新羅本紀5, 善德女王 16년(645) 정월.

67 『三國史記』 권16, 高句麗本紀4, 山上王 원년(197).

68 『三國史記』 권5, 新羅本紀5, 眞德女王 4년(650), "偏方小國 臣屬天子之邦者 固不可以私名年 若新羅以一意事中國 使航貢篚相望於道 而法興自稱年號 惑矣".

69 『三國史記』 권4, 新羅本紀4, 法興王 23년.

사론에 나타나 있다. 여기서도 김부식은 대국과 소국 사이의 명분을 근거로 중국과 대결을 벌인 결과 망국에 이르고 말았다고 비판하였다.[70] 따라서 여기까지 살펴보면 김부식은 역사적으로 중국과의 명분을 지키지 않았을 경우 강한 어조로 비판하였던 인물이라고 평가할 수 있다.

> 저희 선왕이신 춘추春秋는 우연히 성조聖祖의 묘호廟號를 범하였습니다. 칙령을 내리시어 개정하라고 하셨으니, 신이 감히 명령을 따르지 않겠습니까? 그러나 선왕이신 춘추께서 자못 현덕하심이 있으시고 하물며 생전에 양신良臣 김유신金庾信을 얻으시어 마음을 합쳐 정치를 하면서 일통삼한一統三韓을 하시니 공업功業이 많지 않다고 할 수 없습니다. 돌아가신 사이에 한 나라의 신민들이 슬픔과 추모하는 마음을 이기지 못하고 존경하는 호칭을 올리는 바람에 성조의 묘호를 범한 줄을 알지 못하였습니다. 지금 교칙敎勅을 들으니 두려움을 이기지 못하겠습니다. 바라건대 사신께서는 궁궐에서 복명復命하실 때 이와 같이 아뢰어주시오.[71]

하지만 반대의 경우도 발견할 수 있다. 위의 인용문은 692년신문왕 12에 당이 신라가 무열왕에게 태종이라는 묘호를 올린 것을 질책하며 묘호를 삭제하라는 조칙을 내리자, 들어줄 수 없다고 거부한 내용의 답변이다. 답변의 논리는 태종무열왕은 김유신과 삼한일통을 이룩하였으니 그 공적이

---

70 『三國史記』 권22, 高句麗本紀10, 寶藏王; 『三國史記』 권28, 百濟本紀6, 義慈王.

71 『三國史記』 권8, 新羅本紀8, 神文王 12년(692) 봄, "小国先王春秋謚號 偶與聖祖廟號相犯 勑令改之 臣敢不惟命是從 然念先王春秋 頗有賢德 况生前得良臣金庾信 同心爲政 一統三韓 其爲功業 不爲不多 捐館之際 一国臣民 不勝哀慕 追尊之號 不覺與聖祖相犯 今聞教勑 不勝恐懼 伏望使臣復命闕庭 以此上聞".

적다고 할 수 없으며, 신민들이 돌아가신 국왕을 추모하는 마음이 커서 당에 태종이라는 묘호가 있는지 몰랐다는 내용이다. 이에 대해 당에서는 아무런 반응을 보이지 않았다. 이는 신라의 입장에서 일종의 묵인으로 해석할 수 있을 것이다.

여기서 제기할 수 있는 의문은 앞서 언급한 연호 사용 문제라든가, 갈문왕이나 근친혼 등 유학적 질서를 위반한 사례에 대해서는 어김없이 비판하는 내용의 사론이 뒤따랐으나, 이 부분에서는 왜 사론이 없는가? 하는 점이다. 이는 당시의 고려가 묘호를 사용하면서도 연호를 사용하지 않았기 때문이라고 할 수 있다. 즉, 김부식의 입장에서 연호 사용은 매우 불경스러운 것이지만, 묘호는 명분에 그리 어긋난 것이 아니라고 판단하였을 가능성이 있다.

논의를 좀 더 확대해보면 김부식은 명분론을 철저하게 적용하려고 했던 반면 위의 경우와 같이 철저하지 못한 면이 발견된다. 이는 『고려사』를 편찬한 당시와 비교해보면 비교적 명확하게 드러난다. 『고려사』의 경우 정도전이 편찬한 『고려국사高麗國史』 개수 작업에 들어가면서 황제국을 의미하는 폐하陛下, 태자太子, 태후太后, 절일節日 등의 용어를 직서直敍할 것인가 하는 문제가 대두되었으나, 오랜 논쟁 끝에 세종의 의지대로 직서하는 것으로 귀결되었다.[72] 이는 성리학적 역사인식의 적용문제를 두고 벌인 논쟁으로서 15세기 초 당시의 사상지형과 관련이 있다. 성리학의 왕도를 구현하기 위해서는 대민교화가 우선시되어야 하며, 이때 잘못된 용어를 사용한 것을 그대로 방치할 경우 교화에 문제가 발생할 수 있다. 그러나, 세종

72 邊太燮, 『「高麗史」의 연구』, 삼영사, 1982.

은 예전의 사실을 그대로 기록하도록 하였다. 이는 참람한 용어 사용이라고 해도 남겨둠으로써 후세의 교훈으로 삼기 위한 목적이 더 컸던 것으로 볼 수 있다.

그러나 『삼국사기』에는 『고려사』의 경우와 다른 목적이 있었던 것으로 생각된다. 김부식이 황제국을 지칭하는 용어들을 거리낌 없이 사용하였던 것은 당시의 고려가 다원적 천하관 아래 황제국을 지향하였기 때문이라고 할 수 있다. 즉, 편찬 당시의 현실을 반영한 것으로 이해할 수 있는 것이다. 앞서 태종무열왕이라는 묘호를 사용한 것을 두고 신라와 당 사이의 마찰에 대해 아무런 논평이 없는 것과 마찬가지로 용어 사용에 대한 지적이나 논평을 찾을 수 없다. 심지어 서문에서도 이를 비판하지 않았다. 고려의 국왕이 이미 황제로서의 확고한 위상을 확립하였던 현실을 생각하면, 김부식의 입장에서도 아무런 문제의식을 느끼지 못했기 때문인 것으로 볼 수 있는 것이다.

따라서 김부식의 역사인식은 이중적인 의미와 성격을 지니고 있는 것으로 이해할 수 있다. 앞서 언급한 바와 같이 김부식은 명분론에 매우 철저하고자 하였던 인물이었다. 그는 국내문제뿐만 아니라 외교관계에서도 중국에 대한 사대를 철저하게 적용하고 이를 따르고자 하였던 인물이었다. 그렇지만, 그 이면에 다원적 사상지형과 이중적 자아인식을 지향하였던 측면도 무시할 수 없다. 김부식은 유학자이면서도 불교와 비교적 친숙한 관계를 형성하였던 인물이었다. 또한 역사인식과 세계관에서는 중국에 사대의 예를 취하는 한편, 그들의 문화적 영향력에서 자유롭지 않은 '주변국으로서의 자아'의 입장에서 중국 중심의 보편의 논리를 그대로 따르고 있는 측면을 발견할 수 있다. 특히 연호의 사용에 대해서는 강한 어조로 비판하였으며, 백제와 고구려는 조공책봉관계에 따르지 않았기 때문에 멸망하였다고 비판하였다. 하지만 묘호나 황제국을 지칭하는 용어를 거리낌 없이 사용하였다. 이는 다원적 천하관 아래의 해동천하를 지향하는 여진, 일본, 탐라 등에 대한 '회華로서의 자아'가 적용된 것으로 이해할 수 있다.

3. 의종대의 사상지형과 김관의의 『편년통록』

의종은 앞서 살펴본 것과 같이 유교정치사상을 지향하는 기존의 문벌귀족 출신의 유신들과 어느 정도의 유대관계를 갖고 있었던 것으로 판단된다. 유신 정습명鄭襲明, ?~1151이 잠저시에 보좌하였으며, 즉위 이후에는 인종의 고탁顧託을 받은 최윤의崔允儀, 1102~1162가 보좌하였다. 이 중 『상정고금례』를 편찬한 최윤의는 의종의 묘정에 배향되었다.[73]

그렇지만 의종은 불교와 도교 등 유교 이외의 사상에 상당히 많은 무게를 두고 있었던 것도 사실이다. 정확하게 어느 정도의 비율이었는지 추정할 수는 없으나, 의종이 어떤 방향에서 유교 이외의 사상들을 대하였는지는 1168년의종 22 3월에 반포한 교서를 통해 어느 정도는 짐작할 수 있지 않을까 생각한다.

먼저 1168년 3월의 교서는 의종이 서경에 행차하여 반포한 것으로서, 이 당시 서경 행차는 묘청의 난 이후 33년 만에 거행된 서경 행차였다. 이

73 『高麗史』 권95, 列傳8, 崔允儀.

때 의종은 서경을 호경鎬京이라고 칭하였다. 서경은 998년목종 1에 호경이 되었다가 1062년문종 16에 다시 서경유수로 환원되었다.[74] 그러나 『고려사』 기록에는 고려 후기에도 호경이라 불렀던 것으로 나온다.[75] 이는 서경이 단순한 의미를 지니는 곳이 아니라는 뜻으로 읽힌다. 특히 묘청의 난 이후 처음 거행된 서경 행차이며, 여기서 교서를 반포한다는 것은 이후 정치를 새롭게 일신하기 위한 의도를 담고 있는 것이라 할 수 있다.

> 짐朕이 듣기에 호경은 만세에도 지덕이 쇠퇴하지 않는 땅으로서 후세의 왕이 되는 자가 이곳에 임어臨御하여 새로운 교서를 반포한다면 국풍國風이 맑아지고 백성들이 편안할 것이다. 짐이 나라를 다스린 이래 만기萬機가 실로 번거로워 순행할 겨를이 없었다. 지금 일관이 아뢴 바에 따라 이 도읍에 행차하여 장차 낡은 것을 개혁하고 새로운 것을 세워革舊鼎新 왕화를 다시 일으켜 세우려고 한다復興王化. 옛 성인이 권계하였던 유훈에 따르고 당면한 때의 폐해가 되는 사무를 바로잡기 위해 새로운 정령政令을 반포하노라.[76]

위의 인용문은 앞서 언급한 1168년 3월 교서의 첫머리이다. 여기서 의종은 그 아래에 열거한 일련의 대책의 목적을 혁구정신革舊鼎新과 부흥왕화復興王化 즉, 옛 것을 버리고 새로운 것으로 고쳐서 국왕의 교화를 일으키기 위한 것이라고 밝혔다. 그리고 교서를 반포하면 국풍이 맑아지고 백성이

---

74 『高麗史』 권3, 世家3, 穆宗 원년(998) 7월 癸未 및 『高麗史』 권58, 地理3, 北界 西京留守官 平壤 沿革.

75 김창현, 「고려초기 정국과 서경」, 『史學研究』 80, 2005, 57쪽.

76 『高麗史』 권17, 世家17, 毅宗 22년(1168) 3월, 戊子, "朕聞 鎬京萬世不衰之地 後之王者臨御于此 頒下新教 則國風淸明 小民安泰 朕卽政以來 萬機實繁 未暇巡御 今以日官所奏 來幸此都 將欲革舊鼎新 復興王化 採古聖勸戒之遺訓 及當時救弊之事務 頒布新令".

편안해지는 효과를 거둘 수 있을 것이라고 하였다. 따라서 그 아래에 열거하는 일련의 정책은 유학보다는 불교, 도교, 풍수도참, 민간신앙 등 유학 이외의 사상을 대상으로 할 것이라는 점을 쉽게 짐작할 수 있다.

위의 인용문에서 또 하나 눈에 띄는 것은 옛 성인이 권계하였던 유훈을 따르기 위해 새로운 정령, 즉 개혁안을 반포한다는 구절이다. 여기서 말하는 성인이 누구인지 정확하게 알 수는 없으나, 서경에 행차하여 반포한 교서라는 점에서 태조 왕건을 연상시킨다. 태조 왕건의 훈요십조 제5조에서는 서경은 수덕水德이 순조롭기 때문에 대업을 만대萬代에 전할 땅이며, 왕은 반드시 1년에 100일을 초과하여 머물라고 하였다.[77] 따라서 성인을 태조 왕건이라고 가정하면, 혁구신정과 부흥왕화는 서경과 어느 정도의 연관성을 갖는 것으로 해석할 수 있다.

교서는 모두 6개 조항으로 이루어져 있다. 이 중 3개가 불교 관계 조항으로서 불사를 중시하고 비보사원 등 잔폐한 사원을 수리할 것, 승려들은 수도에 전념할 것, 내시원과 여러 관아에서는 사원에서 불필요한 비용을 거두어가지 말 것을 주문하였다.[78] 이 교서는 사원을 대상으로 관아와 내시원에서 불필요한 비용을 갹출하지 말 것을 요구하는 구절을 제외하면 일반적인 내용을 담고 있다. 따라서, 사원에 대한 국가의 전폭적인 지원과는 거리가 있다. 전체적으로 불교가 기본적인 역할을 수행할 수 있도록 국가가 보호하라는 내용이라 할 수 있다. 이 밖에도 민에 대한 구휼 및 월령

---

77 『高麗史』 권2, 世家2, 太祖 26년(943) 4월.

78 『高麗史』 권17, 世家17, 毅宗 22년(1168) 3월, 戊子, "一 崇重佛事 時當末季 佛法漸衰 凡祖宗時 開創裨補寺社 及古來定行法席寺院 與別祈恩寺社 如有殘弊 主掌官 隨卽修葺 一 歸敬沙門 近來僧徒 貪生謀利 比比皆是 今欲激濁揚淸 以救其弊 其有淸高僧徒 遁迹山林者 所在官搜訪薦奏 一 保護三寶 其佛舍珍寶米麪雜物 近因內侍院及諸司奏取費用 僧徒嘆怨 自今憲臺 遍令曉諭禁斷".

에 맞는 국가의례 거행을 담은 부분은 유학과 관계되는 내용이다.[79]

그런데 여기서 한 가지 주목할 것은 선풍仙風을 준수할 것을 요구하였다는 점이다. 여기서 의종은 옛날 신라에서는 선풍이 유행하여 용천이 즐거워하고 기뻐하며 백성과 만물이 안녕하였다고 하였다.[80] 교서의 내용이 전반적으로 민을 안정시키기 위한 목적 아래 반포된 것이기는 하지만,[81] 불교 숭상과 유교적 정책 시행, 그리고 선풍 진작 등의 방법을 사용하고 있다는 점에서 이 교서는 기본적으로 다원적 사상지형을 지향하고 있다는 것을 알 수 있다.

또한 신라에서 선풍이 유행하였으며, 이로 인하여 민이 안정을 취할 수 있었다는 것은 선풍이 국가의 안녕과 밀접한 관련이 있다는 것을 의미한다. 특히 신라와 선풍 등 두 가지 키워드가 등장한다는 점에서 이는 최치원의 「난랑비서문」을 연상시킨다. 「난랑비서문」에서 최치원은 신라의 현묘한 도를 풍류라고 하면서, 이는 유불선을 의미한다고 하였다.[82] 더욱이 이후의 구문에서 의종은 개경과 서경의 팔관회가 쇠퇴하였다고 지적하였다. 팔관회가 불교와 민간신앙이 결합한 국가 의례였으며, 이 구문에서 용천龍天, 즉 불법을 수호하는 용천팔부龍天八部가 언급되었다. 따라서 이 조항은 다원적 사상지형을 유지할 것을 주문하고 있는 것으로 이해된다.

---

79 『高麗史』 권17, 世家17, 毅宗 22년(1168) 3월, 戊子, "一 奉順陰陽 近來 發號施令 反乖陰陽 以是 寒燠失序 民物不安 自今以後 賞以春夏 刑以秋冬 凡所行事 一依月令 (…중략…) 一 救恤民物 國家特立東西大悲院及濟危寶 以救窮民 然近來任是官者 率非其人 故或有饑饉不能存者 疾病無所依附者 未能收集救恤 於寡人愛民之心 何如哉 自今吏部 擇能堪其任者 委之 使憲臺 糾察能否 以爲勸懲".

80 『高麗史』 권17, 世家17, 毅宗 22년(1168) 3월, 戊子, "一 遵尙仙風 昔新羅 仙風大行 由是 龍天歡悅 民物安寧 故祖宗以來 崇尙其風久矣 近來 兩京八關之會 日減舊格 遺風漸衰 自今八關會 預擇兩班家産饒足者 定爲仙家 依行古風 致使人天咸悅".

81 황병성, 『고려 무인정권기 문사 연구』, 경인문화사, 2008, 19~21쪽.

82 『三國史記』 권4, 新羅本紀4, 眞興王 37년(576) 봄.

의종대에 지은 김관의의 『편년통록』은 그 연장선에서 이해할 수 있다. 『고려사』 고려세계高麗世系에 기록된 태조 왕건의 선대조 이야기는 그 자체로 여러 가지 요소를 포함하고 있으며, 신이적神異的 성격의 이야기이기 때문에 사실 그대로 믿기 힘들다. 따라서 이를 이야기의 구성요소들을 중심으로 굳이 성격 규정을 하자면, 풍수도참적 신이사관神異史觀[83]이라고 할 수 있다.

그렇다면, 의종대에 태조 왕건의 선대조 이야기가 왜 필요하게 되었을까? 우선 생각해볼 수 있는 것은 태조 왕건의 선대조를 3대에서 6대로 확대함으로써 신성성을 강화하였다는 점이다. 고려세계의 첫머리에는 『태조실록』에 기록된 왕건의 실제 선대조의 추존에 관한 기록이 나와 있다. 여기서 고조는 원덕대왕元德大王-정화왕후貞和王后, 조부는 의조懿祖 경강대왕景康大王-원창왕후元昌王后, 부친 세조世祖는 위무대왕威武大王-위숙왕후威肅王后로 추존하였다.[84] 『태조실록』에 이와 같이 정리할 수밖에 없었던 것은 편찬될 당시만 해도 태조 왕건의 3대조까지만 알려졌기 때문이 아닐까 생각된다. 즉, 통상적으로 왕조실록이 국왕 사후에 편찬되며, 여러 기록을 비교 검토한다는 점에서 3대조 추존은 태조 사후에 널리 공식화된 견해라고 할 수 있다.

『고려사』 범례와 고려세계 말미의 이제현의 사찬에 따르면, 태조 왕건 삼대 추증은 『태조실록』에 의한 것이라고 다시 한번 밝히고 있다.[85] 그리

83 차광호, 「「고려세계」의 풍수도참적 신이관」, 『고려시대 역사서의 신이성과 삼국유사』 역사산책, 2018.

84 『高麗史』 高麗世系, "太祖實錄 卽位二年 追王三代祖考 冊上始祖尊諡曰元德大王 妣爲貞和王后 懿祖爲景康大王 妣爲元昌王后 世祖爲威武大王 妣爲威肅王后".

85 『高麗史』 纂修高麗史凡例, "高麗世系 出於雜記 率皆荒誕 今以黃周亮所撰實錄 追贈三代爲正 附以雜記所傳 別作世系".

고 『태조실록』은 현종대 황주량에 의해 편찬된 것으로서 당시까지 있는 사실 그대로 기록하였기 때문에, 3대 추증으로 기록되었다고 하였다.[86] 그런데, 여기서 말하고 있는 『태조실록』은 거란의 2차 침입이후에 편찬된 7대사적 중 태조에 관한 부분을 의미하는 것으로 보인다. 7대사적은 황주량黃周亮, 최충崔沖, 김심언金審言 등 여러 사관이 나누어 기술한 것이다.[87] 이를 참고하면 황주량에 의해 『태조실록』이 편찬되었다고 하였던 이제현의 말은 7대사적 중 태조 부분은 황주량이 맡아서 정리했다는 의미로 이해할 수 있다.[88] 그렇다면 태조 왕건의 실제 가계가 3대조 이상 올라갈 수 없다는 것은 현종대, 이제현李齊賢이 활동하였던 14세기, 『고려사』가 편찬되었던 15세기에 공통적으로 사실史實로 인정받았던 것으로 볼 수 있다.

그런데, 여기서 한 가지 특기할 만한 것은 많은 연구에서 지적하고 있듯이 고려왕조의 계보에 당 황실이 개입되어있다는 것이다. 고려세계에는 작제건作帝建을 낳은 사람이 바로 3대조 보육寶育의 둘째 딸 진의辰義와 당 숙종이라고 기록되어 있다. 물론, 3대 추존 이외의 다른 부분은 후대의 창작이거나 견강부회라고 볼 수 있다.

하지만, 이는 고려 왕실의 신성성을 강조하기 위한 의도였다고 생각된다. 신라와 고려시대 당은 문화적으로 보편적 지위에 있었다. 특히 태조 왕건의 훈요십조 제 4조에서는 고려가 '당풍唐風'을 널리 수용하였으나 고려의 실정에 맞지 않으면 수용하지 않아도 된다고 하였다.[89] 이는 중국의 문화가 곧 당의 문화로 인식되었으며, 비루한 고려의 전통을 개혁하기 위

86 『高麗史』 高麗世系.
87 金成俊, 「高麗七代實錄編纂과 史官」 『民族文化論叢』1, 영남대 민족문화연구소, 1981.
88 『高麗史』 권95, 列傳8, 黃周亮.
89 『高麗史』 권2, 世家2, 太祖 26년 4월.

해서는 반드시 수용해야하는 것으로 인식하였다는 것으로 볼 수 있다. 이에 비해 고려의 전통은 비루한 것으로 인식되었다. 특히 앞서 언급한 태조 왕건의 훈요십조 제 4조와 같은 내용인 최승로의 시무 28조에서는 고려가 시서예악詩書禮樂과 군신과 부자의 도리는 마땅히 중국에서 본받음으로써 비루한 것을 개혁한다고 하였다.[90] 고려는 비루한 전통을 개혁하기 위해서는 '세련된 고급문화'로서 중국의 문화, 즉 당풍을 수용해야하며, 그런 점에서 당풍은 고려의 전통과 문화적 상하관계로 인식되었다고 할 수 있다. 따라서, 태조 왕건의 선대조가 3대 추증에 불과하였던 현실에서 당 숙종과 진의의 관계를 결합시킨 것은 11~12세기 고려인의 중국문화와 고려의 전통 사이의 관계에 대한 인식을 반영하고 있는 것으로 이해된다.

태조 왕건의 신성성을 강조하는 기제는 당 숙종과 진의의 관계에만 국한되지 않는다. 위에서 언급한 진의와 당 숙종의 관계의 실마리가 되는 선류몽旋流夢과 매몽買夢도 그에 해당한다. 선류몽은 꿈에 높은 곳에서 오줌을 누었는데, 이 꿈을 계기로 나중에 현달하게 된다는 것을 주요한 줄거리로 한다. 진의의 경우와 비슷한 사례로 경종의 비 헌정왕후를 들 수 있다. 그녀는 경종 사후 사제私第로 나와 있다가 꿈에 곡령鵠嶺에 올라 꿈을 꾼 후 안종安宗 욱郁을 만나게 되고 현종을 낳다가 죽었다.[91] 이후 고려왕실은 모두 헌정왕후가 낳은 현종의 후손이라는 점에서 꿈의 내용과 헌정왕후의 생애는 어느 정도 연결성을 갖는다고 할 수 있다. 그러나 여기에는 중요한 매개체라 할 수 있는 꿈을 팔고 사는 행위가 빠져있다.

---

90 『高麗史』 권93, 列傳6, 崔承老, "其禮樂詩書之教 君臣父子之道 宜法中華 以革卑陋 其餘車馬衣服制度可因土風 使奢儉得中 不必苟同".

91 『高麗史』 권88, 列傳1, 后妃1, 景宗 獻貞王后皇甫氏.

오히려 『삼국유사三國遺事』에 나오는 문희 이야기는 매몽까지 결합되어 있으므로 진의 이야기와 매우 유사하다.[92] 즉 자매끼리 선류몽을 팔고 사는 행위를 한 다음, 특별한 지위를 가진 이와 동침을 하고 부부의 인연을 맺으며, 그들이 낳은 자손이 삼한일통의 위업을 달성한다는 내용까지 모두 같다. 등장인물만 다를 뿐 거의 같은 내용의 이야기라고 할 수 있을 정도이다.

이는 태조 왕건의 후삼국통일을 신라의 삼국통일에 비견될 정도로 위대한 업적이라는 점을 강조하는 역할을 하는 것으로 이해된다. 여기에 당의 황실과 혈연관계를 갖는다는 내용을 삽입함으로써 왕건의 가계를 훨씬 신성하게 부각시키는 효과를 거두고 있는 것이다.

특히 왕건의 선대조 이야기에는 신라의 전통이 결부되어 있는 기제機制[93]가 여러 군데에서 관찰된다. 위에서 언급한 당 숙종과 진의의 이야기는 김유신, 문희, 태종무열왕이 등장하는 『삼국유사』 태종춘추공과 같은 내용이다. 태종무열왕과 문희의 아들 법민法敏이 문무왕으로 즉위하여 삼국통일의 위업을 달성하였듯이 당 숙종과 진의의 증손인 태조 왕건이 후삼국통일의 위업을 달성할 것이라는 일종의 예언과 기대를 담고 있다.

여기서 한 가지 짚어볼 점은 고려인의 의식에서 신라왕조가 갖는 의미가 무엇인가 하는 점이다. 고려세계의 이야기에서도 왕건의 6대조 호경虎景이 자칭 성골장군聖骨將軍이었다는 것, 풍수에 능한 신라감간新羅監干 팔원八元이 강충康忠에게 고을을 평나산 남쪽으로 옮기고 소나무를 빽빽하게 심으

---

92 『三國遺事』 권1, 紀異1, 太宗春秋公.

93 허인욱, 「「高麗世系」에 나타나는 新羅系 說話와 「編年通錄」의 編纂意圖」, 『史叢』 56, 2003, 5~6쪽.

라고 조언한 것, 신라의 술사術士가 보육寶育에게 막내딸 진의가 당의 천자가 사위가 될 것이라고 예언한 것 등 신라왕조의 유산은 얼마든지 찾을 수 있다. 간단하게 생각하면 이 이야기가 고려왕조가 성립하던 단계에서 만들어졌기 때문이라고 할 수도 있으나, 그렇게 생각하기에 앞서 태조가 3대조까지만 추증하였다는 『태조실록』의 내용을 고려하지 않을 수 없다. 따라서 이 이야기에서 신라가 언급되거나 신라의 전통과 유사한 것들이 비슷한 형식으로 반복되는 것은 태조 왕건의 선대조를 신성화하기 위한 의도라고 볼 수밖에 없다. 그리고 이것은 고려 전기까지만 해도 신라는 신성한 존재로 여겨졌던 것이기 때문이라 할 수 있다.

태조는 이미 신라왕조의 혈통을 고려왕실 내부로 끌어들였다.[94] 이는 신라왕조의 혈통이 고려왕조의 위상을 높여줄 수 있는 요소이기 때문이라고 할 수 있다. 여기에 신라적 요소를 태조 왕건 선대조 이야기에 끌어들이고, 그 후손이 삼한일통의 위업을 달성하였다는 이야기를 통해 태조 왕건은 신라의 태종무열왕이나 문무왕과 같은 업적을 이룬 군주가 될 수 있었던 것이다.

여기에 태조 왕건은 용손龍孫의 이미지도 가지고 있었다. 고려세계에 따르면 작제건이 아버지 당 숙종을 만나러 가다가 서해의 어느 섬에 표착하게 되었는데, 서해 용왕을 괴롭히는 여우를 퇴치하였더니, 용왕의 딸을 선물로 받았고 그로부터 용건을 낳게 되었다고 되어 있다. 이는 왕건 선계의 혈통을 비범하고 초월적인 성격으로 만들기 위한 것으로 볼 수 있다. 이러한 인식은 『제왕운기帝王韻紀』에 붙인 이원李源의 후제後題에서도 확인할 수

94 『高麗史』 권88, 列傳1, 太祖 神成王太后金氏.

있다. 이원은 이승휴보다 1세대 정도 뒤의 인물로서 『제왕운기』 후제에서 인종이 온갖 시련에도 불구하고 왕위를 이어나가도록 하였으며, 이는 충신과 '용손'에게서 이어진 것이 전하지 않았다고 하였다.[95] 여기서 '용손'은 고려왕실을 의미한다. 즉, 원 간섭 초기에도 고려왕실을 용손으로 인식하고 있었다는 것인데, 이는 '고려왕실=용손'이라는 등식이 아마도 오랫동안 이어져왔었기 때문이라고 할 수 있다.

그런데 고려세계에서는 풍수도참이 상당히 강조되어 있다는 인상을 받는다. 이는 태조 왕건의 삼한일통이라는 하나의 방향성을 갖는 구조를 이루고 있다는 반증으로 이해할 수 있다. 우선 강충이 신라의 감간 팔원의 말을 믿고 집을 부소산 북쪽에서 남쪽으로 옮기고 산에는 소나무를 심어 바위가 드러나지 않도록 했다는 것은 현재 개성의 지리적 조건을 고려하면 배산임수라는 일반적인 길지吉地의 형세와 일치하는 것으로 보인다. 특히 주목할 것은 앞서 언급한 바와 같이 도선道詵이 용건의 집에 방문하여 풍수지리 이론에 따른 집의 입지를 설명하였다는 점이다. 모두 개경이 아닌 태조 왕건의 집의 입지를 말하는 것이기 때문에 개경의 입지와는 직접적 연관성은 없다. 하지만, 이는 고려 사회에서 풍수도참이 어느 정도의 영향력을 가지고 있는지 확인할 수 있는 기제이다. 여기에 도선을 등장시킨 것은 이야기의 신빙성을 더하고 태조 왕건과 삼한일통의 연관성을 보다 강조하기 위한 장치라 할 수 있다.

그런데, 풍수도참을 이야기의 매우 중요한 요소로 등장시킨 것은 인종~의종대 당시의 정치적 상황과 관련이 있다. 묘청은 인종에게 서경의 임원

---

95 『帝王韻紀』 下卷, 後題, "於本朝仁宗紀 只言見逼 不言其終復天位 永貽孫謨 是一缺耳 胡不添撥亂賴忠臣 龍孫綿不已之一句 而足之乎".

역은 음양가들이 말하는 대화세大華勢에 해당하므로, 이곳에 궁을 짓고 이어移御하면 주변의 36개의 나라가 신하가 될 것이라고 하였다.[96] 이 논리에 따르면 서경의 대화궁에 반드시 국왕이 이어하는 것은 서경 천도를 위한 선결 조건이 된다. 그리고 이러한 방향에서 정책을 이어나간다면 장차 서경천도, 칭제건원, 나아가 금국을 정벌할 수 있을 것이라는 기대를 할 수 있다. 그리고 이는 과거 고려에 조공을 바치던 여진과의 관계를 복원하고 실질적인 의미를 상실한 해동천하를 복구할 수 있다는 기대를 내포하는 것이기도 하다.

의종대에 들어서도 풍수도참을 이용하여 신궁을 짓는 행위가 이어졌다. 1158년의종 12 태사감후太史監候 유원도劉元度는 의종에게 백주白州 토산兔山의 반월강半月岡의 지세는 우리나라를 중흥시킬 만하니 여기에 궁을 지으면 7년 내로 오랑캐를 병탄할 수 있을 것이라고 보고하였다.[97] 유원도의 논리는 앞서 묘청의 논리와 유사한 것으로 볼 수 있다. 이러한 심성은 당시에 유희로 전락한 팔관회 놀이를 참고하면 어느 정도 이해가 가능하다. 1165년의종 19 4월 의종은 내시 좌번左番과 우번右番에게 진귀한 보물을 바치게 하였다. 이는 마치 외국인이 왕에게 공물을 바치는 행위와 흡사하였다. 우번에 속한 내시들은 문벌귀족의 자제들이 많았으므로 환관을 동원하여 진귀한 것들을 많이 조달할 수 있었으나, 좌번은 상황이 여의치 않은 유사儒士들이 많았으므로 남의 준마 5마리를 빌려 바쳤다가, 왕이 하사한 상으로도 빌려간 준마값을 충당하지 못해 곤욕을 치렀다.[98] 이러한 행위가 전체적으

96 『高麗史』 권127, 列傳40, 叛逆1, 妙淸.
97 『高麗史』 권18, 世家18, 毅宗 12년(1158) 8월 甲寅.
98 『高麗史』 권18, 世家18, 毅宗 19년(1165) 4월 甲申.

로 팔관회에서 외국인이 국왕에게 방물을 바치는 행위를 흉내 내었다는 점이 주목된다. 이는 팔관회 예식에서 송의 상인과 여진, 일본의 사신이 차례로 국왕에게 방물을 바치는 행위를 모방한 것이다.[99] 당시에 금의 등장으로 재편된 동아시아 질서 아래서 고려-송-요의 삼각관계를 통해 안정적으로 유지되던 해동천하가 붕괴되었다. 이미 금과 사대관계를 맺은 상황에서 대외적으로 커다란 변화가 일어나지 않는 이상 현실적으로 해동천하는 복구될 수 없다. 이러한 현실에서 번토를 상실하였다는 의식은 고려인에게 좌절감을 주었을 것이다.[100] 위와 같이 신궁을 건설하여 주변의 강대한 적을 굴복시킬 수 있다고 하는 논리는 풍수도참을 통해 좌절감을 상쇄시키려는 시키려는 시도로 이해할 수 있다.

그렇다면, 김관의의 『편년통록』과 고려세계에 풍수도참이 자주 언급되는 것은 어떻게 이해할 수 있을까? 이는 여러 번 반복하여 지적하지만, 태조 왕건의 후삼국통일은 역사적 필연이라는 의식과 왕건의 선대조를 신성화하려는 의도를 가진 것이다. 이는 좀 더 확대해보면, 풍수도참을 정치적으로 이용하기 위한 목적도 있었을 것으로 보인다. 신궁을 건설하는 것이 일본과 여진 등에게 조공을 받는 해동천하의 '화華로서의 자아'와 관련되어 있다면, 이는 '화華로서의 자아'를 실제로 구현할 수 없었던 상실감과 황제로서의 위상을 지닌 국왕의 권위가 추락하고 있었던 현실을 설화를 통해서라도 극복하고자 하는 의지가 담겨있는 것이라 이해할 수 있는 것이다.

---

99 『高麗史』 권69, 志23, 禮11, 嘉禮雜儀 仲冬八關會儀 大會.
100 박경안, 「고려 전기 다원적 국제관계와 국가·문화 귀속감」, 『東方學志』 129, 2005, 225~ 226쪽.

위와 같은 내용의 『편년통록』은 의종 때 김관의에 의해 지어진 것으로 기록되어 있다. 고려세계의 이제현의 사찬에는 다음과 같이 기록되어 있다.

> 옛 전적을 살펴보니 동지추밀同知樞密 병부상서兵部尙書 김영부金永夫, 1096~1172와 징사랑徵仕郎 검교군기감檢校軍器監 김관의金寬毅는 모두 의종 때의 신하이다. 김관의가 『편년통록』을 짓고 김영부가 채록하여 (왕에게) 바쳤는데, 차자箚子에는 또한 "김관의가 여러 가문에서 사사로이 쌓아둔 문서를 널리 모았다"라고 되어 있다.[101]

위의 인용문에서 우선 주목할 점은 『편년통록』을 지은 사람이 김관의이고, 그 중에서 중요하다고 생각되는 구문을 뽑아서 의종에게 바친 사람이 김영부라는 것이다. 현재 『고려사』에 남아있는 것이 김영부가 채록한 것으로 보아야하는 것인지 현재로서는 알 수 없다. 다만, 한 가지 확실한 것은 김관의가 지은 『편년통록』이 김영부에 의해 국왕 의종의 손에 들어갔다는 점이다. 따라서, 『편년통록』은 왕명에 의해 만들어진 것은 아니라고 할 수 있다.

다음으로 주목할 점은 김관의가 여러 가문에서 쌓아둔 문서를 모아서 『편년통록』을 편찬하였다는 점이다. 이는 김관의가 구전되는 설화를 문자로 옮긴 것에 지나지 않는다는 혐의를 피하기 위한 의도로 읽을 수 있다. 즉, 김관의 자신이 생각하기에 상당히 객관적인 자료를 모아서 종합한 것이라는 의미이다. 그렇다면 얼마나 많은 가문에서 이와 같은 기록이 전

101 『高麗史』 高麗世系, "載稽舊籍 同知樞密兵部尙書金永夫 徵仕郎檢校軍器監金寬毅 皆毅宗朝臣也 寬毅作編年通錄 永夫採而進之 其劄子亦曰 寬毅訪集諸家私蓄文書".

하고 있었는지 알 수는 없으나 문벌귀족이나 민간에서 고려왕조의 선대조에 관한 이야기가 상당히 일반화되었던 것은 아닌가 생각해볼 수 있다. 그리고 그러는 와중에 아마도 여러 계통의 이야기가 만들어졌을 것으로 보인다.

아마도 의종에게 이야기의 진위는 중요하지 않았을 것이다. 중요한 것은 이를 책으로 편찬한다는 것에 있다고 할 수 있다. 실제 고려세계에 수록된 이제현의 사찬에는 이 이야기가 민지閔漬의 『편년강목編年綱目』을 거쳐 이제현의 『왕대종족기王代宗族記』, 『성원록聖源錄』에도 인용되었던 것으로 기록되어 있다. 그렇다면 이는 김영부가 의종에게 바친 요약본 또는 김관의가 지은 원문이 간행되었다는 것을 의미하는 것으로 보는 것이 합리적이다.

의종은 이 책을 통해 고려왕조를 신성화함으로써 왕권을 강화할 수 있다고 기대했을 것이다. 그리고 이는 앞서 언급한 바와 같이 의종대 사상지형과도 어느 정도 연관성을 갖는다. 의종대는 예종, 인종대와 달리 불교와 풍수도참 등이 크게 주목을 받았으며, 이는 과거 해동천하의 복원과도 어느 정도 연관성을 갖는다. 따라서, 의종은 해동천하와 해동천자를 복원함으로써 황제로서의 고려국왕의 위상을 제고함으로써 왕권 강화를 시도하고 있었으며, 이에 발맞추어 김영부는 김관의의 『편년통록』을 국왕에게 바쳤던 것으로 이해할 수 있다.

제4장

무신정권기~원 간섭 초기 역사계승의식과 자아인식의 변화

무신정권기는 사상사적으로 보면 유학이 침체되고, 불교에서는 신앙결사운동 등 혁신운동이 일어났던 시기이다. 유학사에서도 이규보 외에는 크게 주목을 받은 인물을 찾기 어렵다.

무신정권기 유학의 침체에 관해서는 원의 대도에 설치된 만권당萬卷堂에서 있었던 충선왕과 이제현의 대화를 통해 짐작할 수 있다. 이에 따르면, 충선왕이 고려는 문물이 중화와 같다는데, 지금의 선비들은 승려를 좇아 조충전각지학雕蟲篆刻之學만을 일삼고 경명행수지사經明行修之士가 나오지 않는 원인이 무엇인지 묻자, 이제현은 무신난 이후 피해 사원으로 피신하였으며, 때로는 출가하여 승려가 되는 이들까지 나왔다고 하였다. 이 때문에 많은 어린 학생들이 승려로부터 시를 배우게 되면서 자연스레 벌레가 쪼듯이 천편일률적인 문장만을 도장 찍어내듯이 익히게 되었다고 하였다.[1] 이는 무신정권기에 강해진 사장학풍이 당시까지 영향을 준 까닭에 경학

1 「櫟翁稗說」前集1.

이 침체될 수밖에 없었다는 논리였다.

무신정권기에 활동하였던 이인로李仁老, 임춘林椿, 이규보李奎報, 최자崔滋 등 유학자들 역시 이러한 경향에서 자유롭지 않은 것이 사실이었다. 그렇다고 해서 전적으로 사장학의 범주에서 당시의 유학을 논하는 것은 역사의 연속성이라는 측면에서 볼 때 어딘가 자연스럽지 못하다.

당시에는 『삼국유사』와 『제왕운기』 외에는 이렇다 할 사서史書가 간행되지는 않았다. 이들 두 사서에는 단군신화가 기록되고, 이규보의 「동명왕편」에서도 신이사관을 매우 적극적으로 옹호하고 있었다. 이 때문에 이 시기 역사인식은 신이사관이 지배한 것으로 이해하는 경향이 강하다. 그러나 전체적인 사상사적 맥락과 최근까지 이규보, 이승휴 등에 관한 연구들을 살펴볼 때 그들이 신이사관을 활용한 것은 맞지만 이를 전적으로 허용하고 있는 것은 아니라고 할 수 있다.

1. 다원적 역사계승의식과 신이사관의 변화

무신정권기 역사인식과 세계관을 살펴볼 수 있는 자료는 이규보의 『동국이상국집東國李相國集』 권3에 수록되어 있는 「동명왕편東明王篇」과 승려 각훈覺訓의 『해동고승전海東高僧傳』 등이 있으며, 이 밖에도 시화집詩話集인 『파한집破閑集』과 『보한집補閑集』, 『백운소설白雲小說』 정도를 찾을 수 있다. 이 중에서 『파한집』, 『보한집』, 『백운소설』은 고려와 중국의 시문을 비교하거나 그에 얽힌 이야기 등을 옮겨놓은 것이므로 이를 통해 역사인식과 세계관을 확인하는 것은 또 다른 연구방법론을 필요로 한다. 따라서 이는 별도의 연구과제로 남겨두기로 하고 무신정권에 적극적으로 참여한 이규보의 『동국이상국집』을 통해 당시 유학자의 역사인식과 세계관, 자아인식을 살펴보도록 하자.

일반적으로 무신정권기의 역사인식과 관련해서는 신이사관을 우선 떠올린다. 이는 이규보의 「동명왕편」에서 고구려계승의식을 표방하면서 동명왕의 신이한 사적을 기록하였던 것이 강한 영향력을 미쳤기 때문이다. 최근에도 여전히 많은 연구자 및 대중의 기억에 이 같은 입장이 영향을 미치고 있으며, 이를 흔히 민족주의 또는 자주적인 것으로 해석하고 있다.[2] 즉 합리주의=사대주의적 역사관에 대한 비판으로서 신이사관을 표방하였다는 것이다.[3] 또한 이규보가 26세라는 젊은 나이에 굳이 『구삼국사舊三國史』를 얻어서 읽고 「동명왕편」을 지은 것은 나약한 명종明宗을 비판하기 위한 것이라고 하는가 하면,[4] 즉 신이한 행적을 나타낸 동명에 의해 건국된 고구려를 계승한 고려국가의 이미지를 부각시키기 위한 목적이 있었던 것으로 보기도 한다.[5] 그리고, 이규보가 『구삼국사』의 원문을 시의 여러 곳에 배치함으로써 김부식에 의해 없어질 수밖에 없었던 고대사 자료를 보전하게 되었다고도 한다.[6]

그러나 이와 같은 연구들은 이규보가 유학자라는 점, 그리고 다원적 사

---

2 이우성, 「고려중기의 민족서사시 – 동명왕편과 제왕운기의 연구」, 『한국의 역사인식』(상), 창작과비평사, 1976; 탁봉심, 「'동명왕편'에 나타난 이규보의 역사의식」, 『한국사연구』 44, 1984; 탁봉심, 「동명왕편의 역사인식」, 『한국사』(21), 1996; 차광호, 「「동명왕편」의 자주적 신이관」, 『고려시대 역사서의 신이성과 삼국유사』, 역사산책, 2018.

3 탁봉심, 위의 글, 1984; 탁봉심, 위의 글, 1996.

4 김철준, 「이규보 「東明王篇」의 사학사적 고찰 – 舊三國史記 자료의 분석을 중심으로」, 『東方學志』 48, 1985.

5 박창희, 「이규보의 「동명왕편」 시」, 『역사교육』 11·12합집, 1969.

6 김철준, 앞의 글, 1985.

상지형이라는 배경을 간과한 것으로 보인다. 이규보가 유학자인 이상 대민교화와 왕도의 실현은 유학적 이상 실현을 위한 방법론이자 종착점이다. 따라서 이러한 점을 적극적으로 고려해야만 「동명왕편」의 의미를 살필 수 있을 것이다.

이를 위해 다소 장황하기는 하지만 『동국이상국집』 권3에 수록된 「동명왕편」의 서문을 아래에 제시하고 분석해보고자 한다.

> 세간에 동명왕의 신이한 사적事跡은 비록 어리석은 남녀들이라고 해도 그 일을 흔히 말할 수 있다. ① 내가 그러한 말을 듣고 웃으며 말하기를, "옛 스승 공자께서는 괴력난신怪力亂神을 말하지 않으셨으니, 이는 진실로 황당荒唐하고 괴탄怪誕한 것이므로 내가 말할 수 있는 바가 아니다"라고 하였다. 이에 『위서魏書』와 『통전通典』을 읽어보면 그 일이 기재되어 있더라도, 간략하고 상세하지 않으니 국내의 일은 상세하고 외국의 일은 간략한 뜻인지 어찌 알겠는가? ② 지난 계축년1193, 명종 23 4월에 『구삼국사』를 얻어서 동명왕본기를 보니, 그 신이한 사적이 세간에서 말하는 바를 뛰어넘고 있었다. 그러나 처음에는 믿지 못하고 귀鬼나 환幻으로 여겼으나, 3번 반복하여 음미하면서 그 근원으로 점점 들어가니, 환幻이 아니고 성聖이었으며, 귀鬼가 아니고 신神이었다. 하물며 국사는 직필한 책이니 어찌하여 망령된 것을 전하였겠는가? ③ 김부식 공이 중찬重撰한 『삼국사기』는 그 일을 자못 간략하게 적었으니 그 뜻은 공이 국사는 나쁜 것을 바로잡는 책이므로 큰 이적에 관한 일은 후세에 보일 만한 것이 아니라고 여겼기 때문이 아니겠는가? 당 현종玄宗의 본기를 살펴보니 양귀비전楊貴妃傳에는 아울러 방사方士들이 하늘로 올라가고 땅으로 들어간 일이 기록되지 않았다. 오직 시인詩人 백낙천白樂天이 그 일이 없어질까 두려워하여 노래를 지어 그 뜻을 기록하였으

> 니, 그와 같이 실로 황음荒淫하고 기탄奇誕한 일을 오히려 노래로 읊어 후세에 보이고자 한 것이다. 하물며 **④동명왕의 사적은 변화무쌍하고 신이한 것으로 민중의 눈을 현혹하는 것이 아니라 진실로 나라를 세운 신이한 사적이니 이와 같은 것을 서술하지 않으면 후세에 장차 보일 만한 것이 있겠는가?** 이에 작시作詩하는 방법으로 □□를 기록하여 우리나라가 본래 성인의 나라라는 것을 천하가 알게 하려는 것이다.[7] 고딕체는 저자 강조

「동명왕편」 서문은 크게 보면 저술 동기, 『구삼국사』에 기록된 동명왕의 사적을 읽고 난 이후 동명왕을 보는 관점의 변화, 그리고 여러 기록과의 비교 등으로 이루어져있다.

위의 인용문에 붙인 번호를 따라가면서 분석하면 다음과 같다. 우선 ①에서는 동명왕의 사적을 읽기 전에 소문으로만 그 사적에 관해 들었을 때의 입장이 기록되어 있으며, ②는 신이에 대한 견해를 수정한 이후의 결과라고 할 수 있다. 그리고 ③은 김부식이 왜 신이를 축소하였는지 그 이유를 나름의 견해로 밝힌 부분이다. 즉 김부식은 유학자로서 이적異跡은 후세에 보일 만한 것이 아니라고 생각하였다는 것이다. 이에 대한 적극적인 비판이 없는 것으로 보아 김부식의 견해에 어느 정도 동의하고 있는 것으로

---

7 『東國李相國集』 권3, 東明王篇, "世多說東明王神異之事 雖愚夫騃婦 亦頗能說其事 僕嘗聞之 笑曰 先師仲尼 不語怪力亂神 此實荒唐奇詭之事 非吾曹所說 及讀魏書通典 亦載其事 然略而未詳 豈詳內略外之意耶 越癸丑四月 得舊三國史 見東明王本紀 其神異之迹 踰世之所說者 然亦初不能信之 意以爲鬼幻 及三復耽味 漸涉其源 非幻也 乃聖也 非鬼也 乃神也 況國史直筆之書 豈妄傳之哉 金公富軾重撰國史 頗略其事 意者公以爲國史矯世之書 不可以大異之事爲示於後世而略之耶 按唐玄宗本紀 楊貴妃傳 並無方士升天入地之事 唯詩人白樂天恐其事淪沒 作歌以志之 彼實荒淫奇誕之事 猶且詠之 以示于後 矧東明之事 非以變化神異眩惑衆目 乃實創國之神迹 則此而不述 後將何觀 是用作詩以□□記之 欲使夫天下知我國本聖人之都耳".

볼 수 있다.

이후 ③과 ④ 사이의 구절은 신이를 의도적으로 은폐하였던 양귀비전을 사례로 들어 백낙천이 당시의 이적을 시로 기록하였다고 하였다. 이는 자신이 「동명왕편」을 시의 형태로 남긴 것을 정당화하기 위한 목적에서 쓴 구절로서 문맥상 없어질 뻔하였던 방사와 관련된 신이가 백락천에 의해 그나마 시의 형태로 남아있게 되었다고 말하고 있다.

④는 서문의 최종적인 결론에 해당한다. 자신이 「동명왕편」을 지은 나름의 의의를 자평하고 있는 구절이라고 할 수 있다. 즉, 그는 동명왕의 신이한 행적이 대중의 눈을 현혹하는 것이 아니라 나라를 세운 영웅의 일대기이므로 기록에 남길 만하다는 것이다. 이에 따르게 되면, 동명왕의 사적은 제왕의 건국과정을 기록한 것이기 때문에 비록 유학에서 배격하는 신이라고 해도 남겨둘 가치가 있다는 논리이다.

따라서 이규보는 신이를 전면적으로 인정한다든가, 소위 김부식의 '합리주의'를 배격하려는 의도는 없었으며, 동명왕의 사적을 시와 『구삼국사』 기록을 번갈아 옮겨놓음으로써 남겨두려고 하였던 것이다. 그런 점에서 이규보는 신이사관을 일단은 제왕의 사적에 한정하여 인정하고 있다고 할 수 있다.

이러한 이규보의 신이사관을 이해하기 위해서는 『동국이상국집』에 수록된 또 다른 신이의 사례를 찾아볼 필요가 있다.

> 어떤 비구니가 최공崔公에게 탱화 1폭을 얻기를 청하여 보수한 다음에 돌려주고자 하였으나 미처 전하지 못하였다. 부인이 비구니가 가져가기를 청한 것을 모르고 샅샅이 뒤졌으나 찾지 못하였는데, (그날) 밤에 꿈에서 한 승려가

"나는 비구니가 거처하는 절에 있다"고 말하였다. 부인이 잠에서 깨어 이상하다 여기고, 비구니가 거처하는 절에 방문하니, 과연 찾을 수 있었다. 아! 사람이 진실로 마음을 독실하게 먹고 성심을 다하면 지인至人이 사물에 응해주는 것이 이처럼 빈틈이 없으니 만약 그 빠르게 응함을 어찌 논할 수 있겠는가?[8]

위의 인용문은 의왕사醫王寺 아라한전阿羅漢殿에 걸렸던 탱화를 찾지 못한 최공의 부인이 꿈에서 승려가 하였던 이야기를 듣고 탱화를 찾을 수 있었다는 내용이다. 언뜻 동명왕의 신이와 비교할 수 없을 정도로 강도가 약하다. 여기서 중요한 것은 꿈에 나타난 승려의 이야기이다. 그에 따르면 꿈은 괴탄怪誕한 것이지만, 그렇다고 해도 징험이 있으면 인정할 수 있다는 논리로 읽을 수 있다.[9] 따라서 징험이 나타난 꿈은 인정할 수 있는 신이의 영역에 속하게 되는 것이다.

이 밖에도 이규보는 왕륜사王輪寺의 장륙금상丈六金像에 얽힌 여섯 가지 영험을 이야기도 비슷한 유형에 속한다. 이 중의 첫 번째부터 네 번째까지의 영험은 수좌승인 걸傑이 종문대사宗門大師 정림正林에게 하였다는 이야기로서 이규보는 그것이 나중에 승통에 취임하였던 승려의 입에서 나온 이야기이기 때문에 믿을 만하다고 하였다. 그리고 그 뒤로는 왕륜사 주변에 거주하는 고로古老들의 이야기를 옮겨서 나머지 두 가지의 영험을 기록하였다.[10] 이 역시 앞서 언급한 바와 같이 동명왕편의 신이와 비교할 정도는

---

8 『東國李相國集』 권24, 醫王寺始創阿羅漢殿記, "有一尼請於崔公得一幀 欲補還之而未爾 夫人未知尼之請去 搜尋未得 夜夢一僧來告曰 我在尼院 夫人覺而異之 訪於尼院 果得焉 噫 人苟有篤誠 則至人之應物也 如符合吻交 若此其速 庸可議乎".

9 『東國李相國集』 권25, 夢驗記, "說夢似怪誕 然周官有六夢之占 又五經子史 多皆言夢 夢苟有驗 說之何害歟".

10 『東國李相國集』 권25, 王輪寺丈六金像靈驗收拾記.

아니지만, 모두 영험으로 기록하고 있기 때문에 이규보의 기준에서는 나름의 검증을 거친 이야기라고 판단한 것으로 보인다. 따라서 이규보는 비록 일부 승도들의 혹세무민과 비위를 비판하면서도[11] 영험이 입증되면 받아들이는 넓은 의미의 '합리주의'에 기초하여 신이를 인식하고 있었던 것으로 이해할 수 있다.

> 원수와 상수의 사이에는 역시 귀신을 믿어서
> 황당하고 음란하며 속이고 거짓말을 하는 것이 더욱 가소로웠네.
> 해동에는 이러한 풍속이 아직까지도 제거되지 않았으니
> 여인은 무당이 되고 남자는 박수가 되는구나.
> 스스로 말하기를 지고신至高神이 내 몸에 강림하였다고 말하지만
> 내가 들으니 이는 우습고도 서글플 뿐이다.[12]

그러나 이규보의 기본적인 입장은 신이를 인정하지 않는다는 데 있다. 위에서 이규보는 귀신을 섬기는 무당에 대한 비판을 하고 있다. 특히 무당은 지고신이 자신의 몸에 강림하였다는 말로 대중을 현혹한다고 말한다. 즉 그들이 대중을 현혹하는 것은 황당무계한 속임수荒淫譎詭에 지나지 않는다는 것이다. 이러한 나쁜 풍습이 고려에 남아 있기 때문에 이것은 반드시 제거되어야할 악습이었다. 따라서 유학 이외의 사상이나 종교에 대한 이규보의 입장은 비교적 엄격하였다는 것을 확인할 수 있다.

---

11 『東國李相國集』 권24, 妙香山普賢寺堂主毗盧遮那如來丈六塑像記.

12 『東國李相國集』 권2, 老巫篇,"沅湘之間亦信鬼 荒淫譎詭尤可嗤 海東此風未掃除 女則爲覡男爲巫 自言至神降我軀 而我聞此笑且吁".

> (의종 때) 함유일咸有一, 1106~1185은 일찍이 무격巫覡을 매우 심하게 배격하였다. (그의 무격은) 사람과 귀신이 섞여서 거처하는 것이며 (그 때문에) 사람들이 병에 많이 걸린다고 생각하였다. 도감都監이 되어서는 서울의 무가巫家는 모두 교외로 이주하게 하였으며 민가에서 받드는 음사淫祀는 모두 거두어 불태워 없애버렸다. 여러 산의 신사神祠 중에서 이적이 없는 것은 모두 훼손하였다. (함유일이) 구룡산신九龍山神이 영험하다는 말을 듣고 신사에 가서 신상神像에 활을 쏘았는데, 갑자기 바람이 불어 두 문이 닫히면서 화살을 막아내었다. 또한 용수산龍首山의 신사에 이르러서는 그 영험함을 시험하였으나 나타나지 않아 불태워버렸다. 이날 밤에 왕의 꿈에 산신이 나타나 구해달라고 하니, 다음날 유사에 명을 내려 그 신사를 복구하게 하였다.[13]

이규보와 같은 신이에 대한 합리적 기준은 다른 유학자들에게서도 나타난다. 시기적으로 다소 빠르기는 하지만, 의종대 함유일의 사례를 참고하면 그들의 인식적 지향이 어떤 것인지 대강이나마 짐작해볼 수 있다. 『고려사』 열전의 기록에 따르면 함유일은 매우 청렴한 관리로서 묘청의 난에 종군하여 공을 세웠으며, 늘 헤진 옷과 구멍 난 신발을 신고 다녔을 정도로 매우 청렴한 관리였다. 지방에 수령으로 나가서도 치적이 매우 우수하였다고 한다.[14] 그런데 그는 이단을 배척하는 데 앞장섰다. 여기서 함유일이 정한 배척의 대상은 자신의 눈앞에서 영험이 나타나지 않는 것들이었

---

13 『高麗史』 권99, 列傳12, 咸有一, "有一嘗酷排巫覡 以爲人神雜處 人多疵癘 及爲都監 凡京城巫家 悉徙郊外 民家所畜淫祀 盡取而焚之 諸山神祠無異跡者 亦皆毁之 聞九龍山神最靈 乃詣祠射神像 旋風忽起 闔門兩扇 以防其矢 又至龍首山祠 試靈無驗 焚之 是夜 王夢有神求救者 翼日 命有司復構其祠".

14 『高麗史』 권99, 列傳12, 咸有一.

다. 당시로서는 민간신앙과 불교를 완전히 배척하는 것은 불가능하며, 오히려 많은 유학자들이 불교를 믿고 있었다. 그렇기 때문에 함유일이 정한 이적의 유무라는 기준은 나름대로 정한 합리적인 것으로 이해할 수 있다. 그 과정에서 제때에 이적을 구현하지 못한 용수산의 산신당은 희생양이 될 수밖에 없었다.

이는 아마도 당시로서는 비교적 철저한 이단 배척이라고 할 수 있을 것이다. 예종대 이중약李仲若, 곽여郭輿 등과 같은 측근세력은 도교와 친숙한 인물들이었으며,[15] 인종대에 주목을 받은 이들이 바로 풍수지리와 민간신앙, 불교 등 유학 이외의 사상과 비교적 친숙한 인물들이 참여한 서경세력이었다. 여기에 이자현李資玄, 윤관尹瓘, 윤언이尹彦頤 등 유교 이외의 사상과 유대관계를 맺고 있거나 친숙한 이들이 존재하고 있었다는 점을 생각해 보면 당시의 사상지형은 매우 복잡하며 다양성이 최대한 발현된 시기라는 것을 알 수 있다. 함유일이 『고려사』 열전에 입전된 것도 바로 그러한 점이 고려되었을 것이라 생각한다.

이와 같은 사상지형으로 미루어보아 12세기 이후 김부식을 비롯한 유교관료 내부에서도 불교 신앙과 도교와의 친연성은 세력에 따라 분명하게 차이가 있었을 것이라 생각된다. 그리고 매우 다양한 형태가 존재하였을 것이다. 따라서 김부식과 같이 상대적으로 신이를 배척하는 입장에 있었던 인물도 불교 신앙과 도교와 전혀 상관이 없었던 것으로 보는 것은 당시의 사상배경을 고려해볼 때 거의 불가능한 추론이라 할 수 있다. 또한

15 김병인, 『고려 예종대 정치세력 연구』, 경인문화사, 2003; 채웅석, 「고려 예종대 도가사상·도교 흥기의 정치적 성격」, 『韓國史硏究』 142, 2008; 김철웅, 『고려시대의 도교』, 경인문화사, 2017.

인성론적 사고방식을 가진 유학자들의 경우에도 불교와 도교에 심취하거나 존재의 근거를 인정하는 경우도 얼마든지 발견할 수 있다. 따라서, 이를 신이사관에 적용시켜보면, 신이사관은 매우 다양한 스펙트럼으로 나타났을 것이라 추정해볼 수 있다.

> 자고로 제왕이 흥기하는데,
> 징조와 상서가 왕성하게 일어났구나.
> 마지막 자손이 게으르고 거칠음이 많으면,
> 모두 선왕의 제사를 끊어지게 할 수 있네.
> 이에 알겠네, 수성守成한 임금은
> 신고辛苦한 땅에서 작게 삼갈 것을 경계하여
> 너그럽고 어진 정치로 왕업을 지키고
> 백성을 교화시키는 것은 예禮와 의義에서 말미암아야 하는 것이다.
> 그리하면 길이길이 자손에게 전하여
> 오래도록 나라를 통치할 수 있을 것이다.[16]

이러한 이규보의 신이사관은 「동명왕편」에 수록된 또 다른 구절을 통해서도 이해해볼 수 있다. 위의 인용문은 「동명왕편」의 마지막 구절로서 제왕이 흥기한 이후 유학적 교화로 민을 통치하면 왕업이 길이 유지될 수 있을 것이라는 내용이다. 즉, 「동명왕편」은 왕업을 오래도록 유지하기 위한 목적에서 지어진 것이며, 그 방법으로 제시된 것이 바로, 왕도정치라고 할 수 있다.

---

16 『東國李相國集』 권3, 東明王篇, "自古帝王興 徵瑞紛蔚蔚 末嗣多怠荒 共絶先王祀 乃知守成君 集蓼戒小毖 守位以寬仁 化民由禮義 永永傳子孫 御國多年紀".

동도東都는 옛 낙원,

궁전에는 유서 깊은 터전이 남아 있다.

신라 제 56대 왕인 김부金傅가 우리 태조에게 항복하니, 태조는 장녀를 아내로 삼게 하였으며, 신라를 고쳐 경주로 삼고 공의 식읍으로 삼았다. 오공吳公, 吳世文은 스스로 신라왕의 외손이라고 말하였으며, 일찍이 동경에 우거하였으므로 동경東京에 대한 일들을 (나에게) 말해주었다.[17]

그러나 다른 한편으로 이규보의 의식에는 「동명왕편」으로 파악할 수 있는 고구려계승의식 외에도 신라계승의식도 내재해있다고 볼 수 있다. 위의 인용문에 나오는 오세문은 이규보를 죽림고회에 소개해준 인물인 오세재吳世才의 형이다. 이규보의 교유관계는 오세재보다 오세문과 매우 오랫동안 이어졌다. 위의 인용문은 어느 날 오세문이 지어서 보낸 300여자 정도 되는 시의 압운에 이규보가 차운하여 지은 시의 일부인데, 시의 중간에 시구와 관계되는 신라의 역사와 시구의 의미를 산문으로 기록하였다. 시구의 의미와 관련되는 부분을 제외하면 신라의 역사와 관계되는 부분이 그리 많은 것은 아니다. 그런데, 이규보는 오세문이 신라 왕실의 외손이라는 점을 매우 자랑스럽게 여긴다고 기록하였다. 신라 왕실은 고려에 귀부한 이래 태조 왕건과 혼인관계를 맺었으며, 이는 신라 왕실의 혈통을 고려 왕실에 끌어들이기 위한 것이라 할 수 있다. 그러한 점에서 생각해보면 13세기 무신정권기 문인이 신라 왕실의 혈통이라는 것을 매우 자랑스러

17 『東國李相國集』 권5, 次韻吳東閣世文呈誥院諸學士三百韻詩, "東都古樂國 宮殿有遺基(新羅第五十六王金傅降我大祖 大祖妻以長女 改新羅爲慶州 爲公食邑 吳公自言新羅王外孫 曾寓居東京 故論東京事)".

운 역사로 기억하는 것은 크게 이상한 것은 아니다. 이를 통해 당시에 신라 왕실이 갖는 위상을 짐작할 수 있는데, 이규보는 그러한 신라와 고려의 관계를 기록함으로써 은연중에 신라왕실에 대한 긍정적인 시각을 드러내고 있다.

그런데 이규보는 신라가 중국의 영향을 받았으며, 유학적 교화를 펼친 결과 황당하고 괴탄한 것을 배척하고 왕도를 이룩할 수 있었다고 하였다.[18] 왕도를 펼친 결과 문물이 융성해졌다고 평가하였는데, 이는 시각에 따라서는 고려가 앞으로 전성기의 신라를 계승해야한다는 의미로 해석할 수 있다. 그렇다면, 이규보는 앞서 언급한 「동명왕편」을 통하여 고구려계승의식을, 그리고 위의 시문을 통하여 신라계승의식을 드러내고 있었던 것으로 평가할 수 있다.

> 우리 동방은 은殷 태사太師가 동방에 책봉을 받은 뒤로부터 문헌이 비로소 시작되었으나 중간에 지어진 것들은 세대가 멀어서 들을 수 없다.[19]

그러한 점에서 이규보의 역사적 시원에 대한 인식도 그 연장선에서 파악해볼 수 있다. 그가 지은 시화집인 『백운소설』의 앞머리, 즉 서문에 해당하는 짤막한 문장에는 기자箕子가 언급되었다. 이규보의 시문에서 위의 인용문을 제외하고 기자에 관한 기록을 찾을 수 없다는 점은 그에게 역사적 시원에 관한 인식이 매우 희박하였다는 것을 시사하는 것이 아닌가 의

18 『東國李相國集』 권5, 次韻吳東閣世文呈誥院諸學士三百韻詩, “累聖享雍熙 肇制宮懸樂 初陳蕝纂儀 儉勤師大夏 荒怪黜因墀”.

19 『白雲小說』, “我東方 自殷太師東封 文獻始起 以中間作者 世遠不可聞”.

심해볼 수 있다. 그렇지만, 여기서 한 가지 눈에 띄는 것은 바로 기자가 문헌상으로 밝혀진 시조라고 말하고 있다는 점이다. 즉 기자는 김부식의 경우에서와 같이 유학과 교화의 시조 정도의 의미를 지니고 있는 것이라 할 수 있다. 나아가 고려가 기자를 역사적 시원으로 삼는다면, 기자를 계승하기 위해서 고려는 유학적 교화를 지향하는 국가가 되어야만 한다.

그렇다면 이규보가 말하고 있는 왕도정치는 과연 어떠한 것이라고 규정할 수 있을까? 이규보의 역사인식에 나타나는 경세의식은 다분히 고려의 전통적인 정치운영론이라 할 수 있는 철저한 국왕 중심의 정치운영을 답습하고 있다. 그는 「개원천보영사시開元天寶詠史詩」의 서문에서 정관지치貞觀之治에 가까웠던 개원지치開元之治 이후 정사를 게을리하였으며 양귀비 등 소수의 후비만 총애하여 결국 안사의 난을 초래하였던 당 현종의 통치시기를 『천보유사』, 『당서』, 『이백집』, 『갈고록』, 『명황잡록』, 『양비외전』, 『개원전신기』, 『현종유록』 등을 근거로 하여 시로 표현하였다. 그러면서 이규보는 영사시가 모두 임금과 관계되지는 않으나 당시의 정치의 득실이 모두 임금의 영도領導에서 나오는 것이기 때문에 읊어보았다고 하였다.[20] 즉 정치의 모든 책임이 군주에게 있으므로 비록 군주와 관계없는 일도 사실은 모두 군주가 중심이 되었던 정치의 득실과 관계가 없을 수 없다는 것이다.

특히 군주의 통치권은 하늘로부터 부여받은 것이며, 현실적으로 재앙을 내릴 것인지 상서를 내릴 것인지 알 수 있는 방법은 없다. 그러므로 군주는 군자를 잘 가려서 등용해야만 하였다. 이는 군주는 천도를 실현하는 주

20 『東國李相國集』 권4, 開元天寶詠史詩, "雖事有不關於上者 其時善惡 皆上化之漸染 故并掇而詠之".

체로서, 도를 가까이하고 소인을 멀리해야만 하였기 때문이었다.[21] 즉, 국정을 관할하고 군자와 소인을 가려서 등용하는 것도 모두 군주의 책임 아래 이루어지는 것이기 때문에, 당 현종의 치세에서 발생한 안사의 난을 비롯하여 군주가 등용한 사람들 사이에서 벌어지는 모든 사건은 군주와 관계되지 않을 수 없는 것이다.

또한 이규보는 문장에서 유학적 문제의식이 관철된 고문창도古文唱導, 문이재도文以載道를 지향하였다. 그는 시란 뜻을 주로 삼는 것인데, 뜻을 세우는 것이 가장 어렵고 말을 만드는 것이 그 다음으로 어렵다고 하였다. 이때 뜻은 반드시 기를 기르는 데서 시작하는 것이며, 기는 하늘에 근본하는 것, 즉 하늘로부터 부여받은 것이라고 하였다.[22] 시어의 근원은 『시경』으로부터 나오는 것이며, 육경六經을 공부하는 데서 출발한다고 하였다.[23] 그 과정에서 시어는 독창적인 말을 만들어냄으로써 이전에 있었던 시어를 답습하는 것은 금물이다. 그리고 이는 바로 조충전각지학雕蟲篆刻之學을 면할 수 있는 방법이었다.[24]

이러한 이규보의 고문창도론에서 이전의 김부식과 죽림고회에 비하여 진일보한 측면을 발견할 수 있다. 김부식의 경우 중국의 고문가들이 사용하는 사辭라는 장르를 처음으로 사용하였다는 점에서 고문론을 직접 실천에 옮긴 인물이었다. 그러나, 문학은 유학 경전을 모범으로 해야 하며 화려한 미사여구를 동원하여 만들어지는 변려문을 숭상하는 잘못된 풍조에

---

21 『東國李相國集』 권12, 諷百詩, "上天鑑善惡 如鏡辨妍媸 一朝降明罰 糜碎身與支 不然注陰禍 無奈折其期 (…중략…) 君子畏天壓 暗室猶不欺 脫未蒙其福 亦免蹈其危 小人謂天遠 妄欲隱其私 天孽是自召 噬臍焉可追".

22 『東國李相國集』 권22, 論詩中微旨略言.

23 『東國李相國集』 권26, 答全履之論文書.

24 『東國李相國集』 後集 권1, 論詩.

서 벗어나야 한다는 정도의 수준에 머물러 있었다.[25] 같은 무신정권기에 활동한 이인로, 임춘, 오세재 등의 죽림고회 역시 고문[26]과 당송팔대가의 문장을 지향하였다.[27] 그렇지만, 그 이면에서는 사륙변려문을 버리지는 못하였다.[28]

특히 고문을 짓기 위해서는 호연지기浩然之氣를 길러야 한다고 말하였다는 점에서 이규보와 죽림고회 사이에 큰 차이는 없었다. 이는 이규보가 한때 죽림고회에 참여하였던 점에서 사상적 연원을 찾을 수 있다.[29] 그렇지만, 이규보는 죽림고회에 대해서는 비판적인 입장에 있었다. 그는 오세재의 소개로 죽림고회에 참석하였으나, "칠현이 무슨 조정의 벼슬인가?"라고 하면서 죽림칠현 중에서 인색하다는 평가를 받는 왕융이 자기 집의 오얏나무를 아껴서 다른 사람이 그 열매를 먹고 씨를 얻지 못하도록 씨에 구멍을 뚫었던 고사를 시로 읊었다.[30] 이는 이규보의 입장에서 단순히 문장만

---

25 『東文選』 권35, 謝二學聽講兼觀大晟樂表.
조동일, 『제 4판 한국문학통사』(1), 지식산업사, 2005, 398~399쪽.

26 『東文選』 권59, 與皇甫若水書, "僕略觀當世士大夫志於遠且大者甚少 但以科第 爲富貴之資而已 其邁然霈橫然行 闊視於綴述之場 可以興西漢之文章者 捨足下誰耶 勉之勉之".

27 『破閑集』 권하, "詩家作詩多使事 謂之點鬼簿 李商隱用事險僻 號西崑體 此皆文章一病 近者蘇黃崛起 雖追尙其法 而造語益工 了無斧鑿之痕 可謂青於藍矣 (…중략…) 吾友耆之 亦得其妙 如 歲月屢驚羊胛熟 風騷重會鶴天寒 腹中早識精神滿 胸次都無鄙吝生 皆播在人口 眞不愧於古人".

28 최봉준, 「죽림고회를 통해 본 무신정권기 문인들의 네트워크와 古文論」, 『學林』 44, 2019, 28쪽.

29 『東國李相國集』 권3, 自吳郎中世文家 訪廣明寺文長老 次韻文公; 권26, 寄吳東閣世文論潮水書.

30 『東國李相國集』 권21, 七賢說, "先輩有以文名世者某某等七人 自以爲一時豪俊 遂相與爲七賢 蓋慕晉之七賢也 每相會 飮酒賦詩 旁若無人 世多譏之 然後稍沮 時予年方十九 吳德全許爲忘年友 每携詣其會 其後德全遊東都 予復詣其會 李淸卿目予曰 子之德全 東遊不返 子可補耶 予立應曰 七賢豈朝廷官爵 而補其闕耶 未聞嵇, 阮之後有承之者 闔座皆大笑 又使之賦詩 占春人二字 予立成口號曰 榮參竹下會 快倒甕中春 未識七賢內 誰爲鑽核人 一座頗有慍色 卽傲然大醉而出 予少狂如此 世人皆目以爲狂客也".

을 다듬고 경명행수經明行修에 이르지 못한 그들을 비판한 것으로 이해할 수 있다.

여기서 이규보의 고문창도론은 김부식이나 죽림고회를 넘어서 경세론으로 나아갈 수 있는 가능성을 열었다고 할 수 있다. 이규보는 시는 뜻을 주로 삼는 것이므로 단순히 좋은 시어를 골라 배치함으로써 자신의 감정을 표현하는 것에 그쳐서는 안 되고 유학적인 의미를 담아내야 한다고 말하였다. 이는 비록 고문론의 기본적 정의라고 할 수 있는 정도의 발언이기는 하지만, 고문에서 시어가 갖는 사상적 의미에 대해 언급하고 있는 것이라 할 수 있다. 그리고 이는 시문이 풍속을 교화시키는 데까지 나아가야 한다는 의미로 해석할 수 있다.[31]

> 불가佛家에서도 논한 것이 있으니, 불가는 즉 설법說法으로 인하여 증거를 인용한 것일 뿐이며 특별히 해조海潮를 측량하기 위한 것은 아니므로 불가를 기준으로 삼는 것은 (우리) 유가儒家의 단점입니다. 유가가 불가보다 먼저 생겨났으며, 천지와 통하는 것은 유가이니, 유가에서 반드시 불가가 기다린 연후에 천지를 말하였다는 말입니까?[32]

이규보는 당시에 활동한 다른 유학자들과 같이 불교에 매우 관대한 태도를 취하였다. 위의 인용문은 오세문이 조수潮水에 관해 논한 글의 서문이다. 여기서 주목할 점은 첫 번째 불교를 기준으로 유가에서 조수에 관하여

---

31 『東國李相國集』 後集 권1, 論詩.

32 『東國李相國集』 권26, 寄吳東閣世文論潮水書,"抑聞釋氏有論 釋氏則因說法而證引耳 非必特地爲海潮而表量剖析也 況以釋氏爲準 則儒家之短也 儒先釋生 通天地曰儒 儒必待釋氏然後言天地耶".

논하였으니, 이는 유학의 단점이라고 할 수 있다는 대목이다. 즉 유학에서 조수에 관해 별달리 논한 것이 없으므로 굳이 불교의 힘을 빌려 조수에 관하여 논하고 있다는 의미로 해석된다. 두 번째로 유가가 불교보다 먼저 생겨났다고 하는 부분이다. 역사적 사실의 여부를 떠나 천지를 중심으로 하는 정치사상은 유학에서 처음으로 만들어냈으며, 유가가 불교에 비해 역사적 연원이 오래되었다고 말하고 있다. 이는 유학과 불교의 상호보완적 관계를 전제로 한 표현이라 할 수 있다. 즉 유가와 불교가 취하고자 하는 바는 서로 같으며,[33] 이는 모두 왕도정치를 위한 것으로서, 불교는 유학의 보조적 역할에 그치는 것으로 파악하였다. 그런 점에서 이와 같은 이규보의 불교에 대한 유학 우위의 입장은 이후에 설명할 원 간섭기 성리학자의 세계관으로 이어지는 측면이 있다.[34]

> 아! 지금 세상의 풍속은 매양 불교를 혹독하게 믿어서 조상에 대한 제사에서 채소를 많이 쓰는구나! 이것이 어찌 법이라 할 수 있는가? 만약 불사佛事를 조성하는 방법으로 명복을 빌며 그 조상에 제사를 지내고자 하여 채소를 (제수로) 쓰는 것은 가可하다. 이른바 사시四時의 제향은 길례吉禮이자 대례大禮이다. 관품의 고하를 따져서 혹은 태뢰太牢로 혹은 소뢰小牢로 제사지는 것이 예이다. 만약 가난하여 (제수를) 마련할 수 없다면, 어물魚物이나 금조禽鳥로 대신하고 (이를) 구워서 제수로 쓰는 것이 채소를 쓰는 것보다 낫다.[35]

---

33 『東國李相國集』 後集 권5, 誦楞嚴經初卷 偶得詩 寄示其僧統; 『東國李相國集』 後集 권6, 南軒答客

34 최봉준, 「14세기 고려 성리학자의 역사인식과 문명론」, 연세대 박사논문, 2013.

35 『東國李相國集』 권22, 論四時饗先事略言, "噫 今世之風俗 酷尙佛法 其祭先多以蔬蔌 是何法耶 若欲營佛事薦冥福 而幷祭其先 則用蔬菜可也 所謂四時之饗者 吉祭也 大禮也 當以官品之高下 或以大牢 或以小牢 禮也 若貧不能辦之 則以魚物禽鳥之類代之 燔炙以薦 則猶愈

그렇지만 이규보는 불교식 예제보다는 유교식 예제를 적용하는 것이 우선이어야 한다고 하였다. 위의 인용문의 논리에 따르면 불교식 제사를 지내는 것은 어느 정도 허용된다고 할 수 있다. 그렇지만, 이는 원칙이 아니며 오히려 고기를 대신하여 생선이나 닭고기 등으로 대체하는 것이 불교식으로 채소를 제수로 사용하는 것보다 낫다고 하였다. 사실 생선이나 닭고기 등 조류를 제사상에 올리는 것은 고기를 사용하는 것을 대신하는 일종의 권도權道라고 할 수 있다. 그렇지만 여기서 이규보는 권도보다 훨씬 좋지 않은 것이 바로 불교식 제사라고 말하고 있다. 유학자의 시각에서 본 다원적 사상지형은 유학을 우위에 두고 불교 등 유학 외의 사상과 종교는 유학의 하위에 두는 형태일 것이다. 이는 각자의 사상적 배경 아래서 다원적 사상지형을 이해하고 전개하는 하나의 방법으로 이해할 수 있다.

2. 단군의 역사화와 다원적 문명론의 전개

동아시아 역사서술에서 『춘추』가 차지하는 비중은 절대적이다. 거의 모든 사서들은 이른바 춘추필법을 원칙으로 하고 있다. 춘추필법은 미언대의微言大義에 의해 난신적지亂臣賊子를 필주筆誅하는 감계주의鑑戒主義를 중심으로 한다. 즉, 포폄褒貶을 통한 집저자의 가치판단이 개입되어 있는 것이지만, 실제 서술한 내용에서는 그 의미를 감추거나 숨기는 방법屬辭比事을 통하여,[36] 군주와 신하 간의 명분과 의리를 내세우고, 반대로 의리를 저버린

於蔬菜矣".

36 竹內照夫, 「春秋와 春秋筆法」, 『中國의 歷史認識』(上), 창작과비평사, 1985, 163~164쪽.

난신적자를 붓끝으로 처단하는 필주를 가한다. 그리고 후세의 모든 이들로 하여금 이와 같은 일이 다시는 반복되지 않도록 교훈을 준다는 윤리적 판단을 중심으로 하는 역사인식이다.[37] 춘추필법과 감계주의는 김부식의 『삼국사기』를 거치며 고려의 유학자들 사이에서도 매우 중요한 기준으로 자리 잡았다.

이승휴의 『제왕운기』는 영사시의 형태로 저술된 통사로서, 공자의 『춘추』에 의하여 세워진 유교적 감계주의를 목적으로 하였다.[38] 이를 위해서는 우선 정확한 포폄이 이루어져야 한다. 이승휴는 『제왕운기』의 서문에서 "제왕들이 서로 계승하고 주고받으며 흥하고 망했던 사실을 경세군자經世君子는 기록하지 않을 수 없다"고 하였다.[39] 그리고 그는 중국의 역사는 삼황오제에서 원대까지, 그리고 고려는 단군에서 원종대까지 서술하면서 이를 영사시 형태로 만들었다. 그는 『제왕운기』의 서문에서 저술의 목적은 군주가 항상 곁에 두고 이를 거울삼아 정치에 활용할 수 있도록 하는 데 있다고 하였다.[40]

이승휴는 군신 간의 명분의식을 강조하였다. 그는 군주는 부지런히 정무를 처리하고 어진 선비를 선발해야 하며, 수덕修德을 통하여 형성된 인성이 밑바탕이 되어야 한다고 하였다. 이승휴는 그에 가장 적합한 모델로 당 태종을 꼽으면서, 당 태종의 그와 같은 정치와 인성으로 태평성대를 이루게 되었다고 하였다.[41] 태평성대가 군주의 능력과 인성으로 이루어진다는

---

37 高柄翊, 「儒敎思想에서의 進步觀」, 『中國의 歷史認識』(上), 창작과비평사, 1985, 72~73쪽.

38 劉璟娥, 앞의 글, 1986; 邊東明, 앞의 글, 1990; 河炫綱, 앞의 글, 1991; 金仁昊, 앞의 글, 1997; 金仁昊, 앞의 글, 2005.

39 『帝王韻紀』 卷上, "自古 帝王相承授受興亡之事 經世君子 所不可不明也".

40 『帝王韻紀』 帝王韻紀進呈引表.

41 『帝王韻紀』 卷上, "大宗雖已致昇平 宵衣日旱食常求士 房杜日月魏徵鑑 佐明四海光天視 居

점에서, 이는 군주의 정치적 역할이 강조된 것으로 보인다. 이와 함께 그는 군주의 통치를 가로막는 권신을 난신적자로 보았다. 이는 무신정권기를 거친 그의 역사적 경험에서 그 원인을 찾을 수 있다. 명분상 군주는 신하보다 상위의 존재로서 신하는 군주에 충의를 바치며, 왕실을 보위해야 하였다.[42]

『제왕운기』의 서문에서 그는 예로부터 제왕들이 서로 주고받으며 계승하는 사실을 밝히지 않을 수 없다고 하였다.[43] 그러면서 그는 숙손통叔孫通이 군신의 예를 세워 한漢의 군신이 비로소 천자의 귀함을 알 수 있었다고 하였다.[44] 이를 통해 그가 군신 간의 관계를 기반으로 하는 국가질서를 지향하고 있는 것으로 볼 수 있겠다. 그러나, 이승휴의 중국사 인식에서 주목되는 점은 당의 측천무후則天武后가 축출되고 중종中宗이 복위하는 과정에 대한 부분이다. 그는 측천무후가 만년에 지난 허물을 뉘우치고 아들을 대신 세워 왕위를 돌려주었다고 하였다.[45] 이는 넓게 보아 고종에서 중종으로 이어지는 정통이라는 관점에서 측천무후는 정통의 흐름을 거스른 인물로서 부정적인 평가를 하고 있는 것으로 해석할 수 있다. 그렇지만, 만년에 허물을 뉘우쳤다고 보는 데서, 정통의 흐름, 즉 형세만큼은 정확하게 파악하고 있는 인물로 그려진 점은 주목된다.

이승휴는 중국사 인식에서 사마광의 『자치통감』을 중심으로 하는 정통

安思危朝夕憂 九有晏然無一事 刑措民安上古同 至今有口皆稱美".

42 『帝王韻紀』 卷上, "臨以火德都長安 久乱餘風猶未粹 叔孫制禮序君臣 於此乃知天子貴 旁求儒雅設庠序 六經諸子遝復致 乾坤繞宮日月明 耕鑿万方相慶喜".

43 『帝王韻紀』 卷上, "自古 帝王相承授受興亡之事 經世君子 所不可不明也".

44 『帝王韻紀』 卷上, "臨以火德都長安 久乱餘風猶未粹 叔孫制禮序君臣 於此乃知天子貴".

45 『帝王韻紀』 卷上, "廢子而立改號周 聖唐基業幾乎墜 多哉末年改往修 復立其子還天位 從玆仙李遠條且".

론을 따르고 있었다.[46] 그는 중국사를 서술한 상권의 끝에 「정통상전송正統相傳頌」을 지어 역대 중국왕조의 계승관계를 밝혔다. 여기서 그는 남북조 중에서 북조北朝가 아닌 남조南朝의 송宋-제齊-양梁-진陳을 정통으로 인정하였다. 이어서 당대唐代 이후를 오대五代-송宋-금金-원元으로 정리하였다.[47] 이와 관련하여 그 아래 붙은 주석에서는 수隋와 금이 비록 방전傍傳으로부터 일어났으나, 모두 정통 왕조를 평정하고 정맥正脈을 얻었으므로, 결코 방전이 아닌 정통 왕조라고 하였다.[48] 이는 형세적 통일을 이루는 왕조가 곧 이전 왕조의 정맥을 이은 정통 왕조라는 의미라고 할 수 있다. 따라서, 이 논리대로라면 금을 평정한 원도 정통의 범주에 포함된다. 실제로 이승휴는 원이 천하를 차지한 다음부터 태평성대가 찾아왔으며, 그로 말미암아 천하의 여러 나라들이 내조하기 시작하여 천하에 비교할 나라가 없다고 하였다.[49] 원을 정통으로 하고 있다는 점을 고려하더라도, 사마광이 남조보다 북조의 정통성을 인정하였다는 점을 생각한다면, 사마광과는 분명한 차이점이 있다. 이승휴는 시간적으로 거리가 있는 위진남북조시대는 한족을 중심으로 하면서도, 당대當代는 확실하게 이민족 위주로 인식하였다. 이는 이승휴가 기본적으로 형세를 중심으로 하는 역사인식 체계를 갖고 있다는 것을 의미한다고 생각된다.

이승휴는 이를 오덕종시설五德終始說을 이용하여 합리화하였다.[50] 이는 고

---

46 金仁昊, 앞의 글, 2005; 김남일, 앞의 글, 2011; 조성을, 앞의 글, 2007, 23~27쪽.

47 『帝王韻紀』 卷上, 正統相傳頌, "盤天地人巢與燧 三皇五帝兼夏商 周秦漢魏司馬晉 劉宋蕭齊蕭衍梁 陳霸先陳楊堅隋 神高皇帝李淵唐 五代趙宋完顔金 正統相傳奉我皇".

48 『帝王韻紀』 卷上, 正統相傳頌, "然則 楊隋繼字文周而立元 金國敗遼軍立元 玆非傍傳 荅彼二國 初雖自傍傳 而起隋平陳陳 金克趙宋得其正脉 而卒能一統天下 烏可謂之傍傳乎".

49 『帝王韻紀』 卷上, "惟吾上國大元興 遍使黔蒼成疊疊 巍巍蕩蕩無能名 我君同德揚光彼 蹄航万國竟来臣 禹貢山川皆執贄 土地之廣人民衆 開闢已來無有譬".

50 金仁昊, 앞의 글, 2005.

려가 수덕을 잇고 있다고 하는 오행적 역사관의 연장선에서 이해할 수 있는 부분이다. 고려는 이미 건국 당시부터 풍수지리 등 여러 사상체계들이 오행설을 기반으로 하고 있었으며, 개경이 갖고 있는 풍수지리적 의미를 국운과 연관시켜 이해하고 있었다.[51] 오덕종시설은 왕조의 교체와 변혁을 수水·화火·목木·금金·토土 등 오행의 상호관계로 설명하고, 역사적으로 모든 왕조는 이 5가지의 덕 중 하나를 타고 난다고 설명한다. 즉, 진秦은 수덕을 타고 났으며, 한漢은 토덕을 가지고 있다는 등의 설명으로 왕조교체 자체를 오행의 변화로 설명하는 이론이다. 이는 화－수－토－목－금의 순서를 갖는 추연鄒衍의 오행상승설五行相勝說과 목－화－토－금－수의 순서로 변화된다는 유향劉向의 오행상생설五行上生說로 나뉜다.[52] 그런데, 이승휴는 금夏－수殷－목周과 수秦－화漢－토魏－금晉의 순서로 중국왕조를 나열하였다. 이는 오행상승설이나 오행상생설 어느 쪽에도 속하지 않는다.[53]

이승휴가 『제왕운기』 하권의 첫머리에 수록된 지리기地理紀에서 고려를 또 하나의 별천지로 묘사하고, 중국과 구별되는 개별적 천하로 보았던 것은 이미 널리 알려진 사실이다. 그런데 그는 여기서 중국과는 북쪽을 경계로 하여 선처럼 이어져 있으며 강산의 형승이 천하에 이름이 있는 예의지국으로서 중국에서는 일찍이 '소중화'라고 불렀다고 하였다.[54] 고려는 여러 이夷 중에서 소중화적 존재에 해당한다는 의미로 해석할 수 있다. 그렇다면, 여러 이夷 중에서 고려는 다른 나머지 이夷와는 차별적인 존재로서

---

51 崔柄憲, 「高麗時代의 五行的 歷史觀」, 『韓國學報』 13, 1978.

52 高柄翊, 앞의 글, 1985, 80~81쪽.

53 金仁昊, 앞의 글, 2005, 180~181쪽.

54 『帝王韻紀』 卷下, 地理紀, "洪濤萬頃圍三面 於北有陸連如線 中方千里是朝鮮 江山形勝名敷天 耕田鑿井禮義家 華人題作小中華".

'화華로서의 자아'를 표현하고 있는 것으로 볼 수 있다. 따라서, 천하관이라는 측면에서 보면 이승휴가 생각하는 천하는 중국의 '주변국으로서의 자아'가 관철되어 있는 화이론적 관점에서의 천하와 '화華로서의 자아'가 관철된 자국중심의 천하의 두 가지의 천하가 공존하는 다원적 천하관을 갖고 있었다고 할 수 있다.[55]

여기서 이승휴는 고려가 중국과 구별되는 별개의 천하에 속하면서도 소중화를 이루고 있는, 다원적 천하관을 천명하고 있는데, 이는 문화적으로는 토풍土風과 유교문화라고 하는 두 개의 중심축을 갖고 있다는 점을 명시한 것이라 할 수 있다. 이는 소중화가 중국과의 구분의식이 전제되는 것이란 점도 확실하게 밝히고 있었던 것으로 이해된다.

<table>
<tr><td></td><td>후조선(後朝鮮, 箕子)</td><td>위만조선(衛滿朝鮮)</td><td></td><td></td></tr>
<tr><td rowspan="4">전조선
(前朝鮮, 檀君)</td><td colspan="2">마한(馬韓)</td><td>고구려(후고구려)</td><td rowspan="3">고려</td></tr>
<tr><td colspan="2">진한(辰韓)</td><td>신라</td></tr>
<tr><td colspan="2">변한(弁韓)</td><td>백제(후백제)</td></tr>
<tr><td colspan="2">부여(夫餘), 옥저(沃沮),
동예(東濊), 예맥(濊貊)</td><td></td><td></td></tr>
</table>

〈표 1〉 동국군왕개국연대(東國君王開國年代)에 나타난 왕조별 계승관계[56]

이승휴가 말하는 '별도의 천하'의 기원은 단군檀君이었다. 이는 1세대 이전의 인물인 이규보가 기자를 역사적 시원으로 인식한 것과 비교하여 크게 달라진 것이라 할 수 있다. 우선 그는 당시까지 묘향산, 평양, 구월산, 강화 등지의 민간신앙으로 전승되던 단군을 신화의 형태로 기록하였다.[57]

---

55 노명호, 「해동천자의 '천하'와 번」, 『고려국가와 집단의식』, 서울대 출판문화원, 2009.

56 여기서 점선은 계승관계를 나타낸다.

그리고 전조선기에서 단군신화를 언급한 후 세주細註에서 단군이 차지한 조선 땅에 있었던 시라尸羅, 고례高禮, 남북옥저南北沃沮, 동북부여東北夫餘, 예맥濊貊 등은 모두 단군이 다스렸다고 하였다.[58] 또한 삼한의 영역은 그대로 삼국으로 이어져, 신라, 고구려, 백제 등은 모두 단군의 후손이라고 하였다.[59] 결국 그는 단군－삼한－삼국으로 이어지는 영토의식과 역사관을 전개한 것이다.[60] 고구려를 계승하고 고려에 귀부한 발해와[61] 스스로 고려에 귀부한 신라를 고려한다면,[62] 그는 '별도의 천하'의 영역적 기원을 단군에서 찾는 한편,[63] 단군에서 시작한 역사적 시원이 결국에는 고려로 이어지는 것으로 보고 있는 것이라 할 수 있다. 이는 이전까지 고구려계승의식과 신라계승의식으로 나뉘어 있던 역사계승의식이 일연의 『삼국유사』와 이승휴의 『제왕운기』의 단계에 와서 단군으로부터 계승되는 단일한 역사계승의식, 즉 단군 중심의 역사계승의식으로 정리되는 것이라 할 수 있다.[64]

그런데 여기서 주목해야 할 점은 단군과 기자, 위만 사이의 관계이다. 이승휴는 후조선기와 위만조선기 어디에도 이들이 단군으로부터 계승된 국가라는 것을 밝히지 않았다.[65] 다만, 기자는 주 무왕 원년에 조선으로

---

57 金成煥, 『高麗時代의 檀君傳承과 認識』, 경인문화사, 2002.

58 『帝王韻紀』 卷下, 前朝鮮紀, "婚而生男 名檀君 據朝鮮之域 爲王 故尸羅高禮南北沃沮東北扶餘穢與貊 皆檀君之裔也".

59 『帝王韻紀』 卷下, 漢四郡及列國紀, "各自稱國相侵凌 數餘七十何足徵 於中何者是大國 先以扶餘沸流稱 次有尸羅與高禮 南北沃沮穢貊 膺此諸君長問誰 後世系亦自檀君".

60 盧泰敦, 「三韓에 대한 認識의 變遷」, 『韓國史硏究』 38, 1982, 151~152쪽.

61 『帝王韻紀』 卷下, 渤海紀, "前麗舊将大祚榮 得據太白山南城 於周則天元甲申 開國乃以渤海名 至我大祖八乙酉 擧國相率朝王京 誰能知變先歸附 礼部卿與司政卿".

62 『帝王韻紀』 卷下, 新羅紀, " 瓜綿椒遠業将衰 裔萱向主行狂吠 群情汹汹未知歸 金傅大王能遠計 後唐末帝清泰二 乙未仲冬朝我陛".

63 李佑成, 앞의 글, 1976, 177~178쪽.

64 河炫綱, 앞의 글, 1976; 노명호, 앞의 책, 2009.

65 河炫綱, 앞의 글, 1991, 191~192쪽.

망명하였는데 주 무왕이 책봉을 하자 답례차 찾아가서 홍범구주洪範九疇와 인륜人倫에 관하여 말하였다고 하였다.[66] 이것은 기자와 단군 사이의 계승 관계보다는 유교문화의 시조로서의 기자를 강조한 것으로 볼 수 있다. 더욱이 위만조선에 대해서도 위만이 한 고조 12년에 귀순해와 준왕準王을 내쫓고 왕위를 찬탈하였으나 우거왕右渠王에 이르러 무제武帝에게 토벌을 당했다고 하였다.[67] 이와 같은 고조선에 대한 인식은 기자와 위만과 같은 중국 출신의 귀화인의 의미를 축소하고 단군으로부터 직접적인 계승성에 주목한 것으로, 앞서 언급한 중국과 구분되는 또 다른 '별도의 천하'의 의미를 강조하기 위한 것으로 생각된다.[68]

이승휴는 단군신화, 동명왕신화 등과 함께 김관의金寬毅의 『편년통록編年通錄』을 적극적으로 활용하여 고려 왕실 선대의 신이한 사적을 드러내려고 하였다. 하권의 말미에 수록한 「본조군왕세계연대本朝君王世系年代」에서는 태조왕건의 선대조 이야기에서 원종대까지의 왕위 세계를 중심에 두고 각주를 통해 배향공신, 과거 시행, 기타 정치적인 사건 등을 간단하게 정리하였다. 그리고 호경, 진의, 보육, 작제건 등 고려세계에 수록된 김관의의 『편년통록』의 구조를 그대로 따르고 있다. 비록 당 숙종이 팔진선에 예를 올렸다는 점과 관련 기록의 근거가 고려세계와 다르기는 하지만, 큰 줄기는 크게 다르지 않다. 고려왕조의 군왕의 세계를 간단하게 언급하는 정도의 운문에 불과하지만, 여기서는 당 숙종과 고려왕실과의 관련성이 가장

66 『帝王韻紀』 卷下, 後朝鮮紀, "後朝鮮祖是箕子 周虎元年己卯春 逋来至此自立國 周虎遥封降命綸 禮難不謝乃入覲 洪範九疇問彜倫 (…중략…) 九百二十八年理 遺風餘烈傳熙淳".

67 『帝王韻紀』 卷下, 衛滿朝鮮紀, "漢將衛滿生自燕 高帝十二丙午年 来攻逐準乃奪國 至孫右渠盈厥愆 漢虎元封三癸酉 命將出師來討焉".

68 河炫綱, 앞의 글, 1991, 192~193쪽 참조.

먼저 나오고 고려왕실이 성골장군 호경의 후예라는 점은 그 다음으로 언급되고 있다. 고려 왕실과 당 황실의 혈연적 유대를 강조하는 것은 결국 고려 왕실을 신성한 존재로 형상화하기 위한 의도가 아닌가 생각된다. 또한 작제건이 용녀와 혼인하는 내용도 거의 그대로 수록하였다. 『제왕운기』 상권에서는 앞서 언급한 바와 같이 오덕종시설 등 나름의 합리적 기준으로 중국사를 바라보았다. 이는 중국사를 합리주의라는 하나의 흐름으로 설명하는 반면, 고려는 신이한 사적을 적극적으로 활용하고 여기에 중국 황실과의 혈연적 유대를 강조하여 중국사와 구분되는 하나의 역사적 특성이 있는 것으로 보고자 한 것이 아닌가 생각된다.

이와 같은 역사관은 비슷한 시기 민지閔漬, 1248~1326에게서도 발견된다. 민지는 이승휴와 함께 신이사관을 대표하는 인물이라 할 수 있다. 그는 1290년 정가신과 함께 세자의 사부師父로서 원 세조에게 고려의 풍속과 세대상전世代相傳, 치란의 자취 등을 설명하였으며,[69] 충렬왕의 명을 받아 정가신이 편찬한 『천추금경록千秋金鏡錄』을 증수하였다.[70] 이때 충렬왕은 정가신이 유교적 합리주의 사관에 입각하여 편찬한 『천추금경록』에 불만을 가지고 있었다. 이는 왕권의 신성성을 알리기 위한 신이적 내용을 수록하지 않고 오히려 그러한 내용을 삭제했기 때문이었다. 더욱이 정가신은 충렬왕 측근들의 불법 행위와 충렬왕의 지나친 불교신앙에 반대 입장을 갖고 있었다. 따라서, 정가신이 유교적 덕목에 의한 정치를 지향한 인물로서 『천추금경록』 또한 그와 같은 내용을 담고 있다면, 민지는 반대로 왕권의 신성성을 중요시하는 입장에 있었다고 할 수 있다.

---

69 『高麗史』 卷105, 列傳18, 鄭可臣.
70 『高麗史』 卷107, 列傳20, 閔漬.

민지와 정가신의 인식적 차이를 고려한다면, 당시에는 유교적 역사관과 전통적 역사관 두 가지의 흐름이 존재한다는 것을 확인할 수 있다. 이 가운데 이승휴의 역사관이 어느 방향을 향하고 있는지를 확인하기 위해서는 앞서 언급한 지리기의 내용을 곱씹어볼 필요가 있다. 기존의 연구에서 지적하고 있듯이 이승휴는 단군 중심의 역사적 전통을 이야기하면서도 기자와 단군 사이의 계승관계는 크게 고려하지 않았다.[71] 앞서 지리기가 고려와 중국의 구분의식이 전제되어 있다는 점을 고려한다면, 민지와 정가신이 다루고 있는 역사서술의 소재가 고려의 역사라는 제한점이 있다. 그렇지만 이승휴는 유교적 덕목과 함께 고려의 역사에서 나타난 신이한 사적을 적극적으로 활용하였으며, 그 결과 민지와 정가신의 경향성 모두가 반영된 것으로 볼 수 있다. 즉 당시 유학자들의 경향성을 모두 반영하고 있는 것으로 이해할 수 있는 것이다.

이승휴는 원종대부터를 당대사當代史로 인식하였다. 『제왕운기』의 마지막 부분인 금대기今代紀는 원종대부터 시작하여 임연林衍에 의한 원종 폐위, 충렬왕의 사행, 원종의 복위까지 다루고, 그 이후는 고려의 역사에 대한 총평을 싣고 있다. 특히 눈에 띄는 부분은 원종이 임연에 의해 폐위되었음에도 원 세조의 도움으로 복위한 것에 대해 "형세는 순임금과 같았고, 일에서는 순망치한脣亡齒寒의 때에 이르지 않았다"[72]고 표현한 부분이다. 새롭게 등장하여 보편세계를 주도하는 원에 대해 긍정적으로 인식한다는 것은 유학자로서 매우 당연한 것으로 볼 수 있다. 그러나 임연에 의해 빼앗긴 왕위를 되찾은 것이 왕정복고를 의미한다면, 이승휴의 관점에서 왕정복고는 당대사에

---

71 河炫綱, 앞의 글, 1991.

72 『帝王韻紀』 卷下, "勢似再乾坤 事未論脣齒".

서 하나의 분기점이 될 수 있었을 것이다. 그의 관점에서 보면 원종대는 원과의 관계를 통해 고려가 순임금의 치세를 회복하고, 망국에 이르지 않았을 뿐만 아니라, 왕정복고를 이루어 권신에 의한 권력 천단擅斷을 끝내게 됨으로써 정상적인 정치운영으로 나아가게 되는 시점이었던 것이다.

또 하나 지적할 수 있는 것은 고려왕실과 원 황실 사이에서 혼인관계가 성립한 부분에 대한 평가문제이다. 여기서 이승휴는 "천자의 누이는 왕비가 되고, 황제의 외손자는 왕세자가 되었으니, 왕업은 다시 빛나고 황제의 은혜는 멀리서도 서서히 드리운다"[73]라고 하였다. 즉, 고려는 원 황실과의 혼인관계를 통해 앞으로 새로운 시기를 맞이하게 될 것이며, 이는 고려가 다시 보편세계에 참여하게 된다는 것으로 보고 있는 것이다.

원 간섭기 성리학자들의 대원관계에 대한 인식은 이승휴의 인식과 계승관계를 이루고 있다. 기존 연구에서는 이제현의 「김공행군기」와 「충헌왕세가」가 원과의 강화 이후 당대사의 인식을 확대시키며, 몽골과 맺은 형제맹약의 성격에 대해서 긍정적인 방향의 새로운 관점을 제시한 것으로 보았다.[74] 이는 이승휴 이후 원과의 관계를 기점으로 당대사를 인식하는 것이 시대정신으로 자리잡아가고 있다는 것을 의미한다. 즉 유학자라면 누구나 원과의 관계를 정상적인 대외관계가 회복된 것으로 인식하기 시작했다는 것으로서, 이제 원을 동아시아의 보편으로 보는 단계로 진입한다는 것을 의미한다.

---

73 『帝王韻紀』 卷下, "天妹理宮闈 帝孫作儲貳 祖業更輝光 皇恩遠漸漬".

74 朴宗基, 「원 간섭기 역사학의 새경향-當代史 연구」, 『韓國中世史硏究』 31, 2011. 『益齋亂藁』에 기록된 「김공행군기」와 「충헌왕세가」의 원제는 각각 「門下侍郎平章事判吏部事贈謚威公金公行軍記」와 「有元贈敦信明義保節貞亮濟美翊順功臣太師開府儀同三司尙書右丞相上柱國忠憲王世家」이다. 그러나, 원제가 지나치게 길어 번거롭기 때문에, 아래의 서술에서는 박종기의 연구에서와 같이 「김공행군기」와 「충헌왕세가」로 줄이기로 한다.

이러한 이승휴의 역사관과 현실인식은 한당유학적 요소와 단군 중심의 역사관이 공존한다고 할 수 있다. 그는 지리기에 나타난 중국과의 구분의식을 전제로 고려는 문화적으로, 지리적으로 중국과 분명히 차이가 있다는 것을 말하고자 하였다. 즉, 이승휴의 의식에는 중국의 오덕종시설을 근거로 하는 당시로서는 합리적인 역사인식이 존재한 반면, 단군으로부터 시작하는 혈통을 비롯하여 신이한 사적을 적극적으로 활용하고자 하는 그 반대의 측면이 공존하는 것으로 볼 수 있다. 즉 이승휴와 의식에는 중국의 오덕종시설 중심의 합리적 역사인식과 신이사관을 중심으로 하는 반대의 측면이 공존하는 다원적 역사인식이 자리 잡고 있었던 것이다.

한편, 이승휴는 고려가 그동안 견지해온 왕권 중심의 정치운영론을 지향하였다. 그는 신이한 사적의 적극적 활용을 통하여 왕권의 신성성을 강조하고자 하였다. 이는 국가주의적이면서도 왕권지상주의적인 것으로서 정치의 중심에는 국왕이라는 존재가 있다는 점을 명확하게 제시한 것이다. 그렇지만, 그의 왕권지상주의는 다른 한편으로 왕도정치적 측면이 함께 나타나는 왕패겸용적 성격을 지닌다.

> 화덕火德으로 나라를 세워 장안에 도읍하였더니
> 오랜 전쟁으로 풍속이 오히려 순박하지 못했더라
> 숙손통이 예법을 제정하여 군신의 차서次序를 세우니
> 이제야 천자가 귀한 줄 알았더라
> 선비를 널리 구하여 학교를 세우니
> 육경六經과 제자諸子가 다시 돌아왔도다[75]

이승휴는 한 고조 때 숙손통이 군신 간의 예법을 제정한 결과, 명분질서가 완성되어 천자의 존귀함을 알게 되었다고 하였다. 즉 절대적 권위를 지닌 군주의 위상을 확인하고 신하는 그에 걸맞은 명분적 역할에 만족을 해야 한다는 것이다. 신하의 역할은 군주를 잘 보좌하는 것이며, 그 결과 국정의 중심에는 군주가 있을 수밖에 없다.

이승휴가 고려의 역대 국왕들의 업적을 수록한 역대기歷代紀의 세주에는 모든 국왕의 배향공신配享功臣을 기록되어 있다. 배향공신은 국왕 사후에 묘정廟庭에서 합사하는 공신으로, 해당 국왕의 통치에 공훈이 있는 신하를 택정擇定하게 되어 있었다. 배향공신은 성종대 처음으로 제정되기 시작하였으며, 현종 때에는 왕조에 대한 충성을 고취할 목적으로 역대 국왕들의 치세에 공로가 많은 공신들을 태묘에서 다시 제사지냈다. 이들 공신세력은 대체로 삼한벽상공신三韓壁上功臣과 함께 문벌귀족 형성에 기여했다고 알려져 있으나, 배향공신의 택정은 어디까지나 국왕의 고유한 권한으로서 왕조에 대한 공훈자와 그 후손을 배려하기 위한 것이었다.[76] 그렇기 때문에, 왕권의 입장이 강하게 개진되어 있기 마련이었다. 이승휴가 이와 같은 성격의 배향공신을 매 국왕마다 기록하였다는 것은, 그의 왕권 중심적인 사고가 어느 정도인지 알 수 있게 해준다.

이와 함께 이승휴는 고려 왕실이 왕씨 성을 쓰게 된 것도 모두 성인의 예에 따른 것이라고 하였다. 그는 사신史臣의 말을 빌려 성인은 본성本姓을 따르지 않고 덕으로써 성을 세운다고 하였다. 그래서 순임금은 본래 요씨

75 『帝王韻紀』 卷上, "臨以火德都長安 久乱餘風猶未粹 叔孫制禮序君臣 於此乃知天子貴 旁求儒雅設庠序 六經諸子還復致".

76 朴天植, 「高麗 配享功臣의 制度的 性格과 그 特徵」, 『全羅文化論叢』 3, 1989.

姚氏지만 위예潙汭에서 일어났기 때문에 위씨嬀氏를 성으로 삼았으며, 공자의 본성은 자씨子氏지만 어머니가 을조乙鳥를 꿈에서 보고 그 밝음을 취하여 공씨孔氏를 성으로 삼았다고 하였다고 하였다. 즉, 태조 왕건이 왕씨를 성으로 삼은 것도 왕건이 개경 만월대를 명당으로 지어 제왕으로서의 터전을 닦았기 때문이므로 이것 역시 성인과 같은 예로 볼 수 있다는 것이다.[77]

그런데, 여기서 이승휴가 사신의 말을 빌려 하고 있는 말에 주목해보면, 이것은 당시 유자들의 종법적 시각을 염두에 두고 있는 듯한 인상을 받는다. 이제현은 이에 대해 유교적 합리주의 사관과 종법에 어긋난다는 점을 들어 비판하였다. 이제현은 김관의가 도선道詵이 "검은 기장穄을 심을 밭에 삼麻을 심었다"고 한 말을 인용하여, 검은 기장의 한자 독음인 '제穄'가 고려 말로 제帝와 비슷한 발음이기 때문에 태조가 왕씨를 성으로 삼았다고 하였는데, 아들로서 아버지의 성을 고치는 것은 있을 수 없는 일이라고 하였다. 더욱이 태조가 궁예에게 벼슬을 하면서 갑자기 성을 고치고서 그의 의심을 피할 수 없었을 것이기 때문에, 태조가 성을 바꾸었다는 것은 사실이 아니라고 하였으며, 『왕대종족기』에서도 국조國祖의 성은 왕씨라고 했던 것으로 미루어 태조가 성을 바꾸지 않았음을 증명하려고 하였다.[78] 그러나, 이승휴는 고려왕조의 성씨가 성인의 예에 비추어 하등 잘못될 것이 없다고 하였다. 유학적 관점에 전혀 어긋나지 않는다는 것이다. 그러나, 그의 주장이 유학적 관점에서 문제가 될 소지가 전혀 없는 것은 아니다. 이승휴는 왕권의 신성성은 신이한 사적에 의해서만 인정되는 것이 아니

77 『帝王韻紀』 卷下, 先代紀, "史臣曰 自古聖人 不係本宗 而以德 立姓者 尙矣 如帝舜之本 姚氏 而興於潙汭 姓嬀 (…중략…) 仲尼之本 子氏 而母感乙鳥 兼而取明爲孔者 是也 今亦然歟".
78 『櫟翁稗說』 前集1.

라, 그가 생각하는 유학적 관점에서도 인정될 수 있다는 것을 말하려고 했던 것이다.

왕권의 신성성을 인정하려는 입장에서 권신은 매우 부정적인 존재가 될 수밖에 없다. 이는 단순히 국정 운영에서 군주가 중심이 되어야 한다는 것을 넘어서 신권이 어디를 지향해야하는가 하는 점을 염두에 두고 있는 것이라 할 수 있다. 그는 진시황 때의 이사李斯와 조고趙高, 위진남북조시대의 우문태宇文泰와 고환高歡 등 권신이 조정의 일을 멋대로 처리하였기 때문에 왕조가 오래가지 못하였다고 하였다.[79] 이는 고려의 역사에도 적용된다. 고구려의 연개소문이 비정상적인 방법으로 권신이 되어 권력을 농단한 끝에 올바른 신하들이 죽고 백성은 도탄에 빠지고 말았다고 한 것이 그 예이다.[80]

이에 신하는 군주를 보필하는 데 충실하지 않을 수 없는 존재가 될 수밖에 없다. 이승휴는 당 태종이 이룬 태평성대는 주야를 가리지 않고 구했던 어진 선비들로부터 나온 것이었다고 하면서, 방현령房玄齡과 두여회杜如晦, 위징魏徵은 "밝은 임금을 보좌하여 사해를 편안하게 했다"고 하였다.[81] 그런 만큼, 군신 간의 명분에서 신하의 역할은 군주를 보좌하는 데 무게가 두어지는 것이다. 따라서, 치세는 군주의 역량을 집중시켜 어진 신하를 선택할 수 있어야 이룩될 수 있는 것이었다.

이때 신하는 유교적 소양을 가진 인물이 되어야 한다고 하였다. 『제왕운기』에는 한 고조를 도운 소하蕭何·장량張良이나 앞서 언급한 숙손통 등과 같이 유교적 예제나 국왕을 도와 대업을 이루고 명분 관계에 충실했던 인

79 『帝王韻紀』 卷上, "東西魏自北魏分 善見寶炬徒諾唯 西有宇文東高歡 兩臣獨檀朝廷誼".

80 『帝王韻紀』 卷下, 「高句麗紀」, "蓋蘇文者乘時進 令色巧言爲寵卿 姦回掌上弄國柄 臨事方便誅良貞 擅權中外日肆虐 民墮塗炭邦基傾".

81 『帝王韻紀』 卷上, "大宗雖已致昇平 宵衣旰食常求士 房杜日月魏徵鑑 佐明四海光天視".

물이 거론되었다.[82] 그리고, 후한 때 공융孔融·순욱荀彧과 같이 난세간웅 조조에 대항하거나,[83] 앞서 언급한 방현령, 두여회, 위징 등 당 태종의 통치 업적을 보좌하였던 인물이나, 사마광司馬光과 같이 임금을 위하여 『자치통감』을 짓는 등 유교적 충의를 다한 인물이 바로 신하로서의 자격을 갖춘 인물로 거론되었다.[84]

관점을 달리하면 신하들이 국왕에 대한 덕행을 쌓은 결과 그 후손이 왕업을 이룰 수도 있었다. 예를 들면, 수隋를 건국하고 남북조를 통일한 양견楊堅은 후한의 충신인 양진楊震의 후손이며,[85] 당 고조 이연李淵도 전한 무제 때 무장인 이광李廣의 후손으로서,[86] 이들은 모두 조상의 덕행으로 말미암아 대업을 성취할 수 있었다는 것이다. 따라서, 신하는 현실의 군주를 인정하고 그에 대한 충성을 바치는 한편, 국왕의 통치에 협력해야 하는 존재이기 때문에 주어진 명분에 충실하다면 그 후손에게 응분의 대가가 주어질 수도 있다는 것이다.

반대로 군주에게는 수덕修德을 요구하였다. 왕권은 막강한 권위를 갖는 만큼, 그에 걸맞은 덕성이 요구되었으며, 일정한 기준에 미치지 못할 경우, 왕조의 멸망을 앞당길 수 있었다. 수 양제는 사치와 향락을 일삼아 민심이 이반하였으며, 결국에는 전국적인 봉기를 촉발시켜 왕조가 멸망하

82 채웅석, 앞의 글, 2012, 295~298쪽.

83 『帝王韻紀』 卷上, “洪農見廢憲帝遜 亂世姦雄如野兕 孔融荀彧折姦鋒 口纔出語身蒙戾”.

84 『帝王韻紀』 卷上, “溫公作鑑明興亡 乙夜九重常玩味 於爲國乎何有哉 字字動天仍感鬼”.

85 『帝王韻紀』 卷上, “受禪即皇帝位 火德以周末年 辛丑爲元 都長安 震之十四世孫 隋國公忠之子也 至末恭帝 凡三帝合三十八年 傳之李唐 史臣曰 宸之四知 清德 豈無効欨積若之家 必有餘慶者矣”.

86 『帝王韻紀』 卷上, “名淵 字叔德 廣十六世孫 受禪即皇帝位 (…중략…) 史臣曰 廣之盡忠於漢而百戰不侯者 非義勇之積 不能動天也 盖天將大啓 其後而寢其小恩者乎 凡忠義之家 無以無効無念”.

였다고 하였다.[87] 궁예도 포악한 정치로 말미암아 홍유, 신숭겸 등 4명의 장군이 의義를 일으켜 태조 왕건에게 천명을 넘겨주었다고 하였다.[88] 이는 강력한 왕권은 민심의 기반 위에 있는 것이며, 국왕은 덕치에 전념해야 천명이 바뀌지 않는다는 것을 말하고 있는 것으로 보인다.

이승휴는 이를 천인감응설天人感應說로 설명하기도 하였다. 한漢 문제文帝, 경제景帝, 무제武帝, 선제宣帝의 성세는 용과 기린, 봉황이 나와 상서로움을 보여주었으며,[89] 고려 덕종德宗은 비록 4년밖에 재위에 있지 않았지만, 현종–덕종–정종靖宗–문종의 전성기에 있었으므로, 봉황이 나타나 태평성대를 송축하였다고 하였다.[90] 천인감응설은 널리 알려져있다시피 한대漢代 동중서에 의해 정리된 것으로 재이를 통해 인사人事의 길흉화복을 예측하고 이를 다시 정치에 활용하는 것을 말한다.[91] 천인감응설은 조선 전기까지는 모사모응某事某應식의 재이와 인사를 결합하여 미래를 예측하는 도참적인 사고에 의존하는 경향이 강하였다.[92] 국가와 왕실의 길흉화복이 오로지 국왕의 통치에 달려있다고 생각한다는 점에서 천인감응설은 한편에서는 왕권의 절대성을 뒷받침하는 이론으로, 다른 한편에서는 왕권을 제한하는 이론으로 작용하는 양가적인 성격을 갖는다.

이와 같은 이승휴의 국정운영론은 분명히 왕권 중심적 사고에 가깝다고

---

87 『帝王韻紀』 卷上, "煬帝負惡又窮奢 龍舟泛向清江戲 錦帆輕颺楊花風 泣血蒼生方皆刺 皇天便啓李唐心 年少虬髯催舉義".

88 『帝王韻紀』 卷下, 歷代紀, "裔乃日肆虐 民心如鼎沸 惟時四功臣 深嗟塗炭墜 (…중략…) 戊寅六月望 端然同擧義 詣我太祖家 推戴卽大位".

89 『帝王韻紀』 卷上, "文景虎宣尤聖明 龍與麟鳳來呈瑞".

90 『帝王韻紀』 卷下, 歷代紀, "德何止四年 彩羽來呈瑞".

91 李熙德, 『高麗儒教政治思想의 硏究』, 一潮閣, 1984, 143~147쪽.

92 경석현, 「고려~조선 초 재이론의 수용과 전개」, 『조선 후기 재이론의 변화』, 경희대 박사논문, 2018.

할 수 있다. 이는 무신정권기를 거쳐 원과 강화를 이루고 왕정복고를 한지 얼마 되지 않는 시점이라는 점을 고려해야 한다. 앞서 언급한 바와 같이 원과의 강화를 긍정적으로 본다든지, 그 이후의 전망을 '태평'이나 '밝은 시대' 등의 언어로 표현하는 것은 결국 왕권이 고난을 딛고 정상적인 궤도에 올라서게 될 것이라는 낙관적인 전망을 하는 것과 무관하지 않아 보인다. 특히 신료의 역할보다는 왕위의 계승이나 국왕, 세자 등의 역할이 강조되고 있다는 것은 이승휴의 정치론이 고려의 전통적인 정치운영론에 가깝다는 반증이다.

이승휴가 남송 때 주자에 의해 집대성된 성리학에 대해 무관심하거나 거의 알지 못하였던 점도 어느 정도는 이해가 가는 태도라 할 수 있다. 그는 공공연히 패왕霸王을 언급하는 한편, 이를 영특한 재주, 충의忠義와 인용仁勇 등과 같은 긍정적인 단어와 함께 언급하였다.[93] 그리고, 그는 사마광의 정통론에 따라 위, 촉, 오 삼국 중에서 위를 정통으로 삼았다.[94] 더욱이, 그는 궁리진성窮理盡性은 부처의 말씀으로 계戒·정定·혜慧가 모두 원만해졌으므로 대공大空과 소공小空이 모두 공空하여진 것이라고 하였다.[95] 궁리진성은 『주역』의 설괘전說卦傳에 나오는 말로서, 이치를 궁구하고 본성을 다하여 천리에 이른다는 의미이다.[96] 곧, 인간의 내면적 수양과 본성의 함양을 통하여 도를 실현하고 나아가 궁극적으로는 천리에 이른다는 것인데,

---

93 『動安居士集』, 雜著 一部, 上尹承制諱珏啓, "曾聞閤下以霸王英器 魚水同歡 日侍至尊之側 而仕權在手 能不溺於富貴 常寓意於淸寒 束身儉約 行古人之道於今之世也 私自以謂於衰季中 有如是貴而能貧 古之遺直者歟"; 『動安居士集』, 雜著 一部, 旦暮賦, "至如我公以命世霸王英器 忠也義也仁也勇也智也謀也 無一不備 而出將入相 東征北聘 鯨濤洶湧 鷁首紛披 雁塞杳茫 馬蹄困頓".

94 金仁昊, 앞의 글, 2005.

95 『動安居士集』 雜著 一部, 看藏寺記, "蓋傳佛語 初中後善 戒定慧圓 大空小空畢空 窮理盡性"

96 『周易』 說卦傳, "和順於道德而理於義 窮理盡性以至於命".

유학적 문제의식의 실천 과정을 함축적으로 나타낸 말이다.[97] 이승휴는 천리와 도의 실현을 불교에서의 도덕적 실천으로 해석하고 있었던 것이다.[98] 이는 무신정권기 이후 진행된 유학의 심성화 경향이 이승휴에게는 거의 영향을 미치지 못했기 때문이 아닌가 생각한다.[99]

이보다 더욱 주목되는 것은 그가 불교와 밀접한 관계를 갖고 있다는 점이다.[100] 이승휴에 대한 대체적인 평가에서는 그가 유학을 공부하였지만 불교에 매우 심취해 있으며,[101] 부처의 가르침을 지나치게 좋아한다고 하였다.[102] 그가 동안거사動安居士라는 호를 사용한 것은 그가 거사불교와 관계가 있다는 의미로 받아들일 수 있지 않을까 생각한다.[103] 또한 그는 원의 승려 몽산덕이蒙山德異, 1231~?와도 서신을 주고받았다.[104] 그리고, 1280~1289년까지 10년간 두타산에 있으면서 삼화사三和寺에서 불경 1,000여 권을 빌려와 모두 섭렵하였으며, 불전목록인 『내전록內典錄』을 저술하였다. 이는 그가 간장사看藏寺를 창건하게 된 이유와도 밀접한 관련을 갖는다. 그는 「간장사기看藏寺記」에서 석가모니가 열반에 이르는 과정과 불교가 중국에 전래되어 수당대에 전성기를 누린 사실, 그리고 태조 왕건의 왕업이 불교와 상당한 관련이 있음을 밝혔다.[105]

그는 불교가 고려의 전통 문화로서 왕조의 유지에 크게 기여했으며, 유

---

97 김연재, 「주역의 生態易學과 그 생명의식」, 『아태연구』 18-3, 2011, 42쪽.

98 변동명, 앞의 글, 2000, 132~133쪽 참조.

99 이는 유학의 심성화가 고려 유학의 전반적인 경향이었는지 의심해볼 수 있는 대목이 아닌가 생각된다.

100 秦星圭, 앞의 글, 2005.

101 『拙藁千百』 卷1, 頭陀山看藏庵重營記, "先生自幼業儒 於學蓋無不究 性好佛 晩年事之愈謹".

102 『高麗史』 卷106, 列傳19, 李承休.

103 『高麗史』 권106, 列傳19, 李承休.

104 『動安居士集』 雜著 一部, 上蒙山和尙謝賜法語.

105 邊東明, 앞의 글, 2004.

교정치 이념과도 관련이 있다고 하였다. 그는 태조 왕건이 의義를 받들어 왕업을 일으켜 만민을 도탄에서 구제하였으며, 이어서 법회를 주관하고 사경寫經을 하여 불법을 널리 전함으로써, 나라의 기반과 운명이 지속적으로 이어졌다고 하였다.[106] 곧 불교를 국가적 신앙이자 태조 이래 고려와 운명을 함께해온 전통문화로 보았던 것이다.

그런데, 이승휴는 유교의 논리를 이용하여 자신이 불경 1,000여 권을 독파해야만 하는 이유를 설명하려고 했다. 그는 「간장사기」에서 예전에는 바빠서 시간을 내지 못하였는데, 이제야 때가 왔으니 시간을 아껴서 불경을 읽어야 하겠다고 다짐하면서, 이제 공자가 말한 '아침에 도를 들으면 저녁에 죽는 것'[107]도 달갑게 여기면서 촌음을 아껴 써야 할 것이라고 하였다. 그러면서 이런 여유를 갖게 된 것도 불경을 섭렵할 수 있는 좋은 인연이라고 하였다.[108] 어렵게 얻은 여유를 이용하여 불경을 읽게 된 것을 공자가 말한 도를 들을 수 있는 기회로 보고 있는데, 이는 유학과 불교의 도를 같은 것으로 보고 있는 것이라 할 수 있지 않을까 생각한다.

이승휴는 도교에도 일정한 조예가 있었던 것으로 보인다. 그는 「보광정기葆光亭記」에서 자신의 외가에서 전해오는 시지柴地 부근에 지은 집의 이름을 도연명陶淵明의 「귀거래사歸去來辭」에 나오는 '심용슬지이안審容膝之易安'에서 따와 '용안당容安堂'이라 지었으며, 용안당 남쪽에 『장자莊子』 제물편齊物篇의 구절을 인용하여 보광정葆光亭[109]과 지락당知樂塘[110]을 지었다고 하였다.[111]

---

106 『動安居士集』 雜著 一部, 看藏寺記.

107 『論語』 里仁, "子曰 朝聞道 夕死可矣".

108 『動安居士集』 雜著 一部, 看藏寺記.

109 『莊子』 「齊物論」, "注焉而不滿 酌焉而不竭 而不知其所由來 此之謂葆光".

110 사실 이 구절은 「秋水篇」에 나온다(『莊子』 秋水, "莊子與惠子遊於濠梁之上 莊子曰 鯈魚出遊從容 是魚之樂也 惠子曰 子非魚 安知魚之樂 莊子曰 子非我 安知我不知魚之樂 惠子曰 我

그리고는 신선과 같이 장삼을 입고 죽장을 짚으며 학창을 걸치고 윤건을 쓰고는 담소와 술을 즐겼다고 하였다.[112]

> '인忍'이라는 한 글자는 우리 유가의 묘약妙藥이며 삼교三敎의 성인은 이를 닦아서 깨달음을 얻었다. 조용히 코끝에 걸어둘지니, 마음속으로 생각하고 소홀히 하지 말지어다. 네가 만약 그렇게 하지 않으면 누가 너를 명철하다 하겠느냐?[113]

이승휴는 삼교일원론을 제시하였다. 그가 관직생활을 청산하고 향촌에 은거하면서 지은 「촌거자계문村居自誡文」은 스스로 세상과 단절하지 않을 수 없는 이유를 밝히면서, 유교에 따라서 때가 아니면 숨어서 은거하되 절의를 잃지 말아야 할 것이며, 불서를 가까이에 두고 마음을 다스릴 것이라 다짐하는 것을 내용으로 한다. 즉, 스스로 도교의 은거하는 삶과 절의를 잃지 않는 유교적 생활태도와 불경을 가까이 하는 생활태도를 유지할 것임을 밝힌 것이다. 그러면서, 참을 인忍은 본래 유교에서 쓰는 것이지만, 유-불-도 삼교의 성인 모두가 도에 이르는 요체로 삼았다고 하였다. 따라서, 유-불-도 삼교는 '인'이라는 한 글자에서 교의가 시작되는 것으로, 결국 삼교는 하나의 근원에서 출발하는 것으로 보았던 것이다.[114]

非子 固不知子矣 子固非魚也 子之不知魚之樂 全矣 莊子曰 請循其本 子曰 汝安知魚樂 云者既已知吾知之而問我 我知之濠上也").

111 『動安居士集』 雜著 一部, 葆光亭記.

112 『動安居士集』 雜著 一部, 葆光亭記.

113 『動安居士集』 雜著 一部, 村居自誡文, "忍之一字 吾家妙藥 三敎聖人 修此而覺 怗在鼻尖 念念無忽 汝如不爾 誰謂汝哲".

114 『動安居士集』 雜著 一部, 上蒙山和尙謝賜法語.

이와 같은 이승휴의 논리는 고려의 다원적 문화전통에 따른 것이라 이해된다. 그는 『제왕운기』에서 단군에 이어서 기자를 이야기하면서, 양자 사이의 계승관계를 따로 언급하지 않았는데, 이는 각자의 영역과 존재의 의의가 있는 것으로 보았던 것이 아닌가 생각된다. 역사적으로 보았을 때, 단군은 역사적 문화적 독립성을 상징한다. 단군으로 형성된 정체성은 대개 고구려계승의식과 연결된다는 점에서 중국의 정치적 문화적 영향에 대항하고 고려의 전통을 지키고자 하는 의지를 나타낸다.[115] 이승휴가 지리기에서 고려를 중국과 구분되는 별개의 천하임을 말하였던 것도 바로 역사적 문화적 독립성을 이야기하기 위한 목적이라고 할 수 있으며, 그런 점에서 이승휴의 정체성은 고구려 계승에 있다고 할 수 있다. 그러나, 기자를 언급한 것은 그가 중국 문화의 영향력을 도외시하지 않았음을 보여준다. 단군과 달리 기자가 중국의 책봉을 받았으며, 홍범구주를 주 무왕에게 말함으로써 인륜과 풍교를 남겼다고 하는 후조선기의 내용을 보았을 때, 중국 중심의 동아시아 보편문화의 수용도 염두에 두고 있는 것으로 생각된다.

여기에 기자가 단군을 계승한 것이 아니라고 본다면, 이것은 이승휴가 지리기에서 언급했다시피 단군으로 상징되는 역사적 문화적 독립성을 중심에 두고 있다는 것을 의미한다. 그러면서도 원과의 원만한 관계를 통하여 고려가 왕정복고를 이룩하고 결국에는 유교화를 향해 나아갈 수 있다는 낙관적 전망을 하고 있다. 이는 일면 고려의 전통과 유교문화 상호간의 소통을 부정하는 것으로 볼 수도 있으나, 이는 그만큼 양자 사이에 거리가 있다고 보았기 때문은 아닌가 생각된다.

115 노명호, 앞의 책, 2009 참조.

왕이 죽자 또한 서장관書狀官으로 원에 가서 죽음을 알리고 세자에게 유언을 전달하였다. 이승휴는 '세자께서는 부마가 되시어 융복戎服으로 황제를 섬기신지가 이미 오래되었다. 그 복으로 예장禮章을 하면 예장을 어떻게 해야 할지를 스스로 판단할 수 없을 것이다'라고 생각하고, 세자에게 넌지시 본국의 의관과 전례典禮의 시말을 (황제에게) 상언하도록 하였다. 황제가 승상에게 칙명을 내리기를, "경은 작위를 이어받아 왕위에 오르게 되면 고려에 머물면서, 무릇 너희 조종祖宗이 정한 제도는 잃지 않도록 할 것이며, (예장은) 구제에 의거하여 행하라"라고 하였다.[116]

이승휴는 위의 인용문에 나타난 바와 같이 불개토풍을 지향하였다. 이승휴는 1274년 원종이 죽자 서장관으로 원에 가서 융복을 입고 숙위하던 충렬왕으로 하여금 원 세조에게 고려의 예장을 유지할 수 있도록 건의하게 하였으며, 소기의 성과를 거두었다. 아마도 충렬왕이 입고 있던 융복은 호복胡服이었을 것으로 생각된다. 더욱이 세자시절 충렬왕은 1272년 일본원정을 핑계로 귀국할 때 호복과 변발을 하고 들어왔는데, 이때 조정 대신들은 탄식을 하거나 눈물을 흘릴 정도로 큰 충격을 받았다.[117] 세자의 성향을 알고 있던 이승휴의 입장에서 호복을 그대로 착용하고 귀국하게 된다면, 반드시 큰 문제가 될 것이란 점을 염려하였을 것이다. 게다가, 만약 세자가 자신의 성향대로 몽골식의 장례를 치르게 되면, 고려의 예장은 크게 무너질 것으로 예상했을 것이다. 이에 그는 세자를 움직여 원 세조로부

---

116 『高麗史』 卷106, 列傳19, 李承休, "王薨 又以書狀如元告哀 傳遺命于世子 承休以爲 世子爲駙馬 戎服將事已久 其服禮章 勢難自斷 遂諷世子 上言本國衣冠典禮始末 帝命丞相勑曰 卿旣襲爵爲王 往就國 凡爾祖宗定制 毋或墜失 依舊行之".

117 『高麗史』 卷27, 世家27, 元宗 13年 2月 己亥.

터 불개토풍을 이끌어냈던 것이다.

이때 그가 지향한 불개토풍이 단순히 고려의 전통을 지키는 데 그치는 것은 아니라고 생각된다. 이것은 고려와 원이 강화를 이루는 과정에서 원 세조에게서 이끌어낸, 일종의 합의된 사항이었다. 따라서, 이것은 고려가 원을 중심으로 하는 보편질서 내에 있었기 때문에 가능한 질서이면서도, 문화적으로도 고려의 전통을 유지하고 원의 보편문화에 일정 정도 참여함으로써 이루어질 수 있는 것이라 할 수 있다. 그렇기 때문에, 이것은 단군으로부터 비롯된 전통과 기자로부터 비롯된 유교문화가 조화를 이룸으로써 이룩될 수 있는 것이라 할 수 있다.

바로 그런 점에서 이승휴는 다원적 사상지형을 아우르면서도, 고려의 문화적 전통과 외래의 문화적 요소를 조화시키고자 하였던 것으로 평가할 수 있을 것이다. 그는 단군을 중심으로 하는 역사관을 지향하였다. 이것은 비록 기자와 직접적 계승관계가 있는 것은 아니지만, 한편으로 그의 지향은 고려에 서로 이질적인 요소들이 공존할 수 있다는 가능성을 내포하고 있다. 그리고 이는 때로는 삼교일원론과 같은 형태로 통합을 지향하는 것이기도 하다. 그런 점에서 이승휴의 역사관과 연결된 전통문화 인식은 다원적 성격을 가지고 있는 것으로 볼 수 있을 것이다.

제5장

원 간섭기 성리학적 역사인식과 자아인식의 변화

원의 국학으로서의 위치를 확고하게 정립한 성리학을 수용한다는 것은 원 제국을 중심으로 하는 보편문화와 원 제국의 세계관을 긍정하고 도입한다는 것을 의미한다. 그에 따라 원에 대한 반감이나 저항의식보다는 원을 거부할 수 없는 천명 그 자체로 여기고 현실적 지배를 인정하게 되었다. 이것은 원과 고려 사이의 명분의 차이를 인정하는 것으로서 고려의 원에 대한 사대 또한 합리화될 수 있다는 것을 의미하였다. 따라서, 그 사이에서 고려 성리학자의 관심은 고대사보다는 원과의 관계에 집중될 수밖에 없었으며, 자연스럽게 당대사 중심의 역사인식이 형성될 수 있었다.

이 과정에서 고려의 전통에 대한 인식의 방향도 이전과 달라지게 되었다. 이제현을 포함한 원 간섭기 성리학자의 문집에는 단군이 일체 등장하지 않는다. 반대로 오로지 기자에 관한 기록만이 단편적으로 전할 뿐이다. 이것은 고려의 입장에서 원과의 관계가 가장 중요한 현안으로 떠올랐기 때문이지만, 궁극적으로 단군을 통한 중국과의 혈통적 문화적 구분보다는 기자를 통한 왕도의 실현이 가장 중요한 과제로 인식되고 있었다는 것을 암시한다. 다만, 이때 주의하여 접근해야할 것은 기자가 어떤 상징성을 갖는가 하는 부분이다.

기자는 『사기史記』 송미자宋微子 세가世家로부터 『한서漢書』, 『후한서後漢書』 등 삼국시대 귀족적 소양으로 널리 읽혀진 중국 사서에 이미 등장하고 있었으며, 고구려에서는 기자신이 숭배의 대상으로 여겨졌다.[1] 신라의 최치원의 글에서도 기자를 발견할 수 있다. 최치원의 글에 나타난 기자는 알려진 바와 같이 중국에서 건너와 한반도에 유교적 교화를 실천한 인물이었다. 그러나, 최치원은 기자 이후 신라는 중국에게 정복된 적이 없다고 하였다.[2] 이는 기자가 유교를 중심으로 하는 중국의 보편문화를 상징하면서도, 역사적 독립성의 상징으로 여겨져왔다는 것을 의미한다. 문화적으로 보면 기자는 문화적 보편과 개별성 모두를 상징하는 존재였다고 할 수 있다. 즉, 신라가 당으로부터 군자국의 칭호를 받으면서도[3] 고유한 문화적 전통을 이어올 수 있었던 것은 바로 이와 같은 이중적 정체성 때문이라고 할 수 있을 것이다.

단군이 기록에 등장하기 훨씬 이전부터 기자가 널리 회자되고 문화적인 시조로 추앙을 받았다는 것은 단군과 기자 사이에 나타난 기록의 차이 때문이라고 할 수 있다. 삼국시대 이래 유학은 귀족적 소양으로서, 고구려의

---

1 『舊唐書』 권199(上) 列傳149(上) 東夷 高麗, "其俗多淫祀 事靈星神日神可汗神箕子神 國城東有大穴 名神隧 皆以十月 王自祭之 俗愛書籍 至於衡門廝養之家 各於街衢造大屋 謂之扃堂 子弟未婚之前 晝夜於此讀書習射 其書有五經及史記漢書范曄後漢書三國志孫盛晉春秋玉篇字統字林 又有文選 尤愛重之".

2 『孤雲集』 권1, 讓位表, "臣以當國 雖鬱壘之蟠桃接境 不尙威臨 且夷齊之孤竹連疆 本資廉退 矧假九疇之餘範 早襲八條之敎源 言必畏天 行皆讓路 盖稟仁賢之化 得符君子之名 故籩豆饁田 鏚矛寄戶 俗雖崇於帶劒 武誠貴於止戈 爰從建國而來 罕致反城之釁".

3 하일식, 「당 중심의 세계질서와 신라인의 자기인식」, 『역사와 현실』 37, 2000; 권덕영, 「신라 '君子國' 이미지의 형성」, 『韓國史研究』 153, 2011.

경우 『오경五經』 및 『사기』, 『한서』, 『후한서』, 『삼국지三國志』, 『진양추晉陽秋』 등이 읽혔다.[4] 이러한 과정을 통해 이들 중국 사서의 내용에 포함되어 있는 기자가 팔조의 법금으로 한반도를 교화하기 시작했다는 이야기는 아마도 고구려의 귀족들 사이에 널리 알려졌을 가능성이 있다.

그렇지만, 고려시대에 단군은 평양과 구월산, 강화 등지에서 제사와 숭배의 대상으로 여겨졌을 뿐이다.[5] 국가운영의 주체가 귀족인 이상 기자는 공식적으로 국조에 버금가는 교화의 시조로 여겨졌을 것이며, 이는 다시 유학적 전통이 오래전부터 존재하였으므로 한반도에서 왕도를 실천하고 실현할 수 있다는 기대를 갖게 하였을 것으로 생각된다. 그리고 이것은 나아가 단군이 기록에 등장함으로써 역사적인 의미를 부여받기 이전까지 오로지 기자를 중심으로 문화적, 역사적 독립성을 주장하고 의탁하고 있었다는 결론에 도달하게 된다. 따라서 기자는 단군이 기록에 등장하기 이전까지 중국에 대한 문화적 개별성과 역사적 독립성을 상징하는 존재가 되어야만 하였던 것이다.

원 간섭기 성리학자들은 고려의 문화적 원형을 유지하려고 하였다. 원의 문화를 수용해야만 한다는 당위성은 이들 사이에서 공통된 견해였지만, 이를 얼마나, 그리고 어떻게 수용해야만 하는가 하는 방법론에서는 처음부터 전면적인 수용을 주장하거나 지향한 것은 아니라고 할 수 있다. 그런 점에서 보면 이들의 국속에 대한 견해는 기본적으로 그 원형을 보전해야 한다고 하는 입장과도 상통하는 면이 있었던 것으로 볼 수 있다. 따라서, 이들의 국속에 대한 입장은 문명교화를 추구한다는 측면에서는 개혁

---

4 『周書』 권49, 列傳41, 異域(上), 高麗, "書籍有五經 三史三國志晉陽秋".
5 金成煥, 『高麗時代의 檀君傳承과 認識』, 경인문화사, 2002, 128~154쪽.

해야할 대상이지만, 반대로 어떻게 수용해야 하는가 하는 측면에서는 보전할 가치가 있는 것이었다. 그런 점에서 보면 이들의 국속에 대한 입장은 이중적 성격을 갖는다고 할 수 있을 것이다. 아래서는 원 간섭기에 활동한 이제현과 이곡을 중심으로 성리학적 역사인식과 문명론의 수용, 그리고 국속에 대한 입장을 살펴보기로 한다.

1. 명분과 인의 중심의 역사인식과 성리학적 윤리의식 추구

이제현은 백이정白頤正, 1247~1323으로부터 가장 먼저 성리학을 전수받은 인물이었으며[6] 장인인 권부權溥, 1262~1346의 학문적 영향을 받았다. 이제현의 정치활동에서 주목되는 점은 성리학자로서 과거제에서 책문策問의 비중을 높이고, 어린 국왕에게 군수성학을 요구하였으며, 충선왕에 대한 의리를 스스로 실천해보였다는 것이다. 그는 1320년충숙왕 7 34세라는 비교적 젊은 나이에 과거 고시관에 임명되었다. 여기서 그는 종전까지 종장에서 시험하고 있었던 시부詩賦를 대신하여 책문을 채택하였다. 이때 선발된 인물은 이곡李穀, 1298~1351, 백문보白文寶, ?~1374, 윤택尹澤, 1289~1370, 안보安輔, 1302~1357 등 이었다. 이들이 어떠한 경로를 통해 어느 정도로 성리학을 학습했는지는 알 수 없다. 다만, 이들이 경세적 소양을 시험하는 책문을 통하여 선발된 인물들이며, 이후 성리학자로 분류되는 사람들이었다는 점에서 당시의 과거시험에서 성리학적 소양은 중요한 기준이 되었다는 것을 확인

6 『益齋集』 附錄 年譜 延祐 元年 甲寅.

할 수 있다.[7]

이제현은 토지문제에 대해서는 정전제井田制를 가장 이상적인 것으로 보았다. 그러나, 현실적으로 실행하기 어렵다고 보고 운영의 문제를 개선하는 데 역점을 두었다고 한다. 『고려사』에서는 이제현이 "고법古法을 준수하고 경장更張을 좋아하지 않았다"[8]고 하였다.[9] 여기서 말하는 '고법'을 단순히 고유의 제도적 원형이나 문화적 지향이라고 한다면, 고법을 준수하고 경장을 좋아하지 않았다는 조선 초기 『고려사』 찬자들의 평가는 오늘날의 시각으로 볼 때, 그는 급진적 개혁보다는 제도의 운영상의 문제만을 해결하기 위한 개혁을 지향했다고 볼 수 있다. 그러니까 이제현은, 새로 도입된 성리학의 적용을 최소화하고, 고려의 문화적 전통을 지키려고 하는 입장에 있었던 것으로 해석할 수 있다.

더욱이 이제현은 성리학을 좋아하지 않으며, 심술이 단정하지 못하다는 『고려사』 찬자의 또 다른 평가가 있다.[10] 이는 그가 성리학자이지만, 한편에서는 성리학에 철저하지 못한 면도 있었다는 것으로 해석해볼 수 있다. 이러한 평가에서도 역시 이제현은 문화적으로 국속을 기반으로 성리학적 문명론을 최소한의 범위에서 수용하고자 하였던 것이 아닌가 생각한다.

이제현이 성리학을 접하고 수용한 것은 과거급제 이후였을 것으로 보인다. 그는 과거에 합격한 이후 경서에 대한 토론을 더욱 열심히 했으며, 좌

---

7 許興植, 『高麗科擧制度史硏究』, 일조각, 1981, 99쪽; 金仁昊, 『高麗後期 士大夫의 經世論 硏究』, 혜안, 1999, 101~102쪽 참조.

8 『高麗史』 권110, 列傳23, 李齊賢, "齊賢務遵古法 不喜更張曰 吾志豈不如古 但吾才不及今人耳".

9 金炯秀, 「策問을 통해 본 李齊賢의 現實認識」, 『한국중세사연구』 13, 2002.

10 『高麗史』 권110, 列傳23, 李齊賢, "然不樂性理之學 無定力 空談孔孟 心術不端 作事未甚合理 爲識者所短".

주인 권부의 딸을 아내로 맞아들였다. 그리고 28세가 되던 해에 백이정으로부터 성리학을 처음으로 전수받았다. 이는 후일 만권당萬卷堂에서 원의 문인과 교유관계를 형성하고 그들의 학문적 경향을 수용하는 데 밑거름이 되었을 것이다.[11]

이제현이 지향하는 점은 그가 충목왕 즉위년에 올렸던 상소문에서 확인할 수 있다. 그는 충목왕이 8세의 나이로 즉위하자, 현유賢儒 2명과 함께 『효경孝經』과 사서四書를 강의하여 격물치지格物致知와 성의정심誠意正心의 도를 익힐 것을 요구하였다.[12] 이때 그는 임금의 성덕은 훌륭한 신하의 간언이 있은 뒤에야 이루어질 수 있다고 하였다.[13] 그런데 이때 중요한 것은 바로 그가 서연을 설치하였다는 점이다. 즉 이제현은 자신을 비롯하여 모두 48명의 대신들이 참여하는 서연을 정례화하여 국왕은 관료들의 의견을 폭넓게 수용하고 관료들은 국왕에게 의견을 개진할 수 있도록 하였던 것이다. 이는 단순히 국왕이 신하의 도움으로 수신修身하는 개인적인 차원의 노력을 넘어서 제도화된 군주수신을 의미한다. 게다가 이는 충혜왕대 측근들에 의해 권력이 농단되는 것을 지켜본 이제현이 주도했다는 점에서, 과거 측근정치에 대한 반성에서 나온 것이라 할 수 있다.[14] 따라서, 그의 정치적 지향은 군주수신이 이루어진 바탕 위에서 신하의 적극적인 간언을

---

11 최봉준, 「李齊賢의 성리학적 역사관과 전통문화인식」, 『韓國思想史學』 31, 2008, 165~167쪽 참조.

12 『高麗史』 권110 列傳23, 李齊賢, "今我國王殿下 以古者元子入學之年 承天子明命 紹祖宗重業 而當前王顚覆之後 可不小心翼翼以敬以愼 敬愼之實 莫如修德 修德之要 莫如嚮學 今祭酒田淑蒙 已名爲師 更擇賢儒二人 與淑蒙講孝經語孟大學中庸 以習格物致知誠意正心之道 而選衣冠子弟正直謹厚好學愛禮者十輩爲侍學 左右輔導 四書旣熟 六經以次講明 驕奢淫佚聲色狗馬 不使接于耳目 習與性成德造罔覺 此當務之莫急者也".

13 『益齋集』 附錄 年譜, 至正 4년 甲申, "玉之有瑕者 必待良工雕琢 然後成其寶器 人君豈皆無失 必待良臣啓沃 然後能成其聖德".

14 金仁昊, 『高麗後期 士大夫의 經世論 硏究』, 혜안, 199~201쪽.

군주가 대폭적으로 수용하는 성리학적 정치였다고 할 수 있었다.[15]

그는 이와 함께 어진 신하와 국사를 의논할 것, 정방政房, 응방鷹坊, 내승內乘 등을 폐지할 것, 옛 제도대로 관품에 맞게 수령을 임명할 것, 녹과전祿科田을 부활할 것, 가혹한 수탈을 금지할 것 등을 주문하였다.[16] 그런데, 이는 고려의 정상적인 통치체제를 지향한 것이었다. 정방의 폐지는 고려 전기의 인사제도로의 복귀를 의미하며,[17] 녹과전의 부활은 측근정치로 남발되었던 사급전賜給田의 폐해를 의식한 것으로서 공적 원리에 의한 토지제도 운영을 지향하는 것이었다.[18]

이는 앞서 언급한 고법의 의미와 관련하여 생각해볼 수 있는 여지를 준다. 이것이 고려의 정상적인 통치제도로의 복귀를 지향하는 것이라면, 고법은 고려의 제도적 원형을 의미하게 된다. 여기에 그가 경장을 좋아하지 않았다는 조선 초기의 평가를 상기한다면, 경장, 즉 새로운 제도의 시행을 선호하지 않는다는 의미로 받아들일 수 있다. 따라서, 이제현에게서 고법과 경장은 상반된 의미를 지니고 있으며, 고려의 국정 정상화는 성리학적 개혁보다는 제도적 원형을 회복하는 가운데 이루어지는 것이라는 의미로 해석된다. 그러나, 여기서 고법은 성리학에서 중요시하는 선왕지제先王之制의 계승이라는 해석도 가능하다. 그렇기 때문에, 이제현이 지향하는 것은 성리학적 개혁과 고려의 제도적 원형 유지라고 하는 두 가지 의미 모두를

---

15 이익주, 「14세기 전반 성리학 수용과 이제현의 정치활동」, 『典農史論』 7, 2001, 274쪽; 金炯秀, 앞의 글, 2002, 201~203쪽; 박종기, 「원 간섭기 사회현실과 개혁론의 전개」, 『역사와 현실』 49, 2003.

16 『高麗史』 卷110 列傳23 李齊賢.

17 金昌賢, 『高麗後期 政房 硏究』, 고대 민족문화연구원, 1998.

18 김기덕, 「14세기 전반기 개혁정치의 내용과 성격」, 『14세기 고려의 정치와 사회』, 민음사, 1994, 419~425쪽.

지니고 있는 것으로 보아야 할 것이다.

이제현의 다음 세대, 즉 성리학 수용 2세대에 해당하는 이곡은 이제현의 문생門生으로 앞서 언급한 바와 같이 1327년 이제현이 34세의 나이로 주관하게 된 과거시험에서 합격한 인물이다. 나이로 보면 이곡은 이제현과 11년 정도밖에 차이가 나지 않지만, 두 사람은 성리학 수용과 전수에서 세대별로 구분되는 위치에 있다. 생몰연대상으로 두 사람은 거의 동시대 인물로 볼 수 있다. 두 사람은 비록 수용 단계별 차이가 있으며, 각각 한 시대를 대표하는 두 인물로 볼 수 있다.

이들을 굳이 세대별로 구분하지 않을 수 없는 중요한 이유는 바로 성리학 이해와 내면화 정도에 차이가 있기 때문이다. 아래서 보다 자세한 설명을 하겠지만, 이곡의 역사인식에서는 '인의仁義'라는 개념이 보다 직접적인 어법으로 등장하며, 군주와 신하 사이의 관계에서 인의를 중심으로 하는 명분관계가 중요한 문제로 부각되었다. 이곡은 이를 역사적 사실을 통하여 확인하고자 했다.

다만, 역사적 사실로부터 윤리의식을 끌어오려고 했다는 점만큼은 이제현과 공통점이 있다고 할 수 있다. 두 사람은 모두 영사시를 남겼다. 이제현이 진秦~한漢 고조高祖 때까지를 배경으로 하고 있다면, 이곡은 후한 말에서 삼국시대를 배경으로 하고 있다는 차이가 있다. 두 사람은 이를 통해 이전과 다소 달라진 군신관계와 명분관계를 표현하였다. 그 외 다른 시문을 통해 중국사를 배경으로, 때로는 고려의 역사를 배경으로 성리학적 윤리의식이 갖는 의미들을 표현하였다. 이와 같은 이들의 역사인식은 성리학적 윤리를 현실세계에서 실천하기 위한 것이라 할 수 있다. 즉, 역사에서 도의 존재를 확인하고 이를 현실에 옮겨놓음으로써 왕도를 실현하기 위한 것이라 할 수 있다.

이제현과 비교할 때 이곡은 좀 더 정연한 논리체계를 갖추고 있다는 점에서 발전적이라 할 수 있다. 이곡은 아래서 상세하게 설명하겠지만, 주자가 내세운 심법을 본격적으로 제시하였으며, 군주수신의 중요한 논거로 삼았다. 그리고 이제현이 성리학의 일반적인 윤리의식을 보급하고자 하였다면, 이곡은 명분에 따른 가족윤리의 확산에 초점을 맞추었다. 역사계승의식에서도 기자를 국조로 인식하는 등 이제현보다 인식적 측면에서 발전한 것이 확인된다. 이는 성리학적 경향이 강화되면서도 '문명교화로의 길'이 더욱더 분명해지고 있으며, 원의 문화적 영향과 고려의 제도적 원형 유지에 대해 좀 더 정리된 입장을 나타낸 것이라고 평가할 수 있다.

1) 천명의 불가항력성과 군주수신

이제현은 성리학적 역사인식을 수용하는 가운데 천명을 역사의 흐름을 좌우하는 원동력으로 보았다. 그는 지세나 형세를 이용한 물리적인 방어보다는 민심을 규합하여 적에 대항하는 심리적인 측면을 우위에 두었다. 그는 1316년 충선왕과 함께 강향사降香使로 아미산峨眉山에 가던 길에 함곡관函谷關에 들러 지은 시에서 아래와 같이 말했다.

험한 지형 12제齊를 편편하게 보며
내려갈 길도 없고 올라갈 사다리도 없네
토낭土囊은 모두 황하 북쪽에 머물러 있고
지축地軸은 서편으로 이어졌구나
천명은 벌써 삼척검三尺劍으로 돌아갔는데

인심은 어찌 한 덩이 흙을 믿을 것인가[19]

위의 시에서 이제현은 100만의 병력을 2만의 군사로도 막을 수 있다는 전긍田肯의 말을 인용하여 진나라의 입구에 해당하는 함곡관의 험난한 지세를 표현하였다.[20] 그런데, 여기서 눈여겨보아야 할 것은 천명과 인심의 소재를 언급하고 있다는 것이다. 그는 이미 천명이 진나라에서 한나라로 옮겨갔기 때문에, 험난한 지세로도 이를 막을 수 없다고 하였다. 즉, 천명이라는 것은 불가항력이기 때문에 인력으로는 막을 수 없으며, 천명에 의해 인심의 소재가 바뀔 수도 있다고 밝히고 있다.

이제현은 천명이 한 국가의 멸망과 신국가 건설 과정에서도 힘을 발휘하는, 즉 치란을 결정하는 중요한 요소로 보았다. 그는 진승陳勝, 항우項羽, 전횡田橫, 유향劉向, 유흠劉歆, 한신韓信, 소하蕭何, 조참曹參, 장량張良, 진평陳平, 왕릉王陵, 하후영夏侯嬰, 괴통蒯通, 유경劉敬, 육가陸賈 등 진한교체기의 인물 14명에 관한 영사시 12수를 지었다.[21] 연작의 성격이 강한 영사시를 통하여 이제현은 진나라에서 초한전, 그리고 한나라가 천하의 패권을 쥐고 이후 혼란한 정국을 수습하는 과정을 그리고 있다.

그 중에서 가장 주목되는 것은 한신과 소하에 관한 시이다. 한신은 비록 고향인 회음에서 소년들의 가랑이 사이로 지나가는 모욕을 당하면서도 한 고조의 왕업을 이루는 데 큰 공을 세웠지만, 임금을 배반하고 왕업을

19 『益齋亂藁』 권1 函谷關, "形勝平看十二齊 下臨無路上無梯 土囊約住黃河北 地軸句連白日西 天意已歸三尺劍 人心豈恃一丸泥".

20 지영재, 『서정록을 찾아서』, 푸른역사, 2003, 136~138쪽.

21 『益齋亂藁』 권4, 陳勝, 項羽, 田橫, 劉向劉歆, 韓信, 蕭何, 曹參, 張良, 陳平, 王陵, 夏侯嬰, 蒯通, 劉敬, 陸賈.

돌이키려다가 실패하고 말았다. 이에 대해 이제현은 개미가 바다를 뒤집는 것과 같은 무모한 일이었다고 평가하였다.[22] 소하에 대해서는 진나라의 판도를 한나라의 산하로 바꾼 공은 창업에서 수성으로의 전환을 이룬 조참의 공보다 크지만, 한 고조로부터 분에 넘치는 봉작을 받다가 결국에는 구속되어 화를 입었다고 평가하였다.[23]

이들은 모두 외견상 분에 넘치는 일을 도모하다가 화를 당한 것으로 묘사되어 있지만, 이들 두 사람의 잘못은 근본적으로는 군신 간의 의리를 어겼다는 데 있었다. 이제현이 개미가 바다를 뒤집는다고 하였던 것은 임금과 신하 사이의 명분을 뒤집는다는 의미로서, 군신 간의 의리는 절대로 바뀔 수 없다는 의미였다. 그리고 분에 넘치는 봉작은 임금의 의심을 받을 수밖에 없다는 점에서도 치명적인 약점이 될 수 있었다.

여기서 한 가지 짚고 넘어갈 것은 이제현이 한 고조의 성품에 대해서 그리 긍정적인 평가를 내리지 않았다는 점이다. 위에서 소하에게 분에 넘치는 봉작을 주고도 끝내 의심하여 그를 죽인 것도 이에 해당하지만, 한 고조가 황제가 된 것을 보고 옛 군주에 대한 절의를 지키기 위해 섬으로 들어가 숨어버린 전횡[24]을 지나치게 의심하여 자살에 이르게 하고 말았다는 비판은 절대권력을 향한 한 고조의 집착을 단적으로 드러내기 위한 것으로 생각된다.[25] 이는 앞서 군주수신을 주장하였던 것과 결부시켜 생각해보면, 수신의 목적은 왕의 현명한 처신을 위한 것으로 볼 수 있다. 그런 점에서 이것은 군주수신론을 뒷받침하기 위한 것으로도 생각할 수 있다. 그

22 『益齋亂藁』 권4, 韓信, “出跨淮陰志頗奇 赤知王業匪人爲 欲令螻蟻翻溟渤 晩計何殊乳臭兒”.
23 『益齋亂藁』 권4, 蕭何, “秦家圖籍漢山河 功比曹參百倍加 白首年來還見縶 只應羞殺召平瓜”.
24 『史記』 권91, 田橫.
25 『益齋亂藁』 권4, 田橫, “隨何有口來黥布 魏豹無心聽酈生 壯士難教甘一辱 漢皇爭得見田橫”.

렇지만, 천명의 관점에서 보면, 한 고조가 충신을 죽게 할 정도의 성격적 결함을 안고도 군왕의 지위에 오른 것은 반대로 천명이 갖고 있는 불가항력성을 말하기 위한 것이라고 할 수 있다. 즉, 이제현이 말하고자 하는 군신윤리는 비록 고려 전기 이래의 왕권 위주의 질서를 합리화하는 도구로서의 성격도 가지고 있지만, 그 안에서 군주의 성격적 결함을 지적하고 있는 것은 이전과 달라진 점이라고 할 수 있다. 그리고 이는 군주가 수신을 해야만 한다는 당위성의 중요한 근거가 될 수 있는 것이었다.

그렇다고 해서 이제현이 천명의 윤리적 성격을 완전히 부정했던 것은 아니다. 그는 항우의 책사인 범증范增을 한신, 장량, 소하보다도 못하다고 평가하였다. 즉, 범증은 인仁하지 못하고 불의不義한 항우를 따랐으며, 항우가 반드시 망할 것이라는 것을 알면서도 끝내 유방을 따르지 않은 점을 들어 천명에 오히려 역행하고 있다고 하였다.[26] 여기서 유방이 단지 성격적 결함만을 가지고 있는 인물이라는 점을 상기해보면 유방에 대비되는 항우는 윤리적이지 못한 인물이라고 해석해 볼 수 있다. 이는 고려에도 적용된다. 그는 충렬왕과 한희유韓希愈를 참소한 위득유韋得儒와 노진의盧進義가 하늘의 징벌을 받아 죽음을 당한 것은 이들이 왕과 한희유의 결백을 알면서도 사적인 이익을 탐하다가 결국에는 하늘의 징벌을 받은 것으로 보았다.[27]

따라서 천명은 윤리적 속성을 지니고 있기 때문에 윤리적 군주나 신하에게 천명이 돌아간다는 논리가 만들어진다. 이때 윤리적 속성의 기준은 군신 간의 의리에 집중되어 있다는 점을 발견할 수 있다. 앞서 언급한 한

---

26 『益齋亂藁』 권9하, 范增論, "增方之陳平 猶謂不足 況於三傑乎 高祖之寬仁 項羽之禍賊 增所知也 莫不信於背約 而羽背入關之約 莫不仁於殺無罪 而羽坑已降之卒 莫不義於弑君 而羽殺懷王 其至五年而後亡 亦幸也".

27 『櫟翁稗說』 전집2.

신과 소하, 위득유와 노진의가 바로 그러한 사례라고 할 수 있을 것이다. 한 걸음 더 나아가면 한 고조의 성격적 결함을 비판하기 위해 이야기한 전횡도 그러한 사례에 포함된다고 할 수 있겠다.

그런데, 범증의 경우는 다른 시각에서 접근할 수 있다. 천명을 얻은 한 고조에게 비록 버림을 받았지만, 이제현은 한신과 소하의 공로는 어느 정도 인정해주었다. 그렇지만, 범증은 천명에 역행하고 또 다시 진과 같은 폭정을 일삼으려는 항우에게 충성을 바쳤다는 점에서 보면, 항우를 따르다가 대세를 좇아 한 고조에게 귀순한 진평보다도 못한 존재가 된다.[28] 범증이 항우에게 바친 충성이 의미가 있으려면, 그것이 군신 간의 윤리에 맞아야 할뿐더러, 윤리적 성격의 천명과 결부되어야 한다는 것이다. 즉, 인사人事가 윤리성을 가질 때 비로소 천명을 얻을 수 있는 것이다.

이곡은 이를 좀 더 발전시켜 군주수신의 논리를 직접적으로 꺼내들었다. 이곡은 치자治者의 마음가짐에 따라 치세를 이어나갈 수도, 난세에 빠질 수도 있다는 점을 강조하였다. 그는 마음은 일신一身의 주체요 만화萬化의 근본으로서 정치는 인군人君의 마음에서 시작된다고 하였다.[29] 그는 마음가짐에 깊고 얕음과 순일함과 잡스러움의 차이가 있기는 하지만 예나 지금이나 사람의 마음에는 차이가 없으니, 왕도와 패도의 구분도 도심道心을 이어 받았는가 아닌가에 따라 미묘한 차이에서 나타난다고 하였다.[30]

---

28 『益齋亂藁』 권9하, 范增論, "曰 增既委質於項氏 雖知其必亡 焉得而背之哉 曰 始懷王以宋義爲上將 羽爲次將 增爲末將 使北救趙 當是時 增豈羽之臣乎 羽擅殺上 將詐報於君 可謂無道 且前攻襄城 襄城無噍類 諸將皆謂羽不可使先入關 如是而增竟從羽 見疑以死 陳平則知羽不足與爲天下 杖劍歸 漢而爲謀臣 故曰 方之陳平 猶爲不足 況於三傑乎".

29 『稼亭集』 권13 廷試策, "心者一身之主 萬化之本 而人君之心 出治之原 天下治亂之機也".

30 『稼亭集』 권13 廷試策, "皇帝王霸之德 雖有淺深純雜之異 其終始持循 而成一代之理者 皆於心得之 臨乎億兆之上 必有爲理之道則無不同也".

인심과 도심의 사이에서 어느 것을 택하느냐에 따라 치란이 결정될 수 있다는 것이다. 그렇기 때문에, 군주는 스스로의 노력에 의하여 도심을 확충해야만 치세를 이어나갈 수 있으며, 난세의 기미도 포착할 수 있게 된다. 즉, 요, 순, 우가 서로 전수한 "인심은 위태롭고 도심은 은미隱微하니 오로지 정밀하고 일관되게 진실로 중도中道를 잡아야 한다人心惟危 道心惟微 惟精惟一 允執厥中"는 심법에 따라 도심을 확충하고 민심을 파악한다면, 치세를 이어나는 가운데 유교적 이상군주가 될 수 있다는 것이다.[31] 이것은 이미 주자가 『중용』의 서문에서 밝힌 심법으로서 이로부터 도통道統이 시작된다고 하였다.[32] 군주를 비롯한 인간은 도덕적 본성에 따른 자율적 노력에 의해 도심을 확보할 수 있다는 것이다. 그리고 정통正統과 윤통閏統은 군주의 노력 여하에 따라 결정된다. 따라서, 이곡은 주자와 같이 불변의 도道와 리理를 중심에 두고 역사를 이해하고 있는 것이다.[33]

이와 관련하여 이해할 수 있는 대목은 이곡이 군자적 처세를 강조하고 있다는 점이다. 그는 『가정집』 권15에 모두 27수의 영사시를 남겼다. 그의 영사시는 후한 말에서 삼국시대, 그리고 진나라 초기에 이르는 시기를 배경으로 하였다. 여기서 이곡은 영제靈帝대 당고黨錮의 화禍를 후한이 본격적으로 멸망의 길로 들어서는 기점으로 보았으며, 난세의 간웅과 군자들의 처세를 비교대상으로 삼았다.

---

31 『稼亭集』 권13 廷試策, "古今同一心 王霸獨不同乎 臣按書曰 人心惟危 道心惟微 蓋充其道心者 爲皇帝王也 循其人心者 爲霸也 皇帝王霸之心之微 於此可見 舍此而他求 臣恐或流於支離誕幻之域也".

32 『中庸』 中庸章句序, "蓋自上古聖神繼天立極 而道統之傳有自來矣 其見於經 則允執厥中者 堯之所以授舜也 人心惟危 道心惟微 惟精惟一 允執厥中者 舜之所以授禹也 堯之一言 至矣盡矣 而舜復益之以三言者 則所以明夫堯之一言 必如是而後可庶幾也".

33 文錫胤, 「朱熹에서의 理性과 歷史」, 『泰東古典硏究』 16, 1999, 22~31쪽.

영사시를 비롯한 이곡의 중국사 관련 시문에서 가장 주목되는 것은 신하로서의 명분과 형세에 따른 행동을 강조한 점이다. 그는 조조曹操의 책사였던 순욱荀彧을 매우 높이 평가하였다. 순욱은 후한의 마지막 황제인 헌제憲制때 조조가 국공國公과 구석九錫의 지위를 받으려하자, 이를 반대하다가 조조의 미움을 받아 독약을 마시고 죽었다.[34] 이에 대해 이곡은 사마광의 『자치통감資治通鑑』의 사론을 인용하여,[35] 춘추시대 자신이 섬기던 공자 규糾를 배신하고 제 환공을 도와 패업을 이룩한 관중管仲의 인仁보다 순욱의 행동이 더 낫다고 하였다. 비록 조조를 섬기고 있지만 주군의 잘못을 죽음으로써 경고한 순욱의 행동은 명분을 지켰다는 점에서 관중보다 낫다고 보고 있는 것이다.[36] 그는 외척과 환관에 대항하다 죽은 후한의 양진楊震에 대해서도,[37] 소인을 배척하였다는 점에서 군자로서 할 수 있는 적극적인 행동이었다고 하였다.[38] 순욱과 양진 모두 명분론의 위기에 대처하여 의리에 따른 행동을 하였지만, 뜻을 이루지 못하고 죽었다는 공통점이 있다. 그런 점에서 이곡은 정치적 재능보다 도덕성을 우선시하였다는 것을 확인할 수 있다.[39]

이곡은 앞서 언급한 바와 같이 당고의 화를 매우 중요하게 다루었다. 당

---

34 『後漢書』 권70 列傳60, 荀彧.

35 『資治通鑑』 권66 孝獻皇帝 建安 17年(212) 10월, “臣光曰 (…중략…) 荀彧佐魏武而興之 擧賢用能 訓卒厲兵 決機發策 征伐四克 遂能以弱為強 化亂為治 十分天下而有其八 其功豈在管仲之後乎 **管仲不死子糾而荀彧死漢室 其仁復居管仲之先矣**”(이하 강조는 저자).

36 『稼亭集』 권15 詠史, 荀彧, “曹氏陰謀政似新 贊成皆是漢家臣 荀侯豈爲浮名死 **忠義多於管仲仁**”.

37 『後漢書』 권54 列傳44, 楊震.

38 『稼亭集』 권13, 擬漢楊震二子爲郎詔, “故大尉震少以儒行 名重關西 爲吏廉謹 在朝謇謇 有大臣之節 疾姦臣而不能誅 惡嬖女而不能禁 直言正色 無所回撓 而反見擯斥 卒以自覆 朕甚憫焉甚慕焉”.

39 李範鶴, 「司馬光의 ‘正名’ 사상과 人治主義의 전개」, 『東洋史學研究』 37, 1991 참조.

고의 화는 청의淸議를 표방하는 사인士人들이 환관에 대항하여 투쟁한 결과 2회에 걸쳐 700여 명이 투옥되거나 금고禁錮에 처해졌던 사건이었다.[40] 그는 이 사건에 관련되어 희생된 사인들에 대하여 비판적 입장에 있었다. 그는 당고의 화가 있기 전에 은거했기 때문에 희생되지 않은 서치徐穉, 강굉姜肱, 원굉袁閎, 위저韋著, 이담李曇 등 5처사五處士에 대해 "한나라 황실이 어찌 당고 때문에 남아 있었겠는가"[41]라고 하여, 당고의 화가 아니더라도 한나라 황실은 멸망할 수밖에 없었으며, 난세도 막을 수 없다고 하였다. 특히 그는 「조당고문弔黨錮文」에서 위의 순욱과 같이 『자치통감』의 사론을 인용하여,[42] 당고의 화는 현인賢人들이 자신들의 역량을 헤아리지도 않고 입으로만 시비를 다투고 사해四海가 흘러넘치는 것을 손으로 막으려다가 발생한 희생에 불과하며 최소한의 처세에도 미치지 못하는 것으로 보았다.[43] 군자라면 형세에 따라 행동을 달리할 수 있어야 한다는 것이다. 실천적 관점에서 보면 임금을 성군聖君으로 만들고 백성에게 혜택이 돌아가게 하는 것은 군자가 기약하는 것이며, 때가 아니면 움직이지 않는 것도 군자가 취해야할 행동이었다.[44] 그렇기 때문에, 이곡은 군자가 나아가면 사직이 안정되지만, 군자가 물러나게 되면 민이 병든다고 하였다.[45] 군자가 물러날 수밖에 없는 시점은 성인의 도를 도저히 실천할 가능성이 없는 난세에 해당

40 傅樂成, 辛勝夏 譯, 『中國通史』(上), 지영사, 1998, 253~257쪽.
41 『稼亭集』 권15 詠史, 五處士, "漢鼎寧爲錮黨留".
42 『資治通鑑』 권56 孝桓皇帝 建寧 2년 9월, "臣光曰 天下有道 君子揚於王庭 以正小人之罪 而莫敢不服 天下無道 君子囊括不言 以避小人之禍 而猶或不免 黨人生昏亂之世 不在其位 四海橫流 而欲以口舌救之 臧否人物 激濁揚清 撩虺蛇之頭 踐虎狼之屬 以至身被淫刑 禍及朋友 士類殲滅而國隨以亡 不亦悲乎".
43 『稼亭集』 권1 弔黨錮文, "嗟群賢之不量其力兮 將口舌以是非 四海之橫流兮 思側手以障之"
44 『稼亭集』 권1, 弔黨錮文, "致君澤民兮 君子所期 藏器於身兮 動必以時".
45 『稼亭集』 권8, 寓本國宰相書, "夫進君子則社稷安 退君子則人民病".

된다.[46] 따라서, 당고의 화에 희생된 사인의 행동은 현실은 물론 앞을 내다보지 못한 헛된 희생으로 최소한의 처세에도 미치지 못한 것이 된다.

이에 비하여 순욱과 양진은 이곡의 기준에서는 바로 군자적 처세의 전형을 보여주는 인물이다. 앞서 순욱과 양진은 비록 군주의 인정은 받지 못했지만, 명분을 직접 실천해보였다는 점에서 여포呂布, 원소袁紹, 장간蔣幹 등과 같이 천리를 거스르고 인간의 본성에 위배되는 행동을 한 인물들과 극명하게 비교된다. 또한, 당고의 화에 희생된 사인들 또한 비록 의리를 직접 실천했다는 점에서는 긍정적 평가가 가능하지만, 객관적 형세를 제대로 판단하지 못했다는 점에서 천명을 거스른 측면이 있었다. 그런 점에서 볼 때, 이곡의 기준에서 순욱과 양진은 명분, 즉 인간의 선한 본성과 천명을 따르는 인물이라고 할 수 있다. 그리고 이 두 사람은 인간의 본성을 스스로 깨닫고 이를 실천에 옮기는 성리학적 인물형에 가까운 인물이며, 의리와 명분에 따라 행동하는 군자적 처세의 전형이라고 할 수 있었다.[47]

---

46 『稼亭集』 권13 擬漢楊震二子爲郎詔, "盖聞君子小人迭爲消長 審之在人主 此治亂之機也 (…중략…) 小人道長 馴致新莽之禍 (…중략…) 迺者戚宦相扇柄用 危害忠良 朝野寒心 可謂君子道消邪"; 권13 廷試策, "臣謹按 易首乾卦曰 元亨利貞 盖此四者 天之道也 王者法之 故曰 天行健 君子以 自強不息".

47 그렇지만 이곡은 위나라와 촉나라 사이의 정통문제에는 크게 주목하지 않았다. 그는 "烏林의 一炬로 늙은 도적이 도망쳤으니, 三江이 이로부터 중원과 대적하게 되었다(『稼亭集』 권15 詠史, 周瑜, "一炬烏林老賊奔 三江自此抗中原")"라고 하여 적벽대전에서 周瑜와 諸葛亮이 승리를 거둔 결과 삼국이 대치하게 되었다는 형세적 국면만을 언급하였다. 이는 주자의 『資治通鑑綱目』에 따라 조조의 위나라보다는 유비와 제갈량의 촉한을 정통으로 보는 원대 유학자의 논리와는 차이가 있다(饒宗頤, 『中國史學史上之正統論』, 宗青圖書出版公司, 1979, 38~42쪽; 陳芳明, 앞의 글, 447~448쪽; 周少川, 앞의 책, 65~71쪽). 비록 조조를 도적으로 표현하였기는 했지만, 위에서는 조조의 패전의 결과 삼국이 鼎立하게 되었다는 것에 중점을 두고 있다. 이에 비해 이제현은 앞서 언급한 바와 같이 명분론에 따라 구양수의 정통론을 비판하였으며, 曹操나 司馬炎보다는 諸葛亮의 의리를 강조하였다(『益齋亂藁』 권1, 諸葛孔明祠堂, "許國義高三顧後 出師謨遠七擒餘 (…중략…) 千載忠誠懸日月 回頭魏晉但丘墟"). 그런 점에서 보면, 이곡의 역사인식은 원과 고려의 일반적 인식과는 달리 의리론적 인식은 약한 반면, 형세적 인식은 상대적으로 강하다고 할 수 있다.

이를 영사시 전체로 확대해보면 이곡은 여포, 원소, 장간 등과 같이 대세를 바꾸려고 했던 간웅을 비판하는 데 중점을 두었던 것으로 판단된다.[48] 그의 중국사 관련 시문은 고려의 정치상황에 대한 비판의 의미가 있었다. 그는 삼한이 나라답지 못하게 되었으며 자신이 국외에서 오래 지내게 된 것은 바로 용인用人이 잘못되었기 때문이라고 하였다.[49] 즉 군자君子나 대인大人 같은 유교적 소양을 가진 인물을 등용해야 하는데, 그렇지 못했기 때문에 충숙왕과 충혜왕을 무고한 조적曺頔 등 심왕파가 신하로서의 명분을 어기고 공업功業만을 취하게 되면서 국가를 위기에 몰아넣었다는 것이다. 결국 이곡은 그 해결책으로 영사시에 나타난 후한대 다양한 인물을 통하여 명분의식과 군자적 처세를 강조했다. 정치적 득실보다는 고려 국왕에 대한 의리를 더욱 중요시하는 입장에 있었던 것이다.

따라서, 이를 군신관계에 비추어보면, 군주는 수신을 통하여 군주로서 갖추어야할 덕성을 함양하고 신하는 군자적 처세를 통하여 명분의식을 중심으로 하는 군주에 대한 의리를 지켜야만 하는 것이 된다. 즉, 군신관계와 양자 간의 명분 사이에 인의가 중요한 매개체 역할을 하고 있는 것이다. 그렇기 때문에, 이는 군주와 신하 사이에 공리功利를 배제하고 인의를 중심으로 하는 쌍방 간의 명분을 확보해야만 하는 것이다. 그리고, 이곡은 이를 통하여 역사적 사실을 재삼 확인하는 것이라고 할 수 있다.

그런데, 여기서 이제현과 이곡의 역사인식과 군신관계에 대한 인식에서

48 『稼亭集』 권15 詠史, 呂布, 袁紹, 蔣幹.

49 『稼亭集』 권8, 寓本國宰相書, “吾三韓 國之不國 亦已久矣 風俗敗壞 刑政紊亂 民不聊生 如在塗炭 (…중략…) 夫進君子則社稷安 退君子則人民病 此古今之常理也 然則用人又爲政之本也 (…중략…) 卽今本國之俗 以有財爲有能 有勢爲有智 至以朝衣儒冠 爲倡優雜劇之戲 直言正論 爲閭里狂妄之談 宜乎國之不國也 穀之所以離親戚去鄕國 久客於輦轂之下者 正爲此耳”.

주자학 계열의 역사인식과의 연결성에 주목할 필요가 있다. 이제현의 경우 자신의 역사인식의 방향을 주자朱子, 범조우范祖禹와 비교하고 있었다.

> 구양수歐陽脩는 무후武后를 『신당서』의 본기에 넣어 대개 사마천과 반고의 잘못을 이었으니, 실책이 더욱 심하다. 여씨呂氏는 비록 천하를 지배하였으나 어린 아들을 내세워 한나라의 왕통이 있음을 보였다. 측천무후는 이씨를 억누르고 무씨를 높였으며, 당나라를 혁거하여 주나라라고 칭하였고, 종사宗社를 세웠으며, 연호를 정하였으니, 흉역(凶逆)이 심하였다. 마땅히 바른 것을 들어 무궁히 경계로 해야 할 것인데도, 도리어 높였단 말인가? 당기唐紀에 주나라의 연호를 쓰는 것이 옳은 것인가? (…중략…) 말하기를, "노나라 소공은 계씨를 내쫓고 건후를 세웠으며 『춘추』에는 소공의 연호를 쓰지 않은 것이 없으니 중종房陵의 폐위가 어찌 이와 다르겠는가? 역사를 서술하는데 『춘추』를 따르지 않는 것이 옳은 것인지 나는 모르겠다" 하였다.[50]

위의 인용문은 이제현이 1323년 유배에 처해진 충선왕을 만나기 위하여 도스미朶思麻로 가는 여행에서, 당나라 측천무후의 무덤을 보고 지은 시의 서문이다. 여기서 이제현은 『춘추』에 의한 명분론적 역사인식의 당위성을 분명하게 드러내고 있다. 즉, 명분에도 어긋나고 군신 간의 의리에도 맞지 않는 측천무후를 굳이 본기에 넣은 것은 이해할 수 없다는 것이다. 이러한 이제현의 비판의 근거는 춘추필법에 있었다. 즉, 군신 간의 명분에

50 『益齋亂藁』 권3, 則天陵, "歐陽永叔 列武后唐紀之中 蓋襲遷固之誤而益失之 呂氏雖制天下 名嬰兒 以示有漢 若武后則抑李崇武 革唐稱周 立宗社而定年號 凶逆甚矣 當擧正之 以誡無窮 而反尊之乎 謂之唐紀而書周年可乎 (…중략…) 曰 魯昭公爲季氏逐 居乾侯 春秋未嘗不書 昭公之年 房陵之廢 與此奚異 作史而不法春秋 吾不知其可也".

도 어긋나고 오히려 찬역자라고 할 수 있는 측천무후를 본기에 편입시켜 정통으로 보는 것은 문제가 있다는 것이다.

위에서 이제현이 비판하는 구양수의 역사인식은 음양오행에 의한 오덕종시설에 반대하면서 존왕양이의 의리를 중심으로 하는 춘추론적 정통론으로 설명할 수 있다. 특히 그의 정통론은 『춘추공양전』을 근거로 하는데, 대의는 도덕성에 기초를 두어야 한다는 것이었다.[51] 구양수는 역사에서 성쇠와 변화는 모두 '리理'에 있으며, 그 작용은 인사에 의해 결정된다고 하였다. 구양수는 "성쇠의 리를 비록 천명이라고 하지만, 어찌 인사를 부정할 수 있는가"[52]라고 하여 천명의 불가항력보다는 인사를 강조하는 입장이었다.[53] 따라서, 인사에 따라 천명이 결정될 수 있다는 인치주의적 경향을 띤다고 할 수 있겠다. 이를 왕권의 입장에서 해석한다면, 국왕의 역할과 능력에 따라 치란이 결정될 수 있다는 것으로 정리할 수 있겠다. 이런 관점에서 보면 앞서 언급한 이제현의 군주수신론은 국왕의 성리학적 수신을 강조한다는 점에서 구양수의 인치주의적 경향과 연결된다.

그렇지만, 한편으로 이제현은 정통론의 입장에서 구양수를 비판하기도 하였다. 그는 앞서 인용문에서와 같이 측천무후를 『신당서』의 당기唐紀에 편입함으로써 찬역자를 정통의 범주에 넣었다는 점에서 정통론을 어기고 있으며, 이를 '흉역'이라고까지 표현하였다. 이것은 충선왕이 유배에 처해진 당시의 상황이 반영된 것이지만, 어쨌든 이제현은 구양수가 정통론에 철저하지 못하다는 점을 비판했던 것이다.

---

51 陳芳明, 앞의 글, 1985; 李範鶴, 앞의 글, 1991 참조.

52 歐陽修, 『新五代史』 권37(臺灣 商務印書館 간행 『文淵閣四庫全書』 279), 伶官傳序, "嗚呼 盛衰之理 雖曰天命 豈非人事哉".

53 吳懷祺, 「歐陽修的史學思想」, 『中國史學思想通史－宋遼金卷』, 黃山書社, 2002, 71~76쪽.

이제현은 이러한 자신의 견해를 이후 주자와 범조우의 글에서 확인하였다고 하였다. 그는 위의 서문이 실린 시의 말미에서, 나이가 들어서 주자의 감우시를 보고는, 나 같은 사람의 의론이 주자와 어긋나지 않았으며, 범조우의 『당감』에도 같은 의론이 있었다고 하였다.[54] 이제현이 자신의 논리와 같다고 본 것은 주자가 "어찌하여 구양수는 붓을 잡고도 지극히 공정한 것을 알지 못하였으며, 당경에 주기로써 어지럽혔으니 범례는 누가 이와 같이 용납할까"[55]라고 했던 부분이다. 범조우의 『당감』에서는 이 사건에 나타난 의리는 어머니와 자식의 관계로 설명할 수 있는 것은 아니며, 공의의 소재, 즉 천명의 소재로써 논해야 하는 것이라고 하였다. 나아가 이는 선군의 치세를 끊는 것이므로 혁명으로 인정할 수 없다는 것이다.[56] 따라서, 이를 통하여 자신의 견해가 갖는 의미에 대해 다시금 확인할 수 있었을 것으로 생각된다.

이와 함께 이제현은 충현의 역할을 강조하였다. 그는 측천무후가 물러나는 상황에 대해 "다행히 충현을 얻어 끝내 왕업을 되찾았다"고 평가하였다.[57] 측천무후 자신의 뜻에 따라 스스로 물러난 것이 아니라 군신 간의 의리를 바로 세우고자 하는 충현의 노력이 있었기에 측천무후가 물러날

54 『益齋亂藁』 권3, 測天陵, "後閱晦菴感遇詩 拊卷自嘆 孰謂後生陋學 其議論有不謬於朱子耶 又得范氏唐鑑讀之 亦有此論 不覺一笑 悔其少作也".

55 朱熹, 『晦庵集』, 권4, 齋居感興(臺灣 商務印書館 간행 『文淵閣四庫全書』 1143), "云何歐陽子 秉筆迷至公 唐經亂周紀 凡例孰此容".

56 『櫟翁稗說』 後集1에도 같은 내용이 실려 있다. 다만 여기서는 측천릉 시의 한 구절을 인용하여 자신의 역사인식이 주자의 그것과 같다고 설명하였으며, 세주에 범조우의 『唐鑑』에도 같은 의론이 실려 있다고 하였다. 참고로, 이색이 지은 이제현의 묘지명에는 주자의 감우시가 아닌 『資治通鑑綱目』을 보았다고 되어 있다(『東文選』 권126 鷄林府院君謚文忠李公墓誌銘, "初公讀史 筆削大義 必法春秋 至則天紀曰 那將周餘分 續我唐日月 後得朱子綱目 自驗其識之正").

57 『益齋亂藁』 권3, 則天陵, "尙賴得忠賢 終能返故物".

수 있었다는, 신권의 역할을 강조하는 입장에 있었던 것이다. 이에 비하여 그의 바로 앞 세대에 해당하는 이승휴는 "훌륭하다, 만년에 지난 허물을 고쳐 아들을 세워 왕위를 돌려주었다"고 하여,[58] 이것은 측천무후의 자의적인 결정이라는 점을 강조하였으며, 의도나 결과와 상관없이 훌륭하다고 표현하였다. 따라서, 이승휴가 군주 스스로의 결정을 강조하고 군신 간의 의리에 대해 그다지 주목하지 않는 왕권 중심적 입장에 있었다면, 이제현은 다소 신권을 강조하는 입장에 있었던 것이다.

따라서, 이제현의 인식에서 신하는 군주의 명령만을 수행하는 수동적 존재가 아니라 특정 사안이 의리와 명분에 맞지 않는다고 판단할 경우 직접 행동으로 나서는 능동적 존재였다. 그는 주군을 위해 충성을 바친 예양豫讓을 통하여 군신관계가 단순한 인간관계에 그치는 것이 아니라는 점을 명확하게 제시하였다. 전국시대 조양자趙襄子는 원수인 지백智伯을 죽이고 지씨 일족을 멸하였다. 이에 지백의 집에서 국사로 대접을 받던 예양은 온몸에 옻칠을 하고 벙어리로 위장하여 다리 밑에 숨어 조양자를 죽이고 원수를 갚으려고 했으나 발각되어 뜻을 이루지 못하였다.[59] 이 사건에 대해 이제현은 "해는 구천九泉의 정성을 비추며, 은혜 갚기 어렵다고 하지만 일이 쉽게 되기를 구하지도 않았으니, 간사하고 아첨하는 자들이 마음속으로 놀랐을 것"이라고 하였다.[60] 이는 입성론을 추구하며 고려 국왕의 신하로서의 명분과 의리를 저버리는 이들에 대한 경계의 의미가 들어있지만, 좀 더 깊이 생각해보면 군신 간의 의리는 정치적 재능이나 개인적 영달을

58 『帝王韻紀』 上卷, "多哉末年改往修 復立其子還天位".

59 司馬遷, 『史記』 권86, 刺客列傳26, 豫讓.

60 『益齋亂藁』 권1, 豫讓橋, "日照九泉誠 不爲恩難報 徒求事易成 此言眞有激 邪佞合心驚".

초월한다는 사고가 반영되어 있다는 것을 발견할 수 있다. 그리고 직접 의리를 실천하는 사람들을 통하여 수동적 존재가 아닌 능동적 존재로서의 신하의 모습을 그리고 있다. 따라서, 앞서 신권적 입장을 보인 이제현의 인식과 연결시켜보면, 역사적 사례를 통하여 충현의 역할을 강조하고 삼강오륜三綱五倫의 실천을 추구하고 있는 것으로 해석된다.

이와 같이 이제현과 이곡은 천명의 불가항력성에 대해 주목하면서도 이를 윤리성과 연결시키려고 하였다는 점에서 공통점이 있다고 할 수 있다. 그렇지만, 이제현이 비교적 단순한 논리로 불가항력적 천명에 가려져 있는 군주의 윤리적 결점을 발견하고 이를 군신관계의 측면에서 주목하였다면, 이곡은 성리학적 윤리의식의 기본이라 할 수 있는 효 중심의 윤리의식과 직접 연결을 시도하였으며, 이는 다시 『중용』에서 말하는 심법과도 연관성이 있는 것이다. 그런 점에서 두 인물의 성리학 수용의 세대에 따른 내면화의 차이를 발견할 수 있을 것이다.

2) 가족윤리와 정통론적 세계관

군신윤리는 가족윤리에서 출발한다. 이제현은 성리학적 가족윤리의 확립을 위하여 권부權溥·권준權準과 함께 『효행록』을 편찬하고 보급하고자 하였다. 『효행록』의 의의는 권근이 작성한 아래의 후서後序에 잘 표현되어 있다.

> 익재선생의 찬贊이 명백하고 간절한 것은 사람들로 하여금 모두 알기 쉽게 하려는 것이다. 옛날 공자가 『효경』에서 위로는 천자와 같이 존귀한 사람들로부터 아래로는 서인庶人과 같이 천한 이들까지 머리카락과 살갗이 상하게

하지 않는 데서 시작하여 부모가 돌아가시어 편안하게 모시는 것에서 끝나도록 한 것은, 예로 들지 않은 것 없이 모두 말씀하신 것이며, 만세萬世에 교훈이 되는 것으로 아들이 부모를 섬기는 도에 남기는 것이 없었다. 이는 귀천과 종시終始의 윤리의 상도常道를 기록한 것으로 갖추어지지 않은 것이 없으며, 또한 인륜의 변고와 환란으로 앞을 내다볼 수 없을 때 『효경』이 미처 말하지 못한 것도 또한 기록하지 않은 것이 없다. 비록 성인이 중도에서 벗어나는 일이 왕왕 있기는 하지만, 사람의 자식으로서 부모를 섬기는 정성은 반드시 여기에 이른 이후에 극진해질 것이니 어찌 예에 지나치는 것을 스스로 헤아리랴![61]

여기서 권근은 『효행록』과 『효경』을 비교하면서, 공자의 『효경』이 일상적인 측면에서의 실천을 담고 있는 반면, 『효행록』은 전 사회계층을 대상으로 하며, 갑작스런 사고나 변란에 대비한 내용까지 담고 있다고 하였다. 이는 『효행록』의 성격이 공자의 『효경』을 보완하도록 하는 것으로서, 전 사회계층을 대상으로 성리학 윤리를 보급하는 것을 목적으로 한다는 의미로 받아들여진다. 또한 어떠한 경우에도 효는 지켜야 할 기본적 가치라는 의미로 이해할 수 있다.

그런 점에서 이는 또한 성리학 수용 이전 『효경』 교육의 전통과는 다른 측면이 있었다. 『효경』은 통일신라의 국학國學에서 가르치는 교과목이었으며,[62] 고려 전기 국자감國子監에서 중요한 경전으로 취급되었다.[63] 이는 '이

61 『陽村集』 권20, 孝行錄後序, "益齋之贊 明白簡切 欲使人人皆得易知也 昔孔子於孝經 上自天子之貴 下至庶人之賤 始自髮膚之不傷 終至宅兆之安厝 靡不備擧而悉言之 以訓萬世 子事父母之道 無餘蘊矣 此錄之於貴賤終始倫理之常 靡所不備 又於人倫之變 患難不測之事 孝經之所未及言者 亦無不載 雖若過於聖人之中制者往往有之 然於人子事親之誠 必至於此 然後斯爲極矣 豈自料其過於禮哉".

62 『三國史記』 권38, 雜志7 職官, 國學, "敎授之法 以周易尙書毛詩禮記春秋左氏傳文選 分而

효위충移孝爲忠', 즉 가족윤리로서의 효를 사회적, 국가적 질서로 확대적용하여 군신윤리와 가족윤리를 유기적으로 결합하려는 의도였다.[64] 그러나, 성리학 수용 이전에 『효경』 국가 교육기관, 특히 국학과 국자감, 구재학당 등에서 주로 교육되었다는 것은 문벌귀족 위주의 유교사회론이라는 점에서 한계가 있었다. 따라서, 향촌민을 포함한 전체 사회의 문명교화와는 거리가 있었던 것이다. 더욱이 성리학이 왕도정치를 추구한다는 점을 감안해볼 때, 전체 사회구성원을 대상으로 하는 교화는 왕도정치의 필요조건에 해당되었다. 그렇기 때문에, 이제현의 『효행록』에 대해 권근의 위와 같은 평가가 가능했으며, 성리학 수용 이전의 『효경』 교육과는 차별성을 갖는다.

그런데, 효를 위주로 하는 가족관계는 결국 종법 중심의 새로운 질서 지향으로 수렴된다. 이제현은 효를 수신제가치국평천하修身齊家治國平天下의 가천하적家天下的 질서 확립의 가장 기초적인 윤리적 실천으로 이해하고 부부관계는 그 연장선에서 효와 같은 인륜의 근본이라고 했다. 즉, 부부관계는 국가의 치란과 관계되는데,[65] 고려에서 종녀宗女와 종자宗子를 구분하지 않고 기재하는 것은 가부장적인 기준에 맞지 않는다는 것이다.[66] 이것은 성

爲之業 博士若助敎一人 或以禮記周易論語孝經 或以春秋左傳毛詩論語孝經 或以尙書論語孝經文選敎授之 諸生讀書以三品出身 讀春秋左氏傳若禮記若文選而能通基義 兼明論語孝經者爲上 讀曲禮論語孝經者爲中 讀曲禮孝經者爲下 若能兼通五經三史諸子百家書者 超擢用之 或差算學博士若助敎一人 以綴經三開九章六章 敎授之".

63 『高麗史』 권74, 志28 選擧2, 學校, "凡經 周易尙書周禮禮記毛詩春秋左氏傳公羊傳穀梁傳各爲一經 孝經論語 必令兼通 諸學生課業 孝經論語 共限一年 尙書公羊穀梁傳 各限二年半 周易毛詩周禮儀禮 各二年 禮記左傳 各三年 皆先讀孝經論語 次讀諸經幷筭 習時務策 有暇兼須習書 日一紙 幷讀國語說文字林三倉爾雅".

64 金勳埴, 「高麗後期의 《孝行錄》 普及」, 『韓國史硏究』 73, 1991.

65 『益齋亂藁』 권9하, 諸妃傳序, "有夫婦然後有父子 有父子然後有君臣上下 而禮義有所措 夫婦 人倫之本也 國家理亂 罔不由之".

리학에서의 종법 논리가 정통론과 연관되어 있다는 점에서 생각해볼 수 있다. 종법은 제례나 종주권과 같은 가문 내에서의 헤게모니 계승과 관련되어 있다. 주대에 분봉을 받은 제후들은 다시 자제子弟에게 분봉을 하게 되는데, 이때 헤게모니를 이어받은 대종大宗과 그렇지 않은 소종小宗 사이의 구별이 생기게 된다. 이에 군통君統을 계승한 최대종最大宗과 대종·소종 사이에서 최대종은 이들 모두에 대해 종주권을 행사하게 되며, 정통성도 부여받는다. 가문의 헤게모니도 이와 같은 논리로 설명할 수 있다. 이때 성리학의 이기심성론과 명분론의 입장에서는 도통道統의 계승이라는 측면에서 이것은 단순히 혈통의 계승보다는 종통宗統의 계승이라는 공적公的 입장에서 왕위 계승을 인식하게 되었으며, 형제상속보다는 적장자상속이나 종자계승이라는 원칙을 중요시하게 되었다.[67]

이제현도 이와 같은 입장에서 소목의 위차 문제를 논하였다. 그는 1357년 공민왕의 명으로 소목의 위차를 다시 정하게 되었다. 이때 그는 『춘추좌씨전』과 『춘추공양전』을 근거로 소목의 위차는 절대로 바뀔 수 없으며, 형제는 같은 반열에 두어야 한다고 하였다.[68] 즉, 원과의 강화가 이루어지면서 출륙환도하는 과정에서 만들어진 22능침은 22명의 신주가 일렬로 배치되어 소목의 위차를 따르는 것이 아니라고 하였다. 그에 따라 태조와 혜종, 현종을 불천지주不遷之主로 하고, 경종, 성종, 순종, 선종, 숙종, 인종,

66 『益齋亂藁』 권9하, 宗室傳序, “金寬毅王代宗錄 任景肅璿源錄 宗女與宗子並列 討其世譜 棼然莫之辨也 小白君齊而姑姊妹不嫁 稠父娶吳而謂之吳孟子 爲不足譏歟”.

67 池斗煥, 『朝鮮前期 儀禮硏究』, 서울대 출판부, 1994, 14~19쪽.

68 『高麗史』 권61 志15, 禮3, 吉禮大祀, 恭愍王 6년 8월, “謹按宗廟之制 天子七廟 諸侯五廟 太祖 百世不遷 太祖而下 父爲昭 居左 子爲穆 居右 昭穆左右 則百世亦不變 故春秋左氏傳 有太王之昭 王季之穆 文之昭 武之穆之文 而尙書 謂文王曰穆考 謂武王曰昭考 是其昭穆不變之明證也 其兄弟相代者 春秋公羊傳 以爲昭穆同班”.

희종, 강종을 목으로 하여 서쪽의 4개의 방에 나누어 배치하고, 정종定宗, 광종, 대종戴宗, 안종安宗은 태조를 목으로 하지만, 앞세울 신주가 없다는 이유로 중실에 배치하도록 하였다. 그리고 목종, 덕종, 정종靖宗, 예종, 의종, 명종, 신종, 고종 등은 동쪽의 4개의 방에 나누어 배치하도록 하였다.[69] 이와 같은 배치는 숙종대 혜종과 현종을 태조와 함께 불천지주로 설정한 것과 함께, 기존의 5묘9실제를 계승한 것이었다.[70] 다만, 이제현은 고려 전기에서 무인정권기, 그리고 원 간섭기까지 묘실을 일렬로 배치하던 것을 소와 목을 동서로 분리하여 위차 별로 배열하도록 하였다. 이는 기존의 제도를 계승하고 주자의 종자지법宗子之法에 입각한 세차 중심의 묘제廟制를 적용한 것이다.[71] 앞의 종녀와 종자의 구분을 강조한 것과 결부시켜 생각해보면, 가부장적인 가족관계를 중심으로 고려의 불합리한 관행을 성리학적 예제와의 조화를 통하여 개혁하고자 한 것으로 볼 수 있다.

이에 비하여 이곡은 각각의 명분에 따른 효의 실천방안을 제시했다는 점에서 이제현과 차이가 있다. 이제현이 효 중심의 윤리의식의 원칙을 밝혔다면 이곡은 이를 보다 구체화하였던 것으로 볼 수 있다.

---

69 『高麗史』 권61 志15, 禮3, 吉禮大祀, 恭愍王 6년 8월, "二十二陵 盖自江都 去水而陸 倉卒所置 其制 一堂五室 而二十二陵神主 一行而列 所宜拓而廣之 釐而正之 然而不可造次而就 未就之間 四時之事 無所於享 且於五室 略依東漢以來 同堂異室之制 其二十二神主 一一各爲一房 以別之 太祖惠宗顯宗 在太廟不遷 則太祖之昭 定光戴 安於此 無先之者 居中室 而以西爲上 光宗之穆景宗 戴宗之穆成宗 爲從兄弟 居西第一室之第一房第二房 成宗之昭穆宗 顯宗之昭德靖文 居東第一室之第一第二第三第四房 亦從兄弟也 文宗之穆順宣肅 居西第一室之第三第四第五房 宣宗之昭獻宗 肅宗之昭睿宗 爲從兄弟 居東第五第六房 睿宗之穆 仁宗居西第六房 仁宗之昭毅明神 居東第七第八第九房 神宗之穆熙宗 明宗之穆康宗 亦爲從兄弟居西第七第八房 康宗之昭 高宗 居東第十房 合於左昭右穆兄弟同班之義".

70 李範稷, 『韓國中世禮思想研究』, 일조각, 1991, 75~76쪽 및 崔順權, 「高麗前期 五廟制의 運營」, 『歷史教育』 66, 1998 참조.

71 池斗煥, 앞의 책, 1994, 110~111쪽.

먼저, 이곡은 「배갱설杯羹說」에서 한 고조의 군주로서의 성격적 결함을 지적하였다. 초한전楚漢戰 당시 항우項羽가 유방劉邦의 아버지를 사로잡은 다음, 항복하지 않으면 삶아서 고깃국으로 만들겠다고 위협하자, 유방은 "그러면 나에게도 한 그릇 주면 좋겠다"고 하였다.[72] 이 고사에 대해 그는 한 고조가 항우와 싸우는 것은 백성 때문인데, 지금은 그들을 죽이게 되었으며, 그가 사람이 될 수 있었던 것도 부모 때문인데, 오히려 그들을 호랑이 입 속에 두고 말았으니, 결국 한 고조의 성격에는 결함이 있으므로 관후하고 인자한 군왕은 아니라고 비판하였다.[73] 특히 그는 비교대상으로 순임금의 아버지가 중대한 죄를 지었다면 순임금은 아버지를 업고 도망하여 천하를 잊었을 것이라는 『맹자』의 구절을 제시하여,[74] 군왕으로서의 '관후함'과 통치의 권위는 바로 효孝의 실천에서 보증을 받을 수 있다고 하였다. 여기서 말하는 '관후함'은 인仁으로도 정의내릴 수 있는 것으로, 군왕은 백성의 존재에서 통치의 정당성을 얻는 것이며, 군왕 이전의 자연인으로서는 부모로부터 존재의 근거를 찾을 수 있다는 것이다.

다음으로 이곡은 「조포충효론趙苞忠孝論」에서 신하의 입장에서 효의 실천 방법을 제시하였다. 조포는 후한 영제靈帝때 요서태수遼西太守에 임명되었는데, 어머니와 처자를 임지로 맞아들이다가 요서군遼西郡의 경계에서 가족이 모두 선비족에게 납치되었다. 선비족이 이들을 인질로 삼아 요서군을 공

---

72 『史記』 권7 項羽本紀; 『漢書』 권31 項籍.

73 『稼亭集』 권7 說, 杯羹說, "所爲爭之者民也 今乃戕之 所以爲人者親也 今乃置之虎口 略無顧慮 惟以勝負爲計 設若項伯膠口 而羽憤不勝 則安知俎上之肉不爲杯中之羹乎 縱不能竊負而逃 杯羹之言 不可出諸人子之口 劉氏猶假禮義 以羽殺義帝爲賊 縞素而請諸侯 其視羹父不有間邪 故曰 劉氏非寬仁者也".

74 『孟子』 盡心上, "桃應問曰 舜爲天子 皐陶爲士 瞽瞍殺人 則如之何 孟子曰 執之而已矣 然則舜不禁與 曰夫舜 惡得而禁之 夫有所受之也 然則舜如之何 曰舜視棄天下 猶棄敝蹝也 竊負而逃 遵海濱而處 終身訢然 樂而忘天下".

격하려고 하자 조포는 사은私恩 때문에 충의를 저버릴 수 없다고 하면서 선비족에 맞섰다. 전투 도중에 가족이 모두 살해되자 조포는 전투에서 승리한 후 피를 토하고 죽었다.[75] 이에 대해 이곡은 앞서 「배갱설」에 나온 『맹자』의 구절을 다시 인용하여, 조포를 효가 충보다 앞선다는 것을 알지 못한 인물로 평가하였다.[76] 특히 그는 "천하에 도道가 있을 때는 나타나고 도가 없을 때는 숨는 방법으로 처신한다면, 곧 하루아침의 근심은 없어질 것"이라는 공자의 처세론을 인용하여,[77] 난세에 처해서는 지방관도 효라고 하는 최소한의 명분을 지켜야 한다고 하였다. 지방관은 국왕을 대리하는 목민관으로서, 군부일체君父一體에 따라 사친事親을 확장하여 사군事君으로 이어나가야 하며, 효의 실천으로 대민교화에도 앞장서야 하는 존재였던 것이다.

이곡은 「절부조씨전節婦曺氏傳」에서는 아녀자로서의 명분을 강조하였다. 그는 삼별초의 난과 일본원정, 그리고 카단哈丹의 침입 등으로 아버지와 남편, 시아버지를 모두 잃고 손자, 손녀에 의지하여 77세까지 수절하면서 살고 있는 조씨 부인에 대해, 중국에서 많은 재산으로 정려문旌閭門을 세운 사례에 비해 우월하며, 이는 삼종三從의 의를 지켜 부인으로서의 도道를 다한 것이라고 하였다.[78] 이것은 국가와 가족윤리 사이의 갈등을 다룬 「배갱

---

75 『後漢書』 권81 열전71 趙苞; 『資治通鑑』 권57 孝靈帝 喜平 6년(177).

76 『稼亭集』 권1 趙苞忠孝論, "苞以區區節義 惟知食祿不避難之爲是 而不知助桀富桀之爲非 知殺母市功之爲忠 而不知保身事親之爲孝 虛慕王陵之賢 實獲吳起之忍 當不可爲之時 爲不必爲之事 故曰 苞於忠孝有未盡焉者此也 (…중략…) 惟知食祿不避難之爲是 而不知助桀富桀之爲非 知殺母市功之爲忠 而不知保身事親之爲孝 虛慕王陵之賢 實獲吳起之忍".

77 『稼亭集』 권1 趙苞忠孝論, "以孔子有道則見 無道則隱之道處身 則無倉卒一朝之患矣". 『論語』 太伯, "篤信好學 守死善道 危邦不入 亂邦不居 天下有道則見 無道則隱 邦有道 貧且賤焉 恥也 邦無道 富且貴焉 恥也".

78 『稼亭集』 권1 節夫曺氏傳, "史氏曰 婦人守三從之義 斯盡其道矣".

설」이나 「조포충효론」과는 논점이 다르다. 그러나, 전쟁이라는 난세에도 삼종의 의를 지킨 여성의 부덕婦德을 강조한다는 점에서 보면, 삼강오륜을 중심으로 하는 가족윤리를 강조하는 측면이 강하다.

이와 같은 가족윤리 강조는 군주와 신하, 아녀자 등 각각의 명분적 입장에 따른 효의 실천방안이었다. 주자는 형세는 리理의 실현에 현실적 여건에 불과한 것으로서 중요한 것은 인간의 본성에 대한 자각과 부단한 주체적 노력이라고 보았다.[79] 주자가 한 고조와 당 태종을 패도覇道로 파악하였던 것은 그들이 난세라는 배경 아래서 스스로의 능력으로 형세만을 파악할 뿐, 도덕적 판단을 하지 않았다는 점이 고려된 것이었다.[80] 그래서 주자는 한 고조는 순임금과 달리 자식이 이미 부모와 자식 간의 의리를 저버렸으므로, 아버지가 살아 돌아온다고 해도 원래의 관계로 회복될 수는 없다고 보았다.[81] 그런 점에서 주자의 논리는 이곡의 논점과도 상당히 유사하며, 조포에게도 그와 같은 논리를 적용할 수 있을 것이다. 이에 반하여 조씨 부인은 난세에서도 끝까지 삼종지도를 지켰기 때문에 이곡의 입장에서는 그녀가 비록 역사에 드러난 이름은 아니지만 후세에 전해야 할 필요가 있었던 것이다.

그런데, 이러한 논리의 가족윤리는 전사회적인 확대를 이미 염두에 두

---

79 文錫胤, 앞의 글.

80 『朱子語類』 권25 管仲之器小哉章, "管仲資稟極高 故見得天下利害都明白 所以做得許多事 自劉漢而下 高祖太宗亦是如此 都是自智謀功力中做來 不是自聖賢門戶來 不是自自家心地義理中流出 使高祖太宗當湯武 固自不得 若當桓文 尙未可知 (…중략…) 漢高從初起至入秦 只是擄掠將去 與項羽何異 但寬大 不甚殺人耳 秦以苛虐亡 故高祖不得不寬大 隋以拒諫失國 故太宗不得不聽人言 皆是他天資高 見得利害分明 稍不如此 則天下便叛而去之".

81 『朱子語類』 권135, 歷代2, "廣武之會 太公旣已爲項羽所執 高祖若去求告他 定殺了 只得以兵攻之 他卻不敢殺 時高祖亦自知漢兵已强 羽亦知殺得無益 不若留之 庶可結漢之懽心 問舜棄天下猶敝屣 曰 如此 則父子俱就戮爾 亦救太公不得 若分羹之語 自是高祖說得不是".

고 있는 것이었다. 이는 이곡이 『소학小學』의 의도와 목적을 자연스럽게 『대학大學』으로 연결시키고 있는 데서 확인해볼 수 있다. 그는 1347년 영해부에 새로 지어진 향교에 대해, 이것이 존스러운 학교가 되지 않으려면 소쇄응대掃灑應對와 진퇴進退의 예절을 익히도록 해야 한다고 하였다.[82] 성리학은 『소학』을 『대학』에 진입하기 위한 하나의 단계로 설명한다. 『소학』은 향후 『대학』의 격물치지格物致知와 수신제가치국평천하修身齊家治國平天下를 추구하는 과정에서 형세에 따른 판단을 지양하고 개인적 영달과 이익에만 치중하지 않도록 하기 위하여 인간관계에서 기본적 예법질서를 몸으로 익히는 것을 목적으로 한다. 유학에서 인간은 하늘로부터 선한 품성을 부여받았으므로, 이를 토대로 예를 자율적으로 실천할 수 있도록 소쇄응대부터 몸으로 익히게 하며 삼강오륜三綱五倫을 개인이 자율적으로 지키도록 만드는 것이 바로 『소학』의 궁극적 목적이라 할 수 있다. 즉, 개인적 수신을 위한 기초를 만들어가도록 하는 것이 바로 『소학』이 추구하는 목적이라 할 수 있는 것이다.[83] 그리고 이것은 『효행록』을 통해 가족윤리로 확대되고, 결국에는 효를 옮겨 충을 완성해나가는 과정까지도 염두에 두고 있는 것이라 이해할 수 있다. 그렇기 때문에 『소학』은 성리학 수용 이후 『효행록』이 간행되고[84] 충혜왕대에는 과거응시자격에 포함되는[85] 과

---

82 『稼亭集』 권5, 寧海府新作小學記, "由是凡民有子口可離乳者 莫不就學焉 (…중략…) 余惟本國文風之不振也久矣 盖以功利爲急務 敎化爲餘事 (…중략…) 獨不知小學之規當讀何書當隷何事 若曰習句讀斯可矣 何必問洒埽應對進退之節 工篇翰則足矣 何必學禮樂射御書數之文 此乃鄕風村學耳 予爲諸生耻之".

83 金駿錫, 「朝鮮 前期의 社會思想-『小學』의 社會的 機能 分析을 중심으로」, 『韓國 中世 儒敎政治思想史論』(1), 지식산업사 2005, 114~120쪽; 이봉규, 「涵養論과 교육과정으로 본 조선성리학의 개성」, 『퇴계학보』 128, 2010, 25~27쪽; 도현철, 「권근의 유교 정치 이념과 정도전과의 관계」, 『역사와 현실』 84, 2012, 6~10쪽.

84 金勳埴, 「高麗後期의 《孝行錄》 보급」, 『韓國史研究』 73, 1991.

85 『高麗史』 권73, 選擧1 科目1, 충혜왕 즉위년(1340), "始令擧子 誦律詩四韻一百首 通小學

정 속에서도 성리학 보급에 중요한 매개체 역할을 하고 있었던 것으로 보인다.

이곡은 『소학』을 직접 언급하지는 않았다. 그렇지만 위에서 말한 영해부 향교에 대한 이곡의 발언에는 『소학』의 핵심어라 할 수 있는 소쇄응대가 직접 언급되었다. 그러므로 이곡은 『소학』의 핵심적 논리와 목적을 이해하고 있었던 것으로 보아야 한다. 이는 향후 이색李穡, 이숭인李崇仁 등에 의해 『소학』이 직접 언급되면서, 수신을 기초로 한 의리의 실현과 보편적 예제의 도입, 삼강오륜의 보급 문제와 맞물린 명분질서와 가천하적家天下的 질서 구현의 기초로 인식되었다.[86] 위에서 설명한 「배갱설」, 「조포충효론」, 「절부조씨전」 등 3가지 사례는 대세와 같은 정치적 실리에 골몰하지 않고 효의 기본적인 의미에 따라 행동하는 인간형의 추구를 목적으로 하는 것이었다. 그런 점에서 생각해보면, 군주-신하-아녀자로 이어지는 명분에 따른 효의 실천은 단순히 도덕적 규범의 단계에 머무르지 않고 그 의미를 파악하고 인간의 본성에 따른 행동을 요구하고 있는 것이었다.

이와 같은 윤리의식은 성리학에서 요구하는 보편예제의 실천이라는 점에서 정통론적 인식과 밀접한 관계를 갖는다. 수신제가치국평천하는 개인으로부터 시작하는 윤리의식이 가족을 거쳐 국가와 사회, 그리고 천하로 확대되는 논리라고 할 수 있는데, 이는 보편질서의 실천을 통한 가천하

五聲字韻 乃許赴試".

86 『牧隱集』 詩藁 권13, 睡起聞雞聲 偶記初鳴盥櫛之語 因念文公小學規模節目之備 (…중략…) "學分大小各因時 積德須知必有基 立敎明倫彌宇宙 嘉言善行析毫釐"; 詩藁 권17, 雜錄, "愼無輕小學 最要在明倫".
『陶隱集』 권4, 贈朴生詩序, "金玉其質 終日端坐 不動一句 手執小學書讀不輟 (…중략…) 予惟古者有小學焉 有大學焉 人生自八歲而十有五 其所以洒掃應對 以至於格致誠正脩齊治平之地 截然不可紊 故人之爲學也有本 學之成也易".

적 질서의 구현이라고 할 수 있다. 그런 점에서 이들의 인식 체계는 가족과 군신윤리를 넘어서 국가 간의 관계로 확대될 수 있었다.

앞서 언급한 바와 같이 이제현은 측천무후에 관한 논평에서 춘추필법을 근거로 구양수의 측천무후 평가를 비판하였다. 이는 구양수와 같은『춘추공양전』을 근거로 하는 것이라는 점에서 인치주의적 경향을 띤다고 할 수 있다. 그리고 소목의 위차 문제에서도 역시『춘추공양전』이 근거가 되었다.『춘추좌씨전』,『춘추공양전』,『춘추곡량전』등 춘추 3전 가운데『춘추공양전』은 의리를 중심으로 해석한 것이다.

그런데, 원대 성리학자들의 경우 몽골의 중국 지배를 긍정하는 논리는『춘추공양전』을 근거로 하고 있었다. 춘추공양학에서는 권도權道를 널리 인정한다. 결과적인 의리와 대일통을 실천하기 위해서는 일시적으로 권도가 필요한 경우도 발생할 수 있다는 논리라 할 수 있다. 왕조를 유지하기 위해 군주의 생명과 안위는 필수불가결한 요소라 할 수 있다. 노魯 환공桓公 11년에 송宋은 정鄭의 재상인 채중祭仲을 사로잡아 송의 공자公子 돌突을 정鄭의 군주로 세우고 태자 홀忽을 내쫓을 것을 요구하였다. 이때 채중은 태자 홀의 생명이 위태로울 것을 걱정하여 어쩔 수 없이 돌을 군주로 인정할 수밖에 없었다. 이후에 다시 돌이 정의 정식 군주가 되었지만, 이는 홀을 축출할 수밖에 없었던 상황에서는 불충不忠이 되는 것이지만, 결국 정당성 있는 왕위계승을 회복하였기 때문에 장기적 관점에서는 충을 실현한 것으로 인정할 수 있다.[87] 즉, 돌을 정의 군주로 세웠던 것은 권도로 인정할 수 있는 것이다. 이때 권도는 상도常道 실현을 위한 방편이어야 한다는

87 『春秋公羊傳』桓公 11년(BC. 701), 9月, "宋人執鄭祭仲 祭仲者何 鄭相也 何以不名 賢也 何賢乎祭仲 以爲知權也".

전제조건이 있는 것이라 할 수 있다.

인치주의적 관점에서 해석하면, 돌을 세웠다가 홀을 다시 왕위에 앉히는 것은 인간의 선한 본성을 실현하고자 하는 의지에 해당한다. 「배갱설」에서 아버지를 물이 끓는 솥에 넣어도 된다고 호기롭게 외치는 한 고조 역시 엄밀하게 말하면 효를 위배한 것이지만, 결과적으로 아버지 태공은 솥에 들어가지도 않았으며, 결국 대일통을 실현하였다. 이 역시 항우를 굴복시켜 상도를 실현하기 위한 권도로 해석할 수 있다. 권도에서 상도로 회귀하는 것과 같은 윤리적 대원칙의 실천은 인간의 선한 본성에 의한 의지에 달린 것이라는 해석이 가능한 이유가 바로 여기에 있는 것이다.

그렇다면, 고려와 원의 성리학자들은 몽골의 동아시아 지배를 어떻게 인식하였을까? 우선, 위와 같은 춘추공양학적 인식을 고려와 원의 성리학자들이 공유하였다면, 이것은 고려와 중국 간의 학문적 교류에서 상당한 의미가 있는 것이라 할 수 있다.

먼저 언급할 수 있는 것은 이제현의 당대사 인식이다. 그는 「충헌왕세가」와 「김공행군기」에서 고려와 원의 관계의 시작을 고종대 강동성 전투에서 찾았다.

우선 이제현은 「충헌왕세가」에서 태조의 건국에서 시작하여 충숙왕에 이르는 고려의 역사를 간단하게 정리하였다. 여기에 위와 같은 이름을 붙인 이유는 전체적인 내용상 충헌왕대 즉 고종대 몽골과 형제 맹약을 맺은 이후의 서술이 이전에 비하여 비교적 자세한 점, 그렇기 때문에 충헌왕忠憲王, 충경왕忠敬王, 충렬왕과 같은 시호는 원 무종武宗이 봉증封贈한 것이라는 점이 가장 크게 작용한 것으로 보인다.

「김공행군기」는 김취려金就礪가 조충趙沖과 함께 1216~1220년까지 거란의 금산金山·금시金始왕자의 침입을 막아낸 5년간의 행적을 기술한 것이다. 여기서는 몽골군과의 접촉이 「충헌왕세가」에 비하여 매우 상세하게 기록되어 있다. 따라서, 「충헌왕세가」와 「김공행군기」 등 두 기록의 내용에서 중심을 차지하는 것은 고려와 원의 관계 성립이라고 할 수 있다. 이 두 가지 기록으로 보아 이제현은 고려와 원의 관계는 충헌왕대 강동의 역을 통해 맺은 외교관계에서 시작하며, 이는 고려가 무신정권을 극복하고 보편질서에 다시 합류하게 된 역사적 전환점이었다고 인식한 것이라 할 수 있다.

위의 「김공행군기」와 「충헌왕세가」에서는 김취려가 몽골과 접촉하면서 명분을 정확하게 따르고 있는 것이 강조되었다. 「김공행군기」에서는 1219년 2월 몽골과 형제 맹약을 맺을 때, 카진哈眞이 몽골의 황제에게 먼저 요배遙拜하고 동진국東眞國 황제에게 요배할 것을 요구하자, 김취려는 "하늘에 두 해가 없고 백성은 두 임금이 없는데 천하에 어찌 두 황제가 있겠는가"라고 하면서 몽골 황제에게만 요배를 하였는데, 그와 같은 행동에 카진과 차라札剌 등 몽골의 장수들이 크게 감명을 받았다고 하였다.[88] 「충헌왕세가」에서는 고종대 세자였던 원종이 몽골에 입조하여 남송 원정을 나가 있는 몽골의 헌종憲宗을 알현하기 위해 화청궁을 지나는데, 관원이 목욕하기를 청하자 당 현종이 목욕하던 곳이라는 이유로 거절했다고 하였다.[89] 이는 고려의 오랜 유교적 전통의 결과라고 할 수 있지만, 앞서 이제현이 천명의 흐름

88 『益齋亂藁』 권6, 金公行軍記, "己卯二月 公與知兵馬使韓光衍 領十將軍兵及神騎大角, 內廂精卒往焉 哈眞使通事趙仲祥語公曰 果與我結好 當先遙禮蒙古皇帝 次則禮萬奴皇帝 (…중략…) 公曰 天無二日 民無二王 天下安有二帝耶 於是 只拜聖武 不拜萬奴 (…중략…) 明日又詣其營 哈眞曰 吾嘗征伐六國 所閱貴人多矣 見兄之貌 何其奇歟 吾重兄之故 視麾下士卒亦如一家 臨別 執手出門 扶腋上馬".

89 『益齋亂藁』 권9상, 忠憲王世家, "至燕京 憲宗皇帝南征 駐蹕釣魚山 於是離燕京 將詣行在道過京兆潼關 守土者延至淸華宮 請浴溫泉 謝曰 此唐明皇所嘗浴者 雖異世 人臣安敢褻乎聞者嘆服".

을 중요하게 보았던 것을 상기한다면, 고려가 천명의 흐름에 부합하는 명분을 세웠음을 드러내려는 의도였다고 할 수 있을 것이다.

또한, 이제현은 「충헌왕세가」에서 고종 이전은 물론, 이후 충숙왕대까지 일관적으로 유학과 관련한 사건을 중심으로 기록하였다. 그는 태조의 천명에 의한 건국,[90] 광종대 과거제 실시,[91] 중국식 공복 제정,[92] 문종대 최충의 구재학당九齋學堂[93]과 예종대 국학國學 7재七齋 설치, 청연각淸讌閣에서 유신들과의 경전 강독,[94] 인종대 이자겸李資謙과 난을 일으킨 척준경拓俊京을 의리로 설득하여 국난을 극복한 사례[95] 등을 기록하였으며, 고종과 충렬왕 등이 유신을 스승으로 모신 사례를 기록하였다. 더욱이 충선왕이 16세의 나이로 원에 입조하였을 때 정가신이 교화를 우선적으로 실시해야 한다고 설득하여 베트남을 군사적으로 정복하려던 세조의 의지를 꺾은 것도 기록하였다.[96] 이는 고려의 문화적 전통이 유학에 있다는 것을 주장하

---

90 『益齋亂藁』 권9상, 忠憲王世家, "梁貞明四年三月 騎將裵玄慶洪儒卜智謙申崇謙等四人 詣王之私第議曰 今弓王無道 惡淫桀紂 吾輩所以會此者 欲公救民耳 王變色固拒之 諸將曰 天與不受 反受其咎 當今德望 靡有居公之右者 豈可違天命 受制於獨夫之手乎 夫人柳氏在帳中出曰 擧義代虐 自古有之 今聞諸將之言 妾猶自奮 況大丈夫乎 手提甲以被王身 諸將扶擁而出 令人前行呼曰 王公已擧義兵矣 國人先至宮門 鼓噪而待者萬計".

91 『益齋亂藁』 권9상, 忠憲王世家, "九年五月丙申 命翰林學士雙冀 知貢擧試 得甲科進士崔暹等 科擧之興始此".

92 『益齋亂藁』 권9상, 忠憲王世家, "六年 令百官衣冠從華制".

93 『益齋亂藁』 권9상, 忠憲王世家, "冲以門下生徒 分爲九齋 曰樂聖大中誠明敬業造道率性進德大和待聘 自公卿適庶 下至州縣擧子 皆隷名籍中 以習聖人之道 文物由是益盛".

94 『益齋亂藁』 권9상, 忠憲王世家, "四年秋七月 始爲國學試 試取大學崔敏庸等七十人 武學韓子純等八人 分處七齋 周易曰麗澤齋 尙書曰待聘 毛詩曰經德 周禮曰求仁 戴禮曰服膺 春秋曰養正 武學曰講藝 十六年六月 大旱 開淸讌閣 命起居舍人林存講詩雲漢 學士朴承冲講書洪範 得雨".

95 『益齋亂藁』 권9상, 忠憲王世家, "四年 國舅李資謙與平章事卓俊卿作亂 知茶房事崔思全兵部尙書金珦 以義諭俊卿 俊卿感悟 擔王於肩 仗劍一呼 資謙之徒瓦解".

96 『益齋亂藁』 권9상, 忠憲王世家, "至年十六 入朝 世祖皇帝引見便殿 隱几而臥 問爾在國讀何書 對曰 有師儒鄭可臣, 閔漬在此 宿衛之暇 時從質問孝經論孟 帝大悅 (…중략…) 二人議曰 交趾遠夷 勞師致討 不如遣使招來 如其執迷不服 聲罪而征之 一擧可以萬全 對稱旨 於是可

기 위한 것으로서, 이제현의 기준에서 고종 이후의 국왕이 모두 유신을 스승으로 삼았다는 점 또한 당대까지 유교 이념에 의한 국가 운영과 정치적 전통이 이어지고 있음을 나타내려는 것이었다.

전체적으로 고려와 원 사이의 원만한 관계를 강조하였던 이제현에 비하여 이곡은 춘추공양학을 통하여 이민족인 원을 정통으로 인정하고 형세적 화이관을 전개하고 있다는 점에서 특징을 찾을 수 있다. 이곡은 원 순제가 조종의 대업과 세조의 정치를 본받아야만 치세를 확고하게 이어나갈 수 있다고 하였으며,[97] 황원皇元은 높고 빛나는 업적으로 처음에는 무력으로 천하를 통일하였으나 지금은 문화로 사해를 다스린다고 하였다.[98] 특히 그는 원을 '성원聖元'으로 지칭하면서 천하에 교화를 널리 전파하는 실질적인 천자국으로 이해하는 한편,[99] 문치를 구현하는 주체로 인정하였다.[100] 그는 이민족인 원의 법제가 한당漢黨에 비해서도 결코 부끄럽지 않을 정도였으며, 당우唐虞와 삼대의 정치를 구현하기 위해서는 당연히 그 법제를 써야 할 것이라고 하였다. 이는 원대를 유학적 이상에 가장 가까운 시기로 보는 것이라 할 수 있다.[101] 결국 이곡은 중국의 유학적 전통 계승의 여부를 중

臣遙授翰林學士濆直學士 時人榮之".

97 『稼亭集』 권13, 廷試策, "我國家太祖皇帝肇造洪基 世祖皇帝混一區宇 而列聖相承 武定禍亂 文致太平 開闢以來 未有如此之盛者 繇貞而元 此其時矣 陛下春秋鼎盛 以大有爲之運 而又欲師皇帝王之道 此千載一機會也 伏望陛下執此之道 堅如金石 以淸出治之原 以廣祖宗之業".

98 『稼亭集』 권8 送金同年東陽遊上國序, "今我皇元 巍巍赫赫 始以武功定天下 今以文理洽海內".

99 『稼亭集』 권2, 金海府鄕校水軒記, "余惟聖元文治大洽 今詔天下作新學校 余猥廁天朝搢紳之列 得奉是詔 來布東方"; 권6, 大都大興縣重興龍泉寺碑, "迨我聖元 奉事彌謹 恭惟太皇太后夙尊是敎 自文皇晏駕之後 尤切歸崇 供佛飦僧 惟日不足 而凡張皇佛事 悉委之申公焉".

100 『稼亭集』 권6, 大都大興縣重興龍泉寺碑, "聖元有興 是信是崇 塔廟相望 夷夏攸同 燕山之陽 易水之東"; 권6, 大崇恩福元寺高麗第一代師圓公碑, "皇矣聖元 軼漢跨唐 憲章古帝 崇信空王"; 권9, 賀崔寺丞登第詩序, "矧今聖元右文 再下科詔 業文之士皆持滿賈勇 爭欲角技於戰藝之場".

101 『稼亭集』 권1, 策問, "列聖之制 法令之寬 漢唐之所未有 先有大元通制 後有至正條格 欽恤之

심에 두는 문화적 관점에서 정통의 문제를 이해하고 있었던 것이다.

이러한 관점은 원 세조대 허형許衡, 1209~1280이나 학경郝經, 1223~1275 등이 몽골의 동아시아 지배를 합리화시킨 이론을 수용하였던 것으로 이해할 수 있다. 이들은 『맹자』에 나오는 '용하변이用夏變夷'를 이용하여 몽골의 중국 지배를 정당화하였다. 용하변이는 원래 이적夷狄을 한법漢法으로 교화시킨다는 뜻이다. 그에 따르면 원은 본래 이적이나 중국의 문화로 교화시키야 할 대상으로서 근본적으로 중화가 될 수 없다. 그러나, 허형에 따르면, 중화와 이적을 가르는 기준은 지역이나 족속에 있는 것이 아니며, 오직 도道에 있다고 하였다. 중국이 오랑캐의 예법夷禮을 사용하면 오랑캐가 되듯이 비록 오랑캐라 하더라도 중국에 진입하면 중국이 되는 것이라고 하였다. 이는 마치 동이東夷에서 순舜임금이 나고, 서이西夷에서 문왕이 출생하며, 공유公劉와 고공단보古公亶父의 배필이 모두 융적戎狄에게서 출생한 것과 같다고 하였다. 따라서 이민족이라 해도 중국에 들어가 중국의 법과 제도, 사상을 계승한다면 중화의 자격을 부여할 수 있게 되는 것이다.[102] 이 논리에 따르면 원은 중화의 자격이 충분하다.

이곡의 시문에 '용하변이用夏變夷'라는 단어는 나오지 않는다. 그러나, 원을 천자국이자 문치의 주체로 인정하는 가운데 삼대의 정치를 구현한 유학적 이상에 가까운 통치를 구현한 제국帝國으로 인정한 것은 중국의 유교 정치이념을 계승한 것으로 인식한 것이라 할 수 있다. 즉 원대 초기 유학자들의 논리를 그대로 수용한 것이다. 그 연장선에서 보면, 앞서 말한 허형과 학경의 논리는 대일통의 관점에서 중국을 통일하고 그 문화적 전통

意誠不愧於唐虞矣 (…중략…) 欲臻唐虞三代之治 必用其法 使不駭于今 不泥于古 其道何繇".

102 姜海军, 「蒙元"用夏变夷"与汉儒的文化认同」, 『北京大学学报』 49-6, 2012, 50~51쪽.

을 수용하면 중화, 즉 정통이 될 수 있다는 것이다.[103]

이는 앞서 살펴본 원대 초기 춘추공양학 논리의 연장선에서 이해된다.[104] 『춘추공양전』에서는 대일통大一統을 중요시하며, 공자가 춘추필법을 통하여 모든 역사에 통용되는 규범과 도덕적 표준을 세워놓았기 때문에, 이를 역사로 재구성하면 유교적 이상이 구현될 수 있다고 믿는다. 이에 따라 존왕양이尊王攘夷에 의한 대일통이라는 대전제 하에서 중국통일을 가장 높은 가치로 보았다. 그러나, 춘추공양학은 권도를 용인한다. 존왕이라는 윤리적 대원칙을 어기지 않는 한 권도는 물론 패도도 인정할 정도로 군주의 권위를 중요하게 생각한다.[105] 따라서, 원을 정통왕조로 인정한다는 것은 곧, 한족이 아니더라도 대일통을 구현한다면 일시적으로 정당한 가치를 인정받을 수 있다는 의미이다.

이 논리는 오랜 논란 끝에 1345년 『요사遼史』, 『금사金史』, 『송사宋史』 등 삼사三史가 편찬될 때에도 그대로 적용되었다. 이 논쟁의 핵심은 『요사』와 『금사』가 과연 정통의 범주에 들어가는가 하는 데 있었다. 그러나, 이 두 사서를 정통에 넣지 않으면 자연히 원의 정통성은 흔들릴 수밖에 없었다. 따라서, 원 조정의 입장은 『요사』와 『금사』를 정통에 편입시킴으로써 몽골의 한족 지배의 정당성을 얻어야만 하였다. 그 결과 요와 금을 정통의 대열에 합류시킬 수 있었으며, 원은 송의 정통성을 계승한 국가로서 진정

103 도현철, 「원명교체기 고려 사대부의 소중화 의식」, 『역사와 현실』 37, 2000, 101~108쪽; 周少川, 『元代史學思想硏究』, 社會科學文獻出版社, 2001, 72~109쪽; 吳鳳霞, 『遼金元史學硏究』, 中國社會科學出版社, 2009, 220~225쪽; Christian Soffel, Hoyt Cleveland Tillman, *Cultural Authority and Political Culture in China*, Franz Steiner Verlag, 2012.

104 周少川, 위의 책, 74~80쪽.

105 金東敏, 「漢代 春秋公羊學의 성립과 전개에 관한 연구」, 성균관대 박사논문, 2005, 29~83쪽.

한 동아시아의 지배자로서의 위치를 확고히 할 수 있었다.[106]

이곡은 물론, 이제현과 최해 등 동시대 유학자들이 원의 동아시아 지배를 인정하고 중화로서의 자격을 믿어 의심치 않았던 것은 바로 성리학 수용과 함께 이와 같은 논리를 받아들였기 때문이었다. 그는 원을 문명적 관점에서 바라보았다. 원은 거부할 수 없는 천자국으로서 동아시아의 정치적 질서는 물론 문화적으로도 보편적 지위를 얻고 있었다. 그렇기 때문에, 보편문화의 수용은 중국의 교화를 수용하는 것이며, 이것은 고려의 원에 대한 명분에 부합한다. 그리고 고려를 비롯한 원의 주변민족이 중국의 교화를 수용하게 되면 유교문화의 확산에 기여할 것이었다.[107] 따라서, 이곡을 비롯한 원 간섭기 성리학자들은 중화의 문제를 종족적인 것보다는 형세적 통일과 중국의 전통문화 수용을 근거로 하는 형세·문화적 화이관의 측면에서 접근했다고 할 수 있다.[108]

이와 같은 이곡의 역사인식과 화이관은 원이 성인의 도를 실천하고 있다는 인식으로 발전하였다.[109] 이를 위해서는 우선 성리학 예제의 사회적 실천이 담보되어야만 하였다. 앞서 언급한 바와 같이 이제현은 『효행록』을 통해, 그리고 이곡은 「배갱설」, 「조포충효론」, 「절부조씨전」 등을 통해 각각 효 중심의 윤리의식을 전개하였으며, 나아가 군신관계에서 능동적 성격을 갖는 신권과 군주수신의 필요성을 강조하였다. 이는 왕도의 실현을 통한 가천하적 질서의 구현을 의도한 것이라고 할 수 있으며, 동아

106 金陽燮, 「遼·金·宋 三史 編纂에 대하여」, 『中央史論』 6, 1988; 吳鳳霞, 앞의 책, 2008.
107 韓永愚, 앞의 글, 1998, 25~27쪽.
108 도현철, 앞의 글, 2000.
109 『稼亭集』 권3, 趙貞肅公祠堂記, "天開景運 聖人繼作 名臣輩出 一六合定羣志 同文軌變風俗 易曰 大哉乾元 萬物資始 其惟皇元乎".

시아 전체는 물론 작게는 고려왕조도 성인의 도를 실천해야만 하는 의무가 주어진다. 따라서, 고려와 원은 성인의 도를 통한 일체화된 보편윤리를 적용할 수 있는 것이며, 이는 동아시아의 실질적인 지배자로서 몽골의 원에게 정통성을 부여하는 형세론적 화이관의 연장선에서 이해될 수 있다.

2. 기자 중심의 역사계승의식과 절충적 문명론

13세기 말 이승휴와 일연에 의하여 역사화된 단군은 원래 평양과 묘향산, 강화 등지에서 전해내려오던 민간설화의 형태로 전승되던 것이었다. 그것이 이들에 의하여 기록됨에 따라, 고려의 역사는 단군으로부터 내려오는 유구하면서도 단일한 역사계승의식으로 정리되었다.[110] 이들의 기록에는 단군뿐만 아니라, 기자도 등장한다. 이 중에서 이승휴는 단군과 기자 사이에 계승관계가 없는 것으로 서술하였으며, 이는 단군으로부터의 계승을 강조하기 위한 의도였다. 그 결과 기자는 중국으로부터 들어온 또 다른 전통이 될 수밖에 없었다.[111]

이제현은 단군보다 기자에 주목하였다. 그의 문집인 『익재난고』와 패담집인 『역옹패설』 어디에도 단군은 등장하지 않는다. 마찬가지로 이곡과 최해 등의 문집에도 단군은 등장하지 않는다. 기자를 언급한 약간의 시문

110 河炫綱, 「高麗時代의 歷史繼承意識」, 『韓國의 歷史認識』(上), 창작과비평사, 1976; 노명호, 『고려국가와 집단의식』, 서울대 출판문화원, 2009.

111 邊東明, 「李承休의 帝王韻紀 撰述과 그 史書로서의 성격」, 『진단학보』 70, 1990; 金仁昊, 「이승휴의 역사인식과 사학사적 위상」, 『震檀學報』 99, 2005; 채웅석, 「『제왕운기』로 본 이승휴의 국가의식과 유교관료정치론」, 『국학연구』 21, 2012.

이 있을 뿐이다.[112] 이와 같이 원 간섭기 성리학자들의 문집에 단군이 등장하지 않고, 그나마 기자도 매우 적은 양이 남아 있는 것은 성리학자들의 관심이 고대사가 아닌 원과의 현실적 관계와 문화적 보편성 확보에 지나치게 집중되어 있었기 때문이라 할 수 있다. 즉, 단군이 상징하는 혈통적 구분과 중국에 대한 자주성 강조는 원과의 원만한 관계 형성에 도움이 되지 않는다. 오히려 외교적으로 보면 중국의 책봉을 받은 기자를 국조로 봄으로써 중국과의 관계가 오랜 전통이었음을 강조할 필요가 있었기 때문이 아닌가 생각한다.

이곡 역시 고려 역사의 기원을 기자로 보았으며, 당대를 기자 전통의 연장으로 파악하였다. 그는 1339년충숙왕 후8 원에 사신으로 가는 정부령에게 주는 글에서[113] 고려와 중국의 관계를 다음과 같이 말하였다.

---

112 이제현이 남긴 『익재난고』와 『역옹패설』을 살펴보면, 기자는 모두 3차례 나온다. 모두 부분적으로 언급한 것으로, 한결같이 중국의 교화를 계승하고 있다는 측면을 강조한다. 그나마도 모두 외교문서로서 원과의 관계 속에서 언급되고 있다(『益齋亂藁』 권8 陳情表, "承賜履於東方 庶遵箕子八條之化 望垂衣於北闕 竊效封人三祝之誠"; 권8, 孛兀兒扎宴後謝表, "於是降璿源之貴戚 馳玉節之重臣 陳飮食以賜歡 賁金繒而將意 旣醉以德 爲永好於舅甥 不顯其光 想歆觀於夷夏 (…중략…) 專述職於箕封 每輸誠於華祝"). 그 외에는 최해의 「東人之文序」와 이곡의 『稼亭集』 그리고 鄭誧의 『雪谷集』(『雪谷集』下, 都僉議使司賀聖節表, "伏念爲臣下國 備位陪寮 三月遑遑 邈處箕封之濱海 四門穆穆 想瞻舜殿之垂衣)에도 기자가 언급되어 있다. 문집 외의 기록들을 찾아보면, 「조연수묘지명」에 한 차례 나오는 것 외에는 전혀 발견할 수 없다. 그나마도 國祖가 아닌 평양의 지역신 정도로 언급되어 있다. 그 이유는 여러 가지로 생각해볼 수 있다. 첫 번째는 단군이 기록에 등장한지 얼마 되지 않은 시점이기 때문에 단군의 불안정한 지위가 반영된 것이 아닌가 생각해볼 수 있다. 단군이 국조라는 사실을 받아들이지 못하거나 지역신 정도로 기억하는 이들이 많았다는 증거로 해석할 수 있는 것이다. 두 번째로 원과의 관계가 긴밀하게 이어지고 있었던 시점이기 때문에, 단군이나 고려의 전통을 지나치게 강조할 경우 원과의 관계가 어려워질 것이라는 현실적 고민이 반영된 의식적인 회피 정도로 생각해볼 수 있을 것이다. 어쨌든 원 간섭기에 단군이 왜 등장하지 않은 이유나 원인은 이렇다 할 관계 사료를 발견할 수 없기 때문에 앞으로의 과제로 남겨둔다.

113 李成珪, 「高麗와 元의 官僚 李穀(1298~1351) 年譜稿」, 『箭海宗博士八旬紀念論叢－東아시아 歷史의 還流』, 지식산업사, 2000, 225쪽.

『상서』 우공禹貢에는 구주九州의 밖으로 성교聲教가 널리 퍼져나가 동으로 점차 바다에 다다른 것으로 되어 있지만 삼한三韓의 이름은 아직 드러나지 않았다. 주나라가 기자箕子[商太師]를 삼한에 책봉한 이후 중국과 조금이나마 통교를 하였으며, 수당대에 정복하려 했지만 이기지 못하였다. 우리 왕씨가 나라를 세우자 송·요·금을 거치면서 혹은 통교하기도 하고 혹은 끊기기도 하였지만, 저들 또한 고려를 어떻게 할 수는 없었으니, 장차 때를 기다린 것이다. 성원聖元이 일어나 하늘의 밝은 명命을 받자 고려가 가장 먼저 황제의 극진한 대우를 받는 영광을 얻었고, 부마가 되는 총애를 이어받아 세 명의 왕에 걸쳐 황제의 외손자로서 서로 뜻을 맞출 수 있는 기회를 얻었으니 잘된 일이었다.[114]

여기서 이곡은 『서경』의 우공편을 인용하여[115] 하나라 우임금의 교화가 사해에 널리 퍼졌다고 하였다. 즉 천자의 교화가 널리 퍼지는 천하에서 삼한은 동쪽에 위치한다는 의식으로서, 기존의 동방이라는 수식어로 표현되는 중국과 구분하려는 의식과 사뭇 다른 어감을 지니고 있다. 즉, 고려는 보편세계의 일원으로서 역시 보편문화의 대상이 되고 있었던 것이다. 그러한 세계에서 고려가 역사상으로 이름을 드러낸 것은 바로 기자가 주나라 무왕의 책봉을 받은 이후부터라고 하여, 고려 역사와 문명교화는 이미 그 시작을 같이하고 있다고 하였다. 그리고, 고려의 역사를 '교화의 역사'로 설정하고 고려왕조의 성립 이후는 그 최전성기로서의 의미를 부여

---

114 『稼亭集』 권9, 送鄭副令入朝序, "禹貢九州之外 聲教所暨 東漸于海 而三韓之名未著也 自周封商太師之後 稍通中國 其在隋唐 征之不克 及我王氏立國 歷宋遼金 或通或絶 彼亦無如之何 盖將有待焉者 聖元有作 受天明命 首承晉接之榮 繼荷釐嬪之寵 三葉之王 出帝外甥 際會之機 良有以夫".

115 『書經』 夏書 禹貢 제1, "九州攸同 (…중략…) 東漸于海 西被于流沙 朔南暨聲教 訖于四海 禹錫玄圭 告厥成功".

하였다.

그렇다고 해서 위의 인용문이 고려 역사가 갖고 있는 독자성을 부인한 것은 아니다. 고려가 수당과 전쟁을 하거나 요와 금에 사대를 하기는 했어도 그들이 어떻게 하지는 못했다는 것은, 고려가 전통적으로 국가적 자주성을 누리고 있었다는 표현으로 생각된다. 그렇기 때문에, 이곡은 기자를 중심으로 하는 역사계승의식을 나타냈어도 역사적 독립성은 그의 역사인식 안에서 공존하는 개념이라고 할 수 있을 것이다.

그런데 이곡이 역사적 독립성을 내세운다고 해도, 단군이 아닌 기자를 역사적 시원으로 삼았던 것은 유구한 역사와 자주성보다는 중국으로부터의 교화와 제후로서의 명분을 강조하는 것이며, 이는 곧 원과의 관계를 크게 의식하고 있는 성리학자들의 정체성과 심리를 대변한다. 위의 인용문에서 수당대에 중국이 정복하려고 했다는 구문은 앞 구절에서 중국의 교화를 강조한다는 점에서 생각해보면, 고구려가 중국의 교화를 따르지 않았기 때문이라는 문맥으로 해석되기도 한다. 그렇기 때문에 전체적으로는 중국으로부터의 교화가 강조되고 있으며, 고려도 그와 같은 전통을 계승하는 한편, 원 제국의 성립으로 교화가 강화되고 있다는 점을 말하고 있는 것이다.

이러한 이곡의 역사계승의식 아래서는 이제현과 같이 무신정권기는 부정적으로 인식될 수밖에 없었다. 그는 원의 중국 지배를 치세로 인식하는 한편,[116] 왕도정치 아래에서 천하가 일가一家를 이루게 되었다고 하였다.[117]

---

116 『稼亭集』 권3 趙貞肅公祠堂記, "天下之生久矣 一理一亂 近自唐家旣衰 五季大亂 遼金與宋南北分裂 戰爭不息 生民之塗炭極矣 天開景運 聖人繼作 名臣輩出 一六合定羣志 同文軌變風俗 易曰 大哉乾元 萬物資始 其惟皇元乎".

117 『稼亭集』 권14 闍婆刀, "明堂大闢布王政 鬱葱佳氣纏四阿 (…중략…) 聖朝雖已不好武 有事

이에 원을 봉황에, 고려는 용에 비유하면서 원과 고려 사이의 명분 질서를 인정하였다.[118] 따라서, 원으로 대변되는 중국과의 교류와 교화를 거부한 무신정권기는 명분질서를 어겨 정통성을 결여한 비정상적인 역사가 될 수밖에 없었으며, '교화의 역사'에서는 암흑기로 인식될 수밖에 없었다.[119] 반대로 원과의 강화가 이루어진 무신정권기 이후는 왕정복고와 정상적인 대외관계가 이루어졌다는 점에서 태평성대로 인식될 수 있었다.

이는 이제현이 1219년을 당대當代와 전대前代의 기준으로 보았던 인식을 계승한 것이며, 원은 역사상 처음으로 성인의 교화를 계승한 국가가 될 수 있었다. 그렇기 때문에, 이제현과 마찬가지로 단군을 언급하거나 강조하는 것은 중국과의 구분, 즉 고려의 자주성을 지나치게 강조하여 자칫 원과의 원만한 관계에 방해가 될 수 있을뿐더러, 위와 같은 당대사 인식 아래서 단군을 제외하고 기자만을 언급하는 인식은 어쩌면 당연한 귀결이었다. 따라서, 고려가 취해야할 국가적 과제는 문화적으로는 기자 전통의 계승이 될 수밖에 없었던 것이다.

이와 같은 이곡의 기자 중심의 역사계승의식은 동시대 성리학자들에게서도 발견된다. 이제현은 기자로부터 내려오는 역사적 전통을 부마국으로 상징되는 현실과 연결시키는 가운데,[120] 당대사에서 고려와 원의 '정상

徑須橫劒戈 …… 蠻君徒自竪降旌 膏盲勢窘難醫痾 漢軍四擁寂如水 帳下掩泣聞楚歌 班師誰得寶刀來 斗文赫赫如新磨 龍吟有時紫氣迸 棲禽驚墮庭之柯 自從六合爲一家 西賝南貨通山河 閣婆之刀孰與並".

118 『稼亭集』 권3 趙貞肅公祠堂記, "當是之時 夷夏始通 宣上德達下情 動資舌人"; 권16 微雨有感, "鞭起羣龍愧無術 沉吟搔首傍虛簷".

119 『稼亭集』 권3, 趙貞肅公祠堂記, "本國雖已歸附 而制於權臣 寓都江華 述職不時 以致天兵壓境 此亦國步安危之機 人心向背之際 俗習遷變之始 而三韓之再初也 當是之時 夷夏始通 (…중략…) 誅權姦以正名 復都邑以定國 使海隅蒼生 熙熙奠枕".

120 『益齋亂藁』 권2, 題長安逆旅, "海上箕封禮義鄉 曾修職貢荷龍光 河山萬世同盟國 雨露三朝異姓王 貝錦誰將委豺虎 干戈無奈到參商 扶持自有宗祧力 會見松都業更昌".

적인 외교관계' 수립이 갖는 중요성을 강조하였다.[121] 최해崔瀣는 『동인지문東人之文』의 서문에서 기자로부터 전해지는 유교 전통이 신라와 고려로 계승되어 인의仁義의 정치와 찬란한 문명을 꽃피웠다고 하였다.[122] 앞서 언급한 바와 같이 이들의 시문에서는 단군의 흔적은 전혀 찾을 수 없다. 이는 성리학 이전까지 유지되던 단군과 기자의 공존보다는 기자만을 단일한 국조로 인식하는 것이었다.

이제현과 이곡처럼 당대를 대표하는 성리학자들이 기자와의 관계를 강조하는 것은 원의 문화를 도입하고 고려에 적용하는 문제가 그들의 입장에서는 문화적 당면과제로 인식되었다는 것을 의미한다. 성리학자들은 계승할만한 가치가 있는 전통을 불교나 도교, 민간신앙 등에서 보다는 유교적인 것에서 찾았다.[123] 최해는 동방은 기자가 주나라에 의해 조선에 책봉을 받은 이후부터 중국의 교화를 꾸준히 수용하였으며, 신라의 전성기에는 도당유학생들이 빈공과에서 이름이 빠진 적이 없었고 고려가 건국되고 나서도 당송唐宋의 전례典禮와 신라의 옛 제도를 답습해왔기 때문에, 지금의 고려가 갖추고 있는 찬란한 문장文章을 이룰 수 있었다고 하였다. 그리고 황원皇元의 시대가 되어서도 훌륭한 인재들이 원의 과거에 합격하는 등 뛰어난 문화적 재능을 발휘한 결과 중국에서도 고려의 문장을 인정하게 되었다고 하였다.[124] 이는 고려의 역사적, 문화적 시원을 단군이 아

121 최봉준, 「李齊賢의 성리학적 역사관과 전통문화인식」, 『韓國思想史學』 31, 2008.

122 『拙藁千百』 권2, 東人之文序, "東方遠自箕子始受封于周 人知有中國之尊 在昔新羅全盛時 恒遣子弟于唐 置宿衛院以隸業焉 故唐進士有賓貢科 牓無闕名 以逮神聖開國 三韓歸一 衣冠典禮 寔襲新羅之舊 傳之十六七王 世修仁義 益慕華風 西朝于宋 北事遼金 熏陶漸漬 人才日盛 粲然文章 咸有可觀者焉".

123 채웅석, 앞의 글, 2003, 109~114쪽.

124 『拙稿千百』 권2, 東人之文序, "東方遠自箕子始受封于周 人知有中國之尊 在昔新羅全盛時 恒遣子弟于唐 置宿衛院以隸業焉 故唐進士有賓貢科 牓無闕名 以逮神聖開國 三韓歸一 衣冠

닌 기자로부터 찾으면서도 중국과의 꾸준한 문화적 교류의 결과 계승할 만한 가치가 있는 업적을 이루었다는 것에 긍지를 가지고 이를 계승해야만 한다는 것이었다. 이를 원의 정치적 간섭을 받고 있는 고려의 현실에 비추어 해석하면, 오로지 원과의 교류만이 이전의 문화적 가치를 계승하는 길이라는 것으로서, 원을 중심으로 하는 동아시아 보편문화의 수용을 강조하고 있는 것이었다.

그렇지만, 다른 한편에서는 고려의 문화적 원형을 보전해야 한다는 인식도 존재했다. 충렬왕대 원의 정동행성관 고르기스闊里吉思는 원의 노비제를 기준으로 고려의 노비제를 개변하려고 했다. 원은 1291년 한인재상을 등용하면서 시작된 대대적인 한화정책의 성과를 고려에 적용하고자 하였으며, 고르기스의 노비제 변정도 그와 같은 점에서 이해가 가능하다.[125] 이는 국왕인 충렬왕을 비롯한 지배층의 반발로 실패하고 말았다.[126] 이는 원에서의 개혁의 성과가 고려에서도 이어져야 하며, 고르기스의 행동 역시 천자의 덕화로 인식한 결과였다고 생각된다. 즉 고려의 풍토적 특성을 고려하지 않은 채, 일방적으로 원의 법령을 이식하려다가 빚은 혼란이었던 것이다.

이에 더하여 입성론은 충렬왕대에서 충혜왕대까지 40여년에 걸쳐서 수차례 조직적으로 제기한 것이라는 점에서 고르기스의 노비제 개변시도와 다르다. 이것은 고려 국왕이 승상丞相을 겸하도록 되어 있는 정동행성征東行

典禮 寔襲新羅之舊 傳之十六七王 世修仁義 益慕華風 西朝于宋 北事遼金 熏陶漸漬 人才日盛 粲然文章 (…중략…) 幸遇天啓皇元 列聖繼作 天下文明 設科取士已七擧矣 德化丕冒 文軌不異 顧以予之踈淺 亦嘗濫竊 掛名金牓 而與中原俊士得相接也 間有求見東人文字者 予直以未有成書對 退且耻焉".

125 李康漢, 「征東行省官 闊里吉思의 고려제도 개변시도」, 『韓國史硏究』 139, 2007.

126 金炯秀, 「元 干涉期 高麗의 政治勢力과 政局動向」, 경북대 박사논문, 2001.

省과 심왕의 영향력 아래 있는 요양행성遼陽行省 사이의 대립 과정에서 나타난 것으로, 심왕측의 입장에서는 고려왕의 권력과 영향력에 대한 정치적 입지를 확보하기 위해서는 정동행성의 독립적 성격을 약화시키고 요양행성 아래로 편입시켜야만 했다. 이는 고려의 국가적 존립과 독립성을 심각하게 위협하는 것이기 때문에, 국왕을 비롯하여 많은 수의 고려 관료들은 예민하게 반응하였다. 이때 중요하게 거론된 것은 고려를 원의 성省으로 편입시켜도 경제적 실익이 적을 것이며, 고려와 원은 오랫동안 별개의 문화적 배경을 갖고 있다는 것이었다.[127]

그런데, 위의 고르기스의 시도나 입성론에 대한 대응에서 확인할 수 있는 것은 위의 두 경우 모두 원 세조가 천명한 불개토풍不改土風을 근거로 하고 있다는 점이다. 즉 충렬왕은 신분을 판정하는 문제와 노비를 양인으로 만들지 않고 유지하는 문제에 대해서는 태조의 훈요십조를 근거로 하였으며, 이미 지원 7년1270에 이와 관련해서도 국속國俗에 따라 처리하도록 보장받은 바 있다고 하였다.[128] 국속이나 본속本俗에 따른 노비문제 처리는 이후에 나온 충렬왕의 상서에서 누차 재확인되고 있었다.[129] 입성론에 대해서도 정동행성은 세조황제의 성지를 받들어 설치한 것이라든가,[130] 고

---

127 김혜원, 「원 간섭기 立省論과 그 성격」, 『14세기 고려의 정치와 사회』, 민음사, 1994.

128 『高麗史』 권31 世家31, 忠烈王 26년(1300) 10월, "昔我始祖 垂誡于後嗣子孫云 凡此賤類 其種有別 愼勿使斯類從良 若許從良 後必通仕 漸求要職 謀亂國家 若違此誡 社稷危矣 由是小邦之法 於其八世戶籍 不干賤類 然後乃得筮仕 凡爲賤類 若父若母 一賤則賤 縱其本主 放許爲良 於其所生子孫 却還爲賤 (…중략…) 況又若更此法 非徒如治亂絲 因失舊章 不得僅存遺緖 故於至元七年 小邦去水就陸之時 先帝遣達魯花赤以治之 于時因人告狀 欲變此法 確論聞奏 廷議明斷 俾從國俗 衆姦絶窺窬之意 得至于今".

129 『高麗史』 권31 世家31, 忠烈王 26년(1300) 11월, "到至元九年正月初八日 省掾周承 行中書省劄 付該都省相度 合從高麗王 依本俗施行 以此 本國驅良公事 止依本俗舊例理斷 到今不曾改例 … 於大德四年七月初八日 都省就喚當職元引官員 省會奏過事內一件 奴婢的勾當依本國體例行者 聖旨了也".

려에 성省을 세우고 관부를 두는 것은 국속을 바꾸려는 것[131]이라는 등의 반응을 보였다. 즉, 입성은 고려왕조의 유지에 심각한 위기 상황을 초래할 것이며, 나아가 원 세조의 불개토풍에 위배된다는 것이다. 종합하면, 노비제 개변이나 입성론과 같이 고려의 제도적 원형이나 왕조 자체의 위협에 대해서는 불개토풍이 중요한 근거가 되고 있었던 것이며, 성리학적 문명론에 의하여 보편문화 수용이 문화적 당면과제로 등장했다고 해도, 다른 한편에서는 문화적 원형을 유지하려는 움직임도 보였던 것이다.

그 연장선에서 생각할 수 있는 것이 바로 1325년 11월 충숙왕이 기자에 대한 제사를 재개하도록 명할 때 했던 지시 내용이었다. 충숙왕은 기자의 사당에 대한 제사를 지시하면서 명산대천의 덕호德號를 더할 것이며 사우祠宇를 수리하는 한편, 원구圓丘, 적전籍田, 사직社稷의 침전寢殿, 불우佛宇, 도관道觀 등도 함께 수리할 것, 그리고 공자 등 성인과 최치원 등 본국의 유학자들도 아울러 제사할 것을 명하였다. 특히 여기서 충숙왕은 기자를 본국의 예악과 교화의 시조로 보고 있었다.[132] 이는 기자의 교화에 대한 계승이 국가적인 과제로 설정되었음을 의미하며,[133] 앞으로의 국정 운영의 방향도 그에 준하여 이루어질 것임을 예고한 것이라 할 수 있다.

그런데, 여기서 되짚어봐야 할 내용은 불우와 도관, 그리고 명산대천에 대한 제사도 함께 지내도록 했다는 점이다. 여기서 기자가 상징하는 내용

130 『高麗史』 권32 世家32, 忠烈王 28년 12월 壬午, "更兼照得本省 即係元奉世祖皇帝聖旨立到"

131 『高麗史』 권36 世家36, 忠肅王 17년 윤7월 庚寅, "竊聞前行省左右司郎中蔣伯祥 上告都堂欲於小邦 立省置官 變更國俗 上下無不驚惶".

132 『高麗史』 권35 世家35, 忠肅王 12년 10월, "國內名大川 載諸祀典者 各加德號 修葺祠宇 圓丘籍田 社稷寢園 佛宇道觀 修營以祭 先代陵廟 官禁樵牧 毋令踐蹂 箕子始封本國 禮樂教化自此而行 宜令平壤府 立祠以祭 其祭文宣王十哲七十子 本國文昌侯弘儒侯 務致蠲潔".

133 이강한, 「1325년 箕子祠 祭祀 再開의 배경 및 의미」, 『한국문화』 50, 서울대 규장각, 2010.

이 유교 문화 전통의 계승이라면 불우와 도관에 대한 제사는 그와 거리가 있어 보인다. 따라서, 원 간섭기의 국가적인 문화정책의 방향은 고려 전기의 전통을 계승하여 유불도 삼교가 공존을 추구하는 다원적 문화의 유지이며, 그 원형의 보전에 대해 각별하게 생각하고 있었다고 보아야 할 것이다.

이제현은 고려가 기자의 전통을 이어 중국과의 오랜 유대관계를 이어왔다는 점을 강조하였다.

> 해상의 기자가 책봉을 받은 예의향禮義鄕은
> 조정에 조공 바쳐 은총입었네
> 산하는 만세토록 이어갈 동맹국이었고
> 세 조정에 은혜가 가득한 성이 다른 왕이 있었네
> 누가 장차 참소하는 이를 호랑이에게 넘겨줄 것이며
> 간과干戈는 어떻게 하여 형제 사이를 헤집고 들어왔단 말인가?
> 우리가 조종을 힘써 돕는다면
> 송도松都의 왕업이 번창하는 것을 볼 것이라.[134]

위의 인용문은 이제현이 1323년 유배에 처해진 충선왕을 따라 도스마로 가던 길에 장안長安의 여관에 들러서 지은 시의 일부이다. 여기서 주목되는 점은 고려를 기자의 전통이 흐르는 예의향으로 보았다는 것이며, 고종-원종-충렬왕까지 3대에 걸쳐 원에 충성을 바쳤던 공로가 강조되어 있는 점이다. 이는 역사인식의 측면에서 기자의 전통이 고려에까지 이어

134 『益齋亂藁』 권2, 題長安逆旅, "海上箕封禮義鄉 曾修職貢荷龍光 河山萬世同盟國 雨露三朝異姓王 貝錦誰將委豺虎 干戈無奈到參商 扶持自有宗祧力 會見松都業更昌".

지는 것으로 보는 한편, 그 전통에 따른 결과 3대에 걸친 사대가 가능했다고 보는 것이다. 그리고 이후에도 고려의 왕업이 더욱 번창할 것이라는 기대도 함께 하고 있다.[135] 따라서, 원과의 원만한 관계는 물론 문화적으로도 중국의 문화를 수용하던 전통을 잇는다면, 즉 보편문화를 충실하게 수용해야만 고려의 왕업이 유지될 것이라는 인식이었다.

따라서, 이제현의 역사계승의식은 단군이 아닌 기자 전통 계승이라는 점에 초점이 맞추어져 있는데, 이것은 당대사 인식으로 연결되었다. 그는 원과의 관계의 연원을 밝히고 원과의 사대관계 성립을 당대와 전대를 구분하는 기준으로 삼았다. 그는 최씨무신집권기 동안 무인집정이 임금을 마음대로 폐하고 세웠는데, 이는 왕권의 입장에서는 암흑기와 같은 시기였다고 하였다.[136] 그렇기 때문에 국왕은 근신하면서 권신의 제어에 따를 수밖에 없었다.[137] 그러나 무엇보다도 무신정권기를 암흑기로 보지 않을 수 없었던 이유는 그것이 중국과의 명분 관계에 위배되기 때문이었다.

이에 비하여 이곡은 고려와 원의 제도 사이에 절충이 필요하다고 하였다. 여기서 중요한 점은 고유한 문화적 전통과 보편문화 사이에 과연 어떠한 것을 중심으로 절충을 이루어야 하는가 하는 점이다.

> (A) 고려는 옛 삼한 땅으로서 풍속과 언어가 중국과 다르며, 의관과 전례가 스스로 한 가지 법을 따르고 있어서 진한秦漢 이래로 신하로 삼을 수 없었다. 지금 성조聖朝에 있으면서 친함은 구생舅甥이 될 만한 것이었으니 은혜는

---

135 지영재, 앞의 책, 342~347쪽.

136 『益齋亂藁』 권9상, 忠憲王世家, "初晉康侯崔忠獻 自明王時專國 至是凡二十四年 子晉陽公孫怡 繼政三十二年 子晉平公孫沆孫誼 又相次繼之 擅廢立作威福者 四世六十年".

137 『益齋亂藁』 권9상, 忠憲王世家, "王小心守法 進退以禮 故權臣雖跋扈 莫敢淩也".

부자와 같으나, 더욱이 민사民社와 형정은 모두 구법을 따르고 있어 이치吏治가 미치지 못하고 있다. (…중략…) 정동행성의 관리는 『대원통제大元通制』를 가지고 말하기를, '하늘 아래 모든 땅은 왕의 땅이 아닌 것이 없다'고 하며, 고려의 신하로서 구법을 지키려는 자는, '세조황제의 유훈인 불개토풍不改土風이 있다'고 하여, 이에 여기저기에서 나오고 들어가며, 가벼운 것을 취하고 무거운 것을 버리라고 한다. 모두 일리가 있으니, (어느 한쪽만) 따를 수는 없다. (중국의) 법이 행해지지 않는 것은 여기에서 말미암은 것이 아니겠는가?[138]

(B) 열성列聖의 제도와 법령은 관후하여 한당漢唐때도 있지 않았다. 『대원통제大元通制』가 먼저 나오고 나중에 『지정조격至正條格』이 나왔는데 흠휼欽恤하는 뜻이 진실로 당우唐虞에 비하여 부끄럽지 않다. (…중략…) 당우와 삼대의 정치에 이르려면 반드시 그 법을 써야하는데, 지금에 해괴하지도 않고 옛것에 얽매이지 않는 방도는 무엇인가? 본국에 법이 세워진지가 무척 오래되어 변경하기가 쉽지 않다. 또한 정령이 여러 문에서 나오니 사람들은 법을 받들 수 없다. 혹 형률을 쓸 때 원나라의 법을 쓰면 유사有司가 팔짱을 끼고 감히 말을 하지 않다가도, 혹 말하기를, "세조 황제의 유훈이 있으니 국속을 바꾸지 말라" 하기도 하고, 혹은 "하늘 아래 왕의 땅이 아닌 것이 없다"고도 한다. 지금 위로는 조격條格을 어기지도 않으며 아래로는 옛 전장을 잃지도 않으면서도, 형률을 하나로 하여 사람들이 구차하게 면하지 않게 하는 요체는 어디에 있는 것인가?[139]

---

138 『稼亭集』 권9 送揭理問序, "高麗古三韓地 風氣言語不同華夏 而衣冠典禮自爲一法 秦漢以降 未能臣之也 今在聖朝 親爲舅甥 恩若父子 民社刑政 俾皆仍舊 而吏治不及焉 (…중략…) 省吏之執通制者則曰 普天之下 莫非王土 國臣之持舊法者則曰 世皇有訓 不改土風 於是出彼入此 趣輕舍重 皆有所說 莫可適從 法之不行 非由此歟".

위의 (A)는 이곡이 원에서 교유하던 게혜사揭傒斯, 1274~1344의 동생이자 정동행성 관리인 게이충揭以忠과 나눈 대화를 기록한 것이고, (B)는 1346년 과거시험에 출제한 문제이다. 두 사료에서 기본적인 전제로 깔고 있는 것은 고려의 풍토가 원의 그것과는 다르다는 것이다. 이 때문에 고려는 오랫동안 중국에 정복되지 않았으며, 고유의 문화와 법제를 유지하고 있다는 것이다. 그럼에도 불구하고 (A)와 (B) 모두에서 지향하고 있는 것은 현재 원의 법제를 비롯한 보편문화의 수용은 시대적 조류이기 때문에 반드시 따라야만 한다는 것이다. 그러나, (A)에 나타난 이곡의 태도는 양자 사이에서 명확한 태도를 취하지 않고 있다. 그리고, (B)는 과거시험 문제이며 응시자의 생각을 묻는 것이기 때문에 이곡이 어떤 생각을 가지고 있었는지 명확하게 밝히기 어렵다. 언뜻 보기에도 이곡의 태도는 보편문화와 고려의 전통 사이에서 명확한 태도를 취하지 않는 것처럼 보인다.

그러나, 앞서 언급한 충렬왕대 고르기스闊里吉思의 노비제 개변시도[140]와 충선왕이 고려의 과거제를 원의 회시會試에 대한 향시鄕試로 개편하려고 했던 것[141] 등 원의 법제를 일방적으로 도입하는 것에 대한 국왕과 관료사회 일반의 반응은 보편문화의 수용과 고려의 전통 유지 사이에 놓인 이곡의 태도를 이해하는 데 도움이 된다. 이 사건들은 대체로 보편문화를 일방적으로 도입하여 혼란을 부추기거나 별다른 성과를 거두지 못한 채 실패로

139 『稼亭集』 권1 策問, "列聖之制 法令之寬 漢唐之所未有 先有大元通制 後有至正條格 欽恤之意 誠不愧於唐虞矣 (…중략…) 欲臻唐虞三代之治 必用其法 使不駭于今 不泥于古 其道何繇 本國立法已久 重於變更 比來政出多門 人不奉法 或於用刑之際 繩之以元朝之法 則有司拱手而不敢言 或曰 世皇有訓 毋變國俗 或曰 普天之下 莫非王土 今欲上不違條格 下不失舊章 使刑法歸一 而人不苟免 其要安在".

140 金炯秀, 「元 干涉期 高麗의 政治勢力과 政局動向」, 경북대 박사논문, 2001; 李康漢, 「征東行省官 闊里吉思의 고려제도 개변 시도」, 『韓國史硏究』 139, 2007.

141 李康漢, 「고려 충숙왕대 科擧制 정비의 내용과 의미」, 『大東文化硏究』 71, 2010.

돌아간 것으로 이해된다. 그런데, 이것은 오랫동안 시행되어온 제도를 한 순간에 원의 것으로 바꾸거나 예속시키려는 것이기 때문에, 경우에 따라서는 고려의 전통문화와 정체성, 나아가 국가 존립의 위기로 이어질 수 있었다. 이런 상황에서 전면적인 한화정책에 동조한다는 것은 결국 원에 동화된다는 것을 의미하며, 나아가 고려와 원의 문화적 구분은 사라지게 된다. 즉, 고려와 원의 문화적 경계가 사라진다는 것은 고려왕조의 존립의 근거가 사라진다는 의미로 받아들일 수 있는 것이다. 이곡의 입장에서 고려의 신하로서의 명분과 의리는 원의 신하로서의 명분과 의리에 앞서는 것이다. 즉 고려 국왕에 대한 의리가 원 황제에 대한 의리에 앞서게 되는 것이다. 그렇기 때문에 이곡은 고려의 국체를 유지하면서도 원의 보편문화의 수용이라는 시대적 조류에도 신경을 쓰지 않을 수 없었던 것이다.

위의 두 사료에서 원의 법제를 수용해야 한다고 하는 시대적 과제에 대한 이곡의 입장은 확고하다. 여기서 이곡의 고민은 바로 전통적 법제에 대한 처리였다. 이곡은 고려의 법제가 오래되었기 때문에 개혁하지 않을 수 없지만, 그렇다고 해서 보전만을 내세울 수도 없다고 하였다. 유학적 문제의식의 테두리에서 생각하면 오히려 개혁을 지향하는 것이 올바른 방향 설정이 될 수 있었다. 따라서, 이곡의 입장을 정리하면, 보편문화를 수용하되, 갑자기 바꿀 수 없는 고려의 전통문화는 점진적으로 바꾸어나가야 하며, 현재 취할 수 있는 현실적인 방안은 양자의 조화 또는 절충이었던 것이다.

위의 인용문에 나타난 이곡의 견해는 문명교화와 불개토풍을 적절한 선에서 절충하려고 했다는 점에서는 이제현과 별다른 차이를 발견할 수 없다. 그렇지만, 문명교화를 기반으로 하고 그 위에 불개토풍을 적용해야만 한다는 점에서는 고려의 제도적, 문화적 원형을 유지하려고 했던 이제현과 차이점이 있었다. 앞서 언급한 바와 같이 이제현이 고려의 제도적 문화적 원형을 유지하는 가운데, 문명교화를 수용하자는 입장을 보인 반면, 이곡에게 원의 법제, 즉 보편문화 수용은 반드시 해야만 하는 당위성을 가진 과제였다. 그렇기 때문에, 이곡은 문명교화 추구를 기반으로 하면서도 고려의 문화적 제도적 원형을 유지할 수 있는 방안을 찾고자 하였다. 이제현이 고려의 제도적 원형을 기반으로 한 반면, 이곡은 문명교화를 기반으로 했다는 점에서 두 사람 사이의 차이점을 발견할 수 있다.

그렇다면 고려의 전통은 어떻게 유지할 수 있는 것인가? 이곡이 1337년에 작성한 원에게 공녀 요구를 하지 말 것을 요청하는 글을 통해서 살펴보자.

> 삼가 듣건대 옛 성인이 천하를 다스리는 것은 천하의 민을 모두 사랑하고一視同仁, 인력이 미치는 데까지는 글과 수레는 반드시 같게天下同文 하였습니다. 그러나 그 풍토에 맞는 것과 인정이 숭상하는 것은 반드시 변해야 하는 것은 아니었습니다. (그러나) 사방을 모두 순행할 수는 없기 때문에 풍속은 각각 다르며, 진실로 중국과 같게 한다면 인정이 따라오지 못할 뿐더러 힘으로도 행할 수도 없습니다. (…중략…) 고려는 본래 해외에 있기 때문에 따로 하나의 나라를 이루었고, 중국에 성인이 있었던 때가 아니면 아득히 멀어져 서로 통하지 않았으며, 당 태종이 위엄과 덕으로 두 번이나 정벌하려고 해도 공功을 세울 수 없었습니다. 국조國朝가 일어나자 가장 먼저 복속하였으며, 공훈이 왕실에 드러나서 세조 황제께서 공주를 시집보내면서도 조칙을 내려 유시하기를, "의관과 전례는 조풍祖風을 잃지 않도록 하라" 하셨기 때문에, 국속이 지금까지 변하지 않았던 것입니다.[142]

위의 인용문은 두 부분으로 나눌 수 있다. 첫 번째는 일시동인과 천하동문은 천하가 공유해야할 문화적 원칙이지만, 실제로는 천하의 풍속이 균일하지 못한 현실에서 이것은 이상에 불과하다는 것이다. 두 번째는 고려는 전통적으로 중국과 문화적으로 구분되어 있었다는 것이다. 그렇기 때문에 원 세조도 이를 인정하여 불개토풍의 원칙을 만들었다는 것이다. 따라서, 유학적 이상과 원 세조의 원칙 사이의 괴리는 불가피하다는 것이고, 현실적으로 원 세조의 원칙, 즉 선왕지제先王之制 = 불개토풍不改土風을 따를 수밖에 없다는 것이다. 따라서, 천하동문·일시동인과 선왕지제, 불개토풍 모두가 유학의 입장에 부합한다는 결론을 얻을 수 있다.

이어서 이곡은 선발된 공녀가 원으로 출발할 당시의 모습에 대해 비통한 감정을 이기지 못하고 자살하거나 실명하는 이들이 있을 정도였다고 하였다.[143] 이때 그는 공녀의 가장 근본적인 문제는 고려의 풍속에 좋지 않은 영향을 주는 것이라고 하였다. 그는 고려의 풍속은 진秦의 데릴사위제와 유사한 점이 많으며, 부모의 봉양은 딸이 맡아서 할 정도였다고 하여 딸이 갖는 가족 내에서의 중요성을 강조하였다.[144] 이를 무시하고 무분별하게 공녀를 취해가면 고려의 민심이 이반될 뿐더러 풍속에 중대한 위기

142 『稼亭集』 권8 代言官請罷取童女書, "竊聞古之聖王其治天下也 一視而同仁 雖人力所至 文軌必同 而其風土所宜 人情所尙 則不必變之 以爲四方荒徼 風俗各異 苟使同之中國 則情不順而勢不行也 (…중략…) 高麗本在海外 別作一國 苟非中國有聖人 邈然不與相通 以唐太宗之威德 再擧伐之 無功而還 國朝肇興 首先臣服 著勳王室 世祖皇帝釐降公主 仍賜詔書奬諭曰 衣冠典禮 無墜祖風 故其俗至于今不變".

143 『稼亭集』 권8, 代言官請罷取童女書, "旣在其選 則父母宗族相聚哭泣 日夜聲不絶 及送于國門 牽衣頓仆 攔道呼泣 悲慟憤懣 有投井而死者 有自縊者 有憂愁絶倒者 有血泣喪明者 如此之類 不可殫紀".

144 『稼亭集』 권8, 代言官請罷取童女書, "女則不出 若爲秦之贅壻然 凡致養于父母者 有女之尸焉 故其生女也 恩斯勤斯 日夜望其長能有以奉養".

가 찾아온다는 것이다. 즉 고려의 가족질서 유지를 위해서는 공녀와 같은 무리한 요구는 철폐되어야 한다는 것이다. 기본적으로는 고려의 전통적 질서를 유교적 입장에서 옹호하는 것이라고 할 수 있다.

여기서 공녀 반대의 근거가 불개토풍이라는 것은 결국 공녀가 유교적으로 선왕지제에 위배되기 때문에 문제가 있다는 인식이라 할 수 있다. 불개토풍은 선왕지제이자 시왕지제時王之制였다. 그런 점에서 이곡이 고려의 전통문화를 보전하려는 것은 성리학의 의리와 연결될 수 있다.

이전 세대의 이제현에게서도 중국과의 구분을 강조하는 경향을 발견할 수 있다. 이제현은 최해와 같이 동방이라는 말로 고려와 중국을 구분하였는데, 이는 최해가 『동인지문東人之文』을 편집한 의도와 같다. 최해는 기자의 전통을 계승한 고려, 즉 동방의 유교 문화유산을 문장文章으로 보고 무신정권기에 수습되지 못한 글들을 모아서 정리하였다.[145] 그렇기 때문에, '천하동문天下同文'이라는 표현에서 나타난 것처럼 고려와 원이 유교를 대표로 하는 보편문화를 함께 향유하고 있다고 해도, 중국과는 일정한 구분을 전제로 하는 인식을 밑바탕에 깔고 있었던 것이다.

이제현의 중국과의 구분의식은 앞 시기 이승휴에 비해서는 정도에 있어 약하다는 인상을 받는다. 이승휴는 고려가 중국과 별도의 천하를 구성한다고 하였으며 이를 소중화小中華라고 불렀다.[146] 그리고 그 기원을 단군으

145 『拙稿千百』 권2, 東人之文序, "東方遠自箕子始受封于周 人知有中國之尊 (…중략…) 咸有可觀者焉 然而俗尙惇厖 凡有家集 多自手寫 少以板行 愈久愈失 難於傳廣 而又中葉失御武人 變起所忽 昆岡玉石 遽及俱焚之禍 尒後三四世 雖號中興 禮文不足因 而繼有權臣擅國 脅君惘民 曠棄城居 竄匿島嶼 不暇相保 國家書籍 委諸泥塗 無能收之 由玆已降 學者失其師友淵源 又與中國絶不相通 皆泥寡聞 流于浮妄".

146 『帝王韻紀』 下卷, 地理紀, "洪濤萬頃圍三面 於北有陸連如線 中方千里是朝鮮 江山形勝名敷天 耕田鑿井禮義家 華人題作小中華".

로 보고, 그로부터 이어지는 삼한三韓과 삼국三國 모두가 단군의 후손임을 강조하였다.[147] 그러나 여기서 이승휴가 기자와 단군 사이의 계승관계에 대해 별다른 설명을 하지 않은 것은, 이승휴가 기자조선을 단군조선을 계승한 국가로 인정하지 않았다는 것을 의미한다.[148] 문화적으로 보았을 때, 단군조선이 상징하는 문화적 독립성과 기자조선이 의미하는 중국의 교화, 즉 유교적 전통 모두가 고려의 문화에 내재되어 있지만, 둘 사이의 연관관계가 없는 것으로 해석함으로써, 여러 요소가 공존하는 다원적 형태의 문화를 지향하는 것으로 볼 수 있다.

그런데, 여기서 기억해두어야 할 것은 이승휴가 고려가 중국과 다른 천하임을 내세우면서 고려를 소중화小中華라고 표현했다는 점이다. 이는 소중화의 개념에서 고려가 중국과 함께 보편문화를 향유하고 있지만, 그 아래에 중국과의 구분이 전제되어 있다는 것을 의미한다. 이승휴는 고려가 보편문화, 즉 유교문화의 전통을 계승하고 있으나, 여기에는 다원성이 내재되어 있는 것으로 보았던 것이다. 따라서, 이는 유학자로서 이승휴의 입장이 관철되어 있는 것이다. 그렇지만, 이승휴의 의식에서 단군을 기점으로 하는 단일한 혈통의 계승이 유교적 전통과 공존하는 한, 중국과의 구분은 반드시 전제되어야할 사항이었다. 그런 점에서 이승휴 단계에서의 소중화는 중국과의 구분의식이 전제된 유교문화의 계승을 의미하며, 그런 점에서 소중화는 양면적 속성이 있는 것이라고 할 수 있을 것이다.

위의 이제현과 최해의 경우에서 '동방東方'이라는 단어로 고려의 지리적

---

147 『帝王韻紀』 下卷, 漢四郡及列國紀, "各自稱國相侵凌 數餘七十何足徵 於中何者是大國 先以扶餘沸流稱 次有尸羅與高禮 南北沃沮穢貊 膺此諸君長問誰 後世系亦自檀君".

148 河炫綱, 「李承休의 史學思想 硏究」, 『東方學志』 69, 1990, 191~192쪽.

위치를 나타내는 것은 중국과 구분되는 고려만의 특징을 염두에 둔 것으로 해석된다. 그런 점에서 원 간섭기 성리학자 이제현도 기자를 통한 유교문화전통의 계승을 말하고 있는 것은 곧 고려가 소중화로서의 위치를 갖고 있다는 인식, 즉 이승휴의 소중화의식을 계승하고 있다는 반증이 된다.

이러한 이제현의 소중화의식의 연장선에서 이해할 수 있는 것이 바로 그의 고려의 문화적 특수성과 보편문화와의 관계에 관한 인식이다.

> 우리 조종祖宗이 통일을 이루고 수성守成한 지 400년이 흘러 지금에 이르렀다. 나라를 다스리는 규모와 민으로부터 수취하는 제도의 요체는 모두 옛 법에 합치해야 하며 후세에 전할 수 있는 것이어야 한다. 소위 내외의 족정足丁과 반정半丁에서 세록世祿을 전하는 위차는 역분전役分田과 구분전口分田, 가급전加給田, 보급전補給田으로 나누며, 조세의 수가 많고 적음에 따라 9개의 등급과 5개의 종류로 나눈다. 대저 결結이니 부負니 하는 것들은 땅의 양을 재는 것이며, 석石이니 두斗니 하는 것들은 곡식의 양을 재는 것이다. 이것들이 옛날에 경계經界와 정전井田, 십일법什一法과 같은 것인가? 다른 것인가? 법제가 시행된 지 거의 400년이 되었으니 오래되어 폐단이 없다고 할 수 없다. 그대로 두는 것이 좋은가? 혹은 고쳐야 하는가?[149]

이제현은 과거 응시생에게 제시한 책문에서, 고려의 전통적인 결부제와 전시과 제도가 과연 고법古法, 즉 성인의 제도와 합치하는 것인지 아닌지를

149 『益齋亂藁』 권9하, 策問, “我祖宗垂統守成 四百年於此矣 經國之謨 取民之制 要皆合於古而可傳於後也 所謂內外足半之丁 轉祿之位 役分口分加給補給之名 租稅之數 肥饒磽薄九等之品 五種之宜 與夫曰負曰結 所以量地者 曰斗曰石 所以量穀者 其與古者經界井田什一之法有同不同乎 法制之行 已踰四百年 旣久矣 不能無所弊 或仍或改 有可不可乎”.

묻고 있다. 더욱이 그는 한 국가의 제도적 기초는 반드시 성인의 법제와 합치해야 한다고 하여, 고려의 제도개혁의 기준은 바로 유교적 기준이라는 점도 아울러 밝혔다.

그런데, 여기서 한 가지 주목해야 할 점은 위의 인용문에서 의도하는 개혁이 과연 어디까지를 말하는 것인지 명확하지 않다는 것이다. 위의 사료에서는 개혁의 시점이 되기는 했으나, 옛날의 경계, 정전, 십일법과 같은 것인지를 비교 검토해야 하며, 그대로 두는 것이 좋을지 고쳐야 옳은 것인지 꼼꼼히 따져 볼 것을 응시생에게 요구하고 있다. 이 과정에서 전면적인 개혁안이 나올 수 있으며, 그 반대의 답안이 나올 수도 있다, 다만 여기서 확실한 것은 그 방향이 성인이 의도한 전제田制로 가야한다는 점이었다.

이는 고려의 전시과에 대한 인식에서도 나타난다. 그에 의하면, 고려의 전시과는 경계를 바르게 해야 한다는 성인의 의도에 맞는 것이었다. 특히 앞서 언급한 바와 같이 이제현은 성리학적 의식을 바탕으로 녹과전 등 고법의 부활을 주장하였다. 더욱이 이제현은 사찬에서 문종대의 정치에 대해, 위로는 국왕으로부터 근검절약과 어진 인재의 등용 등 유교적 통치를 실천에 옮겼으며, 그에 따라 모든 국가의 운영이 정상적으로 작동하였던 태평성대로 평가하였다.[150] 그런데, 문종대는 고려의 최전성기로서 국가 운영체제가 완비되었던 시기에 해당된다. 그렇다면, 이제현이 말하는 고법의 기준은 태평성대를 구가한 문종대가 될 것이다.[151] 이와 같은 논리의

150 『益齋亂藁』 권9하, 史贊, 文王, "文王躬勤節儉 盡用賢才 愛民恤刑 崇學敬老 名器不假於匪人 威權不移於近昵 雖戚里之親 無功不賞 左右之愛 有罪必罰 宦官給使 不過十數輩 內侍必選有功能者充之 亦不過二十餘人 冗官省而事簡 費用節而國富 大倉之粟 陳陳相因 家給人足 時號大平".

151 金仁昊, 앞의 책, 1999, 190~192쪽.

연장선에서 생각해보면, 전시과도 고법에 해당하므로, 위와 같이 인정仁政을 행할 수 있는 최소한의 요건에도 부합하는 것으로서 굳이 고칠 필요는 없다는 결론에 도달하게 된다.[152]

이와 같은 이제현의 논리는 입성론에 반대하는 논리와도 연결된다. 그는 『중용中庸』의 구절을 인용하여 고려와 원의 차이를 강조하였다.[153] 그에 의하면, 천자가 천하를 다스리는 데 있어 제후가 어려운 일을 당하게 되면 천자가 도와주어야 한다는 것이다. 즉, 왕통이 끊어지게 되면 천자가 나서서 이어주고, 분란이 발생하면 천자가 또한 나서서 풀어주어야 한다는 것이다. 그런데, 원이 오히려 400년이나 된 왕업을 하루아침에 없애려는 것은 『중용』에서 말하고 있는 천자의 도리와 원 세조의 불개토풍에도 어긋난다는 것이다.[154] 그러면서 그는 고려에 직접 행성을 설치할 수 없는 근거로 고려의 국토가 1천여 리에 불과하여 세금을 거두어도 오히려 부족할 것이며, 더욱이 풍속과 언어가 중국과 확연히 다르다는 점을 근거로 제시

---

152 『益齋亂藁』 권9하, 史贊, "滕文公問井地於孟子 孟子曰 仁政必自經界始 經界不正 井地不均 穀祿不平 是故 暴君汚吏 必慢其經界 經界旣正 分田制祿 可坐而定也 三韓之地 非四方舟車之會 無物産之饒 貨殖之利 民生所仰 只在地力 而鴨綠以南 大抵皆山 肥膏不易之田 絶無而僅有也 經界之正若慢 其利害比之中國相萬也 太祖繼新羅衰亂 泰封奢暴之後 萬事草創 而爲口分之法 歷四世景王 作田柴之科 雖有疏略 亦古者世祿之意也 至於九一而助 什一而賦 及所以優君子小人者 則不暇論也".

153 『中庸』, 제 20장, "繼絶世 擧廢國 治亂持危 朝聘以時 厚往而薄來 所以懷諸侯也 凡爲天下國家有九經 所以行之者 一也"; 朱熹, 『四書或問』 권4(臺灣 商務印書館 간행 『文淵閣四庫全書』 197), "無後者續之 已滅者封之 治其亂 使上下相安 持其危 使大小相恤 朝聘有節 而不勞其力 貢賜有度 而不匱其財 則天下諸侯皆竭其忠力 以蕃衛王室 而無倍畔之心矣".

154 『高麗史』 권110, 列傳23, 李齊賢, "後復如元 柳淸臣吳潛上書都省 請立省本國比內地 齊賢爲書上都堂曰 中庸曰 凡爲天下國家有九經 所以行之者一也 繼絶世 擧廢國 理亂持危 厚往薄來 所以懷諸侯也 說之者曰 無後者續 已滅者封 使上下相安 大小相恤 天下皆竭其忠力 以藩衛王室矣 (…중략…) 竊惟小邦 始祖王氏開國以來 凡四百餘年 臣服聖朝 歲修職貢 亦且百餘年 有德於民 不爲不深 有功於朝廷 不爲不厚 (…중략…) 故得釐降公主 世篤甥舅之好 而不更舊俗 以保其宗祧社稷 緊世皇詔旨是賴 今聞朝廷擬於小邦 立行省比諸路 若其果然 小邦之功且不論 其如世祖詔旨何".

하였다.[155] 고려의 풍속, 나아가 제도적인 틀은 유지되어야 한다는 것이 이제현의 입장이었다. 따라서, 이제현은 대국이 소국을 돌보아야 한다는 자소字小의 관점에서 이 문제를 이해하고 있으며, 고려가 비록 제후국에 불과하지만, 고려와 원의 문화적 조건에서 차이가 난다는 일종의 구분의식도 있었다고 할 수 있다.

이와 관련하여 이제현은 고려의 전통적인 관념에 대해서는 관용적인 태도를 취했다. 특히 그는 유교적 원칙에만 어긋나지 않는다면, 전통적인 관념도 허용하는 입장이었다.

> 추밀樞密 한광연韓光衍은 집을 지을 때 음양설陰陽說에 구애받지 않았다. 그 이웃 사람의 꿈에 검은 의관을 하고 있는 사람 10여 명이 짝을 지어 서있는데, 얼굴빛이 어두운 채로 서로 말하기를, "우리 주인이 공사를 일으킬 때마다 우리가 편하게 살지 못하니 어떻게 할까?" 하니, 다른 사람이 말하기를, "어째서 화禍를 입히지 않는 것인가?" 하였다. 그러니, "내가 화를 입힐 능력이 없어서 그런 것이 아니라 그의 청렴함을 존중하기 때문이다" 하였다. 그래서, 종자從者에게 물으니, "한공 집의 토신土神이다"라고 하였다.[156]

이제현은 『역옹패설』 전집2에 명종 때 이규보와 동년同年이었던 한광연의 토신에 관한 이야기를 실었다. 한광연은 음양설, 즉 풍수지리에 얽매이

155 『高麗史』 권110 列傳23, 李齊賢, "更念小邦 地不過千里 山林川藪 無用之地十分而七 稅其地 未周於漕運 賦其民 未支於俸祿 於朝廷用度 九牛之一毛耳 加以地遠民愚 言語與上國不同 趨舍與中華絶異 恐其聞此 必生疑懼之心 未可以家至戶諭而安之也".

156 『櫟翁稗說』 전집2, "韓樞密光衍 修宅舍不拘陰陽 其隣人夢玄衣冠者十輩偶立 色若不豫然相語曰 我主人公 每有興作 使我曹不寧居奈何 曰何不相加以禍 曰非不能重其廉訊 於其從者曰韓公家土神也".

지 않고 집을 지었다. 그렇기 때문에, 토신들은 한광연이 하는 공사에 괴로워하였으나, 그가 청렴한 관료이기 때문에 이를 존경한 나머지 화를 입히지 못하고 말았다고 하였다. 이는 청렴결백이라는 유교적 관념에 충실한 이에 대해서는 고려의 전통적 신앙의 영역에서도 널리 인정하고 있다는 의미도 되지만, 반대로 전통적 신앙을 이제현이 일정 부분 인정하고 있다는 의미로 읽을 수 있다.

이와 관련하여, 이제현은 고려 초 서신일徐神逸이 화살에 맞은 사슴을 살려준 것에 대한 인과응보로 그의 후손인 서필徐弼과 서희徐熙가 당당히 입신양명하게 되었다고 하였다.[157] 이는 입신양명과 같은 유교적 가치가 불교의 인과응보에 의해서도 이루어질 수 있다는 의미로 해석된다. 이것은 이제현이 성리학적 군신관계와 가족제도를 주장하고 있는 이면에 고려의 문화적 배경과 기층문화에 대단히 관용적 태도를 취하고 있으며, 이것이 유교적 가치를 뒷받침하고 있다면 인정할 수 있다는 것을 의미한다. 이제현의 이와 같은 의식은 유교문화 수용과 성리학의 내면화에서 일정 정도 진척이 있기는 했으나, 그것은 초기적 현상에 해당된다는 해석이 가능하다. 즉, 이제현은 성리학자로서 보편문화의 수용을 지향하지만, 반대로 전통적인 제도와 문화적 원형을 유지해야 한다는 관념을 가지고 있었던 것이다. 그의 의식 안에서는 성리학적 이상인 문명교화와 고유한 문화적 전통을 강조하는 의식이 공존하고 있는 것이다.

이곡의 경우에도 성리학 실천에 효용성이 있다면, 유불선 삼교의 공존

157 『櫟翁稗說』 전집2, "國初徐神逸郊居 有鹿帶箭奔投 神一拔其箭而匿之 獵者至不見而返 夢一神人謝曰 鹿吾子也 賴君不死 當令君之子孫世爲宰輔 神逸年八十生子 曰弼 弼生熙 熙生訥 果相繼爲大師內史令 配享廟庭".

과 조화도 필요하다는 입장에 있으며, 때로는 일치할 수도 있다고 보았다. 그렇지만, 이는 유교가 여타 종교와 사상에 비하여 우위에 선다는 것을 전제로 한 것이라 할 수 있다. 그는 심心에 관해서는 유학이 불교보다 낫다고 하였으며,[158] 승통僧統이 3년간 여묘살이를 한 것은 효孝라는 유학적 가치 실현에서는 삼교가 일치한다고 하였다.[159] 따라서, 유학적 가치실현과 사회윤리로서의 효용성이라는 관점에서 불교와 도교를 바라보고 있었던 것이다. 그런 관점에서 불교와 도교에 대해서는 기존의 다원적 사상지형에 입각한 한 발 물러선 제한적 입장을 나타내고 있는 것이다.

그런데, 이들 성리학자들에 있어 고려의 전통은 시왕지제時王之制 또는 선왕지제先王之制의 하나로 인식될 수 있는 것이었다. 특히 입성론이 제기되고 있었던 당시의 상황을 고려해본다면, 고려의 전통은 유교를 중심으로 하는 기자의 전통을 계승한다는 관점에서 반드시 개혁되어야만 하면서도 점진적인 혁파의 대상이었다. 그렇지만, 유교적 관점에서 효용성이 있는 것들은 오히려 보전의 대상이기도 하였다. 입성론이 원과의 제도적 일치를 지향하는 보편적 관점이라면, 고려의 종묘와 사직을 지키고자 하는 입성론 반대의 논리는 문화적 개별성에 해당한다. 그런 점에서 이곡과 같이 절충적 입장에 있는 이들의 경우 다소 애매한 입장에 있는 것이라 생각할 수 있다. 그렇지만 다원성의 입장에서 해석하면 이곡의 절충론 고려의 전통적인 문화적 지향성으로 해석할 수 있다.

---

158 『稼亭集』 권3, 新作心遠樓記, "雖然 心之爲物 本無遠近彼此之殊 儒者以正 以之脩身 以至于齊家理國而平天下 佛者以觀 以之脩行 以至于見性成佛而利自它 要之誠不以以心觀心 以心正心 顧其存養如何耳".

159 『稼亭集』 권15, 次韻題李僧統詩卷, "理極從來必返原 親喪自盡是恒言 九泉永訣無尋處 三教同歸豈異門 宰樹搖搖風不止 佳城欝欝日長昏 儒名墨行知多少 愧殺吾師解報恩".

제6장

여말선초 역사계승의식과 문명론의 분화

1. 시세적 춘추론과 도학적 춘추론의 대립

원 간섭기 성리학의 수용은 유학적 문제의식이 강화되고 역사인식이 변화하는 중요한 계기가 되었다. 시간이 흐르고 세대가 거듭되는 과정에서 유학적 문제의식과 역사인식의 변화는 심화되었으며, 점차 내면화하는 경향이 나타났다. 성리학 수용 1세대인 이제현 단계에서는 의리와 명분에 의한 역사인식과 함께 성리학적 군신윤리를 추구하였다면, 다음 세대인 이곡 단계에서는 이것이 보다 구체화되어 인의 중심의 역사인식과 가족윤리, 즉 사회윤리를 본격적으로 추구하기 시작하였다. 성리학의 수용은 역사를 단순한 과거의 전범典範으로 여기는 것이 아니라, 사회윤리 확립과 관련한 윤리적 실천을 담보하고 있는 형태로의 변화를 요구하였다.

역사이론에서 이색李穡과 정도전鄭道傳의 지향점은 그렇게 큰 차이를 보이지는 않는다. 이들은 주자의 역사인식에 주목하고 정통론을 심화시켜나갔다. 그러나, 실현을 위한 방법론적 측면에서는 큰 차이가 있었다.

이색은 주자의 도통론道統論을 기반으로 하는 역사이론을 전개하였다. 그는 삼대를 이상으로 보고 이제삼왕二帝三王을 시작으로 하는 도통론을 제시하였다. 그는 요순의 "인심은 위태롭고 도심은 은미隱微하니 오로지 정밀하고 일관되게 진실로 중도中道를 잡아야 한다人心惟危 道心惟微 惟精惟一 允執厥中"는 심법을 중심으로 하는 도통이 주렴계周濂溪와 정이程頤·정호程顥 형제, 주자를 거쳐 허형으로 이어지는 것으로 보았다.[1] 즉, 치세의 유지는 오로지 요순의 심법을 유지하는 데 달려있으며, 이를 실천에 옮길 때 비로소 정통의 지위를 획득할 수 있는 것이었다. 따라서, 이색은 국왕 스스로의 수기치인修己治人을 통하여 경敬의 마음가짐을 가져야 한다고 하였으며, 신료에게도 임금의 마음을 바르게 할正君心 책임이 있다고 하였다.[2] 치세의 실현은 국왕과 신료의 공동의 노력으로 이루어지는 것이지만, 그 중심은 어디까지나 국왕에 있었다.

이와 관련하여 주의해야 할 점은 정치적 현안의 처리와 관련한 이색의 사고방식이다. 그는 우왕의 치세를 인정하고 그 연장선에서 우왕이 퇴위한 이후의 왕위계승에 대응해야 하였다. 이색은 치당致堂 호인胡寅, 1098~1156[3]의

---

1 『牧隱集』 文藁 권9, 選粹集序.

2 『牧隱集』 詩藁 권2, 讀唐史.

3 여기서 한 가지 분명히 해둘 것은, 胡寅의 역사인식이 과연 시세론적인 성격을 지녔는가 하는 점이다. 호인은 『春秋胡傳』으로 알려진 胡安國의 양자로서, 胡宏과 함께 호안국의 학문을 충실하게 계승한 인물이다. 호인은 기본적으로 호안국의 설에 따라 이기론에 의한 존왕양이를 주장하는 등 성리학의 입장에서 화이론을 정당화할 정도로 정통론에 누구보다도 충실한 인물이었다(李遠濤, 「《讀史管見》與胡寅的歷史評論」, 『史學史硏究』 1994-1). 그러나, 그는 華夏나 夷狄 모두 本然之性에서는 본질적인 차이는 없으며, 문화적으로 중국이 중국일 수 있었던 이유는 바로 인의와 도덕이 내재하고 있기 때문이며, 반대로 중화로서 인의와 도덕을 따르지 않을 경우 이적과 다를 바 없다고 하였다(『致堂讀史管見』 권7, 晉紀 元帝, "天之生人 有華夷之分乎 曰否然 則聖人 內華而外夷 賤而外之 惡其而所行者 亂中國而淪胥也 曰天之生人 無華夷之分 則夷狄 何爲不仁不義 貪得而嗜殺與人理異乎 曰均五行之氣也 而有聖哲 有昏愚 非天私於聖哲 而靳於昏愚也 均覆載之內也 而有中國 有夷狄 非天美於中國 而惡於夷狄也 所鍾有粹駁偏正之不齊 則其分自爾殊矣"). 그러므로, 중화와 이적의 차이를 氣質之性의 차이로 파악한 점은 종족적 화이관과 의리와 명분에 의한 역사인식이지

논리를 끌어들여 창왕의 즉위를 정당화하였다.

> 이색이 일찍이 다른 사람에게 말하기를, "옛날 진晉 원제元帝가 들어가 대통을 잇는 것에 대해, 치당 호인은 '원제의 성은 우씨牛氏로서 함부로 진나라의 왕통을 이었는데, 동진東晉의 군신들이 어찌 안주하면서 의심하고 없애려고 하지 않았는가? (그것은) 오랑캐胡羯가 번갈아 침입하는 상황에서 강좌江左의 세력이 미약하기 때문이니, 만약 옛 왕업에 의지하지 않는다면 어찌 능히 인심을 붙들어둘 수 있겠는가? (이것을) 버리고 새로 창업을 하게 되면 어렵고 쉬운 것에 차이가 있으므로, 이것은 또한 시세時勢를 타고 일을 처리하는 것이 부득이하여 그렇게 한 것이다'라고 하였다."[4]

위의 인용문은 우창비왕설禑昌非王說에 대한 반대논리로서, 중국의 서진이 놓였던 위기상황과 고려의 현실을 동일시하였다. 즉, 왜구의 침입이 격화되고 있는 상황에서 우왕이 정통의 범위에서 벗어나지만, 임시변통을 하지 않을 수 없다는 시세론으로 우왕의 왕위계승을 합리화한 것이었다.[5]

이색의 이러한 논리는 원대 춘추공양학을 원용한 것으로 보인다. 이색의 권도론을 이해하기 위해 앞서 언급한 『춘추공양전』에서 말하는 상도와 권도의 관계를 다시 정리해보자. 춘추공양학에서는 존왕양이와 대일

만, 뒤집어보면 이적으로서 중국의 도를 따르게 되면, 중화가 될 수 있다는 논리도 가능하다. 즉, 원대 유학자의 몽골의 지배를 정당화는 바로 이러한 논리에서 출발한다고도 말할 수 있을 것이다.

4 『高麗史』 권115 열전28, 李穡, "穡嘗語人曰 昔晉元帝 入繼大統 致堂胡氏 以爲元帝姓牛 而冒續晉宗 東晉君臣 何以安之 而不革也 必以胡羯交侵 江左微弱 若不憑依舊業 安能係屬人心 舍而創造 難易絶矣 此亦乘勢 就事不得已 而爲之者也".

5 도현철, 『목은 이색의 정치사상연구』, 혜안, 2011, 205~218쪽.

통이라는 춘추의 의리를 상도로 보고, 이를 실현하는 과정에서 어느 정도의 권도를 인정한다.[6] 임시변통으로 현실적 위기를 벗어난 후 다시 상도를 되찾는 것이다. 같은 논리로 원 세조대 유학자들은 원의 중국 지배를 정당화하였다. 춘추공양학에서는 중국과 이민족을 명분으로 엄격하게 구분하지 않는다. '용하변이用夏變夷'는 원래 이민족을 중국 문화로 교화시키기 위한 논리였으나,[7] 이를 역이용하여 이민족으로서 중국의 문화 전통을 보전하고 계승하면 중화의 자격을 획득할 수 있다고 하였다.[8] 즉, 남송을 정복하여 대일통을 이루고, 한화정책으로 한법漢法을 따르고 있는 원은 실질적인 중화의 지위를 얻는다.[9] 이에 따르게 되면 우왕에서 창왕으로의 왕위계승은 명분상 있을 수 없는 일이기는 하지만, 왜구가 침략하는 엄중한 상황에서 다른 왕씨를 왕위에 올리는 것은 불가능에 가깝기 때문에 어쩔 수 없이 창왕의 왕위계승을 인정할 수밖에 없다는 논리가 된다. 따라서, 이색은 왕씨에게로 왕위가 다시 돌아가는 것을 완전히 차단한 것은 아니며, 오히려 우왕과 창왕의 혈족이 아닌 다른 왕씨를 왕위에 올리는 것이 정당하다는 논리이다. 즉 창왕의 왕위계승은 임시변통에 불과하다는 것이다.[10]

이와 같은 인식은 성리학적 예제를 실천하는 문제에서도 드러난다. 이

---

6 박동인, 「春秋 公羊學派 理想社會論의 정치적 함의」, 『退溪學報』 124, 2008.

7 『孟子』 滕文公 上, "吾聞用夏變夷者 未聞變於夷者也".

8 郝經, 『陵川集』 권37, 與宋國兩淮制置使書(臺灣 商務印書館 간행 『文淵閣四庫全書』 1192).

9 도현철, 「원명교체기 고려 사대부의 소중화 의식」, 『역사와 현실』 37, 2000, 101~108쪽; 周少川, 『元代史學思想研究』, 社會科學文獻出版社, 2001, 72~109쪽; 吳鳳霞, 『遼金元史學研究』, 中國社會科學出版社, 2009, 220~225쪽.

10 물론, 『고려사』 이색 열전의 해당 부분은 이색을 비판하기 위한 『고려사』 찬자의 의도가 개입되어 있다. 그러나, 논리적으로 볼 때 이색이 창왕의 왕위계승을 위하여 다른 왕씨로의 傳位를 아예 염두에 두지 않았다고 보는 것도 경계해야하지 않을까 생각된다.

색은 「송씨전宋氏傳」, 「오동전吳仝傳」, 「초계정현숙전草溪鄭顯叔傳」 등을 통하여 재주는 있으나 역사적으로 이름을 드러내지 못한 인물들의 유교 의례 실천의 사례를 보여주고자 하였다. 이중 「초계정현숙전」의 주인공인 정습인鄭習仁은 이색이 추구하는 인간형의 전형을 보여준다.[11] 이색이 묘사하는 정습인은 부친과 모친 모두에게 각각 3년씩 모두 6년간의 여묘살이를 실천하였으며, 영주의 지사知事로 나가서는 아전들이 요구하는 소재도消災圖 분향을 거부하고, 심지어 영주에서 오랜 전통으로 내려오는 무신탑無信塔을 헐고 탑에서 나온 벽돌로 빈관賓館을 수리하는 등 성리학 실천에 적극적인 인물이었다. 그러나 정습인은 아버지의 불교신앙을 인정하였다. 이색은 이집李集, 1314~1387의 말을 빌려 정습인은 아버지가 불교를 좋아하였으므로 여묘살이를 하면서 불경을 읽어드렸으며, 마침내 불경을 암송할 정도가 되었다고 하였다. 곧, 이색의 입장은 불교가 효와 같은 유학적 가치 안에 존재할 때만이 의미가 있다는 것이다. 좀 더 적극적으로 설명하면 이단인 불교를 성리학 예제 실천을 위한 하나의 방편으로 이해하고 있었던 것이라 할 수 있다. 그리고 그런 점에서 불교와 성리학은 상호 공존할 수 있었던 것이다.

정도전의 입장은 이색과는 크게 달랐다. 정도전의 역사인식은 성리학의 원칙을 지향한다. 그는 1391년에 작성한 두 글을 통하여 이색의 시세적 춘추론을 정면으로 비판하였다. 그는 호안국胡安國, 1074-1138, 호인, 주자의 글을 인용하여 이색을 비판하였다. 그는 측천무후가 죽은 뒤 무삼사武三思 등 무씨세력을 완전하게 축출하지 않았으므로 후일에 사단이 발생하고

11 『牧隱集』 文藁 권20, 草溪鄭顯叔傳.

말았다고 하였다. 또한 측천무후는 당 황실의 지친至親이지만, 우왕은 그나마도 고려왕실의 지친이 아니기 때문에 더욱 나쁜 죄를 지었다고 하였다.[12] 게다가, 춘추시대 문강文姜과 애강哀姜이 노魯 환공桓公을 죽이지는 않았으나 시해하려는 계획을 알고도 사전에 막지 않았다면, 이것은 시해한 것이나 다름없다고 하였다.[13] 이 사건을 모의한 석작石碏과 실행에 옮긴 추醜가 복濮에서 위나라 사람들에게 죽임을 당한 사건에 대해서도, 누가 죽였다고 명시하지 않았으며, 이는 사람이면 누구나 역적을 죽여야 한다는 본성이 있기 때문이라고 하는 호안국의 논평을 그대로 인용하였다.[14] 여기서 이색과 비교하면, 이색이 상도 이외에 선택적으로 권도를 취할 수 있는

---

12 『高麗史』 권119, 列傳32, 鄭道傳, "昔武才人 以高宗之后 奪其子中宗之位 五王擧義退武氏 復立中宗 武氏母也 中宗子也 以母之親 奪子之位 胡氏尙譏五王不能斷大義 誅其罪而滅其宗 況禑昌之於王氏 無武氏之親 有武氏之罪 則族姻及其黨與 奚啻武氏之宗也".
『致堂讀史管見』 권19, 「唐紀」, 中宗, "失先後重輕之類矣 (…중략…) 武三思親則爲王 尊則爲相 誠不易圖 反正之初 宜亟誅之 若奉漏甕沃焦釜 若斬蛇虺刺虎豹 不足以喩其急也 乃置而不問 是弃遺燼於稿葦之中 可謂智乎 (…중략…) 孔子曰 危者安其位者也 亡者保其存者也 亂者有其治者也 君子安而不忘危 存而不忘亡 治而不忘亂 是以 身安而國家可保也 (…중략…) 張柬之桓彦範智昧於此 故未及治而復亂 未及安而復危國 旣傾顚身".

13 『高麗史』 권119 列傳32, 鄭道傳, "胡氏曰 **昔文姜與弑魯桓** 哀姜與弑二君 聖人例以遜書 若其去而不返 **以深絶之 所以著恩輕而義重也** 夫弑桓者襄公也 弑二君者慶父也 文姜哀姜 疑若無罪焉 聖人以二夫人與聞乎 故深絶而痛誅之如此 夫嗣君 夫人所出也 不以子母之私恩 廢君臣之大義 況其下者乎".
『春秋胡氏傳』 권7, 莊公 上, 원년 3월, "夫人文姜也 桓公之弑 姜氏與焉 爲魯臣子者 義不共戴天矣 嗣君夫人所出也 恩如之何 徇私情 則害天下之大義 擧王法 則傷母子之至恩 此國論之難斷者也 經書 夫人孫子于齊 而恩義之輕重審矣 (…중략…) 孔季彦曰 **文姜與弑魯桓** 春秋去其姜氏傳 謂絶不爲親禮也 夫絶不爲親 卽凡人耳 (…중략…) 哀姜去而弗返 文姜卽歸于魯 **例以遜書何也** 與聞弑桓之罪已極有如去而弗返**深絶之也 然則恩輕而義重矣**".

14 『高麗史』 권119 列傳32, 鄭道傳, "春秋書 衛人殺州吁 胡氏曰 人衆辭 其殺州吁 石碏謀之 使右宰醜莅也 變文稱人 是人皆有討賊之心 亦人人之所得誅也 故曰衆辭也 且亂臣賊子 人人之所得誅也 而宰相不行誅討之擧 可乎 況石碏以州吁之故 幷殺其子厚 君子曰 石碏純臣也 大義滅親 以此言之 亂賊之人 不論親踈貴賤 皆在誅絶也".
『春秋胡氏傳』 권2 隱公 4년 9월, "衛人(石碏)殺州吁于濮(殺州吁 **稱人衆詞也** 知然者 (…중략…) 其殺州吁 則石碏**謀之** 而使右宰**醜**涖也 **變文稱人** 則是人皆遺欲討賊之心 亦夫人之所得討也 故曰衆詞)".

길을 열어둔 반면, 정도전은 이색보다 상도를 강하게 지향하였다는 점을 확인할 수 있다.

정도전은 원을 정통으로 인정하면서도 이류異類라고 하여 역대 중국 왕조와 다른 존재로 보았다.[15] 그러나 원 세조의 통치를 이하변이以夏變夷로서 원의 중국 지배의 기초를 닦았다고 하였으며,[16] 원 인종仁宗에 대해서는 불교보다는 유교적 통치를 위주로 한 성리학적 군주로 평가하였다.[17] 정도전의 원에 대한 입장은 원의 정통성을 성리학적으로 그 범위를 제한하고 있다는 점에서, 이색과 차이가 있다는 것을 발견할 수 있다.

이는 원말명초 정통론의 변화와 관련이 있다. 원말의 유학자로 명초에 『원사』 편찬에 참여하였던 양유정楊維楨, 1296~1370은 요와 금을 정통에서 제외하였다.[18] 『원사』 편찬에 참여한 왕의王禕, 1321~1372는 원이 요를 병합한 금과 남송을 정복하였기 때문에 정통이라고 하였다.[19] 이는 정복왕조 모두를 정통으로 인정한 원대 정통론을 축소하는 대신, 오직 원 제국만을 정통으로 인정하여, 명이 이민족인 원을 극복하고 계승한 유일한 정통왕조라는 것을 강조하기 위한 것으로 풀이된다.[20]

---

15 『三峯集』 권3, 上遼東諸位大人書, "欽惟聖天子乘運而起 受天明命 芟群雄 削僭僞 驅逐異類 出之塞外".

16 『三峯集』 권12, 「經濟文鑑」 別集 下.

17 『三峯集』 권12, 「經濟文鑑」 別集 下.

18 『元朝典故編年考』 권8, 順帝朝, "楊維禎進正統辯曰 (…중략…) 論我元之大一統者 當在平宋 而不在平遼與金之日 又可推矣 (…중략…) 華統之大 屬之我元承乎有宋 如宋之承唐 唐之承隋承晉承漢也 (…중략…) 又論之道統者 治統之所在也 堯以是傳之舜 舜以是傳之禹湯文武周公孔子 孔子没幾不得其傳百有餘年 而孟子傳焉 孟子没又幾不得其傳千有餘年 而濂洛周程諸子傳焉 及乎中立楊氏 而吾道南矣 既而宋亦南渡矣 楊氏之傳 爲豫章羅氏延平李氏及于新安朱子 朱子没而其傳及於我朝許文正公 此歷代道統之源委也 然則 道統不在遼金 而在宋 在宋而後 及于我朝".

19 王禕, 『王文忠集』 권4, 正統論, "自遼并于金 而金又并于元 及元又并南宋 然後居天下之正 合天下于一 而復正其統 故元之紹正統 當自至元十三年始也".

정도전에게서는 비슷한 시기 중국에서 나타난 학문적 변화의 모습이 보인다. 원말명초 정통론의 변화는 명이 이민족을 극복하였다는 점을 강조하기 위한 것이라는 점에서 보면, 정도전이 원을 이류라고 표현했던 관점과 상통한다. 그렇다고 해서, 명은 원을 완전히 부정할 수 없었다. 명 왕조의 정당성을 확보하기 위해서는 대일통이라는 점도 매우 중요하였다. 그렇기 때문에, 요와 금은 정통에서 제외하고 원을 정통으로 내세워 명이 원의 영토적 계승자라는 점을 재삼 강조할 필요가 있었다. 위에서 정도전이 내세우고 있는 이하변이라든가, 원 인종의 성리학적 통치에 대한 찬양은 원대 정통론의 모습으로서, 원말명초의 경향을 이어서 정도전도 다소 이중적인 입장에서 원을 바라보고 있었던 것이다.

정도전의 불교에 대한 입장은 이색과 성격을 달리한다. 이색이 성리학적 효용이라는 관점에서 불교에 접근했다면, 정도전의 「불씨잡변佛氏雜辨」은 불교의 핵심 교리인 공덕功德과 윤회輪廻를 부정한다는 점에서 불교의 존재 근거마저도 인정하지 않는, 당시로서는 매우 파격적인 견해였다.[21] 이는 정도전의 역사이론과 밀접한 관련을 갖는다. 정도전은 이색을 비판하고 도학적 측면에서 춘추론을 전개하였으며, 이색과 비교하면 상대적으로 성리학의 원론적 입장에 가깝다. 그리고 경세론과 연결지어보면 현실 개혁에서도 정도전이 이색에 비하여 강경하다. 두 사람은 유학적 가치를 실천해야 한다는 지향점에서는 큰 차이를 발견할 수 없으나, 방법론에서는 큰 차이를 드러내고 있다. 그리고 이는 그들의 역사이론에서도 확인할 수 있다.

---

20 김양섭, 「元末·明初 金華學派의 正統觀念」, 『中央史論』 20, 2004, 121~126쪽 참조.

21 韓永愚, 앞의 책, 1983; 김해영, 「鄭道傳의 排佛思想」, 『淸溪史學』 1, 1984; 이정주, 『性理學 受容期 佛教 批判과 政治·思想的 變容』, 高麗大 民族文化硏究院, 2007.

2. 점진적 문명론과 급진적 문명론의 대립

이색과 정도전의 고려 역사에 대한 인식은 단군檀君과 기자箕子에 관한 인식에서 차이를 보인다. 이때 우리가 전제로 깔아두어야 할 것은, 단군과 기자의 의미이다. 단군이 고려의 독자적인 혈통과 문화를 의미한다면, 기자는 유교적 교화와 맞물려 중국과의 문화적 연대, 나아가 외래문화 수용을 지향한다. 전통적으로 단군이 고구려계승의식을 담고 있다면, 기자는 신라계승의식으로서, 유학자 계통에서 특히 기자 중심적 역사인식이 많이 나타난다.[22] 이 경우, 기자 중심의 역사인식을 통해 국가적 일체감을 형성한다면, 문화적으로는 결국 중국 중심의 보편문화를 지향하게 되는 것이고, 단군 중심의 역사인식으로 나아간다면, 고려의 전통문화를 강조하는 가운데, 다원적 문화를 강조하는 방향으로 나갈 수 있을 것이다.

이색은 원 간섭기 동안 드러나지 않았던 단군을 재조명하고 국조로서의 의미를 부여하려고 하였다. 이에 비하여 정도전은 단군의 국조로서의 의미를 부정하는 것은 아니지만, 조선 건국의 명분이라는 점에서는 기자를 단군보다 중요시하였다.

(A) 단군朝鮮氏이 나라를 세운 것은 당요唐堯 무진년으로, 비록 이때부터 대대로 중국과 통교를 하였으나 중국이 일찍이 신하로 삼지는 못했다. 무왕이 기자殷太師를 봉했어도 신하로 삼지 않았으며, 그 후에 신라, 백제, 고구려가 대치하며 자웅을 겨루었다. 진한秦漢 이래로 혹은 통하기도 하고 혹은 끊어지

22 노명호, 『고려국가와 집단의식』, 서울대 출판문화원, 2009.

기도 하였는데, 우리 시조가 뛰어난 재주와 원대한 지략으로 당나라 말기에 일어나 드디어 삼국을 병합하여 그 땅에 왕이 되었는데, 오대五代로부터 지금까지 대개 500년이 되었다. (그동안) 습속은 이미 달라지고 언어는 통하지 않았으며, 진실로 중국의 동류同類가 되지는 않았다. 그러나 시서詩書와 예악禮樂의 풍교風敎가 일찍이 없어지지 않았으며 중국을 존숭尊崇할 줄 알았으니, 성인이 나타나면 일찍이 귀의하지 않은 적이 없었다.[23]

(B) 해동의 나라에 (처음부터) 국호가 있었던 것은 아니었다. 조선을 칭한 나라는 단군, 기자, 위만의 세 나라였으며, 박씨, 석씨, 김씨가 서로 칭한 신라, 온조가 칭한 전백제前百濟, 견훤이 칭한 후백제, 그리고 고주몽이 칭한 고구려, 궁예가 칭한 후고려가 있고, 왕씨가 궁예에 이어서 고려의 국호를 이어받았다. (그러나) 모두 함부로 한쪽 귀퉁이를 점거한 것이며, 중국의 명을 받지도 않고 자립한 국호였다. (게다가) 서로 침탈하였으니 비록 칭한 바가 있어도 어찌 취할 바가 있으리요? 오직 기자만이 주 무왕의 명을 받아 조선후로 책봉되었을 뿐이다.[24]

위의 두 인용문에서 보듯이 단군과 기자에 대한 인식에서 이색과 정도

23 『牧隱集』 文藁 권9, 送偰符寶使還詩序, "予惟朝鮮氏立國 實唐堯之戊辰歲也 雖世通中國 而中國未嘗臣之 是以 武王封殷太師而不之臣 其後新羅百濟高句麗鼎峙相雄長 秦漢以降 或通或絶 我始祖以宏材遠略 起於唐季 遂倂三國而王其地 自五代以迄于今 蓋將五百年矣 俗習旣異 語言不通 固中國之所不齒也 然詩書禮樂之風 尙猶不泯 知尊中國 有聖人者出 未嘗不爲之依歸焉".

24 『三峯集』 권7, 「朝鮮經國典」上, 國號, "海東之國 不一其號 爲朝鮮者三 曰檀君曰箕子曰衛滿 若朴氏昔氏金氏相繼稱新羅 溫祚稱百濟於前 甄萱稱百濟於後 又高朱蒙稱高句麗 弓裔稱後高麗 王氏代弓裔 仍襲高麗之號 皆竊據一隅 不受中國之命 自立名號 互相侵奪 雖有所稱何足取哉 惟箕子受周武之命 封朝鮮侯".

전 두 사람의 인식적 차이는 극명하게 드러난다. 위의 (A)는 이색이 1369년 명 태조의 친서를 갖고 온 설사偰斯에게 써준 글로서, 고려의 역사적 독립성을 강조하면서도 고려가 삼국에 비해 중국과의 관계에 있어 시서와 예악을 중심으로 하는 보편문화 참여에 적극적인 태도를 취하였다고 하였다. 이 글은 중국 사신에게 주는 글이라는 제약이 있기는 하지만, 기본적으로 이색이 단군은 국조國祖로서, 기자를 교화의 상징이자 유교문화의 시조로 해석함으로써,[25] 단군에 비하여 기자에게 실질적 의미를 부여하고 있다는 점을 확인할 수 있다.

위의 (B)에서 정도전은 기자를 통하여 신국가 조선의 유교적 전통을 부각시켰다. 정도전은 오직 기자만이 역사적으로 의미 있는 국가이며, 이는 중국의 책봉, 즉 명분을 기준으로 한다는 점을 확실하게 보여주었다. 그러나, 정도전은 이색에 비하여 단군의 의미를 대폭 축소하고 있다. 여기서, 이색이나 정도전 모두가 단군을 부정하거나 포기하지 않지만, 두 사람 사이에서 단군에 관한 온도차를 확인할 수 있다.

이러한 두 사람의 차이는 국가적 정체성과 문명교화의 방법론에서도 나타난다. 위에서 이색은 기자에게 문화적 의미를 부여하였다. 이는 이색이 고려국가 운영의 방향을 문명교화에 두었다는 것을 보여준다. 그러면서도 이색은 1387년 왕명으로 지은 「서보통탑중수기西普通塔重修記」에서 고려는 태조의 삼한일통 이래 자손대대로 불교를 믿어왔으며, 이는 태조의 유훈에 의한 것임을 강조하였다.[26] 그리고, 불교는 역외域外의 종교로서 유학

25 『牧隱集』 文藁 권9, 贈金敬叔秘書詩序.

26 『高麗史』 권115 열전28, 李穡, “十三年 禑修西普通塔 命穡作記 其略曰 我太祖創業垂統 弘揚佛法 以保子孫者 非前世帝王之所可及 先王能體太祖之心 歸崇三寶 今殿下 修塔如此 殿下之心 上合於太祖 又可知矣 嗚呼 周雖舊邦 其命維新 將不在於今日乎”.

과 구분되지만, 자신이 불교를 심하게 거부하지 않은 것은 배울 점이 많기 때문이라고 하였다.[27] 그리고, 불교가 이단임에도 불구하고, 인정하지 않을 수 없는 이유는 많은 사람들이 신봉하고 있기 때문이라고 하였다.[28] 결국, 문명교화를 위해서는 불교가 반드시 개혁의 대상이 되어야 하지만, 고려의 풍속이 오래전부터 불교와 결합되어 있으므로 함부로 개혁할 수는 없다는 논리다. 앞서 언급한 시세적 춘추론을 고려한다면, 이색의 문명교화에서 고려의 전통은 시세에 해당하므로 함부로 개혁할 수 없다는 의미로 읽을 수 있다.

이와 같은 이색의 입장은 풍수지리와 도참신앙에도 반영되어있다. 이색은 지리쇠왕설에 의한 천도논의에 부정적인 입장에 있었다.[29] 그러나, 그는 풍수지리의 효용성을 유교적 윤리인 효의 실천에서 찾았다. 그는 과거시험 동년同年인 김순부金純夫 부모의 묘표를 작성하면서, 후세의 술가術家가 주장하는 풍수지리설은 비록 성인의 법이 아니지만, 민간에서 굳게 믿고 있으며, 자식된 도리로서 무시할 수는 없다고 하였다.[30] 곧 시세에 따라 풍수지리설을 제거할 수 없다면, 유교 윤리의 실천 수단으로 남겨두자는 유교 우위의 입장이라고 할 수 있다.

이와 같은 이색의 전통문화에 대한 인식은 소중화小中華를 지향하며 점진적 성격을 갖는다. 이색은 문화적으로는 유교 지향적이면서도 고려와 중국을 혈통적으로 구분하고 고려의 문화적 특성을 존중하는 절충적인 입

---

27 『牧隱集』 文藁 권1, 麟角寺無無堂記.

28 위와 책.

29 『牧隱集』 詩藁 권29, 人有自負地理學者賦此.

30 『牧隱集』 文藁 권16, 金純夫父母墓表, "禮已言之矣 後世術家山水日月之說 雖非聖人之法 然亦人子之所不可廢也 吾身之吉凶 子孫之福禍 吾父母之尤所當慮 雖百世不忘也 人子而能體其父母之心者 宅兆之卜 實謹之又謹者也".

장이었다. 성리학을 중심으로 하면서도 전통적 가치를 포용하고자 하였던 것이다. 즉, 고려의 전통문화인 불교와 풍수지리를 포용하되 성리학이 요구하는 바에 따른 변화를 유도하는 것이다. 그 자신도 아버지 이곡의 서원誓願을 이루기 위하여 대장경 조판을 완성하였으며,[31] 정습인의 사례에서도 확인할 수 있듯이 효孝의 실천이라는 점에서 불교 신앙은 제한적으로 허용될 수 있었다. 그런 점에서, 이는 문명교화와 고려의 전통적 가치가 공존하는 가운데, 점진적으로 문명교화를 지향해나가는 점진적漸進的 문명론文明論이라고 할 수 있는 것이었다.

이에 비하여 정도전은 이색에 비하여 매우 급진적인 경향을 띤다. 앞서 언급한 바와 같이 정도전은 조선건국 직후까지의 역대 왕조 중에서 유교적으로 의미가 있는 왕조는 기자조선밖에는 없다고 하였다. 이는 신왕조 건설 직후라고 하는 특수한 상황이 반영되어 있기는 하지만, 당시 정도전이 보고 있는 역사인식을 단적으로 드러내는 것이기도 하다. 정도전은 신국가 조선이 지향해야 할 정체성은 여러 종교와 사상이 공존하는 다원성이 아닌, 일원성 지향해야 한다고 보았던 것이다.

정도전은 1388년에 간행된 「도은문집서陶隱文集序」에서 다음과 같이 말하였다.

> 우리 동방은 비록 해외에 있지만, 화풍을 대대로 사모하여 문학하는 선비가 전후에 서로 이어졌다. 고구려에는 을지문덕이 있고, 신라에는 최치원이 있으며, 고려에는 시중 김부식과 학사 이규보가 매우 특별하다. 근세의 대유

---

31 『高麗史』 권115 列傳28, 李穡.

> 大儒로는 계림의 익재 이공李公, 李齊賢께서 비로소 고문지학古文之學을 창도하였는데, 한산韓山의 가정稼亭 이공李公, 李穀과 경산京山의 초은樵隱 이공李公, 李仁復이 따라서 화답하였다. 지금은 목은牧隱 이선생李先生, 李穡이 가학家學의 가르침을 이어 중국에서 북학北學을 하여 사우師友의 연원을 바르게 하였으며 성명도덕性命道德의 설을 궁구하여 동방으로 돌아와 생도들을 이끌어주셨다. 이를 보고 흥기한 자들이 있으니, 오천吳川의 정달가鄭達可, 鄭夢周, 경산의 이자안李子安, 李崇仁, 반양潘陽의 박상충朴尙衷, 밀양密陽의 박자허朴子虛, 朴宜中, 영가永嘉의 김경지金敬之, 金九容, 권가원權可遠, 權近, 무송茂松의 윤소종尹紹宗 등이다. 나도 비록 불초하지만 또한 곁에서 여러 군자의 대열에 낄 수 있었다.[32]

여기서 정도전이 말하고자 하는 바는 고려의 유학적 전통의 계보였다. 그는 유학적 전통을 '근세近世' 이전과 이후로 양분하였으며, 특히 근세 이후에 해당하는 당대사는 성명도덕의 설을 궁구하여 이를 동방에 전파하는 '문명교화의 역사'로 정리하고자 하였다. 더욱이 이것은 고려문화의 유학적 바탕을 강조하는 것으로서, 앞으로의 유학적 정체성 강화와도 관련된다.

정도전은 예제가 갖고 있는 본질적 의미를 살린 가족질서를 확립하고자 하였다. 이미 1357년 이색과 공양왕대 정몽주와 조준이 삼년상제와 가묘의 시행을 주장하였으나,[33] 많은 관료들이 화장 풍속을 그대로 지키고 있을 정

32 『三峯集』 권3, 陶隱文集序, "吾東方雖在海外 世慕華風 文學之儒 前後相望 在高句麗曰乙支文德 在新羅曰崔致遠 入本朝曰金侍中富軾李學士奎報 其尤者也 近世大儒 有若雞林益齋李公 始以古文之學倡焉 韓山稼亭李公京山樵隱李公 從而和之 今牧隱李先生早承家庭之訓 北學中原 得師友淵源之正 窮性命道德之說 旣東還 延引諸生 而興起者 烏川鄭公達可京山李公子安潘陽朴公尙衷密陽朴公子虛永嘉金公敬之權公可遠茂松尹公紹宗 雖以予之不肖 亦獲側於數君子之列".

도로 성리학적 예제 시행은 어려운 문제였다.[34] 그는 남귀여가혼男歸女家婚에 대하여 덕행을 기준으로 배우자를 선택하지 않고 경제력을 기준으로 고르기 때문에, 혼인과 관련한 송사가 뒤따르기도 하고 아내가 남편을 능멸하기도 하는 등 남녀사이의 구분을 어렵게 한다고 비판하였다.[35] 또한, 상제에서도 불교식 천도재를 지내는 것은 매장을 하지 않을 뿐더러 보살과 승려에 대한 공양이 지나치므로, 죽은 이의 명복을 빈다는 의미를 제대로 살리지 못하고 후손들에게 경제적인 해를 끼치는 행위라고 하였다.[36]

정도전의 기자 중심의 역사인식은 결국, 문명교화를 해나가는 데 있어 전통에 대한 전면적 개혁이 뒤따라야 한다는 논리였다. 이색이 시세적 춘추론과 함께, 기자를 중심으로 하면서도 단군에게도 일정한 의미를 부여하는 역사인식을 바탕으로 기존의 전통을 점진적으로 개혁하여 궁극적 목표인 문명교화를 지향하였다는 점과 비교하면, 궁극적 목표는 같지만 실행방안에서 차이를 보였던 것이다.

이와 같은 정도전과 이색의 역사인식에서의 대립은 성리학 이해의 심화와 내면화를 의미한다. 두 사람의 역사인식의 차이는 현실인식과 관련하여 성리학의 정통론을 고려의 역사적, 문화적 여건 속에서 어떻게 소화시킬 것인가 하는 문제와 연결된다. 즉, 정통론의 시각에서 보았을 때, 단군은 정도전이 말한 바와 같이 중국의 책봉을 받지 못하였으므로, 명분에서 문제가 있었다. 그렇기 때문에 신국가 조선이 지향해야할 바는 보다 의미

---

33 『高麗史』 권115, 列傳28, 李穡; 권117 列傳30, 鄭夢周; 권118 列傳31, 趙浚.

34 高英津, 「15·16世紀 朱子家禮의 施行과 그 意義」, 『韓國史論』 21, 서울대 국사학과, 1989, 87~
88쪽.

35 『三峯集』 권7, 「朝鮮經國典」上, 禮典, 婚姻.

36 『三峯集』 권7, 「朝鮮經國典」上, 禮典, 喪制.

가 있는 기자를 계승해야만 하였다. 이색도 기자 계승을 부정한 것은 아니다. 오히려 문화적으로 기자가 훨씬 의미가 있다고 하였다. 다만, 두 사람 사이의 차이는 오히려 문명교화의 방향과 속도가 될 것이다. 이색이 점진적인 수준을 지향하였다면, 정도전은 급진적인 방향을 선택하고자 하였기 때문이다.

3. 춘추론과 문명론의 절충과 통합

조선 건국 직후의 역사인식과 문명론은 정도전의 정통론과 급진적 문명론으로 대표된다. 그렇다고 해서 이색의 역사인식과 점진적 문명론이 폐기되었던 것은 아니다. 정도전이 1398년 1차 왕자의 난으로 정치적으로 실패하였으며, 목숨도 잃었다. 이 때문에 정도전 계열은 정치권에서 주도권을 잃었다.

그렇다고 해서 정도전의 문명론이 뿌리를 전혀 내리지 못한 것으로 볼 수는 없다. 고려 말에 잠시 분기하였던 문명론은 조선건국 이후 통합되어 나가는 듯한 움직임도 분명히 발견할 수 있다. 이러한 경향을 대표하는 인물은 권근이다. 그는 이색의 문생이었으며, 정도전과도 교유하였다. 그렇기 때문에, 학문적으로 이색과 정도전의 영향 모두를 이어받을 수 있었다는 평가를 받는다.[37]

권근의 역사인식은 대체로 '리理'를 중심에 두는 것, 즉, 천리에 의한 역

37 도현철, 『조선 전기 정치 사상사』, 태학사, 2013.

사인식으로서 강상윤리와 도심의 전수, 그리고 실천을 중요시하는 역사인식으로 이해된다.[38] 이는 다른 말로 표현하면, 춘추필법의 의도에 충실하려고 했던 역사인식이라고 할 수 있겠는데, 1383년에 지은 아래의 글에서 구체적으로 확인할 수 있다.

> 『서경』과 『춘추』는 역사로서, 성인이 산정刪定하고 필삭한 것을 고쳐서 경經으로 만든 것이다. 좌구명左丘明은 성인이 필삭한 것을 도와 전傳을 만들었으나 이에 미치지 못하였으며, 과장되었다는 실책을 면치 못하였다. 사마천司馬遷은 호방하고 기괴한 기운을 길러 우아하고 건실한 문장을 발휘하였기 때문에 양사良史라고 일컫는다. (그러나) 『춘추』를 본받지 않았기 때문에, 사실에는 용납되지 않는 것과 시비是非가 자못 틀린 것이 많아 군자들은 한恨으로 여겼다. 두 사람이 오히려 이와 같을진대 하물며 다른 사람이랴? 역사가 문장이 많은 것을 귀하게 여기지 않는 것이 이와 같다. 그러나 역사는 천하의 시비를 공정하게 하여 만세의 권계를 드러내야 한다. (…중략…) 그렇다면, 어떻게 해야 할 것인가? 리理에 밝아야만 한다. 리理에 밝으면 말은 반드시 해야 할 곳에서만 하게 되며, 문文은 반드시 곧고 실實하게 된다. 천하의 일을 논하는 것이 마치 일의 경중輕重을 저울에 잰 듯이 할 것이며, 길고 짧은 것을 자로 잰 듯이 할 것이며, 촛불을 비춘 듯이 할 것이며, 거북의 등껍질에 점을 본 듯이 할 것이니, (그렇게 해야) 시비가 어긋나지 않고 권계가 명확해질 것이다.[39]

---

38 강문식, 『권근의 경학사상 연구』, 일지사, 2008.

39 『陽村集』 권16, 送裵仲員修撰晒史七長寺序, "史也 更聖人所刪定筆削 故爲經焉 左氏羽翼聖筆而爲傳 惟不達於此 故未免有浮誇之失 司馬子長以踈蕩奇氣 發爲雄深雅健之文 故稱良史 推不法乎春秋 故事多抵牾 是非頗繆 君子恨焉 二子尙爾 況其他乎 史之不貴乎多文也如此 然史 公天下之是非 垂萬世之勸戒也 (…중략…) 然則如之何哉 在明乎理而已 理明則辭必約而盡 文必直而實 以之論天下之事 如權之稱輕重 如度之量長短 如燭之照 如龜之卜 是非

권근은 좌구명의 『춘추좌씨전』과 사마천의 『사기』는 나름의 장점을 지니고 있지만, 시비에는 잘못이 있다고 하였다. 이는 단순한 역사적 사실에 관한 오류가 아니라 감계鑑誡를 드러낼 때 반드시 고려하게 되는 명분과 의리의 판정에서 나타나는 오류로서, 위에 나오는 '리'의 의미는 명분과 의리에 따른 시비의 판단이라는 결론을 내릴 수 있다. 따라서, 역사가로서 '리'에 밝게 되면 자연스레 시비를 적재적소에서 올바르게 판단할 수 있으며, 나아가 성인의 도를 실천하게 되는 것이다.

권근은 형식적인 면에서 주자의 역사이론을 따르고자 하였다. 그는 1405년에 완성된 『동국사략東國史略』에서 당시 역사서술이 가지고 있는 문제점으로, 방언方言과 이어俚語를 직서하였으며 교훈으로 삼을 만한 사례를 기록하지 못하였다는 점을 지적하였다. 권근은 『삼국사기』 본기와 열전을 기본으로 하고, 지志의 내용을 일부 첨가하여 기존의 기전체를 편년체로 바꾸었다. 그리고, 삼국 통일을 달성한 신라를 정통으로 삼는 한편, 주자의 『자치통감강목資治通鑑綱目』에 따라 기사를 강綱과 목目으로 나누어 배치하였다.[40] 그리고 즉위년 칭원법을 유년칭원법踰年稱元法으로 고쳤으며, 거서간居西干, 차차웅次次雄, 이사금尼師今, 마립간麻立干 등 신라 고유의 왕호를 삭제하고 모두 중국식 왕호로 교체하였다.[41]

내용에서도 권근은 성리학의 윤리 원칙을 견지하였다. 그는 인륜과 명분론에 입각한 가족질서와 군신관계를 구현해야 한다고 하였다. 그는 신라의 알영이 남편인 혁거세를 제쳐두고 지방을 순시하러 나간 것은 명분

不差而勸戒明矣".

40 강문식, 「歷史觀과 歷史敍述」, 『권근의 경학사상 연구』, 일지사, 2008, 314~318쪽.

41 강문식, 위의 글, 18~323쪽.

에 위배되는 것이라고 하였다.[42] 그리고 계백階伯이 김유신金庾信과 마지막 일전을 치르기 위해 출정하면서 처자를 죽인 것에 대해, 주유周瑜가 적벽대전에서 5만의 군대로 60만의 조조曹操에 대항하여 승리한 것과 같이, 싸우려고 한다면 이길 수 있는 방법은 얼마든지 있는데도 군이 처자를 죽인 것은 인륜에 위배되는 것이라고 하였다.[43] 권근은 고구려의 신대왕新大王이 명림답부明臨答夫를 국상國相으로 삼은 것은 임금을 죽인 자를 재상에 임명한 것으로, 임금을 비롯하여 온 나라가 인륜을 거스른 것이라고 하였다.[44] 이밖에도 권근은 화장이나 풍장을 비판하고 불교와 이단에 대해서도 비판적 입장을 취하였다.[45]

이와 같은 권근의 사론의 내용은 맹목적인 충성을 비판한 이곡의 「조포충효론」[46]과 이색의 시세적 춘추론에 대한 정도전의 비판, 「불씨잡변」의 논리가 종합되어 있다. 즉, 계백의 맹목적 충성은 성리학의 가족 중심의 윤리의식과 정면으로 배치되며, 인간의 본성에 기초한 도덕적 판단기준, 그리고 불교비판은 기본적으로 유학의 기본적인 문제의식과 상통한다.

그러나, 권근의 사고방식에서는 현실중심적인 측면도 발견할 수 있다. 권근은 고려의 유신으로서 조선 건국 직후 정치참여를 하지 않다가 태조대에 정계에 복귀하였다. 이를 합리화하기 위한 논리는 원대 오징吳澄, 1249~1333에 대한 비판에서 발견할 수 있다.

---

42 『陽村集』 권34, 「東國史略論」, 新羅 始祖 17년(BC. 41)

43 『陽村集』 권34, 「東國史略論」, 太宗武烈王 6년(660).

44 『陽村集』 권34, 「東國史略論」, 阿達羅王 12년(166).

45 『陽村集』 권34, 「東國史略論」, 奈解王 26년(221); 文武王 20년(681); 眞平王 21년(600); 孝成王 원년(738).

46 최봉준, 앞의 글, 2013.

> 오징의 말은 무릇 세간에 처하여 할 일이 있는 자들을 모두 비하하는 것이며, 세간에서 빠져나와 할 일이 없는 자들을 고상한 것으로 여기는 것이다. (…중략…) 대저 이윤伊尹과 여상呂尙이 밭을 갈고 낚시하는 때에 어찌 선함을 겸비하여 천하의 일을 달갑지 않고 자기 몸을 깨끗하게 한 것이겠는가? 또한 탕왕과 문왕을 만나는 날에는 어찌 고상함을 버리고 하찮은 일로 나아간 것이겠는가? (그러나) 곧 어제의 고상한 것을 오늘의 사업으로 삼은 것이며, 밭을 갈던 때를 즐긴 것이 요순의 도였으며, 사업을 베푼 것이 그 임금과 백성을 요순의 도로 이끈 것일 뿐이다. 그러므로, 출처出處는 자신에게 있는 것이며 도道는 두 가지가 아닌 것이다.[47]

권근은 오징이 남인南人을 대표하는 대학자로서 정치에 참여하여 성인의 도를 실현해야 함에도 불구하고, 현실을 비관적으로 보고 기피하는 것은 유자로서 올바른 처신은 아니라고 하였다. 원대 초기 화북지방에서는 허형을 중심으로 원의 중국 지배를 정당화하고 정치에 적극적으로 참여하고자 하였다면, 옛 남송 지역에서는 오징을 중심으로 정치에 소외되거나 황제의 부름을 받더라도 소극적인 자세로 임하는 이들이 대부분이었다. 오징은 현실에 적극적으로 참여한 허형과 달리 다른 남송 출신의 유학자들과 같이 정치와는 전혀 무관하고자 하였다. 멸망한 왕조의 유신이라는 점에서 보면, 남송과 고려의 유신의 입장은 상통한다. 그렇기 때문에, 조선초기와 원 세조대는 이들 모두에게 절망적인 상황이라고 할 수 있다. 그

---

47 『周易淺見錄』 권1, 「上經」 蠱 上九, “吳氏乃謂 凡處世間而有爲者 皆卑下之事 出世間而无爲者 乃高尙之事 (…중략…) 夫伊呂在耕莘釣渭之時 豈以兼善天下爲不屑 而自潔其身 及遇湯文之日 豈是舍高尙 而就卑下乎 卽以前日之所高尙者 爲今日之事業 樂畎畝者 堯舜之道 而施事業者 堯舜其君民也 故身有出處 而道無二致也”.

러나, 두 사람의 차이점을 꼽아보면, 오징이 종족적 화이관에 따라 이민족이 지배하는 현실을 난세로 파악하고 현실에 참여하지 않았다면, 권근은 목적론적 관점에서 왕조의 교체를 성인의 도를 실현할 수 있는 기회로 보았던 것이다.[48]

이는 태종의 즉위를 합리화하는 논리 속에서도 발견된다. 권근은 당시에 중국에서 건문제建文帝와 영락제永樂帝 사이에 내란이 벌어졌으므로 정종은 왕위를 이어나가기 어려웠으며, 부득이하게 권도權道에 따라 태종이 왕위를 계승할 수밖에 없었다고 하였다. 그러나, 영락제가 승리한 상황에서는 태종이 왕위를 안정적으로 이어오고 있었으므로, 이제는 상도常道에 따라 태종이 그대로 왕위를 유지해야 한다는 논리를 폈다. 언뜻 모순되는 두 가지 발언은 사실 정치적으로 크게 다른 말은 아니다. 권도는 상황이나 시기에 맞추어 사용할 수 있어야 한다.[49] 정종에서 태종으로의 왕위계승과 태종이 그대로 왕위를 유지하는 것 모두 상황에 따른 판단에 의존하여 내려진 결정이었을 뿐이다. 양자 모두 태종으로의 왕위계승을 합리화하는 논리라고 할 수 있는 것이다.

권근의 정치참여 논리는 현실적으로 유학적 문제의식을 실현할 가능성이 있다는 낙관적 전망도 담고 있다. 권근은 이를 바탕으로 향촌사회에서 이상적 인간형을 발견하고 문명교화에 활용하고자 하였다. 특히 그는 이색과 같이 전傳을 활용하였다. 그는 「사재소감박강전司宰少監朴强傳」에서는 능력있고 충의로운 문관과 향촌사회에서 유향품관留鄕品官의 역할을 강조하였다. 「유생배상겸전儒生裵尙謙傳」에서는 교만하고 난폭한 아버지 밑에서 자

---

48 都賢喆, 「權近의 佛敎批判과 權道 重視의 出處觀」, 『韓國思想史學』 19, 2002.
49 『太宗實錄』 권12, 6년(1406) 8월 庚戌.

랐으나 이단에 현혹되지 않으면서도 여러 차례 공을 세운, 지방에 사는 유학자의 전형적인 모습을 발견하고자 하였다.

권근의 전傳 중에서 특히 주목이 되는 것은 「우인효자군만전優人孝子君萬傳」이다. 진주晉州에 사는 재인才人 군만은 아버지가 호랑이에 희생되자 직접 활을 들고 호랑이를 쏘아 아버지의 시신을 거두어 화장을 하였다. 권근은 군만의 행동을 높이 평가하였다. 그러나 부근에 사는 7형제는 군만보다 높은 신분임에도 불구하고 무당의 말만 믿고 아버지와 노숙을 하다가 호랑이에 물려간 아버지의 시신을 모두 찾지 못하였을 뿐만 아니라, 겁을 내어 감히 호랑이를 잡으러가지도 못하였다고 했다. 그러면서, 권근은 7형제의 죄를 음사로 인하여 효를 다하지 못하는 등 모두 9가지로 나누어 장황하게 나열하였다. 그는 말미에서 군만의 행동을 보고 하늘도 그 성효誠孝에 감동하여 호랑이가 시신을 모두 토해내게 하였는데, 이는 한 사람의 재인이 7선비보다도 의로운 일을 한 사례로서 하층민이 부자간의 의리를 직접 실천해낸 것이라고 평가하였다.[50] 여기서 권근은 천민이 성리학 윤리 실천 사례를 통하여, 효는 신분의 고하를 막론하고 누구나 실천에 옮겨야 하는 기본적 윤리임을 강조였던 것이다.

권근은 나아가 관학官學과 사학私學 모두를 활용한 교육을 통하여 효를 사회적으로 확장하고자 하였다. 이는 개인적인 영달보다는 의리와 천리에 따르는 인간을 길러내고자 하는 것으로 성리학 윤리의 사회화를 도모하는 것이었다. 그는 향교鄕校는 학문에 큰 포부를 가진 선비들을 교육하는 곳이 아닌, 초학하는 선비들이 일상생활에서 염치와 예의를 기르고 삼강

50 『陽村集』 권21, 優人孝子君萬傳, "嗚呼 五刑之屬三千 而罪莫大於不孝 可勝痛哉 若夫君萬非能斃虎而已 虎視君萬 吐其所食 則誠孝所感 雖悍獸猶不得自安飽 若服罪然 豈不益賢矣哉".

오륜三綱五倫을 직접 실천에 옮길 수 있도록 하는 곳이라고 하였다.[51] 향교는 과거시험 공부를 통해 입신양명立身揚名하는 곳이 아니라는 의미로 다가온다. 이와 함께 권근은 제도권 바깥에 존재하는 '사치서재私置書齋'도 성리학적 인간형을 교육시키는 데서 예외가 될 수 없다고 하였다. 그는 1407년 상서에서 관권에 의해 서재의 교수관이 다른 고을의 교수관으로 갑작스럽게 옮겨가거나 수령의 사적인 노역에 동원된다면, 그들의 교육활동에 문제가 발생할 것이라고 하였다.[52]

이와 같은 권근의 이상적 인간형은 그가 견지했던 '리' 중심의 역사인식의 지향점과 일치한다. 그는 신분을 막론하고 명분과 성리학 윤리의 원칙을 고수해야 한다고 하였다. 이것은 「우인효자군만전」에서 나타난 바와 같이 효를 중심으로 하는 윤리의식은 인간의 본성에 해당하는 것이기 때문이었다. 그러나, 권근의 성리학 윤리 실천 방안에 상도만이 존재하는 것은 아니다. 그는 오히려 왕조 교체를 도를 실천하는 기회로 활용하고자 하였다. 새로운 왕조에 출사出仕하는 것은 윤리적으로 문제가 될 소지가 있음에도 그가 권도의 논리를 이용하여 출사하려고 하였던 것은, 도의 실천 가능성이 있다고 보았기 때문이었다.

권근의 역사인식은 정도전의 도학적 춘추론과 이색의 시세적 춘추론의 요소 모두를 갖추고 있었다. 앞서 언급한 바와 같이, 그의 '리' 중심의 역사인식과 실천은 정도전의 도학적 요소를 받아들인 것으로, 권도를 중시하는 현실 인식은 이색의 시세적 요소를 받아들인 것으로 이해할 수 있다. 물론, 권근이 성리학자라는 점에서 보면, 이와 같은 인식 자체를 그리 특

51 『陽村集』 권12, 延安府鄉校記.

52 『太宗實錄』 권13, 7년(1407) 3월 丁亥.

별하게 바라볼 이유는 없다. 다만, 이를 성리학 이해가 점차 심화되고 내면화해가는 과정이라는 점에서 본다면, 이것은 분명히 대립적인 두 방향이 하나로 결합하여 국가 운영의 방향으로 발전시킨 것이라 할 수 있다. 이는 고려 말에 비하여 한 단계 진전된 측면이라 할 수 있다.

1392년 9월 조선의 건국을 알리는 사신을 명에 파견하자, 2개월 뒤 명 태조는 '고려는 산과 바다에 가로막혀' 있어서 중국이 내정에 관여할 바가 아니므로 스스로 성교聲教할 수 있다聲教自由고 하였다.[53] 다시 말하면, 조선은 중국과 지리적으로 구분되어 있으므로, 중국이 성교를 직접 내리거나 직접 지배할 수 있는 대상이 아니라는 의미로 볼 수 있다. 이는 어디까지나 조선이 중국에 사대를 한다는 전제가 깔린 것이었다.

그러나, 1396년태조 5의 표전문제는 이와 같은 명과 조선의 문화적 관계를 근본부터 흔들 수 있는 여지가 있었다. 표전문제로 인하여 조선 국왕의 고명誥命과 인신印信을 받아내지 못한다면, 동아시아 보편질서 내에서 제후국 조선의 지위가 공식화될 수 없으며, 동아시아 질서 내에서 조선이 취하고자 하는 주변과의 관계, 즉 교린交隣의 정당성도 흔들릴 수 있었다.

이와 같은 배경 하에서 권근은 표전문제 해결을 위하여 명에 파견되었다. 그는 명 태조가 내린 시제詩題에 대한 응답으로 다음과 같이 대답하였다.

> 전설을 들으니, 아득한 옛날에
> 단군이 나무 밑에 내려오셨네

---

53 『太祖實錄』 권2, 원년(1392) 11월 甲辰, "高麗前者差人來奏本國情由 今覽來辭 不過前日之事 然我中國綱常所在 列聖相傳 守而不易 高麗限山隔海 天造東夷 非我中國所治 爾禮部回文書 聲教自由 果能順天意合人心 以妥東夷之民 不生邊釁 則使命往來 實彼國之福也".

동국의 땅에 즉위하시매

때는 요임금 때라네

(나라를) 전한 세대가 셀 수 없으니

지난 햇수가 과연 천 년이 지났네

이후에 기자가 와서 (왕위를) 대신하니

(단군과) 똑같이 조선이라 불렀네[54]

위의 시에서 우선 눈에 띠는 것은 단군신화가 기록되어 있다는 점이다. 시가 갖고 있는 함축성 때문에 비록 자세한 언급을 할 수는 없으나, 이것은 분명히 이전 시기에 비하여 보다 단군에 대한 인식이 강화된 것이라 할 수 있었다. 원 간섭기에는 단군이 거의 언급되지 않았다가,[55] 이색의 단계에 와서 비로소 재등장하기 시작하였다. 이때 단군과 기자 인식에 관해서

54 『陽村集』 권1, 「應製詩」, 始古開闢東夷主, “聞說鴻荒日 檀君降樹邊 位臨東國土 時在帝堯天 傳世不知幾 歷年曾過千 後來箕子代 同是號朝鮮”.

55 원 간섭기의 단군은 1325년 李叔琪가 지은 「趙延壽墓誌銘」에서 확인된다. 조연수묘지명에서 단군은 ‘平壤之先’ 또는 ‘平壤君子’로 표현되는데, 단군이 평양의 지역신이면서도, 신선이 되었다고 하여 도교적 의미를 강조하고 있다(平壤之先 仙人王儉 至今遺民 堂堂司空 平壤君子 在三韓前 壽過一千 胡考且仙). 이는 앞서 一然과 李承休에 의하여 단군이 國祖로서의 위상을 획득하였다는 점을 상기한다면, 의미가 축소된 것이라 할 수 있다. 이에 비하여 기자는 李齊賢과 李穀의 시문에서 확인된다(『益齋亂藁』 권2, 題長安逆旅, “海上箕封禮義鄉 曾修職貢荷龍光 河山萬世同盟國 雨露三朝異姓王”; 『稼亭集』 권9, 送鄭副令入朝序, “禹貢九州之外 聲敎所暨 東漸于海 而三韓之名未著也 自周封商太師之後 稍通中國 其在隋唐 征之不克”). 특히 이들은 기자가 중국의 책봉을 받았다는 점을 강조하고 있는데, 이것은 고려가 원을 중심으로 하는 보편문화에 속해있다는 것이 강조된 것으로, 보편문화의 도입이라는 당위성 아래 원과의 관계를 원활하게 진행시키기 위해서는 굳이 단군을 강조할 이유는 없었다. 이것은 그들이 立省論에 대항하여 고려국가를 유지하고자 하였다는 점을 고려한다면, 국속과 국가 유지가 동일하게 인식되고 있었으며, 이는 그들의 국가관 속에서 국속은 개혁의 대상이자, 보전의 대상으로서 이중적 의미를 지니고 있었다(채웅석, 「원 간섭기 성리학자들의 화이관과 국가관」, 『역사와 현실』 49, 2003; 최봉준, 「14세기 고려 성리학자의 역사인식과 문명론」, 연세대 박사논문, 2013).

는 앞서 언급한 바와 같이 두 가지 계열이 존재하였다. 권근의 단계에 와서 명 태조 앞에서 단군신화를 언급하였다는 것은 분명히 이색의 입장이 권근의 단계에서 보다 강화된 것으로 해석될 수 있다. 단군이 상징하는 바가 역사적 독립성이라고 한다면, 이것은 조선의 국가적 독립성을 중심으로 하는 정체성과 일체감 형성으로 발전할 가능성이 그만큼 더 커졌다는 것을 의미한다. 문화적으로는 조선의 문화적 독자성을 강조하는 방향으로 나아갈 여지도 커졌다.

권근은 나아가 '단군檀君－기자箕子－삼국三國－고려高麗－조선朝鮮'의 순서로 정통이 이어진다고 하였다.

> 조선의 국경은
> 바다 동쪽에 거처하고 있으니,
> 단군이 나라를 세우고 기자가 그 뒤를 이어
> 순일한 풍속을 나라 안에 퍼뜨렸네,
> 삼방三方으로 할거하였으나
> 왕씨가 통일하였고,
> 우리 임금이 나라를 세워
> 나라의 기틀이 더욱 융성해졌네
>
> 신라와 백제 고구려는,
> 사사로이 국호國號를 세웠으며
> 풀어져 기강이 없으니,
> 우리가 황제의 명령을 받아

바른 곳에서 시작할 수 있었네,

기자의 봉강封疆을 이어받아

아름다운 뜻을 만세에 전하리라[56]

위의 인용문의 내용을 살펴보면, 우선 중국과 구분되는 지리적 특성을 설명하고 이어서 단군과 기자의 순일한 풍속을 이후의 국가들이 계승하였으며, 고려와 조선이 그와 같은 전통을 이어받았다고 하였다. 그런데, 여기서 눈에 띄는 점은 신라와 백제, 고구려는 사사로이 국호를 세웠으나, 조선은 황제의 명을 받아 국호를 세웠으며, 이것은 기자의 전통을 이은 것이라고 하는 점이다. 이것은 앞서 정도전이 조선 건국의 정당성을 내세웠던 논리와 일치하는 대목이다.

권근은 이를 통하여 문명교화의 구체적인 방향에 대하여 고민하지 않을 수 없었다. 그는 조선이 기자의 전통을 이어받아 홍범구주와 8조의 법금으로 아름다운 풍속을 실천하여 동방이 수천 년 예의의 교화의 터전이 되었다고 하였다. 하지만, 고려건국 이후 요-금-원에 이르는 정복왕조와 인접하여 오랑캐의 풍속에 물들지 않을 수 없었기 때문에, 지금에 와서는 기자의 교화를 다시금 확대해야 한다고 하였다.[57] 이것은 단군과 기자에 대한 인식의 강도에서 차별을 두지 않을 수 없었던 성리학자 권근의 입장이 반영된 것으로 해석된다.

그다음에는 과연 어떠한 방법으로 문명교화를 이룩해나갈 것인가 하는

56 『陽村集』 권1, 製進天監華山神廟詩, "維朝鮮境 殿海之東 檀興箕乂 闡以醇風 三方割據 王氏統同 我后之作 基緖益隆 曰羅曰濟 暨高麗氏 私立號稱 散無其紀 我受帝命 克正于始 履箕之封 傳億萬祀".

57 『陽村集』 권12, 平壤城大同門樓記.

문제에 봉착하게 된다. 이것은 보편문화와 조선의 고유한 문화적 전통의 단순한 공존으로 해결할 수 있는 문제는 아니다.

> 불씨佛氏의 설說에서 사람은 죽어서도 멸하지 않으며, 선악을 행한 것에 따라서 윤회하여 태어나는데 부처는 능히 자비로써 고통을 없애는 것을 기뻐하고 삶에 허덕이는 것을 구제해주며, 산 사람이 만약 부처를 섬기고 반승飯僧하여 그 이로움을 이끌어낸다면, 죽은 귀신이 굶주리다가 배부르게 되고 고통을 받다가 즐거워하여 결국에는 성불하여 영원토록 윤회의 굴레에서 벗어날 수 있으니, 산 사람도 또한 더더욱 배부르게 될 수 있다고 한다. 이에 효자와 자손과 우매한 지아비와 우매한 부인이라도 다투어 부처에 귀의하고자 하니, 혹시라도 미치지 못할까 두려워하고 온 세상이 물밀 듯이 숭상하였다. 수륙무차평등회水陸無遮平等會는 그 법 중에서 가장 좋은 것이다.[58]

권근은 왕명에 의하여 불교 관계, 특히 수륙재와 관련된 시문을 비교적 많이 지었다. 그런데, 우리가 위의 인용문에서 주목해야 할 점은 수륙재의 의미를 효와 관련하여 해석하고 있는 점이며, 이는 앞서 잠시 언급하였던 불교에 대한 이색의 입장과 닿아있다. 비록 왕명으로 지은 글이기 때문에 권근의 진의를 파악하는 데 한계가 있으나, 위의 글에 나타난 권근의 의도를 굳이 표현하자면, 수륙재로 귀신을 위로하는 것은 결국 윤회의 굴레에서 벗어나 성불할 수 있도록 함으로써 궁극적으로 효에 이를 수 있다는 것이다.

---

58 『陽村集』 권12, 津寬寺水陸社造成記, "佛氏之說 以爲人死不滅 隨其所作善惡 輪轉受生 而佛能以慈悲拔苦與喜 濟其淪溺 生者若爲事佛飯僧 以導其利 則死者之神 飢可得飽 苦可得樂 以至成佛 永免輪轉之報 而生者亦蒙饒益 於是孝子慈孫以至愚夫愚婦 莫不靡然爭歸於佛 猶恐不逮 擧世滔滔是崇是尙 水陸無遮平等之會 尤其法之最勝者也".

이와 관련하여 생각할 수 있는 것은 권근이 중국과 조선의 지리적 환경과 혈통적 차이를 고려하고 있었다는 점이다. 그는 의학에서도 중국의 영향은 부정할 수 없으나, 조선의 풍토에 맞는 조선화한 중국의학을 추구함으로써 조선의 실정에 맞는 해결책을 내놓을 수 있어야 한다고 하였다.

> 우리 동방은 중국에서 멀어 이 땅에서 나지 않는 약물은 사람들이 얻기 어려운 것이 진실로 걱정이었다. 그러나, 국속에 이따금 한 가지 약초를 가지고 한 가지 병을 치료하는 데 큰 효험을 보았다. (…중략…) 오방五方은 모두 성질이 달라 십리를 가도 풍속이 같지 않으며, 평소에 좋아하는 음식이 시고 짠 것 차고 더운 것이 다른 것은 당연하다. 즉, 병에 대해 약을 쓰는 것 또한 처방을 달리하여 대응해야 하는 것이며, 반드시 중국과 같게 하지 않아도 된다. 하물며 먼 곳의 물건을 구하려고 해도 구할 수 없거나 병이 깊어 혹 값이 비싼 것을 구해도, 썩고 좀이 먹어 약효가 이미 새버렸다면, 토산土産의 약재가 기운이 완전한 것만 같지 못한 것이다. 그러므로, 향약鄕藥을 써서 병을 치료하고 반드시 힘써 살피면 효과가 빠를 것이니, 이 처방이 이루어진 것은 우리 백성들에게 얼마나 혜택을 주는 것인가![59]

위의 인용문에서 권근은 동방이 중국과 멀기 때문에 당연히 풍토가 다르며, 같은 병이라고 해도 처방을 달리할 수밖에 없을 것이라고 하였다.

---

59 『陽村集』 권17, 鄕藥濟生集成方序, "吾東方遠中國 藥物之不産玆土者 人固患得之之難也 而國俗往往能以一草而療一病 其效甚驗 (…중략…) 五方皆有性 十里不同風 平居之時 食飮嗜慾酸醎寒暖之異宜 則對病之藥 亦應異劑 不必苟同於中國也 況遠土之物 求之未得而病已深 或用價而得之 陳腐蠹敗 其氣已泄 不若土物氣完而可貴也 故用鄕藥而治病 必力省而效速矣 此方之成 其惠斯民爲如何哉".

그렇다고 해서 이것이 의학 체계 전반에 걸친 재구성을 의미하는 것은 아니다. 다만, 풍토가 다르기 때문에 처방을 달리할 수 있는 가능성을 열어두자는 것으로, 어디까지나 중국의학의 범주에 조선의학이 있어야 한다는 전제를 깔고 있다.

여기서 조선이 스스로 성교聲敎할 수 있다고 천명한 1392년 11월 명 태조의 언명을 상기할 필요가 있다. 당시 명 태조의 발언은 원 세조가 천명한 '불개토풍'과 크게 달라보이지는 않는다. 오히려, 원 세조의 '불개토풍不改土風'과 명 태조의 '성교자유聲敎自由'는 같은 범주로 이해된다. 그러나, 이를 문화적으로 해석하면, 원 간섭기 아래의 보편문화와 고유한 문화적 전통의 공존관계와 원명교체 이후 성리학이 심화되고 있었던 사상적 배경의 변화를 고려해야 한다. 그럴 경우 보편문화는 점차 당위성을 띠게 되며, 고유한 문화적 전통은 보편문화의 요구에 따라 어떤 식으로든 변화하지 않을 수 없다. 그리고 성리학은 그와 같은 문화적 변화를 이론적으로 뒷받침해주는 기능을 하게 될 것이다.[60] 이럴 경우, 명이 성교자유라는 자율성을 바탕으로 조선적 문명론를 용인할 수도 있다.

이를 보다 넓혀보면, 이것은 소중화로서의 조선과 중국에 대한 외국으로서의 조선 모두를 의미한다. 권근은 보편문화의 범위를 조선은 물론 일본과 탐라를 포함하는 동아시아 전역을 대상으로 하는 것으로 보았다. 그는 동아시아의 전통적인 대외관계는 '중국-조선-일본'의 계층적 명분관계로서,[61] 일본과 탐라는 각각 천하의 영역 안에서 황제의 덕화를 입는 존재이자, 조선이 반드시 교화로 이끌어야하는 '자소字小'의 대상이 되는

60 최종석, 「조선초기 국가 위상과 '聖敎自由'」, 『韓國史硏究』 162, 2013 참조.
61 『陽村集』 권1, 「應製詩」, 進嵩華詩.

것이었다.[62] 이럴 경우, 주지하다시피 조선이 중국에 행하는 관계가 사대라고 한다면, 조선의 일본과 탐라에 대한 관계는 교린交隣에 해당한다. 권근의 논리 속에서 조선은 동아시아에서 소중화로서 확고하게 자리매김을 해나가야 하는 존재가 되었던 것이다. 조선은 중국의 교화를 바탕으로 일본과 탐라를 교화시키기 위해서는, 조선은 비록 중국과 다른 외국이지만, 소중화로서의 위치를 자임하는, 그리고 보편문화에 속하면서도 문화적 독립을 추구하는 교화의 주체가 되어야 하였던 것이다.

마지막으로 이를 역사계승의식의 측면에서 살펴보면, 앞서 권근은 '리'를 중심으로 하는 역사인식의 틀 안에서 이색에 이어서 단군 인식을 강화하였다. 이것은 보편문화 수용을 상징하는 기자 계승이 전제가 된 것으로서, 조선이 지향해야 할 바는 정도전이 말한 기자계승과 같은 의미였다. 그렇기 때문에 굳이 설명하자면, 기자 계승은 당위에 해당하나, 단군 계승은 선택의 문제가 될 수밖에 없다. 그러나, 단군 인식의 강화는 조선의 문화적 일체감은 기자 계승을 바탕으로 하되, 이를 조선의 풍토에 맞는 방법론을 선택할 수 있다는 가능성을 열어두는 것이라고 생각된다. 그렇기 때문에, 위에서와 같이 조선은 보편 속의 독립국이자, 또 하나의 교화의 주체가 될 수 있었던 것도 이와 같은 점에서 이해할 수 있을 것이다.

---

62 『陽村集』 권2, 送鄭大司成奉使日本; 권20, 送濟州牧使李君詩序.

제7장

맺음말

고려왕조는 후삼국의 혼란을 수습하고 매우 다양한 계층의 요구를 수용하면서 국가적 통일을 유지해왔다. 고려는 고구려계승, 백제계승을 표방한 궁예의 고려와 견훤의 후백제, 그리고 신라를 통합하였으므로 사상사적으로, 사학사적으로 보면 크게는 삼국유민의식과 같은 다원적인 역사계승의식을 내재하고 있었다. 또한 향후 기자와 단군이 점진적으로 역사화하는 과정 속에서 역사적 시원의식 또한 형성해갈 수 있었다. 고려는 유학을 중심으로 하는 정치운영의 원리와 경세의식, 그리고 정치윤리를 통해 국가를 운영하였고, 종교적 역할을 수행하는 불교와 도교, 민간신앙이 공존하였으며, 풍수도참을 통해 후삼국통일과 수도로서의 개경의 지위를 보장하였다.

이와 같은 다원적 사상지형과 역사계승의식은 고려시대의 역사인식과 세계관을 인식해나가는 데 있어 객관적인 조건이라고 할 수 있다. 최근에 제기된 고려다원사회론은 고려시대의 역사를 재인식하고 신라나 조선과 구분되는 고려의 역사적 위치를 새롭게 설정하고자 하는 움직임 속에서 나타난 것이라고 할 수 있다. 따라서 사상사와 사학사 역시 이와 같은 배경에서 새롭게 인식할 필요가 있는 것이다.

고려의 다원적 사상지형은 여러 사상과 종교가 공존과 조화를 이룬 상태 그대로를 의미하는 용어는 아니다. 각각의 종교와 사상, 그리고 역사인식과 세계관이 나름의 원리 안에서 작동하고 있었으며, 이는 앞서 언급한 바와 같이 고려시대의 독특한 역사상을 이루는 것이라고 할 수 있다.

신라 말은 사상지형에서 통합성과 다원성이 이미 형성되어 있었다. 최치원의 「난랑비서문」에서와 같이 신라사회 내에서는 유불도 삼교가 공존하면서 이것을 '풍류'라고 하는 하나의 범주가 만들어졌다. 다만, 신라의 국가질서가 빠르게 붕괴하고 있었던 상황에서 국가는 여러 가지 사회적 요구를 모두 담아낼 수 없었다. 사상들 사이에서의 질서를 잡아가고 몇 가지 규칙들을 만들어가야 하였으며, 그 책무는 신국가 고려가 떠안아야 하였다.

고대적 신정정치를 추구한 궁예를 내쫓고 즉위한 태조 왕건은 국왕의 전제적 통치아래 묵살 당하였던 다양한 요구사항을 왕권의 이름으로 담아내고자 하였다. 태조의 사상정책을 확인하기 위하여 우리는 훈요10조 중에서 일부 조항들을 분석하였다. 이를 통하여 태조가 지향하고자 했던 바는 불교의 지나친 비대화를 막고 이를 국가 권력 아래로 편입시키는 한편, 유학과 도교, 풍수지리, 민간신앙 등 여러 사상들과 함께 공존할 수 있는 환경을 국가가 마련해주어야 한다는 것이었다.

그러나 태조가 마련하였던 것은 국가적 지향에 불과하였다. 이를 제도화하고 구조화한 것은 광종이었다. 광종은 과거제와 승과제도를 마련하여 유학과 불교를 국가 권력 아래로 편입시키는 한편, 풍수지리도 국가 고시체계 안으로 포섭하였다. 이로써 고려 초기 사상지형에서 나타난 다원성을 왕권 아래 통합할 수 있는 제도적 장치들이 마련되었다고 할 수 있었다. 그러나, 광종이 추구한 통합성은 최승로의 시무28조에서 비판한 것처럼 불교를 중심으로 한 것으로서, 엄밀하게 말하자면 균형을 갖춘 것은 아니었다. 이에 성종은 즉위초기 친유교정책을 취하였으며, 정치는 유교에, 종교는 불교에 맡김으로써 역할 분담을 해나가도록 하였다. 이것은 왕권이 조정자 역할을 해나감으로써 사상 간의 균형을 추구하는 것으로 평가할 수 있다.

이렇게 마련된 제도적 틀과 사상 간의 공존과 균형은 목종과 현종대를 거치며 정착되어나갔다. 현종은 성종대 초기에 폐지된 연등회와 팔관회를 부활하고 의식을 제정함으로써 사상을 통한 국가적 통합을 꾀하고 고구려, 백제, 신라의 삼국유민의식을 고려국가의 테두리 안에서 포용하고자 하였다. 그럼으로써, 현종은 태조대 사상정책을 재확인하는 한편, 유불도 삼교 간의 공존을 지향하고 사상들 사이의 이해관계를 국왕이 조정할 수 있는 근거를 보다 확고하게 다져나갔다.

한편, 신라 중앙의 권위가 약화되고 각지에서 호족들이 할거하게 되면서 과거 신라에 의해 멸망한 국가를 계승의 대상으로 보는 삼국유민의식이 불거지기 시작하였다. 그러나 후삼국이 국호와 영토에서는 고구려계승을 표방하고 제도적으로, 왕실의 혈통상으로 신라를 계승한 고려에 의하여 통일되면서 끝까지 저항한 후백제의 백제계승의식은 표면적으로는 자취를 감추게 되었다. 이에 따라 후삼국통일은 역사인식상으로는 고구려와 신라계승 두 가지 계열의 역사계승의식으로 정리된다는 것을 의미하였다.

그러나, 역사계승의식은 원론적으로 위와 같은 선행국가에 대한 계승의식을 의미하지만, 사실 누구로부터 역사가 시작되었는가 하는 역사적 시원인식도 그 범주에 포함할 수 있다. 우리 역사에서 역사적 시원은 단군과 기자 두 계열로 볼 수 있다. 문화적으로 보면 단군이 혈통적으로, 지리적으로 중국과의 구분을 의미하며, 그 연장선에서 문화적으로는 고유의 전통을 의미한다면, 기자는 기자동래설과 기자수봉설 등 중국과의 사대관계와 문화적 영향을 상징하기 때문에 넓게 보면 동아시아 보편 수용을 상징한다. 그런데, 기자가 중국 문헌에 일찍부터 등장한다는 점, 이에 비해 단군은 역사 기록보다는 신앙적 차원에서 전승되었다는 점에서 유학자들은 단군보다는 기자가 역사적 실체에 훨씬 가까운 존재라고 생각하였다. 신라 말 6두품 계열 유학자 최치원이 신라가 기자의 유풍을 계승하였다고 말한 것은 바로 그러한 현실을 반영하는 것이었다. 하지만, 기자가 완전한 문화적 종속을 의미하는 것은 아니다. 비록 기자가 중국의 유교적 교화를 의미하기는 하지만, 중국에 정치적 지배를 받지 않았다고 하는 점에서는 독립성도 지니고 있는 것으로 이해된다.

고려는 역사적 독립성과 동아시아 보편 사이에서 균형을 유지하고자 하였다. 고려는 기자, 동명왕 등에게 훈호를 더하거나 국가제사를 지냈다. 더욱이 최자의 「삼도부」에 단군, 주몽, 해모수 설화가 착종하는 것은 이 글이 국가제사에 쓰인 것이라는 점을 고려하면 여러 가지 전승이 국가적으로 수용되고 조화를 이루고 있는 것으로 이해할 수 있다.

고려는 해동천하의 중심으로서 '화華로서의 자아'와, '주변국으로서의 자아'가 공존하는 이중적 자아인식을 지니고 있었다. 두 자아는 일견 대립되는 것으로 볼 수 있으나, 공존과 조화를 추구하는 가운데 상호보완적 관계를 유지하였다. 태조의 훈요십조와 최승로의 시무28조에 나타난 이중적 자아는 중국의 문화적 영향은 부정할 수 없으나, 기존의 전통에 대해서도 부정하지 않는 이중적인 성격을 지니는 것이었다. 그런데, 여기서는 거란에 대해 특히 부정적 인식을 드러내었다. 이는 여진을 포함한 주변민족에 대한 부정적 인식이 표현된 것으로, 기자의 전통을 계승하고 자체적으로 유교적 전통을 지닌 문화민족으로서의 자부심을 나타내고 있는 것으로 이해된다. 이는 해동천자로서 자소字小의 관점에서 여진을 교화하고 이끌어준다는 관념이 표현된 '화華로서의 자아'였다고 할 수 있다.

이에 비하여 고려는 중국의 문화적 성과를 지속적으로 도입하는 가운데, 유학생을 파견하여 동아시아 보편에 참여하고자 하였다. 이는 단순히 중국 중심의 동아시아의 국제 질서의 변방에 위치하지만, 오랑캐로서의 자아가 표현된 것은 아니었다. 고려는 동아시아 보편에 동화되기에 충분한 조건을 갖추고 있었으나, 정체성을 유지하였던 것은 '화華로서의 자아', 해동천자로서 중국과의 구분의식이 전제되어 있었으며, 다른 한편으로 자체적 교화가 가능하다는 문화적 자부심의 결과였다고 할 수 있다.

12세기 요의 쇠퇴와 금의 건국, 정강의 변 등 고려 주변의 정세가 급격하게 변화함에 따라, 고려는 북쪽 변경의 번藩을 상실하게 되었다. 이는 고려의 자아인식에도 영향을 주었다. 고려는 화풍대신 전통을 강조함으로써 자신을 지켜나가려고 하였던 것이다. 이는 한편으로는 이중적 자아인식의 변화이면서 심리적 방어기제로 이해될 수 있다. 더욱이 1135년 묘청 일파는 해동천하의 복구를 시도하였으나, 개경파에 의해 진압되었다. 예종과 의종대에 국풍 강화가 시도되고, 조하의식이 유희로 변질되었던 것은 해동천하의 관념적 붕괴를 의미하는 것은 아니었다. 그러나 이중적 자아 중에서 화로서의 자아에 변화가 불가피하였음을 의미하였다.

고려시대의 역사인식을 직접적으로 살펴볼 수 있는 자료는 현전하는 몇몇 사서들과 문집류, 그리고 비문들이 거의 전부라고 할 수 있다. 이 중에서 가장 많은 연구성과와 함께 비교적 폭넓은 관심을 받은 인물은 김부식이 아닐까 생각한다.

김부식이 활동하였던 11세기 말부터 12세기 후반기까지 고려는 인주이씨 등 외척세력이 발호하는 가운데 왕권이 약화되고 있었으며, 이에 따라 왕권은 김부식, 김인존 등 기존의 문벌귀족 및 유신세력과 외척의 대립 속에서 복잡하게 전개되는 정치세력 간의 역학관계를 조절해나가면서도 국가적 통합을 유지해야만 하였다. 이에 따라 숙종대부터 왕태자의 권력을 강화하기 위해 첨사부가 설치되었으며, 이중약, 곽여, 한안인 등 국왕 측근의 신진세력이 육성되었다. 이들은 대체로 유학자 출신들이었으나 상대적으로 도교에 친숙한 인물들로서 이중약과 곽여는 도교를 전문적으로 수행한 경력이 있었다.

이와 같이 유학자이면서도 도교나 불교, 민간신앙 등과 친숙한 인물들은 예종과 인종, 의종대에 걸쳐 다양한 경로를 통해 등용되었으며, 다양한 세력적 배경을 지니고 있는 인물들이었다. 이는 되도록 다양한 세력을 국왕 주변에 포진시키기 위한 것으로 국왕은 서로 다른 사상적 배경을 가진 정치세력들 사이의 세력균형을 위하여 신진세력이나 기존에 소외되어 있었던 도교, 선종 등을 의도적으로 육성하였다. 그럼으로써 왕권을 강화할 수 있다는 계산이 깔려 있는 것이었다.

이러한 배경 아래 활동한 인물이 바로 김부식이다. 그는 앞서 언급한 이들보다는 상대적으로 유학의 기본적 지향, 즉 인성론적 접근을 통해 정치와 사회를 점진적으로 개혁하고자 하였던 인물로 볼 수 있다. 당시의 유학은 경학보다는 상대적으로 사장학에 치중하는 경향이 강하였다. 이에 김부식은 문이재도론을 중심으로 하는 고문창도론에 경도되어 있는 인물이라고 할 수 있다. 또한 『삼국사기』 곳곳에 명분론적 인식을 관철하고 있었다는 점은 현재 많은 학자들이 평가하듯이 춘추필법에 따른 역사서술과 연관 지어 생각해볼 수 있는 측면이 강하다. 그러나 신이에 대해 일정 정도 인정하고 있었다는 것은 그가 춘추필법과 명분론으로 대표되는 중국 중심의 보편문화와 고려의 자체적인 문화적 전통을 모두 중요시한 인물로 볼 수 있는 중요한 근거가 아닌가 생각된다.

특히 김부식은 고려의 전통에 대해 인정하는 것과 인정하지 않는 것들이 공존하는 이중적인 자세를 취하고 있다. 예를 들면 신라 고유의 왕호는 인정하면서도 고구려와 백제가 자주적인 외교노선을 견지한 것은 비판적으로 바라보고 있었다. 또한 신라가 묘호를 사용한 것에 대해 언급하면서도 이에 대해 비판하지 않은 것, 그리고 황제국을 의미하는 용어 등을 사용한 것은 중국에 대한 명분을 어긴 것에 해당한다. 이에 대해 김부식이 비판하지 않은 것은 그가 당시의 이중적 자아인식에 입각하여 삼국과 통일신라의 역사를 바라보고 있다는 것을 의미한다. 즉, 태조가 훈요 십조 제 4조에서 고려가 기본적으로 당풍을 수용하였으나, 실정에 맞지 않으면 굳이 채택하지 않아도 된다고 하였던 바와 같이 당풍과 같은 보편문화는 당위가 아닌 선택의 대상에 지나지 않았던 것으로 이해할 수 있다.

또한 김부식은 신이神異에 대하여 일부 인정하는 유보적인 입장을 취하였다. 그는 기본적으로 공자가 말한 춘추필법의 원칙에 따라 일체의 신이를 인정하지 않았으나, 혁거세와 알영, 주몽 등의 건국신화는 비교적 자세하게 기록하였다. 이규보의 「동명왕편」에 비해 삭제된 부분이 없지는 않으나 이들의 건국설화를 기록하면서 김부식은 민간에서 믿고 있으므로 어쩔 수 없다는 입장을 고수하였다. 이는 비판받을 소지가 있기는 하지만, 이 역시 역사기록이라는 점이 크게 고려된 것이 아닌가 생각한다.

이에 비해 신이를 적극적으로 수용하고자 하는 움직임도 12세기에는 분명히 존재하였다. 특히 이는 의종대 유학과 비유학의 공존을 그대로 유지하면서 되도록 왕권의 외호세력을 두텁게 하려는 의종의 사상정책에서 비롯된 것으로 이해할 수 있다.

의종은 할아버지 예종과 아버지 인종의 정치적 유산을 물려받았다. 특히 인종대에는 국왕 측근과 외척, 그리고 기존의 유신세력 간의 충돌이 발생하였으며, 여기서 기존의 유신세력이 최종적 승리를 거두었다. 그와 함께 사상정책에서 의종은 예종~인종대에 이어서 유교보다는 그 외의 사상에 대해 관대한 편이었다. 1168년 3월 묘청의 난 이후 처음으로 행차한 서경에서 반포한 교서에서 불교와 민간신앙에 많은 무게를 두고 있다는 점을 확인할 수 있으나, 그렇다고 유교정치이념을 도외시한 것은 아니었다. 이는 오히려 의종이 다원적 사상지형을 염두에 두고 있었던 것은 아닌가 생각된다.

그러한 사상정책의 연장선에서 이해할 수 있는 것이 김관의의 『편년통록』이라고 할 수 있다. 『편년통록』은 고려 태조 왕건의 선대조 이야기를 수록하고 있으며, 이 중 상당수의 내용이 『고려사』 고려세계에 인용되어 있다. 이야기를 살펴보면 몇 가지 특징을 발견할 수 있다. 첫째 이 이야기는 신이적 요소를 강조하였다. 『삼국유사』에도 기록되어 있는 문희 이야기와 같은 선류몽과 매몽이 결합되어 있는 형태의 설화나 신라에서 사용한 성골, 감간 등의 칭호, 풍수도참의 논리를 사용하거나 도선을 등장시켜 삼한일통과의 관련성을 부각시키는 것, 태조가 용손이었다는 것 등은 태조의 선대조를 신성화하고 그 결과 삼한일통의 위업을 달성하였다는 점을 강조하기 위한 것으로 볼 수 있다. 둘째 고려세계 이야기에서는 불교는 부정적인 방향에서, 풍수도참은 긍정적인 방향에서 서술되었다. 이는 아마도 인종에 이어 의종대에도 신궁을 수축하는 등 풍수도참을 정치적 수단으로 이용하였던 의종의 정국운영 방향과도 어느 정도 일치하는 것으로 이해할 수 있다. 따라서 『편년통록』은 의종의 왕권 강화 작업의 연장선에서 이해할 수 있는 것이다.

신이에 대한 유보적 입장과 적극적 수용 입장은 13세기 무신정권기에도 병존하였다. 많은 연구자들이 주목하였던 이규보의 「동명왕편」에서는 김부식과는 다른 차원의 신이사관이 나타난다. 이규보는 신이의 수용 범위에서는 김부식과 유사하다고 할 수 있다. 그렇지만 이규보는 이를 제왕의 건국, 그리고 불교적 신이의 차원에서만 수용하였을 뿐 그 외의 사항들에 대해서는 거의 인정하지 않는 입장이었다. 특히 「동명왕편」의 서문에서는 김부식이 신이는 후세에 보일 만한 것이 못된다고 말하였던 점을 언급하면서도 이에 대한 비판이 따르지 않은 것은 결국 이규보도 김부식의 신이에 대한 입장을 지지한다는 의견 표명으로 볼 수 있는 것이다.

이와 함께 이규보에게는 유학자로서 경세의식을 전개하는 측면도 확인할 수 있다. 이때 주목되는 것은 무신정권에 적극적으로 참여한 인물로서 군신관계에 관한 의식이라고 할 수 있다. 그는 「개원천보영사시」에서 안사의 난은 양귀비와 양국충을 비롯한 일부 총신을 등용하였기 때문에 발생한 것으로 보았다. 즉, 혼란의 책임은 군주에게 있는 것으로 충신의 간언을 듣고 선택하는 것 역시 군주의 몫이라고 할 수 있다. 따라서 그는 고려시대의 전통적인 군신관계의 틀에 속해있는 것으로 평가할 수 있다.

그러면서도 이규보는 김부식과 이인로, 임춘 등 죽림고회 구성원들에 비해 한 단계 발전된 고문론을 주장하였다. 특히 이규보는 문장에 관한 이론을 통해 당시의 조충전각지학 등 문장의 폐단을 적극적으로 비판하였다. 이는 언뜻 사장학풍 전체에 대한 비판으로 볼 수도 있으나, 그가 독창적인 표현을 통해 과거의 틀에 박힌 표현을 벗어나고 이를 통해 도를 실현하고자 하였다는 점은 선언적이며 실천 위주의 고문론에서 벗어나고 있으며, 한편으로 성리학적 문장에 접근하고 있는 측면을 확인할 수 있다.

이승휴의 역사인식은 당시까지 전개된 인식을 모두 담아내고 있는 한편, 새롭게 변화된 대외관계의 변화도 나름대로 반영하고 있다. 이승휴는 오덕종시설을 중심으로 중국사를 이해하였다. 그는 사마광의 『자치통감』에 나타난 정통론을 따르고 있으나, 『자치통감』에 나타난 정통론과 반드시 일치하지는 않았다. 그가 중심에 두었던 것은 형세에 따른 정통의 흐름이며, 오덕종시설로 합리화함으로써 당시까지 널리 인정되는 나름의 합리적 기준으로 원으로 귀결되도록 함으로써 원의 동아시아 지배를 정당화하고자 하였다.

이에 비하여 고려의 역사에 대해서는 단군 중심의 역사관을 전개하였다. 그는 지리기에 이어서 단군신화를 언급함으로써 중국과 지리적으로 구분되는 천하의 혈통적 시조로서 단군을 설정하였다. 그는 단군과 기자 사이의 연관관계를 뚜렷하게 밝히지 않는 데서 신이한 사적을 적극적으로 활용한 고려의 역사와 합리주의로 상징되는 중국의 역사를 구분하고자 하였다. 여기에 당대사를 대원관계를 중심으로 바라봄으로써, 자신이 살고 활동하던 당대를 새로운 시대가 시작되는 전환점으로 바라보았다.

이것은 유학자로서의 입장이 반영된 것으로 볼 수 있다.

이승휴는 왕권의 신성성을 강조하고 군신 간의 관계를 왕권지상주의적 관점에서 이해하였다. 이는 전통적인 정치운영을 기반으로 원과의 관계가 시작되는 시점에서 왕정복고를 비롯한 기존의 질서가 회복되어 앞으로 고려가 정상적인 궤도에 올라설 수 있을 것이라는 낙관적인 전망을 담고 있다.

이승휴의 삼교일원론은 기존의 역사관에서 나타난 전통적 문화인식이며, 다원적 천하관이 반영된 것이었다. 이는 유학자로서 불교에 심취해 있으며, 도교를 활용하여 은거한 집의 이름을 짓는 등 유불도 삼교를 모두 섭렵하고 있는 데서, 기존의 종교와 신앙을 모두 포섭하는 형태였다. 또한 그는 유불도 삼교가 '인仁'으로부터 비롯된다는 인식까지 나아가고 있었다. 그는 유불도 삼교가 '인'으로 합치된다고 하였다. 이는 중국과 다른 별개의 천하 안에서의 벌어지는 것으로서 기존의 사상지형을 옹호하는 것으로 이해된다.

이승휴는 기존의 전통을 따라 다원적인 사상지형과 문화를 지향하고 있었다. 그리고, 그 안에서는 구체적으로 삼교일원론에서 나타난 삼교의 공존처럼 고려의 문화적 전통과 외래적 요소가 통합을 향해 나아갈 수도 있었다. 그런 점에서 이승휴에게서는 단군중심적인 역사관을 지향하는 측면과 함께 다원적인 문화를 지향하는 측면을 확인할 수 있다.

고려와 몽골의 강화가 성립하면서 새롭게 중국을 통일한 원 제국과 고려의 관계는 이전의 어느 왕조보다도 긴밀하면서도 상하관계에서도 차이가 없을 수 없었다. 부마국체제 안에서 고려는 원의 정치적 간섭 아래 놓여있었으며 원 세조의 불개토풍不改土風에 따라 왕조질서 역시 유지해나갈 수 있었다. 또한 원이 부당하게 간섭을 시도할 때마다 고려는 불개토풍을 근거로 이를 물리쳤다는 점에서 원 간섭기는 이전의 대중국관계의 연장선에서 생각할 수 있으며, 반대로 이전의 관계와 단절되는 측면도 확인할 수 있다.

원과의 새로운 관계가 전개되면서 고려는 원으로부터 성리학을 수용하였다. 이때 수용된 성리학은 원의 관학으로서 몽골의 동아시아 지배를 합리화한다는 점에서 성리학이 지향하는 민족 간의 관계와는 전혀 다른 이율배반적인 체제를 유지하는 논리가 될 수 있었다. 또한 이는 반대로 고려에게는 원의 정치적 간섭을 오히려 긍정하고 적극적으로 수용하는 논리가 될 수 있었다. 이는 성리학이 기본적으로 보편지향적 논리체계라는 점을 확인시켜주는 것이었다.

성리학을 수용한 1~2세대에 해당하는 이제현과 이곡은 원의 관학으로서의 성리학을 수용하면서 이를 새로운 윤리의식과 예제를 위한 근거로 활용하였다. 이제현의 정치개혁론은 대체로 군주수신론과 함께 고법을 채택한 정상적인 정치운영론으로 요약할 수 있다. 즉 그는 선왕지제로 복귀함으로써 그 동안 혼란을 거듭하였던 정치운영을 극복하고 비로소 정치를 정상화함으로써 근본적인 개혁에 도달할 수 있다고 보았다.

특히 이들 성리학 수용 1~2세대인 이제현과 이곡은 모두 영사시를 남겼는데, 이들은 진한교체기와 후한 말~삼국시대의 인물에 대한 평가를 통해 천명은 움직일 수 없는 불가항력적인 것으로서 한신과 같은 충신을 죽였고 아버지를 끓는 물에 넣겠다고 위협하는 항우에게 호연지기로 맞설 정도로 인륜에 무감각하면서도 잘못된 인성에 문제가 많은 한 고조를 긍정하였다. 이는 한 고조에게 돌아간 천명을 거스를 수 없다는 것 외에도 국왕이 언제나 수신을 해야만 한다고 하는 후천적 수신의 근거가 될 수 있는 것이었다. 또한 군주를 위해, 그리고 의리를 위해 희생된 인물들을 통하여 성리학적 인간형이 어떤 것인지를 말하고자 하였다. 즉, 눈앞의 이익과 개인적 영달보다는 도道의 실천이라는 유학적 가치를 위해 희생된 인물들을 통해 정치적 재능이나 득실보다는 의리를 보다 중요시해야 한다는 점을 말하고자 하였다.

이들은 또한 성리학의 정통론을 수용하였다. 이들은 구양수의 오덕종시설을 비판적으로 보았으며 음양오행에 의해 확정되는 천명보다는 인사人事에 따라 천명이 결정될 수 있다고 하는 인치주의적 경향을 확인할 수 있다. 그리고 측천무후를 정통에 편입한 구양수를 비판하고 이를 제외한 주자와 범조우를 따르고자 하였다. 즉 측천무후가 세운 주周는 선왕의 통치를 끊은 것으로서 흉역에 해당한다고 하였으며, 결국 측천무후 이후에 충현忠賢들에 의해 정상적인 통치가 회복되었다고 하였다. 이는 왕권이 아닌 신권의 힘으로 얻어낸 정상적인 통치라는 점에서, 그리고 군주권이 아닌 신권의 입장에서 해석하는 과거의 역사적 사실이라는 점에서 주목할 만하다. 그 논리를 연장시켜보면 이후에 서서히 신권은 군주권에서 벗어나고 오히려 군주가 신권에 의해 교육을 받고 신권이 국정을 주도할 수 있도록 하는 그 첫발을 내디딘 셈이었다.

또한 이들은 충보다는 효를 중요시하는 성리학의 윤리의식을 받아들였다. 이제현의 경우 장인인 권부와 함께 『효행록』을 편찬하였으며, 이곡은 앞서 언급한 바와 같이 한 고조의 아버지를 끓는 물에 넣어 고깃국으로 만들겠다고 위협하는 항우에 대해 "나도 한 그릇 달라"고 호기롭게 대응한 한 고조 유방의 성격적 결함을 비판하였다. 특히 「조포충효론」과 「절부조씨전」 등을 통해 효의 실천은 군주와 사족에게 한정되는 것이 아니라 여인에게도 적용될 수 있는 것이라고 하여, 효가 사회전체적 가치를 지니는 것이라고 하였다.

이와 같은 원 간섭기 성리학자들의 역사인식은 사실 역사적 시원인식에서 그 연원을 찾을 수 있다. 앞서 일연의 『삼국유사』와 이승휴의 『제왕운기』를 통해 역사 기록에 등장하게 된 단군은 이후 여러 문헌에서 확인할 수 있다. 그러나 시기적으로 가장 가까운 원 간섭기 성리학자들의 글에서는 전혀 발견할 수 없다. 이는 공민왕대 이색이 단군을 언급하고 있는 상황과는 매우 큰 차이가 있는 것이라고 할 수 있다.

이는 이들의 당대사 인식에도 반영된다. 기자는 앞서 언급한 바와 같이 문화적으로는 중국 중심의 보편문화 수용을 의미한다. 이제현의 「김공행군기」나 「충헌왕세가」 등에서는 당대의 시작을 몽골과 처음으로 접촉한 1219년으로 올려잡고 있다. 이는 당시에 원과의 원활한 관계 정립이 가장 큰 과제였다는 것을 의미하며, 문화적으로 원의 영향력이 절대적이었다는 것을 의미한다. 따라서 역사적 시원이 매우 오래되었음을 의미하는 단군에 대해서 언급하지 않는 것, 그리고 기자도 매우 제한적으로 언급하고 있는 것은 바로 그와 같은 현실을 반영하는 것이라 할 수 있다.

그러면서도 이들은 원 세조의 불개토풍론을 활용하여 원의 정치적 간섭에 대항하였다. 이는 이들이 원의 문화 수용에 적극적이면서도 반대로 모든 문화적 요소에 대하여 찬성한 것은 아니라는 것을 말해준다. 따라서 이들의 역사인식과 문화인식은 절충적 성격을 갖는다고 할 수 있다.

이색과 정도전은 시세적 춘추론과 도학적 춘추론으로 대립하였다. 이는 문명교화를 추구함에 있어 시세를 인정해야하는가, 아니면 상도론에 입각한 개혁을 밀고 나가야 하는가 하는 방법론의 문제였다. 그들은 역사적 전통에 대한 인식에서도 확연한 차이를 드러내었다. 이색과 정도전 두 사람은 기자를 중심으로 하는 역사계승의식을 견지하고 있다는 점에서는 큰 차이가 없었다. 그러나, 단군을 어떻게 바라보고 있는가 하는 점은 시세에 대한 인식에서 차이를 드러내고 말았다. 그 과정에서 이색은 불교를 비롯한 고려의 전통문화는 한꺼번에, 그리고 갑작스러운 개혁이 불가능하기 때문에, 이단이라고 해도 성리학의 요구에 맞출 수만 있다면 인정할 수 있다는 입장에 있었으나, 정도전은 그와 달리 고려의 전통을 전면적으로 부정하였다. 이는 그들이 생각하는 문명교화의 방향으로 이어져 이색은 점진적 문명론으로, 정도전은 급진적 문명론으로 분화하였다.

권근은 두 사람의 입장을 종합하고자 하였다. 그는 역사이론에서 성리학의 원론적 측면을 지향하였으며, 가족윤리 지향적인 모습을 보여주었다. 그러나, 그는 왕조교체 과정에서 은거하면서 정치에 참여하지 않았던 오징吳澄에 대해서는 비판적 태도를 취하였다. 이것은 그의 권도론적 입장을 대변하며, 왕조교체 속에서도 도를 실천할 수 있다는 낙관적 사고방식이 반영된 것이었다. 이와 같은 그의 인식은 역사계승의식에도 반영되었다. 그는 기자가 명분론적으로 가장 합당하기는 하지만, 정통에서 단군을 제외하지는 않았다. 게다가 그는 단군신화를 명 태조 앞에서 언급하였는데, 이것은 이색 이래의 단군에 대한 인식이 강화되는 과정이 반영된 것이었다.

이를 통하여 권근은 조선적 문명론을 전개하였다. 그는 문명교화를 실천하는 데 있어 중국과 조선 사이의 차별성을 두고자 하였다. 그는 동아시아 보편문화가 조선에 있어 전제사항이라는 점은 부정하지 않았다. 그렇지만, 그 안에서 풍토의 차이는 적극적으로 고려하고자 하였다. 이는 조선이 소중화로서 일본, 탐라에 대해 교화를 진행해야하는 입장도 반영된 것이다.

이와 같은 여말선초 역사계승의식과 문명론의 변화과정은 성리학의 이해와 내면화의 결과였다. 성리학의 이해는 사학사적으로 보면, 유학적 문제의식에 의한 정체성의 재인식에 해당한다. 성리학은 성인의 도의 실천을 지향한다. 그렇기 때문에, 역사인식은 경세론經世論으로 반드시 이어져야만 하였으며, 이는 역사인식과 사회사상 사이의 연결고리였다. 정체성도 그와 같은 면에서 형성되었다. 단군의 역사화는 고려 전기 이래의 역사적·문화적 독자성을 이론적으로 체계화할 수 있는 기반을 형성하였으나, 문화적 개혁, 즉 문명교화의 실천이라는 점에서는 고려의 유학적 전통 또한 강조될 필요가 있었다. 이색과 정도전, 권근 세 사람의 성리학자가 보여준 춘추론의 분화와 통합, 그리고 역사계승의식과 문명론으로 성리학의 이해가 심화되는 과정에서 성리학을 통하여 어떻게 '우리'의 역사적 전통과 정체성을 변화시켜나갔는지에 대해 살펴볼 수 있었다. 이는 성리학 수용 이후 왕조교체 과정을 통하여 성리학이 점차적으로 내면화하였던 과정이기도 하였던 것이다.

성리학, 이해의 심화와 내면화는 고려적 전통에 대한 인식의 변화라고 할 수 있다. 하지만, 그렇다고 다원적 사상 지형의 근본적인 변화가 나타난 것은 아니다. 역사 인식에서도 단군에 대한 인식이 강화되는 과정에서도 기자에 대한 계승을 표방하였듯이 고유한 문화적 전통과 보편문화 수용의 공론은 한동안 지속되고 있었다고 할 수 있다.

참고문헌

1. 자료

鄭麟趾 외, 『高麗史』(아세아문화사, 1982).
金宗瑞 외, 『高麗史節要』(아세아문화사, 1973).
『太祖實錄』, 『定宗實錄』, 『太宗實錄』, 『世宗實錄』(국사편찬위원회 편, 1955).

李承休, 김경수 역주, 『帝王韻紀』, 역락, 1999.
_____, 『動安居士集』(민족문화추진회 편, 韓國文集叢刊(2), 1990 / 김경수·진성규 역, 『국역 동안거사집』, 삼척시, 1995).
安 軸, 『謹齋集』, 민족문화추진회 편, 韓國文集叢刊(2), 1990.
李齊賢, 『益齋亂藁』(민족문화추진회 편, 韓國文集叢刊(2), 1990 / 민족문화추진회 편, 『국역 익재집』, 1979).
崔 瀣, 『拙稿千百』(민족문화추진회 편, 韓國文集叢刊(3), 1990 / 민족문화추진회 편, 『국역 졸고천백』, 2006).
李 穀, 『稼亭集』(민족문화추진회 편, 韓國文集叢刊(3), 1990 / 민족문화추진회 편, 『국역 가정집』, 2006).
李 穡, 『牧隱藁』(민족문화추진회 편, 韓國文集叢刊(4)~(5), 1990 / 민족문화추진회 편, 『국역 목은집』, 2005).
鄭道傳, 『三峯集』(민족문화추진회 편, 韓國文集叢刊(5), 1990 / 민족문화추진회 편, 『국역 삼봉집』, 1977).
李 詹, 『雙梅堂篋藏集』(민족문화추진회 편, 韓國文集叢刊(6), 1990 / 민족문화추진회 편, 『국역 양촌집』, 1978).
權 近, 『陽村集』(민족문화추진회 편, 韓國文集叢刊(7), 1990 / 민족문화추진회 편, 『국역 양촌집』, 1978).
李崇仁, 『陶隱集』(민족문화추진회 편, 韓國文集叢刊(6), 1990 / 민족문화추진회 편, 『국역 도은집』, 2008).
鄭夢周, 『圃隱集』, 민족문화추진회 편, 韓國文集叢刊(5), 1990.
元天錫, 『耘谷行錄』, 민족문화추진회 편, 韓國文集叢刊(6), 1990 / 이인재·허경진 역, 『운곡시사』, 2007.
김경수 역주, 『帝王韻紀』, 역락, 1999.
金慶洙·秦星圭 譯, 1995, 『國譯 動安居士集』, 三陟市.

金龍善, 『改訂版 高麗墓誌銘集成』, 한림대학교 아시아문화연구소, 1997.
_____, 『역주 고려묘지명집성』, 한림대학교 아시아문화연구소, 2001.
張東翼, 『元代麗史資料集成』, 서울대 출판부, 1997.

김용선, 『역주 고려묘지명집성』, 한림대 아세아문화연구소, 2001.
한국고대사회연구소 편, 『譯註韓國古代金石文』(3), 1992.
한국역사연구회 편, 『譯註羅末麗初金石文』(上)·(下), 혜안, 1996.
許興植, 『韓國金石全文』中世上, 아세아문화사, 1984.

(前漢) 司馬遷, 『史記』, 北京 : 中華書局, 1959.
(後漢) 班固, 『漢書』, 北京 : 中華書局, 1962.
(宋) 范燁, 『後漢書』, 北京 : 中華書局, 1962.
(明) 宋濂 等 撰, 『元史』, 北京 : 中華書局, 1976.
(宋) 司馬光, 『資治通鑑』(『文淵閣 四庫全書』 臺灣 商務印書館, 1986 / 권중달 역, 삼화, 2007).
(南宋) 朱熹, 『資治通鑑綱目』, 上海古籍出版社, 2002.
(南宋) 朱熹, 『朱子家禮』, 민족문화사, 1998.
(南宋) 黎靖德 編, 『朱子語類』, 北京 : 中華書局, 1986.
(南宋) 胡寅, 『致堂讀史管見』(『續修 四庫全書』 上海古籍出版社, 1995).
(元) 許衡, 『魯齋遺書』; (元) 郝經, 『陵川集』; (金) 王若虛, 『滹南集』; (元) 歐陽玄, 『圭齋文集』; (元) 揭傒斯, 『文安集』; (元) 蘇天爵, 『滋溪文稿』(『文淵閣 四庫全書』 臺灣商務印書局, 1986).
迪志文化出版有限公司, 『文淵閣 四庫全書 電子版』, 2007.

2. 저서
14세기 고려사회 성격 연구반, 『14세기 고려의 정치와 사회』, 민음사, 1994.
강문식, 『권근의 경학사상 연구』, 일지사, 2008.
강은경, 『高麗時代 戶長層 硏究』, 혜안, 2002.
高惠玲, 『高麗後期 士大夫와 性理學 受容』, 일조각, 2001.
곽승훈, 『최치원의 중국사 탐구와 사산비명 찬술』, 한국사학, 2005.
권순형, 『고려의 혼인제와 여성의 삶』, 혜안, 2006.
권중달, 『資治通鑑 傳』, 삼화, 2010.
金成煥, 『高麗時代의 檀君傳承과 認識』, 경인문화사, 2002.
金龍善, 『高麗 蔭敍制度硏究』, 한국연구원, 1987.
金毅圭, 『高麗社會의 貴族制說과 官僚制論』, 지식산업사, 1985.
김건곤, 『이제현의 삶과 문학』, 이회문화사, 1991.
金光哲, 『高麗後期世族層硏究』, 동아대 출판부, 1991.
김기덕, 『高麗時代 封爵制 硏究』, 청년사, 1998.
김남일, 『고려말 조선초기의 세계관과 역사의식』 경인문화사, 2005.
金塘澤, 『元干涉下의 高麗政治史』, 일조각, 1998.
김대식, 『고려 전기 중앙관제의 성립』, 경인문화사, 2012.
김대용, 『조선초기 교육의 사회사적 연구』, 한울, 1994.
김동욱, 『高麗後期 士大夫文學의 硏究』, 상명여대 출판부, 1991.
金秉仁, 『高麗 睿宗代 政治勢力 硏究』, 경인문화사, 2003.
金成煥, 『高麗時代의 檀君傳承과 認識』, 경인문화사, 2002.

김순자, 『韓國 中世 韓中關係史』, 혜안, 2007.
김아네스, 『고려의 국가제사와 왕실의례』, 경인문화사, 2019.
金龍善, 『高麗蔭敍制度硏究』, 韓國硏究院, 1991.
김용섭, 『東아시아 역사 속의 한국문명의 전환－충격·대응·통합의 문명으로』, 지식산업사, 2009.
______, 『韓國中世農業史硏究－土地制度와 農業開發政策』, 지식산업사, 2000.
金仁昊, 『高麗後期 士大夫의 經世論 硏究』, 혜안, 1999.
김종명, 『한국 중세의 불교 의례』, 문학과 지성사, 2001.
金駿錫, 『韓國 中世 儒教政治思想史論』(I), 지식산업사, 2005.
金昌賢, 『高麗後期 政房 硏究』, 고대 민족문화연구원, 1998.
金昌鉉, 『朝鮮初期 文科及第者硏究』, 일조각, 1999.
金澈雄, 『韓國中世 國家祭祀의 體制와 雜祀』, 한국연구원, 2003.
______, 『한국중세의 吉禮와 雜祀』, 경인문화사, 2007.
______, 『고려시대의 道教』, 경인문화사, 2017.
金泰永, 『朝鮮前期 土地制度史硏究』, 지식산업사, 1983.
김한규, 『天下國家 : 전통시대 동아시아 질서』, 소나무, 2005.
김해영, 『朝鮮初期 祭祀典禮 硏究』, 집문당, 2003.
남인국, 『고려중기 정치세력연구』, 신서원, 1999.
노명호, 『고려국가와 집단의식』, 서울대 출판문화원, 2009.
______, 『고려국가와 집단의식－자위공동체·삼국유민·삼한일통·해동천자의 천하』 서울대 출판문화원, 2009.
都賢喆, 『高麗末 士大夫의 政治思想硏究』, 일조각, 1999.
______, 『목은 이색의 정치사상 연구』, 혜안, 2011.
______, 『조선 전기 정치사상사』, 태학사, 2013.
牧隱硏究會, 『牧隱 李穡의 生涯와 思想』, 일조각, 1996
문철영, 『고려 유학사상의 새로운 모색』, 경세원, 2005
朴京安, 『高麗後期 土地制度硏究－13·14世紀 田制釐正政策의 推移』, 혜안, 1996.
박성규, 『주자철학의 귀신론』, 한국학술정보, 2005.
朴玉杰, 『高麗時代의 歸化人 硏究』, 국학자료원, 1996.
朴龍雲, 『高麗時代臺諫制度硏究』, 일지사, 1980.
______, 『高麗時代史』 일지사, 1987.
______, 『高麗時代 蔭敍制와 科擧制 硏究』, 일지사, 1990.
______, 『수정·증보판 고려시대사』, 일지사, 2008.
朴元熇, 『明初朝鮮關係史硏究』, 일조각, 2002
박재우, 『고려 국정운영의 체계와 왕권』, 신구문화사, 2005.
______, 『고려 전기 대간제도 연구』, 새문사, 2014.
박종기, 『지배와 자율의 공간, 고려의 지방사회』, 푸른역사, 2002.
______, 『고려사의 재발견』, 휴머니스트, 2015.
______, 『새로 쓴 오백년 고려사』, 휴머니스트, 2020.
朴贊洙, 『高麗時代 教育制度史 硏究』, 경인문화사, 2001.

朴菖熙,『韓國史의 視角』, 영언문화사, 1984.
邊東明,『高麗後期性理學受容研究』, 일조각, 1995.
邊太燮,『高麗政治制度史研究』, 일조각, 1971.
______,『「高麗史」의 研究』, 삼영사, 1982.
삼봉정도전선생기념사업회,『정치가 정도전의 재조명』, 경세원, 2004.
신승하,『중국사학사』, 고려대 출판부, 2000.
신정근,『동중서, 중화주의의 개막』, 태학사, 2004.
申千湜,『高麗後期 性理學 受容과 教育思想』, 명지대 출판부, 1998.
______,『牧隱 李穡의 學問과 學脈』, 일조각, 1998.
안지원,『고려의 국가불교의례와 문화』, 서울대 출판부, 2011.
延世大學校 國學研究院 編,『高麗－朝鮮前期 中人研究』, 신서원, 2001.
오영교 편,『조선 건국과 경국대전체제의 형성』, 혜안, 2004.
오일순,『高麗時代 役制와 身分制 變動』, 혜안, 2000.
오항녕,『朝鮮初期 性理學과 歷史學』, 고대 민족문화연구원, 2007.
위은숙,『高麗後期 農業經濟研究』, 혜안, 1998.
尹乃鉉 외,『中國의 天下思想』, 민음사, 1988.
尹薰杓,『麗末鮮初 軍制改革研究』, 혜안, 2000.
이강한,『고려와 원제국의 교역의 역사－13·14세기 감춰진 교류상의 재구성』, 창비, 2013.
李景植,『朝鮮前期土地制度研究－土地分給制와 農民支配』, 일조각, 1984.
______,『韓國 中世 土地制度史』, 서울대 출판부, 2005.
李基白 외,『崔承老上書文研究』, 일조각, 1992.
李基白,『韓國史新論』, 일조각, 1967.
______,『改訂版 韓國史新論』, 일조각, 1976.
李楠福,『高麗後期 新興士族의 研究』, 경인문화사, 2004.
李範稷,『韓國中世禮思想研究－五禮를 中心으로』, 일조각, 1993.
李相佰,『李朝建國의 研究』, 을유문화사, 1984.
李成茂,『朝鮮初期 兩班研究』, 일조각, 1980.
______,『韓國의 科擧制度』, 한국일보사, 1976.
李樹健,『韓國中世社會史研究』, 일조각, 1984.
이용주,『주희의 문화 이데올로기』, 이학사, 2003.
李佑成,『韓國中世社會研究』, 일조각, 1997.
李佑成·姜萬吉 편,『韓國의 歷史認識』(上), 창작과 비평사, 1976.
이　욱,『조선시대 재난과 국가의례』, 창비, 2009.
李源明,『高麗時代 性理學受容研究』, 국학자료원, 1996.
이익주,『이색의 삶과 생각』 일조각, 2013
이정주,『性理學 受容期 佛教 批判과 政治·思想的 變容』, 高麗大學校 民族文化研究院, 2007.
李貞薰,『高麗前期 政治制度 研究』, 혜안, 2007.
李鍾英,『朝鮮前期社會經濟史研究』, 혜안, 2003.
李泰鎭,『韓國社會史研究－農業技術 발달과 社會變動』, 지식산업사, 1986.

이혜순, 『전통과 수용』, 돌베개, 2010.
李熙德, 『高麗 儒教政治思想 硏究』, 일조각, 1984.
_____, 『高麗時代 天文思想과 五行說 硏究』, 일조각, 2000.
임용한, 『朝鮮前期 守令制와 地方統治』, 혜안, 2002.
張東翼, 『高麗後期外交史硏究』, 일조각, 1994.
全海宗 편, 『中國의 天下思想』, 민음사, 1988.
鄭求福, 『韓國中世史學史』(I), 集文堂, 1999.
_____, 『한국중세사학사연구(II)』. 경인문화사, 2002.
趙東一 외, 『高麗名賢 崔瀣 硏究』, 국학자료원, 2002.
趙明濟, 『高麗後期 看話禪 硏究』, 혜안, 2004.
池斗煥, 『朝鮮前期 儀禮硏究』, 서울대 출판부, 1994.
지영재, 『서정록을 찾아서』, 푸른역사, 2003.
차광호, 『고려시대 역사서의 신이성(神異性)과 삼국유사』, 역사산책, 2018.
蔡尙植, 『高麗後期佛教史硏究』, 일조각, 1996.
蔡雄錫, 『高麗時代의 國家와 地方社會-'本貫制'의 施行과 地方支配秩序』 서울대 출판부, 2000.
최연식, 『창업과 수성의 정치사상』, 집문당, 2003.
최인표, 『나말려초 선종정책 연구』, 한국학술정보, 2007.
포은사상연구원, 『元代 性理學』, 포은사상연구원, 1993.
하일식 편, 『고려시대 사람들의 삶과 생각』, 혜안, 2007.
河炫綱, 『韓國中世史硏究』, 일조각, 1988.
한국역사연구회 편, 『한국역사입문』 ②, 풀빛, 1995.
한국중세사학회 편, 『고려시대사강의』, 늘함께, 1997.
韓基汶, 『高麗寺院의 構造와 機能』, 민족사, 1998.
韓永愚, 『鄭道傳思想의 硏究』, 서울대 출판부, 1973.
_____, 『朝鮮前期 史學史 硏究』, 서울대 출판부, 1983.
_____, 『朝鮮前期 社會思想硏究』, 지식산업사, 1983.
한영우 외, 『행촌 이암의 생애와 사상』, 일지사, 2002.
韓㳓劤, 『儒教政治와 佛教-麗末鮮初 對佛教施策』, 일조각, 1993.
한정수, 『한국 중세 유교정치사상과 농업』, 혜안, 2007.
韓亨周, 『朝鮮初期 國家祭禮 硏究』, 일조각, 2002.
許興植, 『高麗科擧制度史硏究』, 일조각, 1981.
_____, 『高麗佛教史硏究』, 일조각, 1986.
홍승현, 『중국과 주변-중국의 확대와 고대 중국인의 세계 인식』 혜안, 2009.
洪榮義, 『高麗末 政治史 硏究』, 혜안, 2005.

Chris Barker, *The SAGE Dictionary of Culture Studies*, Sage Publications of London, 2004(이경숙·정영희 역, 『문화연구사전』, 커뮤니케이션 북스, 2009).
Christian Soffel · Hoyt Cleveland Tillman, *Cultural Authority and Political Culture in China*, Franz Steiner Verlag, 2012.

Denys Cuche, *La Notion de Culture dans les Sciences Socials*, La Découverte, 2004(이은령 역, 『사회과학에서의 문화개념』, 한울, 2009).
Hoyt Cleveland Tillman, *Confucian Discourse and Chu Hsi's Ascendancy*, University of Hawaii Press, 1992(김병환 역, 『주희의 사유세계－주자학의 패권』, 교육과학사, 2010).
Peter K. Bol, *Neo-confucianism in History*, Havard University Asia Center, 2008(김영민 역, 『역사 속의 성리학』, 예문서원, 2010).
__________, *This Culture of Ours : Intelectual Transitions in T'ang and Sung China*(심의용 역, 『사문을 통해 본 당송 시대 지성사의 변화－중국 지식인들과 정체성』, 북스토리, 2008).
岡田英弘, 『だれが中國をつくったか』, 2005(강유원·임경준 역, 『중국의 역사와 역사가들』, 이론과 실천, 2010).
島田虔次, 『朱子學と陽明學』, 岩波書店, 1967(김석근·이근우 역, 『주자학과 양명학』, 까치, 1986).
傅樂成, 辛勝夏 譯, 『中國通史』, 우종사, 1981.
徐遠和, 『洛學源流』, 齊魯書社, 1987(손흥철 역, 『이정의 신유학』, 동과서, 2011).
吳鳳霞, 『遼金元史學研究』, 北京 : 中國社會科學出版社, 2009.
吳懷祺, 『中國史學思想通史－宋遼金卷』, 黃山書社, 2002.
饒宗頤, 『中國史學上之正統論』, 臺北 : 宗靑圖書出版公司, 1979.
日原利國, 『春秋公羊傳の研究』, 創文社, 1976.
佐川修, 『春秋學論考』, 東方書店, 1983.
周少川, 『元代史學思想研究』, 北京 : 社會科學文獻出版社, 2001.
中砂明德, 『中国文雅の源流』, 講談社, 2002(강길중·김지영·장원철 역, 『우아함의 탄생－중국 강남 문화사』 민음사, 2009).
戶川芳郎·蜂屋邦夫·溝口雄三, 『儒教史』, 1987(조성을·이동철 역, 『유교사』, 이론과 실천, 1990).
黃公偉, 『宋明淸理學體系論史』, 臺北 : 幼獅文化事業公司, 1971.
候外廬 外, 『宋明理學史』, 北京 : 人民出版社, 1984(박완식 역, 『송명이학사』 이론과 실천, 1993).

3. 논문

姜吉中, 「陳亮의 經世思想에 대한 一考」, 『慶尙史學』 9, 1993.
姜文植, 「태종~세종대 許稠의 禮制 정비와 禮 인식」, 『震檀學報』 105, 2008.
姜芝嫣, 「高麗 禑王代(1374~88) 政治勢力의 研究」, 이화여대 박사논문, 1996.
강호선, 「조선 태조 4년 國行水陸齋 설행과 그 의미」, 『한국문화』 62, 2013.
경석현, 「조선 후기 재이론의 변화」, 경희대 박사논문, 2018.
高柄翊, 「儒教思想에서의 進步觀」, 『中國의 歷史認識』(上), 창작과 비평사, 1985.
______, 「中國人의 歷史觀」 『中國의 歷史認識』(上), 창작과 비평사, 1985.
高英津, 「15·16世紀 朱子家禮의 施行과 그 意義」, 『韓國史論』 21, 1989.
具山祐, 「高麗 成宗代 對外關係의 展開와 그 政治的 性格」, 『韓國史研究』 78, 1992.
권덕영, 「신라 '君子國' 이미지의 형성」, 『韓國史研究』 153.
권영국, 「고려 전기 軍役制의 성격과 운영」, 『國史館論叢』 87, 1999.
金昌賢, 「고려시대 평양의 동명 숭배와 민간신앙」, 『歷史學報』 188, 2005.
김갑동, 「고려초기 정치권력과 왕권」, 『역사비평』 45, 1998.

金光洙, 「高麗建國期 一國家意識의 理念的 基礎」, 『高麗史의 諸問題』, 삼영사, 1986.
金光哲, 「권문세족과 신진사대부」, 『한국사』(19), 국사편찬위원회, 1996.
金基德, 「高麗의 諸王制와 皇帝國體制」, 『國史館論叢』 78, 1997.
_____, 「韓國 中世社會에 있어 風水·圖讖思想의 전개과정-高麗初期에서 朝鮮初期까지 遷都論議를 중심으로」, 『한국중세사연구』 21, 2006.
김남일, 「이승휴의 역사관과 역사서술」, 『한국사학사학보』 11, 2005.
_____, 「정도전의 역사의식-공양왕 3년의 상소·상서문을 중심으로」, 『韓國史學史學報』 15, 2007.
김당택, 「『詳定古今禮文』의 편찬 시기와 그 의도」, 『湖南文化研究』 28, 1992.
_____, 「高麗 毅宗代의 정치적 상황과 武臣亂」, 『震檀學報』 75, 1993.
金塘澤, 「高麗 禑王代 李成桂와 鄭夢周·鄭道傳의 정치적 결합」, 『歷史學報』 158, 1998.
金東敏, 「漢代 春秋公羊學의 성립과 전개에 관한 연구」, 성균관대 박사논문, 2005.
_____, 「公羊學과 穀梁學의 대립을 통해 본 漢代 春秋學의 성격」, 『한국철학논집』 18, 2006.
김두진, 「불교사상의 전개」, 『한국사』(16), 국사편찬위원회, 1996.
김문식, 「조선시대 國家典禮書의 편찬 양상」, 『藏書閣』 21, 2009.
김민구, 「閔漬와 楡岾寺 五十三佛의 成立」, 『佛教學報』 55, 2010.
金庠基, 「李益齋의 在元 生涯에 對하여-忠宣王의 侍從의 臣으로서」, 『大東文化研究』 1, 1963.
金相鉉, 「高麗後期의 歷史認識」, 『韓國史學史의 研究』, 을유문화사, 1985,
金成奎, 「宋代 朝貢秩序의 再編과 그 樣相」, 『歷史學報』 185, 2005,
金成俊, 「高麗七代實錄編纂과 史官」, 『民族文化論叢』 1, 영남대 민족문화연구소, 1981.
김성환, 「高麗時代의 檀君傳承과 古朝鮮 認識」, 『단군학연구』 8, 2003.
金時鄴, 「麗元間 文學交流에 對하여-高麗後期 士大夫文學의 形成과 對元關係」, 『韓國漢文學』 5, 1980.
金陽燮, 「方孝孺의 正統論과 君主論-燕王의 靖難에 대한 立場을 中心으로」, 『慶熙史學』 12·13합집, 1986.
_____, 「遼·金·宋 三史編纂에 대하여-下命時期와 早期 未成要因을 中心으로」, 『中央史論』 6, 1989.
_____, 「明初 方孝孺의 歷史評論을 통한 現實批判」, 『東西史學』 4, 1998.
_____, 「元末·明初 金華學派의 正統觀念-明朝의 건설 및 皇帝像의 정립과 관련하여」, 『中央史論』 20, 2004.
김연재, 「주역의 生態易學과 그 생명의식」, 『아태연구』 18-3, 2011.
김영미, 「11세기 후반~12세기 초 고려·요 외교관계와 불경 교류」, 『역사와 현실』 43, 2002.
김영우, 「유가의 가족 윤리론-이곡의 「조포충효론」과 관련하여」, 『철학연구』 61, 2003.
김우형, 「주자학에서 혼백론의 구조와 심성론과의 관계」, 『정신문화연구』 105, 2006.
김윤주, 「조선 태종 11년(1411) 이색 비명을 둘러싼 논쟁의 정치적 성격」, 『도시인문학연구』 1-1, 2009.
金仁昊, 「李承休의 歷史認識과 現實批判論의 方向」, 『韓國思想史學』 9, 1997.
_____, 「이제현의 정치활동과 역사인식」, 『實學思想研究』 19, 2001.
_____, 「고려의 元律 수용과 高麗律의 변화」, 『한국사론』(33), 국사편찬위원회, 2002.

_____, 「원 간섭기 이상적 인간형의 역사상 추구와 형태」, 『역사와 현실』 49, 2003.
_____, 「元의 高麗認識과 高麗人의 大膺-法典과 文集내용을 중심으로」, 『韓國思想史學』 21, 2003.
_____, 「이승휴의 역사인식과 사학사적 위상」, 『震檀學報』 99, 2005.
_____, 「鄭道傳의 역사인식과 군주론의 기반-〈經濟文鑑〉의 분석을 중심으로」, 『韓國史研究』 131, 2005.
_____, 「조선 전기 숭의전의 설치와 역사인식」, 『史學研究』 78, 2005.
_____, 「이색의 자아의식과 심리적 갈등-우왕 5년기를 중심으로」, 『역사와 현실』 62, 2006.
_____, 「『양촌집』 시문으로 본 권근의 자아정체성」, 『역사와 현실』 84, 2012.
김일환, 「동양 이상사회론의 연원과 그 이념적 성격」, 『東洋文化研究』 7, 2011.
김정권, 「高麗 仁宗代 '惟新政治'와 『三國史記』」, 『韓國史學史學報』 30, 2014.
金駿錫, 「儒教思想論」, 『한국사 인식과 역사이론』, 지식산업사, 1997.
_____, 「朝鮮前期의 社會思想-《小學》의 사회적 기능 분석을 중심으로」 『東方學志』29, 1981.
김창현, 「고려초기 정국과 서경」, 『史學研究』 80, 2005.
_____, 「고려 의종의 정치와 관료집단」, 『한국인물사연구』 11, 2009.
_____, 「『고려사』 예지의 구조와 성격」, 『韓國史學報』 44, 2011.
金澈雄, 「『詳定古今禮』의 편찬 시기와 내용」, 『東洋學』 33, 2003.
金哲埈, 「益齋 李齊賢의 史學에 對하여」, 『東方學志』 8, 1967.
金泰永, 「高麗 後期 士類層의 現實認識」, 『創作과 批評』 12-2, 1977.
金海榮, 「鄭道傳의 反功利 思想」, 『정신문화연구』 21, 1984.
_____, 「鄭道傳의 排佛思想」, 『淸溪史學』 1, 1984.
_____, 「조선 초기 禮制 연구와 『國朝五禮儀』의 편찬」, 『朝鮮時代史學報』 55, 2010.
金血祚, 「益齋의 古文倡導와 그 역사적 의의」, 『碧史李佑成教授 定年退職紀念論叢-民族史의 展開와 그 文化』, 창작과 비평사, 1990.
김형수, 「원 간섭기의 國俗論과 通制論」, 『韓國中世社會의 諸問題』, 한국중세사학회, 2001.
_____, 「元 干涉期 高麗의 政治勢力과 政局動向」, 경북대 박사논문, 2001.
_____, 「策問을 통해 본 李齊賢의 現實認識」, 『한국중세사연구』 13, 2002.
金惠苑, 「高麗後期 瀋王 研究」, 이화여대 박사논문, 1998.
金浩東, 「蒙古帝國의 形成과 展開」, 『講座 中國史』(Ⅲ), 지식산업사, 1989.
_____, 「麗末鮮初 鄕校教育의 강화와 그 경제적 기반의 확보 과정」, 『大丘史學』 61, 2000.
_____, 「성리학의 보급에 따른 풍수도참사상이 변용」, 『한국중세사연구』 21, 2006.
_____, 「高麗 後期 '色目人論'의 背景과 意義」, 『歷史學報』 200, 2008.
김훈식, 「여말선초의 민본사상과 명분론」, 『애산학보』 4, 1986.
_____, 「高麗後期의 《孝行錄》 보급」, 『韓國史研究』 73, 1991.
_____, 「朝鮮初期 義倉制度研究」, 서울대 박사논문, 1993.
_____, 「麗末鮮初 儒佛交替와 朱子學의 定着-社會倫理의 변화를 중심으로」, 『金容燮教授停年紀念韓國史學論叢(2)-韓國 古代·中世의 支配體制와 農民』, 지식산업사, 1996.
_____, 「정도전과 이방원-재상권과 왕권의 대립」, 『역사비평』 39, 2007.
羅鍾宇, 「5대 및 송과의 관계」, 『한국사』(15), 국사편찬위원회, 2002.
_____, 「대외관계」, 『한국사』(15), 국사편찬위원회, 2002.

남동신, 「동국사략·삼국사절요」, 『한국의 역사가와 역사학』(상), 창작과 비평사, 1994.
_____, 「나말려초 국왕과 불교의 관계」, 『역사와 현실』 56, 2005.
_____, 「목은 이색과 불교 승려의 시문(詩文) 교유」, 『역사와 현실』 62, 2006.
南智大, 「朝鮮前期의 歷史意識」, 『韓國思想史大系』(4), 한국정신문화연구원, 1991.
盧明鎬, 「高麗時代의 承蔭血族과 貴族層의 蔭敍機會」, 『金哲埈博士華甲紀念 史學論叢』, 지식산업사, 1983,
_____, 「李資謙 一派와 韓安仁 一派의 族黨勢力」, 『韓國史論』 17, 1987,
_____, 「高麗時代의 多元的 天下觀과 海東天子」, 『韓國史研究』 105, 1999.
盧泰敦, 「三韓에 대한 認識의 變遷」, 『韓國史研究』 38, 1982.
도현철, 「원명교체기 고려 사대부의 소중화 의식」, 『역사와 현실』 37, 2000.
_____, 「고려말 사대부의 왕안석 인식」, 『역사와 현실』 42, 2001.
_____, 「元天錫의 顔回的 君子觀과 儒佛道 三教一理論」, 『東方學志』 111, 2001.
_____, 「남송·원 주자학자의 왕안석 인식과 고려말 사대부」, 『東方學志』 116, 2002.
_____, 「權近의 佛教批判과 權道 重視의 出處觀」, 『韓國思想史學』 19, 2002.
_____, 「원 간섭기 『사서집주』 이해와 성리학 수용」, 『역사와 현실』 49, 2003.
_____, 「정도전의 사공학 수용과 정치사상」, 『韓國思想史學』 21, 2003.
_____, 「高麗末 經·權道의 활용과 體制 保守」, 『湖西史學』 37, 2004.
_____, 「조선의 건국과 유교문화의 확대」, 『東方學志』 124, 2004.
_____, 「麗末鮮初 改革思想의 展開와 『周禮』」, 『한국 중세의 정치사상과 周禮』, 혜안, 2005.
_____, 「여선교체기 사상계의 변화와 정도전의 정치사상」, 『중세사회의 변화와 조선건국』 혜안, 2005.
_____, 「고려말 염흥방의 정치활동과 사상의 변화」, 『東方學志』 141, 2008.
_____, 「정도전의 경학관과 성리학적 질서의 지향」, 『泰東古典研究』 24, 2008.
_____, 「조선건국기 李詹의 霍光 인식과 仁 정치론」, 『韓國思想史學』 30, 2008.
_____, 「대책문을 통해 본 정몽주의 국방 대책과 문무겸용론」, 『한국중세사연구』 26, 2009.
_____, 「종법의 관점에서 본 고려말의 왕권 변동」, 『韓國史學報』 35, 2009.
_____, 「『三峯集』의 전거를 통해 본 신유학 수용」, 『東方學志』 145, 2009.
_____, 「이색의 유교교화론과 일본 인식-새로 발견된 대책문을 중심으로」, 『한국문화』 49, 2010.
_____, 「안축의 대책문과 이민족 대책」, 『韓國思想史學』 38, 2011.
_____, 「권근의 유교 정치 이념과 정도전과의 관계」, 『역사와 현실』 84, 2012.
_____, 「목재 홍여하의 역사서 편찬과 고려사 인식」, 『韓國思想史學』 43, 2013.
_____, 「조선초기 단군 인식과 『삼국유사』 간행」, 『東方學志』 162, 2013.
_____, 「원 제과(1333년)의 고려인·중국인 대책문(對策文) 비교 연구」, 『역사와 현실』 89, 2013.
_____, 「조선초기 단군 인식과 『삼국유사』 간행」, 『東方學志』 162, 2013.
馬宗樂, 「高麗時代의 軍人과 軍人田」, 『白山學報』 36, 1990.
_____, 「高麗後期 登科儒臣의 儒學思想 研究-李奎報·李齊賢·李穡을 중심으로」, 계명대 박사논문, 1999.
_____, 「高麗後期 性理學 受容의 歷史的 意義」, 『한국중세사연구』 17, 2004.
_____, 「고려시대 風水圖讖과 儒教의 교섭」, 『한국중세사연구』 21, 2006.

______, 「牧隱 李穡의 生涯와 歷史意識」, 『震檀學報』 102, 2006.
______, 「稼亭 李穀의 生涯와 思想」, 『韓國思想史學』 31, 2008.
文錫胤, 「朱熹에서의 理性과 歷史」, 『泰東古典硏究』 16, 1999.
문중양, 「세종대 과학기술의 자주성에 대한 검토」, 『세종의 국가경영』. 지식산업사, 2006.
______, 「15세기의 '風土不同論'과 조선의 고유성」, 『韓國史硏究』162, 2013.
文喆永, 「麗末 新興士大夫들의 新儒學 수용과 그 특징」, 『韓國文化』 3, 1982.
______, 「詩·文을 통해 본 鄭道傳의 內面世界」, 『韓國學報』 42, 1986.
______, 「權近의 《東國史略》」, 『史學志』 20, 1986.
______, 「고려 후기 新儒學 수용과 士大夫의 意識世界」, 『韓國史論』41·42합집, 서울대학교 국사학과, 1999.
閔斗基, 「中國에서의 歷史意識의 展開」, 『中國의 歷史認識』(上), 창작과 비평사, 1985.
민병희, 「性理學과 동아시아 사회－그 새로운 설명 틀을 찾아서」, 『사림』 32, 2009.
閔賢九, 「益齋 李齊賢의 政治活動」, 『震檀學報』 51, 1981.
______, 「閔漬와 李齊賢」, 『李丙燾博士九旬紀念 韓國史學論叢』, 지식산업사, 1987.
______, 「閔漬」, 『한국사시민강좌』 19, 1996.
박경안, 「다원적 국제관계와 국가·문화 귀속감」, 『고려시대 사람들의 삶과 생각』, 혜안, 2007.
박경자, 「貢女 출신 高麗女人들의 삶」, 『역사와 담론』 55, 2010.
朴光用, 「우리나라 이름에 담긴 역사계승의식－한·조선·고려관」, 『역사비평』 21, 1993.
______, 「箕子朝鮮에 대한 認識의 변천」, 『韓國史論』 6, 1980.
박대제, 「箕子朝鮮과 小中華」, 『韓國史學報』 65, 2016.
박동인, 「春秋 公羊學派 理想社會論의 정치 철학적 함의－董仲舒·何休·康有爲를 중심으로」, 『退溪學報』 124, 2008.
박성규, 「주자의 제사론－귀신 문제를 중심으로」, 『東方學志』 121, 2003.
朴連鎬, 「朝鮮前期 士大夫敎養에 관한 硏究」, 한국정신문화연구원 박사논문, 1994.
박용운, 「高麗時代의 定安任氏·鐵原崔氏·孔岩許氏 家門 分析」, 『韓國學論叢』 3, 1978.
______, 「高麗時代 水州崔氏家門 分析」, 『史叢』 26, 1982.
______, 「고려시기 사람들의 高麗의 高句麗繼承意識」, 『북방사논총』 2, 2004.
박용진, 「『高麗史』 禮志 『書儀』 기사의 내용과 의의」, 『中央史論』 33, 2011.
박인호, 「제왕운기에 나타난 이승휴의 역사지리인식」, 『조선사연구』 18, 2009.
______, 「이승휴의 『제왕운기』에 대한 연구 현황과 쟁점」, 『국학연구』 18, 2011.
______, 「이승휴의 천하관과 영역인식」, 『조선사연구』 24, 2015.
박재우, 「고려 君主의 위상」, 『한국사학보』 20, 2005.
박종기, 「12, 13세기 農民抗爭의 原因에 대한 고찰」, 『東方學志』 69, 1991.
______, 「예종대 정치개혁과 정치세력의 변동」, 『역사와 현실』 9, 1993.
______, 「14세기 군현구조의 변동과 향촌사회」, 『14세기 고려의 정치와 사회』, 민음사, 1994.
______, 「중세사회의 성립과 전개」, 『한국역사입문』 ②, 풀빛, 1995.
______, 「민족사에서 차지하는 고려의 위치」, 『역사비평』 45, 1998.
______, 「원 간섭기 사회현실과 개혁론의 전개」, 『역사와 현실』 49, 2003.
______, 「이색의 당대사 인식과 인간관」, 『역사와 현실』 66, 2007.

_____, 「원 간섭기 역사학의 새 경향-當代史 연구」, 『한국중세사연구』 31, 2011.
_____, 「「동현사략(東賢史略)」의 자료 가치와 특성」, 『역사와 현실』 84, 2012.
_____, 「고려 다원사회의 형성과 기원」, 『한국중세사연구』 39, 2013.
_____, 「고려 다원사회론의 과제와 전망」, 『한국중세사연구』 45, 2016,
_____, 「고려왕조와 다원사회」, 『내일을 여는 역사』 71·72합집, 2018.
朴鍾進, 「高麗末의 濟用財와 그 性格」, 『蔚山史學』 2, 1988.
朴志焄, 「南宋代 春秋學의 華夷觀-『春秋胡氏傳』을 中心으로」, 『京畿史學』 6, 2002.
朴晉勳, 「麗末鮮初 奴婢政策 硏究」, 연세대 박사논문, 2005.
_____, 「지평의 확대와 깊이의 심화, 그러나 치우침」, 『歷史學報』 211, 2011.
박찬수, 「高麗의 國子監과 私學 十二徒」, 『한국사시민강좌』 18, 1996.
朴天植, 「高麗 配享功臣의 制度的 性格과 그 特性」, 『全羅文化論叢』 3, 1989.
_____, 「고려왕조의 멸망」 『한국사』(19), 국사편찬위원회, 1996.
朴漢男, 「10~12세기 동아시아 정세」, 『한국사』(15), 국사편찬위원회, 2002.
朴漢南, 「금과의 통교」 『한국사』(16), 국사편찬위원회, 2002.
朴漢卨, 「高麗太祖 世系의 錯譜에 關하여-唐肅宗說을 中心으로」, 『史叢』 17, 1973.
박혜숙, 「고려 후기 '傳'의 展開와 士大夫意識」, 『冠嶽語文硏究』 11, 1986.
裵淑姬, 「元代 科擧制와 高麗進士의 應擧 및 授官」, 『東洋史學硏究』 104, 2008.
邊東明, 「李承休의 『帝王韻紀』 撰述과 그 史書로서의 性格」, 『震檀學報』 70, 1990.
_____, 「鄭可臣과 閔漬의 史書編纂活動과 그 傾向」, 『歷史學報』 130, 1991.
_____, 「이승휴」 『한국사시민강좌』 27, 2000.
_____, 「李承休의 『內典錄』 著述」, 『韓國思想史學』 23, 2004.
_____, 「李承休의 生涯와 著述」, 『震檀學報』 99, 2005.
_____, 「이승휴, 『빈왕록』」, 『한국사시민강좌』 42, 2008.
邊太燮, 「高麗의 政治體制와 權力構造」, 『韓國學報』4, 1976.
_____, 「중앙 통치체제의 변화」, 『한국사』19, 국사편찬위원회, 1996.
서성호, 「숙종대 정국의 추이와 정치세력」, 『역사와 현실』 9, 1993.
徐永大, 「檀君崇拜의 歷史」, 『정신문화연구』 32, 1987.
송용운, 「고려 태조의 불교시책」, 연세대 석사논문, 2006.
宋昌漢, 「鄭道傳의 斥佛論에 對하여-佛氏雜辨을 中心으로」, 『大丘史學』 15·16합집, 1978.
宋春永, 「高麗時代 鄕校의 變遷史的 考察」, 『歷史敎育』 41, 1987.
신호철, 「弓裔의 對外政策과 對外認識」, 『湖西史學』 45, 2006.
_____, 「후백제의 역사적 성격」, 『한국고대사연구』 74, 2014.
沈曉燮, 「朝鮮前期 水陸齋의 設行과 儀禮」, 『東國史學』 40, 2004.
오영선, 「고려 전기 군인층의 구성과 圍宿軍의 성격」, 『韓國史論』 28, 1992.
_____, 「인종대 정치세력의 변동과 정책의 성격」, 『역사와 현실』 9, 1993.
劉璟娥, 「李承休의 生涯와 歷史認識-《帝王韻紀》를 中心으로」, 『高麗史의 諸問題』, 三英社, 1986.
_____, 「麗末鮮初 李詹의 정치활동과 사상」, 『國史館論叢』 54, 1994.
劉明鍾, 「稼亭 李穀의 生涯와 思想」, 『동양철학』 8, 1997.
柳仁熙, 「이곡·이색의 윤리철학과 고려 유학의 성격」, 『東方學志』 101, 1998.

柳洪烈, 「高麗의 元에 대한 貢女」, 『震檀學報』 18, 1957.
尹斗守, 「禑昌非王說의 硏究」 『考古歷史學志』5·6합집, 1990.
윤영인, 「몽골 이전 동아시아의 다원적 국제관계」, 『만주연구』 3, 2005.
윤은숙, 「大元 使行을 통해 본 李承休의 현실 인식」, 『인문과학연구』 36, 강원대 인문과학연구소, 2013.
윤 정, 「숙종대 太祖 諡號의 追上과 政界의 인식-조선 創業과 威化島回軍에 대한 재평가」, 『東方學志』 134, 2006.
李康漢, 「征東行省官 闊里吉思의 고려제도 개변 시도」, 『韓國史硏究』 139, 2007.
_____, 「'친원'과 '반원'을 넘어서-13~14세기사에 대한 새로운 이해」, 『역사와 현실』 78, 2010.
_____, 「1325년 箕子祠 祭祀 再開의 배경 및 의미」, 『한국문화』 50, 2010.
_____, 「고려 충숙왕대 科擧制 정비의 내용과 의미」, 『大東文化硏究』 71, 2010.
_____, 「고려·원간 '交婚' 법제의 충돌」, 『東方學志』 150, 2010.
이개석, 「정통론과 13~14세기 동아시아 역사서술」, 『大丘史學』 88, 2007.
_____, 「13~14세기 麗蒙關係와 고려사회의 다문화 수용」, 『복현사림』 28, 2010.
李慶龍, 「明初 金華학파의 華夷論 형성과 邊境 인식」, 『明淸史硏究』 24, 2005.
이기동, 「金寬毅」 『한국사시민강좌』 10, 1992.
李基白, 「貴族的 政治機構의 成立」, 『한국사』(5), 국사편찬위원회, 1974.
_____, 「한국 風水地理說의 기원」, 『韓國史 市民講座』 14, 1994.
李萬烈, 「高麗 慶原李氏家門의 展開過程」, 『韓國學報』 21, 1980.
李範鶴, 「宋代 朱子學의 成立과 發展」, 『講座 中國史』(Ⅲ), 지식산업사, 1989.
_____, 「司馬光의 「正名」思想과 人治主義의 展開」, 『東洋史學硏究』 37, 1991.
_____, 「虞集(1272~1348)의 道統論과 蜀學」, 『韓國學論叢』 28, 국민대학교 한국학연구소, 2006.
_____, 「吳澄의 易學과 邵雍」, 『韓國學論叢』31, 국민대학교 한국학연구소, 2009.
이병희, 「고려 현종대 사상과 문화정책」, 『한국중세사연구』 29, 2010.
이봉규, 「王權에 대한 禮治의 문제의식-宗法과 君子 개념을 중심으로」, 『철학』 72, 2002.
_____, 「涵養論과 교육과정으로 본 조선성리학의 개성」, 『퇴계학보』 128, 2010.
李相勳, 「宋明儒學에서의 家族倫理의 實現과 方法-孝悌의 槪念을 中心으로」, 『中國學報』 46, 2002.
李碩圭, 「鄭道傳의 政治思想에 대한 硏究-儒教的 民本社會의 추구방식과 관련하여」, 『韓國學論叢』 18, 한양대학교 한국학연구소, 1990.
_____, 「朝鮮初期 民本思想硏究」, 한양대 박사논문, 1994.
李錫柱, 「조선 전기 유교의 명분론과 무속의 역할론」, 『한국의 사상과 문화』 55, 2010.
李成珪, 「高麗와 元의 官僚 李穀(1298~1351) 年譜稿」, 『全海宗博士八旬紀念論叢-東아시아 歷史의 還流』, 지식산업사, 2000.
_____, 「中華思想과 民族主義」, 『철학』 37, 1992.
_____, 「中華帝國의 팽창과 축소: 그 이념과 실제」, 『歷史學報』 186, 2005.
李世鉉, 「『朱子家禮』에 나타난 朱子의 禮 理解」, 『東洋哲學硏究』 26, 2001.
李淑京, 「李齊賢勢力의 形成과 그 役割-恭愍王 前期(1351~1365) 改革政治의 推進과 관련하여」, 『韓國史硏究』 64, 1989.
이승환, 「결과주의와 동기주의의 대결-진량과 주희의 왕패 논쟁」, 『논쟁으로 보는 중국철학』, 예문서원, 1994.
이용주, 「공리와 의리－진량의 도론 및 반도학적 역사인식」, 『종교와 문화』 4, 1998.
李佑成, 「朝鮮時代 社會思想史」, 『韓國文化史新論』, 중앙문화연구원, 1975.
이 욱, 「朝鮮前期 鬼神論에 관한 연구」, 『종교연구』 15, 1998.
李益柱, 「高麗·元關係의 構造와 高麗後期 政治體制」, 서울대 박사논문, 1996.
_____, 「14세기 전반 성리학 수용과 이제현의 정치활동」, 『典農史論』 7, 2001.
_____, 「14세기 유학자의 현실인식과 성리학 수용과정의 연구」, 『역사와 현실』 49, 2003.
_____, 「고려 말 정도전의 정치세력 형성 과정 연구」, 『東方學志』 134, 2006.
_____, 「고려 우왕대 이색의 정치적 위상에 대한 연구」, 『역사와 현실』 68, 2008.
_____, 「『牧隱詩藁』를 통해 본 고려 말 李穡의 일상－1379년(우왕 5)의 사례」, 『韓國史學報』 32, 2008.
_____, 「고려-몽골 관계사 연구 시각의 검토－고려-몽골 관계사에 대한 공시적, 통시적 접근」, 『한국중세사연구』 27, 2009.
이인재, 「고려 중·후기 지방제 개혁과 감무」, 『外大史學』 3, 1990.
이정란, 「13세기 몽골제국의 高麗觀」, 『한국중세사연구』 27, 2009.
_____, 「高麗 王家의 龍孫意識과 왕권의 변동」, 『韓國史學報』 55, 2010.
李貞薰, 「고려시대 支配體制의 변화와 中國律의 수용」, 『한국사론』(33), 국사편찬위원회, 2002.
이정훈, 「원 간섭기 첨의부의 위상과 역할－충렬왕과 충선왕대를 중심으로」, 『역사와 현실』 88, 2013.
_____, 「고려시대 '고려세계(高麗世系)'에 대한 기록과 인식」, 『역사와 현실』 104, 2017.
이철승, 「『논어』에 나타난 '권도(權道)'의 논리 구조와 의미－주희와 왕부지의 관점을 중심으로」, 『시대와 철학』 21-3, 2010.
李春迎, 「鄭道傳의 排佛論과 그 性格」, 『韓國思想과 文化』 1, 1998.
李泰鎭, 「金致陽 亂의 性格」, 『韓國史研究』 17, 1977.
_____, 「15·6세기 新儒學 정착의 社會經濟史的 배경」, 『조선유교사회사론』, 지식산업사, 1989.
_____, 「漢陽 천도와 風水說의 패퇴」, 『韓國史 市民講座』 14, 1994.
이현경, 「鄭道傳(1342~1398)의 異端論 研究－「心氣理篇」·「佛氏雜辨」을 중심으로」, 연세대 석사논문, 2011.
李亨雨, 「高麗 禑王代의 政治的 推移와 政治勢力 研究」, 고려대 박사논문, 1999.
이혜순, 「高麗後期 士大夫文學과 元代文學의 관련 양상」, 『韓國漢文學研究』 8, 1985.
_____, 「16세기 『주자가례』 담론의 전개와 특성－가례의 문화적 수용 연구를 위한 예비적 고찰」, 『정신문화연구』 103, 2006.
이혜옥, 「고려 전기의 軍役制」, 『國史館論叢』 46, 1993.
임형택, 「高麗末의 역사전환과 文人知識層의 文明認識」, 『麗末鮮初 漢文學의 再照明』, 태학사, 2003.
장동우, 「高麗前期의 選軍」, 『高麗史의 諸問題』, 삼영사, 1986.
_____, 「『禮記』의 成立에 관한 一考察－禮의 正當化에 관련된 두 가지 相異한 論點을 中心으로」, 『철학』 69, 2001.
_____, 「『周禮』의 經學史的 位相과 改革論－王權과 禮治에 대한 문제의식을 중심으로」, 『한국 중세의 정치사상과 周禮』, 혜안, 2005.

장지연, 「麗末鮮初 遷都論議에 대하여」, 『韓國史論』 43, 2000.
_____, 「고려~조선 초 『書經』 「無逸篇」과 「洪範篇」 이해의 변화」, 『사학연구』 112, 2013.
전순동, 「명 태조의 대고려·조선 정책에 대한 몇 가지 문제」, 『동아시아 역사 속의 중국과 한국』, 서해문집, 2005.
鄭景鉉, 「高麗前期 武職體系의 成立」, 『韓國史論』 19, 1988.
鄭求福, 「李齊賢의 歷史意識」, 『震檀學報』 51, 1981.
_____, 「雙梅堂 李詹의 역사서술」, 『東亞硏究』 17, 1989.
_____, 「高麗時代의 歷史意識」, 『韓國思想史大系』(3), 한국정신문화연구원, 1991.
_____, 「우리나라 국호고－한반도 통일 이후 국호 제정을 위한 기초연구」, 『장서각』 29, 2013.
鄭多函, 「朝鮮初期 野人과 對馬島에 대한 藩籬·藩屛 인식의 형성과 敬差官 파견」, 『東方學志』 141, 2008.
_____, 「麗末鮮初의 동아시아 질서와 조선에서의 漢語, 漢吏文, 訓民正音」, 『韓國史學報』 36, 2009.
_____, 「'事大'와 '交隣'과 '小中華'라는 틀의 초시간적인 그리고 공간적인 맥락」, 『韓國史學報』 42, 2011.
정동훈, 「명대의 예제 질서에서 조선국왕의 위상」, 『역사와 현실』 84, 2012.
鄭杜熙, 「朝鮮前期의 歷史認識」, 『韓國史學史의 硏究』, 을유문화사, 1985.
정병삼, 「고려시대 팔관회 행사와 팔관재 신앙」, 『불교학보』 71, 2015.
정순우, 「麗末鮮初 '私置學堂'의 역할과 성격」, 『정신문화연구』 121, 2010.
정연식, 「양적 성장의 벽과 질적 전환의 길」, 『歷史學報』 235, 2017.
鄭玉子, 「麗末 朱子性理學의 導入에 대한 試考－李齊賢을 中心으로」, 『震檀學報』 51, 1981.
정재철, 「도현철 교수의 『목은 이색의 정치사상 연구』」, 『韓國思想史學』 39, 2011.
鄭淸柱, 「新羅末·高麗初 豪族의 形成과 變化에 대한 一考察」, 『歷史學報』 118, 1988.
정호훈, 「鄭道傳의 학문과 功業 지향의 정치론」, 『韓國史硏究』 135, 2006.
조경시, 「高麗 成宗代의 對佛敎施策」, 『한국중세사연구』 9, 2000.
_____, 「고려 현종의 불교신앙과 정책」, 『韓國思想史學』 29, 2007.
趙東元, 「邵雍의 歷史觀」, 『釜大史學』 6, 1983.
曺秉漢, 「중국 近世 『周禮』의 政治的 작용과 변화」, 『한국 중세의 정치사상과 周禮』, 혜안, 2005.
曺福鉉, 「『朱子家禮』의 著述과 韓國傳統時期의 社會的 背景 硏究－喪葬禮俗의 比較를 中心으로」, 『中國史硏究』 19, 2002.
조성을, 「高麗時期의 中國史 認識」, 『韓國史學史學報』 16, 2007.
趙仁成, 「弓裔의 勢力形成과 建國」, 『震檀學報』 75, 1993.
_____, 「『桓檀古記』의 『檀君世紀』와 『檀奇古史』·『揆園史話』」, 『단군학연구』 2, 2000.
조현설, 「고려건국신화 「고려세계」의 신화사적 의미」, 『古典文學硏究』 17, 2000.
朱雄英, 「麗末鮮初의 社會構造와 儒敎의 社會的 機能」, 경북대 박사논문, 1993.
周采赫, 「元 萬卷堂의 設置와 高麗 儒者」, 『孫寶基博士停年紀念 韓國史學論叢』 지식산업사, 1987
池斗煥, 「朝鮮初期 朱子家禮의 理解過程－國喪儀禮를 중심으로」, 『韓國史論』 8 서울대 국사학과, 1982.
秦星圭, 「李承休의 佛敎觀」, 『震檀學報』 99, 2005.
蔡雄錫, 「高麗前期 貨幣流通의 기반」, 『韓國文化』 9, 1988.

_____, 「의종대 정국의 추이와 정치운영」, 『역사와 현실』 9, 1993.
_____, 「12세기 초 고려의 개혁 추진과 정치적 갈등」, 『韓國史硏究』 112, 2001.
_____, 「고려시대 민족체 인식이 있었다」, 『역사비평』 58, 2002.
_____, 「원 간섭기 성리학자들의 화이관과 국가관」, 『역사와 현실』 49, 2003.
_____, 「『목은시고(牧隱詩藁)』를 통해서 본 이색의 인간관계망」, 『역사와 현실』 62, 2006.
_____, 「고려 예종대 道家思想, 道敎 흥기의 정치적 성격」, 『韓國史硏究』 142, 2008.
_____, 「고려 말 권근의 유배·종편 생활과 교유」, 『역사와 현실』 84, 2012.
_____, 「고려 예종대 道家思想·道敎 흥기의 정치적 성격」, 『韓國史硏究』 142, 2008.
_____, 「『제왕운기』로 본 이승휴의 국가의식과 유교관료정치론」, 『국학연구』 21, 2012.
_____, 「고려 인종대 '惟新'정국과 정치갈등」, 『韓國史硏究』 161, 2013.
_____, 「고려중기 외척의 위상과 정치적 역할」, 『한국중세사연구』 38, 2014.
_____, 「고려 전기 지방지배체제의 다원성과 계서성」, 『한국중세사연구』 47, 2016(『고려의 다양한 삶의 양식과 통합 조절』, 혜안, 2019).
千惠鳳, 「朝鮮朝의 乙亥小字體木活字本《御試策》-元나라 銅活字本에 대한 修正論」, 『書誌學硏究』 15, 1998.
崔柄憲, 「高麗時代의 五行的 歷史觀」, 『韓國學報』 13, 1978.
최봉준, 「高麗 禑王代 士大夫의 成長과 分岐」, 『學林』 24, 2003.
_____, 「李齊賢의 성리학적 역사관과 전통문화인식」, 『韓國思想史學』 31, 2008.
_____, 「李穀의 箕子 중심의 국사관과 고려·원 典章調和論」, 『한국중세사연구』 36, 2013.
_____, 「여말선초 箕子 중심의 역사계승의식과 조선적 문명론」, 『韓國史學史學報』 31, 2015.
_____, 「고려 태조-현종대 다원적 사상지형과 왕권 중심의 사상정책」, 『한국중세사연구』 45, 2016(『고려의 다양한 삶의 양식과 통합 조절』, 혜안, 2019).
_____, 「이승휴의 단군 중심의 역사관과 다원문화론」, 『韓國思想史學』 52, 2016.
_____, 「고려 전기 역사계승의식과 이중적 자아인식」, 『한국중세사연구』 50, 2017(『고려의 국제적 개방성과 자기인식의 토대』, 혜안, 2019).
_____, 「'조선' 국호로 본 여말선초의 역사인식과 이상국가론」, 『역사와 현실』 108, 2018.
_____, 「14~15세기 성리학 수용과 조선적 문명교화론의 탄생」, 『역사비평』 124, 2018(정요근 외, 『고려에서 조선으로-여말선초, 단절인가 계승인가』, 역사비평사, 2019).
_____, 「고려시대 사회 성격론과 다원사회의 구조적 이해」, 『역사와 실학』 67, 2018(『고려의 국제적 개방성과 자기인식의 토대』, 혜안, 2019).
_____, 「죽림고회를 통해 본 무신정권기 문인들의 네트워크와 古文論」, 『學林』 44, 2019.
_____, 「고려 현종~정종대 왕실의 眞影 중심 조상 숭배 의례의 확립과 그 의미」, 『奎章閣』 56, 2020.
_____, 「고대~고려시대 다원적 사상지형과 유학의 전개과정」, 『한국사상사학』 67, 2021.
_____, 「14세기 고려 성리학자의 역사인식과 문명론」, 연세대 박사논문, 2013.
崔先惠, 「朝鮮初期 留鄕品官 硏究」, 서강대 박사논문, 1997.
崔　淑, 「麗末鮮初 新興士大夫의 婚姻制度 改革論」, 『韓國史의 構造와 展開-河炫綱敎授停年紀念論叢』, 혜안, 2000.
崔順權, 「高麗前期 五廟制의 運營」, 『歷史敎育』 66, 1998.

최영희, 「주희 역사관에 내재된 문도록적 사유」, 『철학논총』 59, 2010.
최종석, 「조선시기 城隍祠 입지를 둘러싼 양상과 그 배경－高麗 이래 질서와 '時王之制' 사이의 길항의 관점에서」, 『韓國史硏究』 143, 2008.
_____, 「여말선초 명의 예제와 지방 성황제 재편」, 『역사와 현실』 72, 2009.
_____, 「조선초기 국가 위상과 '聖敎自由'」, 『韓國史硏究』 162, 2013.
_____, 「대안 모색을 넘어서 '새로움'의 구현 가능성」, 『歷史學報』 227, 2014.
_____, 「13~15세기 천하질서하에서의 고려와 조선의 국가 정체성」, 『역사비평』 121, 2017.
_____, 「고려 후기 '자신을 夷로 간주하는 화이의식'의 탄생과 내향화」, 『민족문화연구』 74, 2017.
崔鍾鐸, 「麗末鮮初 鄕村支配勢力 硏究」, 연세대 박사논문, 1998.
추명엽, 「고려 전기 '번(藩)' 인식과 '동·서번'의 형성」, 『역사와 현실』 43, 2002.
_____, 「高麗時期 '海東'인식과 海東天子」, 『韓國史硏究』 129, 2005.
卓奉心, 「李齊賢의 歷史觀－그의 '史贊'을 中心으로」, 『梨花史學硏究』17·18합집, 1988.
하일식, 「당 중심의 세계질서와 신라인의 자기인식」, 『역사와 현실』 37, 2000.
河炫綱, 「高麗時代의 歷史繼承意識」, 『韓國의 歷史認識』(上), 창작과 비평사, 1976.
_____, 「高麗 毅宗代의 性格」, 『韓國中世史硏究』, 일조각, 1988.
_____, 「崔承老의 政治思想」, 『韓國中世史硏究』, 일조각, 1988.
_____, 「李承休의 史學思想 硏究」, 『東方學志』 69, 1990.
한기문, 「고려시대 사원의 통제와 편제」, 『李智冠스님華甲紀念 韓國佛敎文化思想史』(上), 1992.
韓永愚, 「高麗~朝鮮前期의 箕子認識」, 『韓國文化』 3, 1982.
_____, 「고려시대의 역사의식과 역사서술」, 『한국의 역사가와 역사학』(상), 창작과 비평사, 1994.
_____, 「조선시대의 역사편찬과 역사인식」, 『한국의 역사가와 역사학』(상), 창작과 비평사, 1994.
_____, 「稼亭 李穀의 生涯와 思想」, 『韓國史論』40, 1998.
韓㳓劤, 「朝鮮王朝初期에 있어서의 儒敎理念의 實踐과 信仰·宗敎－祀祭問題를 中心으로」, 『韓國史論』 3, 서울대학교 국사학과, 1976.
한정수, 「高麗前期 儒敎的 重農理念과 月令」, 『歷史敎育』 74, 2000.
_____, 「高麗 太祖代 八關會 설행과 그 의미」, 『大東文化硏究』 86, 2014.
_____, 「고려시대 국왕 꿈 이야기(夢兆·夢報)의 내용과 의미」, 『崇實史學』 35, 2015.
_____, 「고려 역사 다시 읽기와 건국 1100주년」, 『歷史學報』 235, 2017.
한형주, 「15세기 祀典體制의 성립과 그 추이－『國朝五禮儀』 편찬과정을 중심으로」, 『歷史敎育』 89, 2004.
_____, 「국가 제사의 추이」, 『조선의 국가 제사』, 한국학중앙연구원, 2009.
허인욱, 「「高麗世系」에 나타나는 新羅系 說話와 『編年通錄』의 編纂意圖」, 『史叢』 56, 2003.
허태용, 「朝鮮王朝의 건국과 國號 문제」, 『韓國史學報』 61, 2015.
_____, 「조선 초기 對明事大論의 역사적 성격 검토」, 『東洋史學硏究』 135, 2017.
洪承基, 「高麗初期 政治와 風水地理」, 『韓國史 市民講座』 14, 1994.
黃秉晟, 「高麗 毅宗代의 政治實態와 武人亂」, 『慶熙史學』 14, 1987.
_____, 「의종대의 정치 추이와 문관들의 동향」, 『고려 무인정권기 문사 연구』, 경인문화사, 2008.

江　眉, 「歐陽玄与元代史學」, 『北京師範大學學報』 141, 1997.

姜海軍, 「蒙元"用夏變夷"與漢儒的文化認同」, 『北京大學學報』 49-6, 2012.
麓保孝, 崔熙在 역, 「朱子의 歷史論」, 『中國의 歷史認識』(下), 창작과 비평사, 1985.
呂謙擧, 李範鶴 역, 「宋代 史學의 義理論」, 『中國의 歷史認識』(下), 창작과 비평사, 1985.
余英時, 曺秉漢 역, 「章學誠의 六經皆史說」, 『中國의 歷史認識』(下), 창작과 비평사, 1985.
三浦國雄, 表教烈 역, 「資治通鑑의 性格」, 『中國의 歷史認識』(上), 창작과 비평사, 1985.
植松正, 「『至元新格』並びに解說」, 『東洋史研究』 30, 1972.
晏選軍, 「金代理學發展路向考論」, 『北京師範大學學報』 186, 2004.
奧村周司, 「高麗における八關會的秩序と國際環境」, 『朝鮮史研究會論文集』 16, 1979.
魏崇武, 「金代理學發展初探」, 『歷史研究』 2000-3.
李遠濤, 「《讀史管見》与胡寅的歷史評論」, 『史學史研究』 1994-1.
竹內照夫, 金衡鍾 역, 「春秋와 春秋筆法」, 『中國의 歷史認識』(上) 창작과 비평사, 1985.
陳芳明, 李範鶴 역, 「宋代 正統論의 形成과 그 內容」, 『中國의 歷史認識』(下), 창작과 비평사, 1985.
陳學霖, 「明朝「國號」的緣起及「火德」問題」, 『中國文化研究所學報』 50, 2010.

(재)한국연구원 한국연구총서 목록

1. 김주수, 신혼인법 연구 (1958)
2. 이창열, 한국경제의 구조와 순환 (1958)
3. 홍이섭, 정약용의 정치경제사상 연구 (1959)
4. 박병호, 한국법제사 특수 연구 (1960)
5. 이만갑, 한국농촌의 사회구조 (1960)
6. 남광우, 동국정운식한자음 연구 (1966)
7. 김경탁, 율곡의 연구 (1960)
8. 이광린, 이조수리사 연구 (1961)
9. 김두종, 한국의학발전에 대한 구미 및 서남방의학의 영향 (1960)
10. 이현종, 조선 전기 대일교섭사 연구 (1964)
11. 박동서, 한국관료제도의 역사적 전개 (1961)
12. 김병국, 한국중앙은행 연구(영문) (1965)
13. 곽상수, 한국 조세 연구 (1961)
15. 김동욱, 이조 전기 복식 연구 (1963)
16. 박원선, 부보상 (1965)
17. 최학근, 전라남도방언 연구 (1962)
18. 이기문, 국어표기법의 역사적 연구 (1963)
19. 김은우, 한국여성의 애정갈등의 원인 연구 (1963)
20. 서남원, 외국원조의 이론과 실제 (1963)
21. 이춘령, 이조농업기술사 (1964)
22. 노창섭, 서울주택지역 연구 (1964)
23. 유인호, 한국농업협업화에 관한 연구 (1967)
24. 강신항, 『운해훈민정음』 연구 (1967)
25. 유원동, 이조 후기 상공업사 연구 (1968)
26. 김병하, 이조 전기 대일무역 연구 (1969)
27. 이효재, 도시인의 친족관계 (1971)
28. 최영희, 임진왜란 중의 사회동태 (1975)
29. 원유한, 조선 후기 화폐사 연구 (1975)
30. 최태호, 개항 전기의 한국관세제도 (1976)
31. 김완진, 노걸대의 언해에 대한 비교 연구 (1976)
32. 하현강, 고려지방제도의 연구 (1977)
33. 김태준, 임진란과 조선문화의 동점 (1977)
34. 황패강, 조선왕조소설 연구 (1978)
35. 이기백, 신라시대의 국가불교와 유교 (1978)
36. 김용덕, 향청연구 (1978)
37. 권영철, 병와이형상 연구 (1978)
38. 신용하, 조선토지조사사업 연구 (1979)
39. 강신표, 단산사회와 한국이주민 (1980)
40. 소재영, 임병양란과 문학의식 (1980)
41. 이기동, 신라골품제사회와 화랑도 (1980)
42. 홍승기, 고려시대 노비 연구 (1981)
43. 김두진, 균여화엄사상 연구 (1981)
44. 신동욱, 우리 이야기문학의 아름다움 (1981)
45. 이기준, 한국경제학교육사 연구 (1982)
46. 민현구, 조선 초기의 군사제도와 정치 (1983)
47. 정형우, 조선시대 서지사 연구 (1983)
48. 조희웅, 한국설화의 유형적 연구 (1983)
49. 김용숙, 한중록 연구 (1983)
50. 이배용, 구한말 광산이권과 열강 (1984)
51. 윤근호, 한국회계사 연구 (1984)
52. 김학준, 북한중공관계 1945-'84(영문) (1985)
53. 이태진, 조선 후기의 정치와 군영제변천 (1985)
54. 박은경, 한국화교의 종족성 (1986)
55. 권병탁, 약령시 연구 (1986)
56. 김용선, 고려음서제도 연구 (1987)
57. 김영자, 한국복식미의 연구 (1987)
58. 양동휘, 한국어의 대용화 (1988)
59. 정두희, 조선 성종대의 대간 연구 (1989)
60. 오두환, 한국근대화폐사 (1991)
61. 윤홍노, 이광수 문학과 삶 (1992)
62. 정규복, 한국고소설사의 연구 (1992)
63. 김동철, 조선 후기 공인 연구 (1993)
64. 이희덕, 한국고대자연관과 왕도정치 (1994)
65. 이호영, 국어 운율론 (1997)
66. 오성, 조선 후기 상업사 연구 (2000)
67. 우대형, 한국 근대농업사의 구조 (2001)
68. 김철웅, 한국 중세 국가제사의 체제와 잡사 (2003)
69. 오항령, 한국 사관제도 성립사 연구 (2003)
70. 노계현, 간도 영유권 분쟁사 (2006)
71. 백옥경, 조선 전기 역관 연구 (2006)
72. 홍정근, 호락논쟁의 본질과 임성주의 철학사상 (2007)
73. 유헌식, 한국인의 일상행위에 감춰진 의미구조 연구 (2008)
74. 김현숙, 근대 한국의 서양인 고문관들 (2008)
75. 최선일, 17세기 조각승과 불교 연구 (2009)
76. 김도형, 일제의 한국농업정책사 연구 (2009)
77. 금지아, 한중 역대 서적교류사 연구 (2010)
78. 이찬, 한국 현대시론의 담론과 계보학 (2011)
79. 송기한, 서정주 연구－근대인의 초상 (2012)
80. 노용필, 한국도작문화 연구 (2012)
81. 엄연석, 조선 전기 역철학사 (2013)
82. 박광연, 신라법화사상사 연구 (2013)
83. 박미선, 신라 점찰법회와 신라인의 업윤회 인식 (2013)
84. 김병길, 역사문학, 속과 통하다 (2013)
85. 표정옥, 신화적 상상력에 비쳐진 한국 문학 (2014)
86. 허용호, 인형연행의 문화전통 연구 (2014)
87. 문성화, 『삼국사기』와 『삼국유사』의 역사인식과 역사의식 (2015)
88. 이경재, 다문화 시대의 한국소설 읽기 (2015)
89. 김수연, 유(遊)의 미학, 『금오신화』 (2015)
90. 홍성민, 감정과 도덕－성리학의 도덕 감정론 (2016)
91. 박해훈, 한국의 팔경도 (2017)
92. 김주연, 궁중의례미술과 십이장 도상 (2018)
93. 박평식, 조선전기 대외무역과 화폐 연구 (2018)
94. 임채우, 한국의 신선－그 계보와 전기 (2018)
95. 엄태웅, 대중들과 만난 구운몽 (2018)
96. 허태구, 병자호란과 예, 그리고 중화 (2019)
97. 한성훈, 이산-분단과 월남민의 서사 (2020)
98. 한재훈, 퇴계 이황의 예학사상 (2021)
99. 정우진, 몸의 연대기 (2021)
100. 이승종, 우리 역사의 철학적 쟁점 (2021)
101. 홍정완, 한국 사회과학의 기원 (2021)
102. 허윤, 남성성의 각본들 (2021)
103. 김우형, 한국유학의 철학적 탐구 (2021)
104. 김종수, 의궤로 본 조선시대 궁중연향 문화 (2022)
105. 손증상, 한국 근대 아동극과 아동잡지 (2022)
106. 김미덕, 보편적 부패 평균적 무능 (2022)
107. 이도흠, 18~19세기 한국문학, 차이의 근대성 (2022)
108. 서유리, 이탈과 변이의 미술 (2022)
109. 손성준, 중역한 영웅 (2023)
110. 김남석, 조선 신극의 기치, 극예술연구회 Ⅰ (2023)
111. 김남석, 조선 신극의 기치, 극예술연구회 Ⅱ-1 (2023)
112. 김남석, 조선 신극의 기치, 극예술연구회 Ⅱ-2 (2023)
113. 이봉범, 한국의 냉전문화사 (2023)
114. 장철환, 한국 현대시의 리듬 (2023)
115. 방원일, 개신교 선교사와 한국종교의 만남 (2023)
116. 유헌식, 근대 한국사회의 정치적 정체성 (2023)
117. 최봉준, 고려시대 다원적 사상지형과 역사인식 (2023)
118. 민회수, 근대 한국의 감리서 연구 (2024)
119. 왕현종, 민중을 바라보는 방법 (2024)
120. 이경화, 표암 강세황－붓을 꺾인 문인화가의 자화상 (2024)